넥스트 씽킹

NEXT
THINKING

노벨물리학상 수상자의 사고 대전환 프로젝트

넥스트 씽킹

솔 펄머터·존 캠벨·로버트 매쿤 지음 | 노승영 옮김

위즈덤하우스

옮 긴 이
노 승 영

서울대학교 영어영문학과를 졸업하고 서울대학교 대학원 인지과학 협동과정을 수료했다. 컴퓨터 회사에서 번역 프로그램을 만들었고 환경단체에서 일했다. 《번역가 모모 씨의 일일》(공저)을 썼으며, 《언어가 세계를 감각하는 법》《분노 중독》《우리가 세상을 이해하길 멈출 때》《시간과 물에 대하여》《향모를 땋으며》《스토리텔링 애니멀》등을 우리말로 옮겼다. 2017년《말레이 제도》로 제35회 한국과학기술도서상 번역상을, 2024년《세상 모든 것의 물질》로 제65회 한국출판문화상 번역상을 받았다.

사려 깊은 숙고를 기반으로 협력하면

세 번째 밀레니엄의 난국과 기회를

헤쳐갈 수 있으리라는 희망을 품고서

우리 아이들에게 이 책을 바친다.

추천의 말

인터넷 시대를 우리는 '정보의 바다'라고 표현하곤 했다. AI 시대에 들어서며 우리는 그야말로 '정보의 홍수' 속에 살게 되었다. 수많은 정보를 모두 깊이 있게 파악하는 것은 불가능한 일이다. 그렇기에 깊이 파고들만한 가치 있는 주제를 찾고, 생각의 기준을 세우는 일이 중요해진 시대다. 《넥스트 씽킹》은 그러한 새로운 생각의 기준을 만들어주는 책이다. 책을 읽는 동안 난 궁금한 것들이 더 많아졌다. 자주 책을 덮고 질문했고 찾아봤다. 인간의 직관과 판단력이 더욱 큰 의미를 갖게 된 시대, 자신만의 강점을 바탕으로 쏟아지는 정보들에 뾰족한 질문을 던지는 시간이 되길 바란다.

_이세돌, UNIST 인공지능대학원 교수, 전 프로바둑 기사

정보는 넘쳐나고, 진실은 흐릿하다. 우리는 클릭 한 번으로 전 세계의 지식에 접근할 수 있는 시대에 살고 있지만, 그 지식이 오히려 판단을 방해하는 아이러니를 날마다 마주하고 있다. 기후 재난, 팬데믹, 인공지능의 일상화, 정치적 양극화, 가짜 뉴스의 범람, 이 모든 것이 인간의 고전적 직관과 감각만으로는 감당할 수 없는 시대임을 보여준다. 바로 이 지점에서, 《넥스트 씽킹》은 각별히

6

소중하다. 혼란의 소용돌이 속에서 어떻게 명료하게 사고하고, 책임 있게 판단하며, 협력적으로 행동할 것인가를 묻고 답하는, 지금 우리에게 절실히 필요한 책이다. 노벨물리학상 수상자인 솔 펄머터, 철학자 존 캠벨, 심리학자 로버트 매쿤, 학문의 영역도, 생각의 방식도 다른 세 명은 지난 10년간 캘리포니아대학교 버클리캠퍼스에서 강의를 공동 진행하며, 지금 시대에 적합한 새로운 사고법을 탐색해왔다. 그들이 제안하는 해답이 바로 '세 번째 밀레니엄의 사고법'이다.

이 책의 미덕은 '과학적으로 생각하는 법'을 단순한 분석 기법이나 계산법으로 축소하지 않는다는 점이다. 저자들은 통계적 사고, 확률 해석, 인지 편향 분석 같은 과학적 도구들을 제시하면서도, 그것이 인간의 가치 판단, 감정, 사회적 책임과 어떻게 맞물려야 하는지를 깊이 있게 설명한다. 과학은 단지 사실을 말해주는 도구가 아니라, 어떻게 살아야 할지를 함께 고민하는 윤리적 프레임이라는 점을 이 책은 분명히 일깨운다.

불확실한 시대에 휘둘리지 않는 판단 기준을 세우고 싶은 사람들, AI, 기후위기, 사회 분열 속에서 합리적이고 책임 있는 시민으로 살고자 하는 사람들, 과학적 사고력과 인문적 통찰 사이에서 균형 있는 지성을 추구하는 교육자와 연구자들, 그리고 무엇보다, '생각하는 법'을 새롭게 배우고 싶은 모든 이들에게 이 책은 각별히 유익하다. 지난 밀레니엄의 철학과 사상이 더 이상 유효하지 않은 혼돈의 시대에, 《넥스트 씽킹》은 뒤엉킨 생각의 밤하늘을 다시 읽어내게 해주는 이성의 성좌星座다.

_**정재승**, KAIST 뇌인지과학과 교수, 《열두 발자국》 저자

기술은 나날이 발전하는데, 왜 우리는 점점 더 멍청해지는 것 같을까. 위기를 이겨내는 지혜 자체를 잃어버린 듯하다는 감각이 세상의 퇴행을 막을 수 없을 거라는 절망감으로 이어진다. 과학자처럼 생각해야 한다는 말을 듣지만, 정작 과학자 중에서도 자기 전공 분야 밖에서 맹신과 진영 논리에 빠지는 이를 본다. 합리적 의심을 해야 한다고 하지만, 무엇이 합리인지, 어느 지점에서 의심을 멈춰야 하는지에 대한 설명은 찾기 어렵다. 정보와 지식은 차고 넘친다. 필요한 것은 건강한 분별력이다.

나는 물리학자·철학자·심리학자인 저자들이 이 책에서 제시하는 사고 도구들을 초등학교에서부터 노인 학교에 이르기까지 모든 학교에서 가르쳐야 한다고 진지하게 믿는다. 개인적 결정에서든 공동체의 운명에 대해 의견을 낼 때든 기초가 돼야 할 '생각하는 방법'들이다. 우리는 과학적 낙관주의를 지니고, 불확실성을 제대로 감수하며, 현실을 파악하고, 군중 심리에 휩쓸리지 않으면서, 타인과 협력하는 방법을 훈련해야 한다. 어떤 분야에 종사하든, 관심사가 무엇이든, 전문가이든 아니든, 모든 사람에게 필요한 책이다.

_**장강명**, 소설가, 《먼저 온 미래》 저자

이 책은 명확한 사고 모델과 논리, 증거를 활용하여 가장 어려운 문제를 해결하는 방법을 제시한다. 이 책은 우리를 괴롭히는 문제의 해결책이 될지도 모른다.

_**캐스 선스타인**, 하버드대학교 로스쿨 교수, 《넛지》 저자

불확실성으로 가득하고 양극화로 분열된 세상에서, 더할 나위 없이 좋은 시기에 나온 비판적 사고를 위한 안내서다. 노벨물리학상 수상자, 세계적으로 영향력 있는 철학자, 그리고 법률·심리학 전문가가 일상생활에서 과학 도구를 활용해 현명한 판단과 결정을 내리는 방법을 제시한다.

_**애덤 그랜트**, 펜실베니아대학교 와튼스쿨 조직심리학 교수, 《싱크 어게인》 저자

우리 인류가 또 다른 천 년을 비틀거리며 헤쳐 나가려면, 우리는 사고방식에 대해 더 잘 성찰하고, 중요한 논쟁을 더욱 지능적으로 진행해야 한다. 이 책은 앞으로 나아갈 길을 명료하게 제시한다.

_**필립 E. 테틀록**, 펜실베니아대학교 와튼스쿨 정치학·심리학 교수

물리학자, 철학자, 심리학자가 제시하는 세 번째 밀레니엄 시대의 거대한 문제

들에 대해 효과적으로 결정을 내리는 생각 방법. 모순된 정보로 가득한 이 세상에서, 전문가가 아니면서도 전문적인 판단을 내려야 하는 모든 이의 필독서다.

_데이비드 더닝, 미시간대학교 심리학 교수, '더닝-크루거 효과' 발견자

이 책은 정보 과잉으로 가득한 복잡한 세상을 어떻게 헤쳐 나갈지 고민하는 모든 이에게 훌륭한 길잡이다. 과학에서 사용되는 사고의 프로세스가 개인 및 집단 의사 결정에 광범위하게 적용할 수 있는 도구를 제공할 수 있음을 흥미롭고 유익하게 보여준다. 우리 인류와 지구가 직면한 과제를 해결하는 데 진정으로 귀중한 자료다. **_엘리자베스 블랙번**, 노벨생리의학상 수상자

《넥스트 씽킹》은 점점 더 복잡하고 시끄러워지는 세상에서 효과적인 결정을 내리는 로드맵을 제시한다. 더 명확하게 생각하는 법에 대한 책을 단 한 권만 읽을 수 있다면, 바로 이 책이다.

_애니 듀크, 전 프로 포커플레이어, 인지행동 의사결정 분야 저술가

이 책은 어떤 질문을 해야 하는지가 혼란과 오해를 극복하는 비결이라고 말한다. 저자들은 이 복잡하고 혼란스러운 시대를 이해하는 데 귀중한 도구를 제공한다. **_〈커커스 리뷰〉**

《넥스트 씽킹》에 제시된 생각의 전략은 사람들이 인생의 결정을 내리는 데 큰 도움이 될 뿐 아니라, 오늘날의 시급한 과제에 대해 더 나은 사고를 할 수 있는 잠재력을 지니고 있다. _〈**월스트리트 저널**〉

차 례

추천의 말   6

들어가는 말   15

1부   현실을 파악하는 법

1장. 우리는 매일 무언가를 결정한다   29

2장. 세상을 이해하는 도구와 현실   46

3장. 원인과 결과는 어떻게 알 수 있을까?   69

2부   불확실성을 이해하는 법

4장. 확률론적 사고로의 극적 전환   93

5장. 과신을 경계하라   112

6장. 잡음에서 신호 찾기   127

7장. 없는데 보인다   144

8장. 어떤 오류를 더 피하고 싶은가?   162

9장. 불확실성의 두 가지 원인   179

3부   **낙관주의로 난제를 돌파하는 법**

10장. 과학적 낙관주의   **199**

11장. 이해 순서와 페르미 문제   **210**

4부   **경험과 현실 사이의 간극을 메우는 법**

12장. 경험은 어떻게 판단을 방해하는가?   **231**

13장. 과학의 탈선   **249**

14장. 확증편향과 맹분석   **276**

5부   **현명하게 힘을 합치는 법**

15장. 군중의 지혜와 광기   **299**

16장. 사실과 가치를 엮다   **315**

17장. 힘을 모아 함께 생각한다면   **335**

18장. 새로운 밀레니엄을 위한 신뢰 재부팅   **360**

감사의 말   **379**

주   **383**

찾아보기   **405**

일러두기　　•　본문에서 인명·지명 등 고유명사는 국립국어원의 외래어 표기법 및 용례를 따랐다. 단, 표기가 불분명한 일부는 발음 혹은 널리 쓰이는 용례를 따라 썼다.

　　　　　　•　옮긴이 주는 본문에 적고 표시했다. 미주는 모두 저자의 주다.

　　　　　　•　이 책의 핵심 개념인 세 번째 밀레니엄 사고Third Millennium Thinking, 줄여서 '3MT'는 2001년부터 3000년까지 새로운 밀레니엄을 맞이하는 데 필요한 사고법을 뜻한다. 맥락에 따라 '세 번째 밀레니엄 사고'와 '3MT' 두 용어를 혼용해서 사용했지만, 같은 의미다.

들어가는 말

인터넷에 연결된 세상에서 사는 우리는 지난 몇십 년 만에 헤아릴 수 없이 많은 정보에 접근할 수 있게 되었다. 질병 치료법이든, 태양광발전기 제작법이든, 몰타의 정치사든 궁금한 것이 있으면 마우스 클릭 한 번에 답을 얻을 수 있다. 그런가 하면 어떻게 정리하거나 평가해야 할지 알 수 없는 정보도 수두룩하다. 이를테면 사회과학 데이터베이스 프로퀘스트ProQuest는 "60억 장의 디지털 페이지와 600년을 아우르며 계속 확충되는 콘텐츠 저장량"을 자랑한다. 구식 인쇄물 정보만 해서 이 정도다! 1996년 이후 생성된 웹사이트와 디지털 자료를 보관하는 인터넷 아카이브의 웨이백머신Wayback Machine은 1조 페이지 분량의 디지털 콘텐츠, 수천만 점의 책과 오디오, 100만 개 가까운 소프트웨어 프로그램을 소장하고 있다.

고도로 기술적이거나 전문화되었거나 모순되었거나 불완전하거나 한물갔거나 편향되었거나 고의로 틀린 온갖 정보들에 접속할 수 있게 된 지금, 무엇에 초점을 맞춰야 할지 판단하기가 갈수록 힘들어진다. 중요하고 의미 있는 것을 가려내는 일은 꿈도 못 꾼다. 저 의약품 연구, 제약회사에서 돈 댄 거 아냐? 진짜처럼 보이는 저 제품 리뷰들 죄다 AI 시스템이 지어낸 것은 아닐까? 저 통계는 무엇을 누락했을까? 저 기사에는 대체 무슨 **의도**가 있을까? 정보를 해석하는 데 길잡이로 삼을 전문가로 누구를 신뢰해야 할지도 갈수록 막막하다. 온갖 사람들이 전문가를 자처한다. **당신**이 믿고 따르는 전문가와 **내**가 믿고 따르는 전문가가 다를 수도 있다. 전문가마다 견해가 다르거나 꿍꿍이가 있거나 자신의 편협한 시야 너머의 세상이나 '현실'을 이해하지 못하는지도 모른다. 마음 놓고 신뢰할 수 있는 전문가를 어떻게 찾아야 하나?

개인으로든, 집단으로든, 사회 전체로든 건전한 판단을 내리고 유의미한 조치를 취하고 문제를 해결하려면 우선 현실을 이해해야 한다. 하지만 현실을 분간하기가 쉽지 않고 어느 전문가에게 설명을 믿고 맡길지 모르겠을 때, 우리는 난장판을 헤쳐 나아갈 다른 전략을 채택한다. '마음 가는 대로' 행동하고, '믿어지는 대로' 판단하고, 믿음을 재확인해주는 증거를 찾는다. 친소 관계에 따라 입장을 정한다. 심지어 자신과 의견이 다른 사람들을 깎아내리는 데서 안도감을 찾는다. 자신이 듣고 싶은 이야기를 들려주는 전문가를 찾아간다. 과학자든 학자든 언론인이든 공동체 지도자든 정책입안자든 어느 분야의 전문가든, 우리를 혼란스럽게 하는 정보를 내놓거나 전달하는 사람이 있으면 그에 대한 불신으로 똘똘 뭉친다. 이런 대응 전략들은 개인으로서나 직업인으로서 살아가는 데 도움이 될 수 있다. 든든한 정체감이나 소속감을 선사할 수도 있다. 하지만 뚜렷이 보거나 좋은 판단을 내리게 해주지는 못한다.

그런 전략들에 기대다 위험한 사회적·정치적 결과를 맞을 수도 있다.

정보에 짓눌린 이 시대를 개인으로서, 사회 전체로서 더 순조롭게 헤쳐가려면 어떻게 해야 할까? 혼란을 몰아내고 정신적 함정을 피하고 헛소리에서 똑소리를 가려내려면 어떻게 해야 할까? 자신과 다르게 정보를 해석하거나 다른 가치를 추구하는 사람들과 협력해 결정을 내리고 문제를 해결하려면 어떻게 해야 할까?

물리학자(솔), 철학자(존), 심리학자(롭)가 의기투합한 우리 셋은 지난 10년 가까이 긴밀히 협력해 거대한 문제에 대해 생각하고 지금의 '정보 과잉' 시대에 효과적으로 판단하는 법을 학생들에게 가르치는 프로젝트를 진행했다. 우리는 무비판적이고 정치적인 의사결정이 난무하는 우려스러운 추세에 대응하고자 2011년 공동 연구를 시작했다. 이를테면 국가부채 상한을 올리는 문제가 그해 여름 논쟁거리였는데, 이 문제는 '나라의 경제적 안녕을 개선하려면 어떤 경제적 접근법이 최선인가'라는 단순하고 현실적이고 심지어 검증 가능할 법한 문제로 간주되지 않고 살벌한 종파 대립을 방불케 했다. 찬반을 막론하고 대부분의 논증은 과학적 사고의 가장 기본적인 원칙에 대한 무시 또는 무지를 드러냈다. 우리는 명확한 사고, 합리적 논증, 생산적이고 협력적인 의사결정 과정을 위한 원칙을 수립하고 가르치려면 어떻게 해야 할지 궁리하기 시작했다.

그 결과로 캘리포니아대학교 버클리캠퍼스에서 팀 티칭 학제 간 수업 '원대한 사상Big Ideas'이 개설되었다. 수업의 취지는 자연과학과 사회과학에서 세계를 이해하려고 쓰는 개념, 도구, 접근법을 학생들에게 골고루 가르친다는 것이었다. 또한 혼자 일하든 함께 일하든 모든 사람이 일상생활에서 근거에 기반해 판단을 내리고 (자신이 맞닥뜨리는) 온갖 문제를 해결하는 데 이 접근법들이 얼마나 요긴한지 보여줄 수 있도록 교과과정을 구성했다. 흡족하게도 수업은 성황리에 진행되었으며, 그 뒤로 점점 많은 대학에 차용되고 변용되었다.[1] 우리 학생들은 이제 새로운 관점에서 세상을 바라보며, 개인적 의사결정과 사회문제에 접근하는 새로운 방법을 손에 넣어 한껏 고무되었다. 의문을 탐구하고, 정보와 전문성을 평가하고, 집단이나 사회의 일원으로서 협력하는 능력도 향상되었다. 우리는 학생들의 열정에 감동받아 이 도구를, 또한 함께 생각하고 협력하는 이 새로운 방법을 교실 너머 모든 연령의 학생·시민과 나눌 방안을 모색하기 시작했다.

우리 사회가 길을 잃고 고통을 유발하며 천금 같은 기회를 놓치고 있는 이유는 우리에게 쏟아지는 어마어마한 분량의 복잡하고 곧잘 모순적인 정보를 이해할 도구가 없기 때문이라는 심증이 점점 굳어졌다. 문제에 결부된 사실들을 확인할 수 없거나, 그 문제들에 공동의 또는 정치적 해법이 필요하거나, 심지어 그 사실들이 무엇인지에 대해 이견이 있을 때는 현실 문제 해결이 지지부진할 수 있다. 인류는 로켓과학을 발전시켰고 달까지 날아갈 수 있지만, 정작 필요할 때 간단한 합리적 판단을 내리기 위해 불확실성과 관점 대립을 해소하는 법을 늘 생각해내지는 못한다.

우리는 어떻게 달까지 날아갔을까? 인류가 생각하는 종으로서 수백 년간 노력해 점점 많은 인구의 굶주림을 줄이고 수명을 늘린 것은 어떻게 이뤄낸 일일까? 대부분의 사람이 마법 같은 소통 능력을 누리고 한없이 방대한 정보에 접근할 수 있는 세상에는 대체 어떻게 도달한 것일까? 우리를 여기까지 오게 한 것이 무엇이든 그것을 이용해 오늘날 인류가 직면한 지구적 문제, 전염병 대유행, 기후변화, 빈곤 같은 문제를 해결하지 못하는 것은 왜일까? 과거에 그토록 효과가 좋았던 지적 도구가 현재에 통하지 않는 이유는 무엇일까?

한 가지 문제는 과학 자체가 고도로 기술적이고 모호하고 오락가락하고 모순적인 정보를 쏟아내는 바람에 사람들이 얼떨떨해하고 당혹스러워하고 심지어 분노한다는 것이다. 최근 들어 과학에 대한 신뢰가 많이 깎여나갔다.[2] 과학의 성취는 지난날의 성공이 낳은 온갖 유토피아적 기대에 부응하지 못했다. 일부 성과는 사회적, 정치적, 환경적 부작용을 동반하기도 했다. 이런저런 이유로 과학은 정치 토론에서 양극화의 상징이 되었다. 한마디로 과학이 이해하기 힘들어지고, 달갑잖은 부작용을 낳고, 정파적 비판의 대상이 되면서 많은 사람이 과학자와 '과학' 자체에 대한 신뢰를 잃었다.[3]

하지만 과학은 인류가 품은 가장 까다로운 의문들에 대한 (해답까지는 아니더라도) 통찰을 내놓는 면에서 경이로운 실적을 보유하고 있다. 수천 년에 걸쳐 수수께끼를 풀고 문제를 해결하고 더 나은 삶을 가져다주었다. 과학은 인류의 여명에 뿌리내린 탐구의 문화로, 요령부득 세상의 모순적 정보를 평가하고 우리가 아는 것과 모르는 것을 구별하는 연습을 수백 년째 이어왔다. 그 과정에서 과학자들은 성공과 실패, 돌파구와 막다른 골목으로부터 교훈을 얻어 새 질문을 공략하고 새 문제를 해결할 연장을 벼렸다.

그중 일부는 육분의^{sextant}(별이나 태양의 고도를 측정해 항해 시 위치를 파악하는 도구-옮긴이), 초대형 충돌기, 양자 컴퓨터 같은 물리적 도구다.

하지만 생각 도구도 있다. 마음 습관, 지침, 접근법, 절차, 표준, 개념, 원리, 태도가 그것이다. 이 생각 도구는 지적 '비법'이 되어 다양한 언어와 문화의 세상에서 과학자들이 더 효율적으로, 더 성공 가능성이 큰 방법으로 노력해 더 믿을 만한 결과를 도출하게 해준다. 정보를 평가하고 우리가 아는 것과 믿는 것을 구별하기 위한 기준을 마련하게 해준다. 스스로의 맹점, 편향, 한계를 바로잡고 문제가 해결될 기미가 보이지 않아도 꿋꿋이 노력하도록 독려한다. 아울러 협력, 특히 세상을 다르게 보는 사람들과의 협력이 지닌 기본 가치, 심지어 필요성에 대한 수백 년의 지혜를 품고 있다. 과학은 여전히 많은 시행착오를 겪지만 우리가 백지에서 시작해야 하는 것은 아니다. 어제 저지른 실수 중 적어도 몇 개는 오늘 면할 수 있다.

과학자들은 오래전부터 이 생각 도구들을 길잡이로 삼았지만, 상당수 도구가 그 밖의 분야에서는 널리 쓰이지 않는다. 우리는 이 도구들이 두루 쓰일 수 있으며 쓰여야 한다고 믿는다. 개인으로든, 공동체에서든, 지구 규모에서든 정보와 전문성을 평가하고 불확실한 상황에서 판단을 내리고 삶에 영향을 미치는 문제를 해결하려고 노력하는 곳 어디서나 훨씬 폭넓은 쓰임새가 있고 훨씬 많은 영역과 상황에서 우리에게 도움이 될 수 있다고 믿는다. 실은 점점 많은 사람이 이 도구를 다루는 일에 능숙해지는 것이야말로 앞으로 수년, 수백 년 뒤 인류와 지구의 안녕에 반드시 필요한 일이라고 믿는다. 세 번째 밀레니엄에 살아남아 번성하려면 세 번째 밀레니엄 사고가 필요하다.

의료 문제, 사업적 판단, 사회·환경 정책에 이르기까지 오늘날 우리가 개인적, 직업적, 정치적 삶에서 맞닥뜨리는 난관의 상당수는 고도로 기술적인 과학 정보를 처리하는 문제와 관계있다. 이 책은 정보가 의미하는 것은 무엇이고 의미하지 않는 것은 무엇인지, 정서적, 도덕적, 철학적, 영적 질문 중에서 기술적 정보가 답할 수 있는 것은 무엇이고 답할 수 없는 것은 무엇인지 들여다본다. 하지만 우리가 파악하고자 씨름하는 정보나 해결하고자 하는 문제가 '과학적'이든 아니든 이 책의 과학적 얼개는 유용성을 발휘한다. 복잡하고 변화무쌍한 세상에서 다른 인간과 상호작용하는 인간으로서 우리가 일상생활에 적용할 수 있는 관점을 제시하기 때문이다. 대학원 과정에 등록하려고 빚을 지는 것이 합리적일까? 새 췌장암 치료법 연구에 피험자로 지원해야 할까? 우리 아이의 학습 장애를 해결하는 가장 효과적인 방법이 무엇일까? 외래종 수생 잡초를 없앨 제초제 살포를 마을에서 승인해야 할까? 태양광 패널 설치를 위해 우리 학교의 시설 예산을 써야 할까? 정부에서 자율주행 차량을 어떻게 규제해야 할까?

과학의 중요한 도구들은 이 복잡다단한 문제들을 헤쳐 나가고 결정하는 데 도움이 될 수 있다. 과학이 선사하는 것을 이해하거나 활용하고 싶다고 해서 로켓과학자가 될 필요는 없다. 아예 과학자가 되지 않아도 된다. 필요한 것은 좋은 번역, 즉 과학적 접근법을 알기 쉽게 표현하고 일상생활에서 과학의 실용적 쓰임새를 알려줄 명확하고 간결한 설명이다. 이 책에서 그 번역을 내놓는 것이 우리의 목표다. 이를 위해 우리는 전혀 다른 세 영역의 전문성을 동원한다.

존은 철학을 동원해 우리가 오늘날 직면하는 질문과 우려를 예전 사람들이 어떻게 다뤘는지, 우리 시대에 이것들이 어떻게 새로워지거나 다듬어졌는지 살펴본다. 비과학자들이 제기하는 여러 관점을 소개해 과학 연구가 일반인의 눈에 어떻게 비치는지도 알려준다. 재밌는 이야깃거리도 많이 알고 있다! (그의 스코틀랜드 억양을 독자의 상상에 맡겨두어야 하는 것이 애석할 따름이다.)

롭은 사람들이 어떻게 행동하는가를 사회심리학자의 분석적 관점으로 들여다본다. 그는 실생활에서 사회적 의사결정이 내려지는 실제 사례에 대한 전문성과 더불어 공공 정책과 법률에 대한 경험도 갖추고 있다. 롭은 군대 내 성적 지향과 관련한 '묻지도 밝히지도 말라' 정책의 폐기와 캘리포니아주, 워싱턴주, 버몬트주의 대마초 합법화 같은 쟁점들에서 정책입안자들이 결정에 이르도록 지원했으며 이런 이야깃거리를 풍성하게 가지고 있다.

솔은 우주만큼 광대하고 의료용 센서와 기후 측정만큼 시급한 과학 분야를 넘나들며 동료 과학자들과 공동 연구를 진행했다. 그의 목표는 때로 낯설어 보이는 이 세계에 인간미를 불어넣고, 과학자들이 실제로 (한다고 과학자들이 생각)하는 일을 비과학자 대중에게 전달해 솔 자신의 개인적 과학 이야기에서 대중이 스스로의 모습을 볼 수 있도록 하는 것이다. 우리는 일상생활에서 뽑은 도발적이고 연관성 있는 사고실험을 이용해 과학적 사고의 요소들을 흥미롭게 소개하고자 노력했다.

1부에서는 과학의 문화와 도구에 초점을 맞춘다. 공유된 현실 이해는 의사결정의 길잡이 역할을 할 수 있는데, 이 문화와 도구가 그런 이해를 위해 현실적으로 쓰일 수 있는지도 살펴볼 것이다. 2부에서는 불확실성으로 가득한 세상에서 최대한의 정보를 얻어내기 위해 누구나 활용할 수 있는 잠재적 초능력인 확률론적 사고라는 과학의 도구를 소개한다. 3부에서는 크고 복잡하고 오래 걸리는 문제를 공략해야 할 때 과학적 사고가 우리에게 선사하는 '급진적 할 수 있다 자세^{radical can-do} stance'를 소개한다. 우리가 두 가지 초능력을 가질 수 있다면 이것이 두 번째 초능력이다. 또한 '할 수 있다' 자세를 가능하게 만드는 비법도 제시한다.

우리는 이 과학적 사고의 도구를 사용해 급격한 '서사적 전환'을 단행한다. 도구를 연습하는 것 못지않게 까다로운 이 과제는 사실과 숫자가 가치, 두려움, 목표와 만나는 어수선한 의사결정 과정에 도구를 적용하는 것이다. 4부에서는 개개인의 생각이 잘못을 저지르는 오만가지 방식과 이 정신적 함정을 피하는 참신한 기법과 유서 깊은 기법을 살펴본다. 이 기법들은 과학을 위해 개발되었지만 누구에게나 요긴하다. 마지막으로 5부에서 던지는 질문은 아마도 우리 시대의 가장 거대한 질문일 것이다. 우리가 배운 개념들 중에서 매우 인간적인 감정을 통해 끌어낼 수 있는 모든 합리성을 엮어낸다면 어떤 문제를 (동업자, 팀, 사회, 세상을 비롯한) 타인과 함께 해결할 수 있을까?

함께하고 힘을 합치는 현실적이고 원칙에 입각한 방법들을 더 많이 발전시킬 수 있다는 생각은 우리의 집단적 미래에 가장 중요한 열쇠인지도 모른다. 오늘날 우리는 파국적 기후변화, 지구적 전염병 대유행 위협, 고삐 풀린 부의 편중을 맞닥뜨리고 있다. 우리 문명의 존속을 위협하는 문제는 이것만이 아니다. 커다란 소행성이 지구에 부딪칠 수도 있고, 다음번 거대 화산 폭발의 화산재 구름 때문에 항공이 모조리 두절되고, 작황 부진으로 전 세계에 흉년이 들 수도 있다. 하지만 현재의 위협도, 미래의 개연적 파국 시나리오도 우리가 최상의 세 번째 밀레니엄 기술을 온전히 활용해 (심지어 부분적으로라도) **협력**한다면 결코 두렵게 느껴지지 않을 것이다. 함께하면 난제를 해결할 수 있다!

원서 제목인 '세 번째 밀레니엄 사고Third Millennium Thinking, 3MT'에 대해 한마디 해야겠다(세 번째 밀레니엄은 2001년부터 3000년까지, 즉 21세기부터 30세기까지를 일컫는다-옮긴이). 우리가 3MT를 내세우는 취지는 사람들이 유난히 비옥해 보이는 세 번째 밀레니엄 시기에 들어서면서 활용하기 시작한 개념과 접근법의 전모를 장난스럽게 과장해 묘사하려는 것이다. 끊임없이 개선되고 있는 이 개념과 접근법들은 다양한 원천과 전통에서 배출되고 있지만, 현재 형태의 과학적 사고야말로 무엇보다 커다란 원천이다. 일부 독자에게는 많은 개념이 낯익을 테지만 우리는 그런 경우를 상정하지 않았으며 장마다 각 개념을 쉽게 소개하고자 했다. (흔쾌히 허락할 테니 이미 아는 내용은 건너뛰시라.)

이 모든 개념을 한 곳에 풀어내면서 우리가 삼은 목표는 개념들을 모았더니 복잡한 세상에서 우리 모두를 위한 전진로가 만들어지기 시작하더라는 것을 입증하는 일이다. 분석해야 하는 모든 정보, 내려야 하는 모든 결정, 그리고 개인으로서, 부모와 가족 일원으로서, 집단과 조직으로서 해야 하는 모든 계획과 협업 같은 일상생활에도 이 개념들이 무척 요긴하겠다는 생각이 든다. 하지만 더 나아가 이 개념들을 사람들에게 가르치는 일에 우리 자신의 미래가 달렸다고도 믿는다. 저자인 우리조차 애초에 개념 성립의 계기가 된 오류들을 늘 피하지는 못하기 때문이다. 교실에서 오류에 대해 강의할 때는 조금이나마 더 효과적으로 오류를 면할지도 모르지만, 학자로서 우리의 연구는 이런 실수와 정신적 함정을 조심하도록 과학적으로 훈련받은 다른 연구자들의 온전하고 확고한 문화에 의지한다. 우리는 서로가 정직하도록 함께 노력한다. 자신의 연구 분야 바깥에 있는 세상의 모든 문제에 대해서는 서로에게 의지해야 한다. 당신이 우리를 위해, 또한 서로를 위해 오류를 조심하는 법을 이 책에서 배우길 바란다.

지난 몇 년간 우리 모두는 이 사회의 양극화가 경악스러운 지경에 도달한 것을 알게 되었다. 우리 사회에서 과학과 과학적 전문성의 관계가 종종 틀어지는 현상과 이 양극화 사이에서 뜻밖의 상호작용이 일어난다는 것도 깨달았다. 힘 모아 우리 사회를 앞으로 끌고 나갈 수 있는 공통의 현실적 계획과 공통의 이해를 마련할 희망이 조금이라도 있으려면, 자신의 생각에 오류가 있을 가능성을 받아들이고 자신이 어디로 잘못 가고 있는지 보게 해줄 반대 의견이 필요하다는 점을 받아들여야 한다. 또한 두 번째 밀레니엄 말에 이루어진 과학적 진보에 대한 환멸과 역풍의 근원을 이해하고 문제를 바로잡을 방안을 모색해야 한다.

어떤 책 한 권으로도, 어떤 접근법 하나로도 그 균열을 치유할 수는 없다. 양극화된 의견 충돌이 싹 사라지지도 않을 것이다. 하지만 어딘가에서 시작은 해야 한다. 우리는 과학의 문화가 유망한 출발점 중 하나라고 믿는다. **만일** 우리가 과학의 도구, 개념, 과정을 차용하고 자신의 생각 속에서 세 번째 밀레니엄으로의 전환을 이룰 수 있다면 말이다.

1부

현실을
파악하는 법

1장.

우리는 매일 무언가를 결정한다

당신은 친구들과 도보 여행을 하는 중이다. 돌연 심장이 꽉 죄이는 느낌이 들더니 의식을 잃는다. 정신을 차려보니 병원이다. 유일한 당직의인 젊은 인턴 두 명이 CT 영상을 보고 있는데, 두 사람이 나누는 대화가 당신 귀에 들린다. 당신의 심장이 잘못됐을 시나리오는 두 가지다. 문제는 어느 쪽인지 모른다는 것이다. 시나리오 A가 맞다면 개흉 심장 수술을 받아야 한다. 당신을 몇 시간이라도 살려두려면 당장 가슴을 절개해야 한다. 수술에는 심각한 합병증 위험이 따르며 목숨을 잃을 수도 있다. 하지만 수술받지 않으면 확실히 죽는다. 그런데 시나리오 B일 가능성도 A 못지않다. 그 경우 당장 필요한 것은 투약뿐이다. 투약하면 당신을 이틀이나 사흘간 살려둘 수 있는데, 추가 검사와 경과 관찰을 하기에는 충분한 시간이다. 하지만 실제로 벌어지고 있는 사태가 시나리오 A라면 투약만 해서는 죽을 게 뻔하다.

이 시점에 두 인턴이 환자(당신)가 깨어났다는 사실을 알아차린다.

두 사람은 당신에게 어떻게 해주면 좋겠느냐고 묻는다. 당신이 말한다. "어느 쪽으로 결정해야 할지 도무지 모르겠어요! 제가 뭘 할 수 있겠어요. 부디 목숨만 살려주세요." 두 사람은 잠시 상의하더니 당신에게 결정을 내릴 두 가지 방안을 제시한다. 첫째, 두 사람은 당신이 민주주의 신봉자라는 것을 알고서 민주적 접근법을 쓸 수 있다고 말한다. 주차 관리원, 일반 시민, 시의원 등 도시의 모든 사람에게 이 결정을 놓고 투표해달라고 청하는 것이다. 두 번째 방안은 학식과 경험이 가장 풍부한 의사들에게 결정을 위임하는 것이다.

자신의 전문 분야가 아니거나 정답이 무엇인지 전혀 모르는 사안에 대해 중대한 결정을 내려야 한다면, 우리가 해야 하는 첫 번째 선택은 그 결정을 위한 최상의 정보를 얻기 위해 누구와 상의하고 누구에게 질문해야 하는가여야 한다. 정치적 대표를 뽑거나 대마초를 합법화하거나 풍력발전기 부지를 정하는 등의 여러 중요한 문제에서는 대다수 사람들이 어떻게 생각하느냐가 정말 중요하다. 이런 결정에서는 민주적 접근법의 장점이 많다. 하지만 위에서 예로 든 가상의 응급 상황에서까지 다수의 의견이 가장 중요하다고 말하는 사람은 많지 않을 것이다. 정말 중요한 것은 결정의 질이며, 이런 때는 투표에 부치는 것보다는 유능한 의사들에게 물어보는 쪽이 더 나은 결정으로 이어질 수 있다.

모든 것에 대한 지식을 모두가 똑같이 가지고 있지는 않다. 역사에 대해 남보다 많이 아는 사람이 있는가 하면, 자동차에 대해 유난히 많이 아는 사람도 있다. 의료에 대해서도 일반인보다 많이 아는 사람이 있다. 아는 게 힘이라면 다양한 전문가의 전문 지식에 귀를 막는 것은 스스로를 허약하게 만드는 꼴이다. 전문가들에게 귀 기울여야 하는 한 가지 이유는 당신이 하려는 일을 할 힘을 주기 때문이다.

하지만 전문가가 필요하다는 조건으로부터 세 가지 난제가 대두된다. 첫째, 우리 자신에게 전문 지식이 없다면 자신에게 어떤 지식이 필요하고 그 분야에서 신뢰할 만한 전문가가 누구인지 대체 어떻게 알 수 있을까? 둘째, 신뢰할 만한 전문가를 찾았다 하더라도 결정의 나머지 핵심 요소인 가치, 정서, 목표는 언제 어떻게 고려해야 하나? 셋째, 결정이 정당하게 내려지고 우리 자신의 개인적 자율성이 존중되도록 하려면 어떻게 해야 할까? 누가 최종 권위를 가져야 할까? 어떤 근거로? 이 물음들을 하나씩 살펴보자.

전문가와 사이비 전문가

오늘날 과학은 복잡하며 과학을 발전시키는 수학 모형은 대부분의 사람들에게 요령부득이다. 수학을 이해하려면 오랫동안 훈련을 받아야 한다. 이 때문에 어떤 사람들은 전문가의 조언이나 지시를 무작정 따르지만("당신은 수식을 이해하지 못할 테니 시키는 대로 따라 하기만 하세요."), 다른 한편으로 어떤 사람들은 무지의 편에 있으면 권한을 박탈당하는 기분이 들어 부정적 권력을 행사할 기회를 흘려보내지 않으며 전문가에게 귀 기울이기를 거부한다.

이 딜레마는 코로나19 대유행 기간에 특히 두드러졌다. 과학자들은 "마스크 쓰지 마세요", "마스크 쓰세요", "코로나19에 걸리지 않으려면 예방접종을 받으세요", "코로나19에 걸렸을 때 덜 고생하려면 예방접종을 받으세요" 등 온갖 조언을 내놓았다. 하지만 이 조언의 이면에 있는 논리가 무엇인지, 시간이 지남에 따라 왜 조언이 자꾸 달라지는지 이해할 수 있는 사람은 거의 없었다. 바이러스가 무엇인지, 이 조치들이 우리가 바이러스를 이겨내는 데 정확히 어떻게 도움이 되는지 설명할 수 있는 사람조차 거의 없었다. 이 상황에서 '자율성'은 둘 중 하나를 의미하는 듯했다. 모순되는 모든 정보로부터 스스로를 격리하는 자율성이거나, 전문가들 중에서 가장 신뢰할 만한 사람을 하나 고르는 자율성이거나.

전염병 대유행 기간에 벌어진 (질적으로 천차만별인) 정보의 과부하로 인한 혼란은 우리를 더 일반적인 문제로 이끈다. 현실적 이해관계에 결부될 수 있는 어떤 주제에 대해서든 정보가 쏟아져 들어오면 우리는 갈피를 잡지 못한다. 어떤 주제에 전문 지식이 필요할 때 가장 신뢰할 만한 정보를 찾으려면 어떻게 해야 할까? 누구를 신뢰해야 할까? 이 전문가를 저 전문가보다 신뢰해야 하는 이유는 무엇일까?

현실에서는 정확한 정보가 필요한 결정을 내릴 때 특별히 고려해야 할 점이 있다. 당신은 **효과가 있는** 정보 출처를 이용하고 싶을 것이다. 농사를 예로 들어보자. 사람들은 오랫동안, 약 2만 년간 농사를 지었다. 당신이 농사를 지으려고 한다면 옥수수를 심기에 가장 좋은 시기가 언제인지 알아내는 데는 여러 방법이 있을 수 있다. 영적 지도자의 말씀에 의지할 수도 있고, 별의 운행을 보고서 파종 시기를 알 수 있다고 주장하는 사람의 말을 들을 수도 있다. 환경이 안정적일 때는 그렇게 해도 괜찮을 수 있다. 어쩌면 영적 지도자와 점성술사는 여러 세대에 걸쳐 현지 사정에 맞게 가르침을 수정했을지도 모른다. 하지만 실험과 관찰이라는 과학적 접근법에는 막강한 이점이 있다. 더 나은 품종의 종자, 더 나은 관개 방법이 있을지도 모른다. 다른 방안을 시도해보고 어느 것이 최선의 결과를 낳는지 관찰할 수도 있다. 영적 지도자나 별의 운행에 대한 당신의 믿음이 얼마나 확고하든, 이웃의 옥수수가 훨씬 높이 자라고 당신이 굶주릴 때 그들이 배불리 먹는 모습을 본다면 그 믿음을 지키기가 쉽지 않을 것이다.

과학의 근사한 점은 **효과가 있다**는 것이다. 의료, 음식, 자동차, 인터넷에 이르기까지 과학이 우리의 일상생활에 얼마나 속속들이 들어와 있는가는 굳이 언급할 필요도 없다. 이에 대해서는 이론의 여지가 없다. (정보의 홍수에 어떻게 대처해야 할지 궁리할 때 맞닥뜨리는 문제 하나는 과학이 무엇을 할 수 있는지와 관련해 백신에 마이크로칩을 심자느니 태양을 전자식 램프로 대체하자느니 하는 온갖 터무니없는 주장이 난무한다는 것이다. 과학이 엄청난 성취를 거뒀고 과학의 위력이 당연하게 여겨지는 탓에 많은 사람은 과학이 이런 허황한 발상까지도 실현할 수 있으리라 철석같이 믿는다.)

과학이 효과를 발휘하는 것은 마법을 부려서가 아니라 설계를 통해서다. 과학은 우리가 실속 없이 솔깃하기만 한 발상에 현혹되지 않도록 지켜준다. 타고난 편향을 극복하는 일은 누구에게나 힘들다. 하지만 과학자들은 편향에 맞서 구사할 수 있는 다양한 방법을 개발했다. 증거를 평가해야 할 때 자신의 심리를 결부시키지 않고서 기계적으로 절차를 진행할 수 있다는 점에서 이 방법들은 '비개인적' 기법이다. 이 기법들은 과학 전반에서 흔히 볼 수 있다. 분야마다 이름은 달라도 같은 기법임을 알아볼 수 있다. 당신이 이 기법들을 쓰고 있지 않았다면 반드시 알아야 한다. 과학이긴 하지만 로켓과학은 아니다. 이해하기 힘들지 않고, 수학도 필요 없으며, 당신이 과학자이든 아니든 과학자들이 하는 말에 한마디 거들 수 있게 해준다.

분자생물학에서 인체의 특정 단백질을 연구하며 일생을 보낸 과학자를 예로 들어보자. 이런 과학자는 분야가 다른 발달심리학 실험 연구(이를테면 아동이 산수를 어떻게 배우는지)를 들여다보고서도 실험 설계의 논리를 간파할 수 있을 것이다. 이것은 분자생물학 연구가 아동 학습에 대한 전문 지식을 가져다주기 때문이 아니다. 수학 실력과는 관계가 없다. 수학적 분석에 결부된 복잡성이 아예 없을 수도 있다. 오히려 이것은 모든 실험이 어떤 과학 분야에서든 같은 종류의 문제에 적용되기 때문이며, 모든 과학자가 같은 편향들로부터 스스로를 지켜야 하기 때문이다. 이 기법들은 배우기 힘들지 않다. 과학 훈련을 받지 않았어도 괜찮다. 심지어 학교 교육을 거의 받지 않았어도 어려울 것 없다. 이 기법들은 학문적 연구라는 맥락의 바깥에서도 필수적이며, 아이에게 어떤 음식을 먹일지, 예방접종을 받아야 할지 같은 매우 현실적인 주제에 대해 생각할 때에도 꼭 필요하다.

이 기법들을 이해한다고 해서 과학자들의 실험을 재현하거나 과학 분야의 까다로운 전문 지식을 쌓을 수는 없다. 하지만 우리가 보고 있는 것이 정직한 연구인지, 우리를 진리에 가까이 데려다줄 것인지, 아니면 단지 우리의 선입견을 악용하는 미사여구인지 평가할 수는 있다. 즉, 전문가와 사이비 전문가를 구별할 수 있다. 과학적 사고의 기법과 도구를 다루는 능력을 갖추는 것은 이 책의 중요한 목표 중 하나다.

가치판단

하지만 대부분의 상황에서 사실이 우리가 고려해야 하는 유일한 요소는 아니다. 하긴 찰리 채플린과 막스 형제 중에서 누가 더 웃긴지, 고추장과 된장 중에서 어느 쪽이 더 맛있는지 판단할 때는 객관적 사실을 알아야 할 필요가 전혀 없다. 하지만 그 밖의 많은 경우에도 사실은 필요하긴 하지만 전부는 아니다. 가치, 윤리, 두려움, 목표가 의사결정에서 중요한 요인으로 작용할 때도 얼마든지 있다.

심지어 환자를 치료할 때에도 같은 지식을 가진 두 명의 의사가 다른 치료법을 선택할 수 있다. 당신이 병원 침대에서 깨어나는 상황을 다시 살펴보자. 물론 당신은 증거가 어느 방향을 가리키는지 판단해야 한다. 하지만 이 상황에서 당신에게 중요한 것이 무엇인지도 저울질해야 한다. 사람마다 위험의 무게를 다르게 평가할 수 있다. 당신은 이렇게 생각할지도 모른다. '내가 약만 먹어도 괜찮을 확률이 반반이지만, 목숨을 잃을 위험을 감수할 순 없어. 그러니 수술을 받겠어. 합병증이 생길지도 모르지만 검증된 방법이고 목숨을 잃을 것 같진 않아.' 반면에 당신이 좀 더 대담하다면 이렇게 생각할지도 모른다. '생존 가능성이 더 크지 않다면 수술과 수술 후 회복의 고통을 겪고 싶진 않아. 그러니 죽음의 위험을 감수하고 투약을 선택하겠어.' 위험에 어떤 가치를 부여할지는 당신에게 달렸다. 의사들은 위험이 얼마나 큰지는 알려줄 수 있지만, 그것이 당신에게 어떤 의미가 있는지는 알려줄 수 없다.

이를테면 암 진단을 받은 아동의 부모에게는 이런 종류의 문제가 더욱 뼈저리게 다가올 것이다. 당신은 끔찍한 결과를 낳을 위험이 크지만 운이 좋다면 효과를 볼 수 있는 근본치료(완치를 위한 치료-옮긴이)를 자녀에게 시술한다는 생각을 도저히 받아들이지 못할지도 모른다. 반대로 질병이 아이를 갉아먹는다는 생각을 견딜 수 없어 근본치료에 매달릴지도 모른다. 위험에 어떤 가치를 부여할지는 당신에게 달렸다. 이것은 전문가들이 조언해줄 수 있는 문제가 아니다. 아이가 암으로 죽을 위험이 목숨을 부지하되 영구적 부작용을 겪을 위험보다 큰지 판단하는 것은 당신 이외의 그 누구에게도 불가능한 일이다. 어떤 복잡한 수식도, 어떤 과학 실험도 이 요인들을 어떻게 저울질해야 하는지 알려주지 못한다.

여기에는 우리가 '가치'와 결부시킬 수 있는 고려 사항이 많다. 가치 판단은 과학자들의 사실 찾기 노력과 대조적이다. 당신이 자신의 가치를 끌어내는 배경은 가족일 수도 있고, 자신이 속한 종교 집단일 수도 있고, 단지 주변 사람이나 예전에 읽은 책일 수도 있다. 특정 가치를 정의하는 방식은 사람마다 다르며, 대부분의 사람들이 품고 있는 가치들의 집합이 완전히 일관되지 않을 수도 있다. 이 모든 요인은 당신이 결정을 내릴 때 다양한 부정적 결과의 위험에 얼마나 무게를 둘지, 당신이 얻을지도 모르는 혜택에 얼마큼 중요성을 부여할지에 영향을 미칠 수 있다.

이 문제들에 대해서는 예방접종의 잠재적 위험과 이익을 평가할 때와 달리 당신에게 평가 방법을 알려줄 '전문가'는 어디에도 없다. 하지만 여러 도덕적 문제, 특히 실생활에서 자주 맞닥뜨리는 문제에 대해 골똘히 생각해왔고, 이쪽저쪽에서 대두될 수 있는 온갖 고려 사항에 친숙한 사람들은 물론 있다. 병원과 대학에서 현실적 의사결정을 지원하는 인력을 자주 채용하는 데는 그럴 만한 이유가 있다. 많은 사람에게는 까다로운 도덕적 문제가 생겼을 때 상의하고 싶은 사람이 있다. 부모, 배우자, 목사, 죽마고우가 그런 사람이다. 하지만 흡연이 건강에 미치는 영향을 평가하는 전문가 위원회가 있는 것과 달리 가치판단에 대한 권위자로 보편적으로 인정받는 전문가 위원회는 없다.

결정 절차를 진행하는 주체가 집단이나 공동체이면 문제가 더 복잡하다. 사실에 합의하기 힘들 뿐 아니라(우리가 방금 소개했고 뒤에서 더 논의할 도구들을 당신이 갖추었다면 신뢰할 만한 정보 출처를 가려낼 수 있을지도 모르지만) 고려해야 할 가치가 서로 다르거나 심지어 모순될 수도 있다. 이 어려움은 뒤에서 집중적으로 들여다볼 것이다.

전문성과 권위

그러기에 우리에게는 신뢰할 수 있고 사실에 입각한 정보 출처가 필요하다. 대안들을 견주고 행동의 잠재적 결과를 이해하려고 노력하면서 자신의 가치를 맥락 삼아 그 정보를 고려해야 한다. 하지만 최종 결정을 내릴 권위는 누구에게 있을까?

오늘날 대부분의 사회에서는 개인이 자신에게 영향을 미치는 결정을 스스로 내릴 권리가 있다고 간주한다. 하지만 당신에게 가장 큰 영향을 미치는 결정에 대해 왜 군이 **당신**이 권리를 가져야 하는지 생각해본 적 있는가? 이 물음은 현재 벌어지고 있는 많은 논쟁의 한가운데로 당신을 이끈다.

당신을 비롯한 모든 사람이 당신의 안녕을 바란다고 가정해보라. 잘못을 저질렀거나 후회할 일을 했거나 스스로에게 해로운 결정을 내린 경험은 누구나 있을 것이다. 우리는 복잡한 의료 판단뿐 아니라 그 밖의 여러 영역에서 어떻게 해야 자신의 일이 잘 풀리는지에 대해 딱히 전문가가 아니다. 그러니 당신이 단지 자신의 일이 잘 풀리기를 원한다면 모든 의사결정을 전문가들에게 맡기는 편이 나을 수도 있다.

하지만 대부분의 사람들은 이것을 끔찍한 발상으로 여길 것이다. 우리가 언제 무엇을 먹고 어떤 약을 복용하고 어떤 의료 절차를 거쳐야 하는지, 어떤 직업을 선택하고 어떤 모임에 가입하고 어떤 운동을 하고 어떤 애인을 사귀어야 하는지를 전문가가 결정하는 사회는 설령 그들의 결정이 '옳을'지라도 지옥처럼 느껴진다. 우리는 '전문가'의 조언을 귓등으로 흘릴 권리를 갖고 싶어 한다. 하지만 이것이야말로 비합리적이지 않나? 당신은 '전문가'도 이따금 잘못을 저지르며 어쨌거나 당신에게 가장 유리한 것이 무엇인지 당신만큼 이해하지 못할 수도 있다고 주장할지도 모른다(당신 말이 옳을 수도 있다). 그럴 가능성은 분명히 있다. 하지만 당신이 전문가의 잘못 못지않게 해로운 자멸적 충동에 사로잡혀 있을 가능성도 있다. 당신에게 영향을 미치는 결정을 내릴 권리를 전문가에게만 부여하는 것이 당신에게 훨씬 나을 수도 있다. 그런데도 이런 식으로 권한을 내려놓는 것이 이토록 껄끄러운 이유는 무엇일까?

자연스럽게 떠오르는 답은 (적어도 민주 사회에서는) 당신이 스스로를 권리와 책임을 가진 자유로운 사람으로 간주하도록 교육받았기 때문이라는 것이다. 당신은 자신의 자유가 인정받고 존중받길 기대한다. 당신이 심장마비를 일으켰다가 깨어나서 결정을 내려야 하는 상황을 다시 생각해보자. 결국 당신이 상황을 가늠해 결정해야 한다. 당신에게 무엇이 최선인지 안다고 말하는 전문가들에게 끌려다닐 수는 없다. 최후의 결정은 당신 몫이다.

하지만 중요한 결정 중에는 당신의 개인적 안녕이 아니라 결정을 내릴 능력을 가지지 못한 타인의 안녕에 대한 것도 많다. 당신의 할머니가 죽어가고 있고 온전히 회복할 가능성이 희박하다고 가정해보라. 할머니는 지금 의식이 없고 생명 유지 장치를 달고 있는데, 연명치료를 중단할 권한을 당신에게 위임해두었다. 당신은 연명치료를 중단해야 할까? 한다면 언제 해야 할까? AI 신봉자라면 기계에 결정을 맡기라고 말할지도 모르겠다. 그러면 기계가 가능한 결과에 대한 최상의 의료·통계 증거를 취합하고 분석할 테니 말이다. 하지만 할머니와 관련한 제반 사정과 현재의 의학 지식을 바탕으로 결정을 내리려면 당신의 능력보다 훨씬 복잡한 계산을 해야 할지도 모른다.

문제는 이런 상황에서 당신이 결정권자여야 한다는 것이다. 그것이 할머니의 바람이다. 당신이 결정해야 한다. 기계에 맡길 수는 없다. "기계가 할머니를 보내드리라고 말해서 연명치료를 중단했어요"라고 말하는 것은 바람직하지 않다. 기계가 당신에게 적절한 논리와 고려 사항을 알려줄 수 있을지는 모르지만 기계의 조언을 이해하고 저울질하고 최종 결정을 내리는 것은 당신이어야 한다. 자유롭고 자율적인 사람이기 위해서는 당신이 설령 사전에 많은 사람(또는 기계)에게 귀를 기울일지언정, 설령 그들의 조언을 따를지언정 오로지 당신에게 자신을 맡긴 사람에 대해 당신의 가치에 따라 결정을 내려야 한다.

다른 한편으로 스스로에 대해 선택을 내리는 일은 나이 든 친척이나 소아암에 걸린 자녀, 말하지 못하는 아기에 대해, 또는 짐승이나 나무나 무생물에 대해 선택을 내리는 일과는 다르게 느껴진다. 축산을 예로 들어보자. 당신은 축사를 운영하고 있고 가축이 잘 자라길 바란다. 당신에겐 축사 관리법에 대해 수백 년간 전해 내려오는 지혜와 과학이 있다. 우리는 당신이 그 정보를 축사 관리에 활용할 거라 기대한다. 당신이 결정을 내릴 때 소들과 상의하지 않아도 우리는 개의치 않는다. 옳든 그르든 우리는 짐승이 우리만큼 **자유롭다**고는 생각지 않는다. 과학자가 인간사에 조언을 하는 것과 축사 관리자가 (이를테면) 가축의 예방접종 여부를 결정하는 것 사이에는 커다란 차이가 있다. 우리는 타인을 자율적 개인으로 인식하며 그들이 우리를 똑같이 존중해주길 기대한다. (고령의 친척이나 어린 자녀를 대신해 결정을 내리는 일이 고통스러운 이유 중 하나는 환자와 상의하고 싶어도 그럴 수 없기 때문이다. 우리는 결정이 우리의 권리가 아니라 그들의 권리라고 믿는다. 하지만 짐승에 대해서는 이런 문제로 고민하지 않는다.)

경우에 따라서는 스스로 결정을 내릴 수 없는 개인을 대신해서뿐 아니라 결정의 결과에 공동으로 영향을 받는 집단이나 사회의 일원으로서 의사결정에 참여해야 할 때도 있다. 심장마비 사례에서 당신은 민주적 의사결정 절차를 거부했을 가능성이 크지만, 투표는 공동체 구성원들에게 영향을 미치는 결정에 그들을 참여시키는 방법 중 하나다. 집단적 의사결정에 참여할 때는 다양하고 상충하는 이해관계와 가치뿐 아니라, 어떤 사실이 신뢰할 만하고 어떤 전문가가 믿음직한지에 대한 여러 의견을 고려해야 할 수도 있다. 이 책 뒷부분에서는 집단이 정보를 공동으로 평가할 뿐 아니라, 가치를 신중하게 고려하고 저울질함으로써 우리가 민주적 절차로 여기는 것, 즉 투표를 보완하는 방법에 대해 논의한다.

결정을 내리는 권위자가 그 결정으로 인해 가장 큰 영향을 받는 사람들과 이해관계가 다른 특수한 경우도 있다. 여기에는 앞에서 논의했듯 사람들이 판단 능력을 잃는 상황뿐 아니라, 개인적이라고 간주하여 내린 결정의 영향이 개인을 넘어서서 번지는 상황도 포함된다. 오토바이 헬멧이 의무화되거나 공중보건 기관이 전염병 대유행 기간에 학교 휴업을 결정할 권한을 가지는 것은 이런 까닭이다. 하지만 대부분의 경우 우리는 개인이나 집단이 자신에게 영향을 미칠 결정에 대해 권리를 가진다고 간주한다.

고장모드

요약하자면 좋은 의사결정을 좌우하는 것은 앞에서 논의한 세 가지 요소, 즉 신뢰할 만한 전문가에게서 얻은 정확한 정보, 가치에 대한 신중한 고려, 영향을 받는 사람들이 결정을 내릴 수 있도록 권위를 부여하는 구조다. 이 요소들 중 하나라도 나머지 것들과 균형이 심하게 어긋나면 우리는 뚜렷한 고장모드를 본다. 무언가 지독히 잘못되었음을 알게 되는 것이다.

이를테면 의사결정에서 전문가의 역할을 너무 높여 잡으면 어떻게 될까? 몇몇 정치철학자는 최근 이 현상의 극단적 형태인 '에피스토크라시epistocracy' 개념을 거론했다. 이것은 일정 수준의 학력이나 지식을 갖춰

야만 참정권이 부여되는 사회를 일컫는다. 이런 사회에서는 고등학교 졸업자나 대학교 졸업자만 투표할 수 있을지도 모른다. 아니면 누구나 투표할 수는 있지만 학력이 높을수록 투표권이 많아질 수도 있다.⁴

에피스토크라시의 이점이 무엇이든 여기에는 분명 꺼림칙한 구석이 있다(이에 대해서는 뒤에서 논의한다). 과학자들에게 권위를 지나치게 많이 부여하지 않으면서 그들과 협력하려면 어떻게 해야 할까? 과학자는 우리 일반인에 대해 축사 관리자의 위치에 있지 않다. 그러므로 우리는 그들이 우리를 소처럼 취급하길 바라지 않는다. 우리가 과학자들에게 부여하지 않은 통제권을 그들이 우리에게 행사하길 바라지 않는다. 우리의 결정을 평가할 권한이 우리 자신에게 있길 기대한다. 과학자들이 우리의 선택에 영향을 미치고 싶다면 우리를 **설득**해야 한다. 과학자들은 자신이 발견했다고 생각하는 사실을 우리에게 설명할 수 있으며, 자신이 얻은 결과가 객관적임을 확신시키기 위해 연구 방법을 공개할 수 있다. 그러면 우리는 그 결과가 설득력이 있는지 스스로 판단할 수 있다.

이 말은 과학자들이 결론에 도달하려고 이용한 기법을 과학자든 비과학자든 모두가 어느 정도 이해해야 한다는 뜻이다. 이것이 우리가 훌륭한 전문가를 고르는 데 중요하다고 말한 '이해'와 같다는 것은 놀랄 일이 아니다. 앞에서 말했듯 이것은 은밀한 비전이 아니다. 누구나 배울 수 있으며, 그것이 이 책의 중요한 목표 중 하나다.

이를테면 의사결정에서 자율성의 역할을 너무 높여 잡으면 어떻게 될까? 이 고장모드는 결정의 요소들이 이루고 있던 섬세한 균형이 양자택일로 단순화될 때 일어난다. "자유를 기술관료들에게 넘길 것인지, 자유를 간직하고 이른바 그들의 전문성을 거부한 채 '직접 연구할' 것인지 둘 중 하나를 선택하라." 이 말은 유튜브 동영상을 수백 시간 동안 시청하고서 자신에게 '진짜처럼 들리는' 것을 받아들이라는 것과 마찬가지다. 물론 이 방법의 문제는 당신에게 진짜처럼 들리는 것이 옳을 수도 있지만 치명적 실수일 가능성도 그에 못지않다는 점이다. 우리는 카리스마 넘치는 사람들이 하는 말을 믿거나 이미 가진 선입견을 되풀이하거나 싫은 사람을 악마화하는 이야기에 혹하는 편향이 있다. (편향에 대해서는 뒤에서 자세히 논의한다.) 우리는 자신의 편향을 보지 못하므로 상식을 동원해 무엇이 '진짜처럼 들리는지' 판단할 때 오류를 저지르기 쉽다. 심지어 오류 때문에 목숨을 잃을 수도 있다. 우리는 레이더가 고장 난 채 공격받고 있는 부대의 처지다. 무엇을 방어해야 하는지 막막하기만 하다.

의사결정 과정에서 집단적·개인적 가치의 무게가 전문성에 견주어 알맞게 평가되는지 확인하라는 말을 오해해 관련 과학자들을 가치 논의에서 배제하라고 고집하면 또 다른 고장모드가 생길 수 있다. 물론 우리는 특정 문제를 다루는 과학자들이 자신의 발견이 어떻게 이용될지에 대해, 더 나아가 (이를테면 원자폭탄의 경우에서처럼) 이용될지 자체에 대해서도 고민하길 진심으로 바란다. 실은 좋은 과학 교육이 이런 윤리적 사고를 진작하길 희망한다. 과학자들이 좋든 나쁘든 결과를 고려하지 않고서 인간 유전체를 편집하거나 인간 두뇌의 생각을 읽는 것은 바라지 않는다. 그러므로 우리의 목표를 더 세밀하게 천명하자면, 우리는 과학자들의 사실 발견을 그와 결부된 가치에 대한 최상의 지혜와 분리할 수 있길 원한다. 과학자들이 사실에 대해서는 **전문가**이고, 가치 토론에 대해서는 **참여자**이길 바라기 때문이다. 신뢰할 수 있는 전문가는 우리에게 조언할 때 이 두 가지 역할을 구별해 접근할 수 있어야 한다.

고장모드 사례가 이 세 가지에 국한되지 않는 것은 분명하다. 전문성, 가치, 자율성의 섬세한 균형이 어긋날 수 있는 경우는 얼마든지 있다. 개인적으로든 집단적으로든 의사결정자로서 우리의 임무 중 하나는 이 균형에 대해, 또한 결정으로 이어지는 절차에 대해 감시의 눈초리를 거두지 않는 것이다. 흥미롭게도 여기서도 전문성의 역할이 있다. 특히 사회적 결정을 내리기 위한 (때로는 민주적인) 절차를 이해하는 데 필요한 전문성과 제안된 정책이 사회에 미칠 결과를 탐구하는 데 필요한 전문성은 그 자체로 또 다른 형태의 과학적 사고일 때가 많다. 이 책에서 거듭거듭 보겠지만 과학에서 얻는 개념과 결과는 공동 의사결정을 진행하는 법을 정하는 데 엄청나게 이로울 수 있다. 이렇게 하면 사회 전체가 결정을 내릴 때 모든 사람의 추론과 선호가 그에 걸맞은 가중치를 부여받도록 할 수 있다.

예전에는 막연하게만 고려되었으나 일단 규명되면 의사결정에 포함하는 것이 이로워(또한 필요해) 보이는 가치와 목표가 있다. 이를 인식하는 데 도움이 되는 전문성은 특히 요긴할 수 있다. 이를테면 사회 정책이 영향을 미치는 시간 척도를 어떻게 정할지, 지금으로부터 30년(심지어 30세대) 뒤 인구집단의 이해관계에 비해 현재 인구집단이 마주한 이해관계에 얼마큼 가중치를 부여할지에 대한 문제를 제기하는 데에도 유용하다.

결국 개인적 결정에서 사회적 결정에 이르는 이 모든 결정은 우리가 거는 내기다. 옳게 선택했다고 장담할 수 있는 경우는 드물다. 의사결정의 이 측면은 뒤의 장들에서 논의할 과학적 사고 접근법, 특히 '확률론적 사고' 기법에서 도움을 받을 수 있다.

이 장에서 논의한 모든 내용의 또 다른 토대는 모든 사람에게 동일한 하나의 현실이 있으며 과학이 그 현실을 탐구하는 방법을 우리에게 보여줄 수 있다는 것이다. 하지만 우리 모두에게 동일한 '저기 바깥' 세계에 대한 것들을 과학이 우리에게 알려준다고 생각해야 하는 이유가 무엇일까? 미세한 입자와 힘, 머나먼 은하, 전자기 복사, 은밀한 동기, 뇌 혈류의 급작스러운 변화 등 과학이 우리에게 알려주는 놀라운 세계가 정말로 존재하고 우리 모두에게 똑같다고 생각해야 하는 것은 왜일까? 그것은 공유된 세계가 없다면 공동 의사결정은 불가능하기 때문이다. 이것이 다음 장의 대주제다.

2장. 세상을 이해하는 도구와 현실

과학적 질문을 놓고 정파적 논쟁이 벌어진다는 것은 누구나 안다. 이를테면 미국에서 우파는 기후변화가 인류에게 별로 위험하지 않다고 생각하는 경향이 있는 반면에, 좌파는 매우 위험하다고 생각하는 경향이 있다. 우파는 개인 총기 소지에 대한 규제를 완화해도 범죄가 증가하지 않는다고 생각하는 경향이 있는 반면에, 좌파는 증가한다고 생각하는 경향이 있다.

　이것이 좌파든 우파든 상대편이 과학을 제대로 이해하지 못하기 때문이라고 생각하는 태도는 자연스럽다. 당신 편에 있는 사람들은 과학을 이해하고, 반대편에 있는 사람들은 이해하지 못한다는 것이 문제의 전부라면 합의를 끌어내기 위해서는 전반적인 과학 이해도를 끌어올리면 된다. 하지만 사회과학자들은 과학적 식견을 가진 사람들이 정치 스펙트럼의 양쪽 끝에 포진해 있으며, 사람들에게 '사실'을 알려준다고 해서 정치적 이견이 해소되는 일은 거의 없음을 발견했다.

뒤에서 더 온전하게 살펴보겠지만 이런 첨예한 주제에 대해 편을 정하는 기준은 우리가 목격하는 증거가 아니라 우리가 내세우는 정체성일 때가 많다. 실제로 정교한 과학적 방법은 **증거를 무기화**하는 방법으로 오용될 수 있다. 자신이 선호하는 믿음을 뒷받침하도록 증거를 이용할 방법을 찾는 것이다. 당신이 좌파이고 친구들이 모두 지적 설계론(생명이 초월적 지성에 의해 설계되었다고 보는 주장-옮긴이)을 허튼 발상으로 여기는 상황에서는 지적 설계론에 일리가 있는 것 같다고 말했다가 호된 사회적 대가를 치를 수도 있다. 그런가 하면 주제에 대해 무언가를 알 때 오히려 자신의 사회 집단이 이미 가진 믿음을 확증하는 증거를 끌어모을 수 있다. 당신이 좌파이고 친구들이 모두 총기 규제 완화가 범죄율 증가와 총기 사망률 증가로 이어진다고 생각한다면, 총기 소지가 범죄를 억제한다거나 총기 규제가 무익하다는 발상을 진지하게 고려하다가는 대가를 치러야 할 것이다. 당신이 우파라면 반대일 테다. 그렇다면 약간의 지식은 집단이 승인하는 견해를 방어하는 방법을 제공할 뿐이다.

당신은 이게 뭐 그리 큰 문제냐고 말할지도 모르겠다. 개인 차원에서는 자신이 선택한 집단의 의견을 따르기만 하면 사회적으로 더 성공하고, 더 잘나가고, 더 수월한 삶을 살 수 있다. 각자가 자신이 선택한 교회에서 끼리끼리 어울린다면 어느 쪽이 '옳든' 무슨 상관이랴? 그나저나 자신의 가장 친밀한 집단과 보조를 맞추고 자신의 삶을 떠받치는 권력 구조를 존중하는 것을 초월하는 '올바름' 관념이 실제로 존재할까? 아니면 자신의 정파적 입장이 무엇이든 모두가 합의해야 하는 하나의 '진리' 따위는 결코 존재하지 않을까?

옳고 그름과 과학적 열망

진리가 사람마다 다를 수 있다는 관점이 받아들여지는 경우는 매우 드물다. 당신은 자신이 어느 편에 있든 상대편이 잘못하고 있으며 심각하고 위험한 잘못을 저지르고 있다고 느낄 것이다. 총기 소지의 결과 등에 대한 의견 차이는 어느 노래를 좋아하는지, 어느 피자를 시킬지의 차이와 같게 취급되지 않는다.

　인문학과의 일부 교수는 과학 자체를 여러 권력 구조 중 하나로 치부하지만, 대부분의 과학자는 세계의 기본적 사실에 대해 옳고 그름이 있다고 생각한다는 점에서 우리와 같은 입장이다. 사실 그들은 무엇이 객관적으로 옳고 그른지 알아내는 것이야말로 과학의 전부라고 여긴다. 과학자들은 자신들이 이야기하는 '저기 바깥' 세계가 있음을 입증하려고 애쓴다. 그 세계에서는 옳고 그름(사실과 허구)이 권력 구조와 독립적이며 현실이 무엇으로 이루어져야 하는지에 대한 우리의 바람과도 독립적이다.

　과학자들이 연구에서 실제로 쓰는 절차를 살펴보자. 뒤의 장들에서 많은 사례를 검토할 텐데(이 장에도 유명한 대표적 사례가 실려 있다), 차차 보겠지만 이 절차들은 과학자들이 위력으로 합의를 얻어내려 한다는 통념과 맞아떨어지지 않는다. 과학자들이 연구하는 방식은 권력 집단이 도그마를 강요하는 것과 대체로 정반대였다. 오히려 과학의 권위는 스스로에게 가차 없이 질문하는 데서 비롯한다. 과학자들은 어떤 견해를 고려하든 종종 그 견해가 거짓으로 드러날 수 있는 확실한 방법이 존재하도록 강제한다. 어떤 견해가 틀린 것으로 드러날 수 있는 방법이 없으면 그 견해가 옳다는 주장을 더욱 미심쩍어한다. 과학자들이 칭송하는 위대한 돌파구의 상당수는 자기 분야의 지도자들이 받아들인 생각이 옳을 수 없음을 누군가 밝혀낸 덕분이었다.

이 질문 과정에서 살아남는 생각은 권위를 부여받지만, 권력자가 강요해서 그런 것은 아니다. 믿음에 의문을 제기하는 자를 불에 태우거나 없애버리겠다고 위협하는 사교邪教와는 정반대다. 과학에서는 질문을 환영한다. 이것은 과학이 기본적으로 사회적 현상임을 보여주는 한 가지 모습이지만, 과학은 강압적 현상이 아니라 진리를 추구하는 협력적 사회 현상이다. 여기서 이의를 제기하고 질문하는 과정은 아이를 키울 때와 마찬가지로 공동체 전체가 참여해야 한다.

이제 이 시점에서 진도를 멈추고, 이 책에서 거듭거듭 제기될 사안에 대해 분명히 밝히고자 한다. 세 번째 밀레니엄 사고에 필수적인 관념, 원칙, 운용법은 힘겹게 얻은 과학의 현행 모범 관행이다. 과학자들은 이것을 언제나 실천하거나 개선하려 하며 종종 실제로 구현에 성공하기도 한다. 하지만 과학도 사람이 하는 일이다. 개인과 조직이 끝없이 개선되는 모범 관행을 실천하지 못하는 사례를 얼마든지 찾을 수 있으며 심지어 과학의 하위 분야가 통째로 실패하는 사례도 있다. 이 실패들은 관행을 오해한 결과일 때도 있고 불순한 동기나 '목적이 수단을 정당화한다'는 사고방식 때문일 때도 있다. 하지만 과학자들은 이 사례들을 논의하면서 뿌듯해하지 않는다. 재빨리 실패로 인정한다. 이 책에서는 끝없이 개선되는 과학적 사고의 **열망적** 측면들을 강조한다. 이것들이 최상의 사회적 능력으로 이어지기 때문이다. 과학자들이 늘 이 열망에 부응하지는 못하지만, 그렇게 할 때 과학이 더욱 진보한다는 것을 우리는 경험했다.

게다가 매사가 순조롭게 돌아가고 모범 관행을 준수하더라도 '저기 바깥'의 현실을 파악하려는 과학의 시도는 여전히 어설프고 땜질식이다. 진리는 엄연히 존재하지만, 우리 인간이 그 진리를 밝혀내기 위해 수 세기 동안 개발한 이론과 모형은 기껏해야 진리의 근삿값에 불과하다. 우리는 가진 모형이 불완전하다는 것을 인정한다. 모형은 무엇을 예상해야 하는지 알려주는 대략적인 안내도에 지나지 않는다. 이따금 우리는 특정 분야에서 벌어지는 현상에 대해 수많은 모형이나 이론이 난립하는 것을 보며, 눈앞의 목적에 가장 효과적으로 들어맞는 것이면 무엇이든 일단 쓰고 본다.

시간이 지나면서 우리는 진리를 더 훌륭히 어림하도록 이론과 모형을 발전시킨다. 우리는 무슨 일이 벌어지고 있는지에 대한 과학적 그림을 충분히 정확하게 그릴 수 있고, 실제로 그린 적도 많으며, 그 그림을 바탕으로 놀라운 성공을 거뒀다. 이 점은 두말하면 잔소리다. 요즘 사람들은 과학이 다방면에서 성공을 거두는 것보다는 오늘날 과학 기술의 한계에 놀란다. 전자는 당연하다고 생각하기 때문이다.

공유된 현실을 향한 발걸음

하지만 여기서 의문이 제기된다. 양편 다 자신이 이미 가진 생각에 들어맞게 증거를 무기화할 수 있다면 '저기 바깥'의 현실에 대해 어떻게 합의에 도달할 수 있을까? 현실이 어떤 모습인지에 대한 공유된 이해를 어떻게 달성할 수 있을까?

우리의 현실 감각 중에서 가장 강력한 감각은 아마도 촉각일 것이다. 탁자를 손으로 내려치거나 손가락으로 두드리거나 어두운 방을 가로지르다 부딪히면, 탁자가 저기 있고 진짜라는 것을 확실히 알게 된다. 그러니 공유된 현실에 이르는 가장 유망한 길은 사물을 만지거나 느끼거나 붙잡거나 찌르거나 밀어 반응을 보는 것이라는 생각에서 출발하자. 이 일은 별다른 의견 충돌의 위험 없이 해낼 수 있다. 탁자가 저기 있는지를 놓고 정파적 논쟁이 벌어지지는 않으니 말이다.

하지만 무언가를 물리적으로 건드리는 것이 실재성을 감지하는 유일한 방법은 아니다. 대부분의 사람들은 작대기로 찌를 수 있는 무언가에 대해서도 실재성을 기꺼이 받아들인다. 마찬가지로 법정에서의 입증 기준은 "자신의 눈으로 볼 수 있을 것"이지만 더 뚜렷이 보기 위해 콘택트렌즈를 써도 괜찮다. 심지어 작은 벌레를 보려고 돋보기를 쓸 수도 있는데, 그때에도 우리는 무언가를 맨눈으로 직접 볼 때와 마찬가지로 실재를 접하고 있다고 강하게 확신한다.

세월이 흐르면서 우리는 안경이나 돋보기보다 더욱 정교한 매개물을 다루는 일에 점점 능숙해지지만 자신이 실재를 대면하고 있다는 강렬한 느낌은 여전하다. 이런 매개물에는 지금 당신 호주머니에 들어 있는 것도 포함된다. 당신이 스마트폰을 가지고 다닌다면 말이다. 사실 우리는 10년 전만 해도 으리으리한 실험실에 가지 않으면 누구도 볼 수 없었던 것들, 100년 전에는 누구 하나 볼 엄두조차 내지 못한 것들을 훨씬 직접적이고 상호작용적으로 '볼' 수 있다. 우리는 '실재를 경험하는' 능력이 예전보다 훨씬 커지고 있다.

청각을 예로 들어보자. 스마트폰 앱 중에는 당신의 스마트폰을 음향 분석기로 탈바꿈시켜주는 것이 있다. 음향분석기는 당신이 노래하거나 휘파람을 불거나 악기를 연주하거나 소음을 낼 때, 그 소리의 성질을 시각화해주는 기기다. 오른쪽 그래프는 이런 앱에서 보여주는 화면의 예다. 음을 휘파람으로 불면 화면에 선이 나타난다. 음높이를 높이면 선이 위로 올라가는 것을 볼 수 있다. 그런데 휘파람이 아니라 목소리를 내면 당신은 한 음을 낸다고 생각하지만 화면에는 놀랍게도 화음처럼 여러 개의 선이 나타난다. 음높이를 높이면 그 선들이 일제히 위로 올라간다. 이렇게 해보면 당신이 노래할 때 한 음만 내는 것이 아님을 직감적으로 확신하게 된다. 실제로는 이 모든 '배음overtone'으로 이루어진 화음을 노래하고 있는 것이다. 배음이란 당신이 내려는 음에 섞여 있는 높은 음들을 일컫는다.

모음에 따라 배음 선의 개수가 달라지는 것도 알 수 있다. '아'는 배음이 매우 많고 '오'는 그보다 적고 '이'는 더욱 적다. 이 앱을 잠시 체험해보면 이것이 소리의 실재라는 느낌이 들기 시작한다. 이론을 몰라도 소리의 세계가 다른 방식으로 생각되기 시작한다. 직접 해봤기 때문이다. (우리의 청각계는 동시에 울리는 모든 관련 음인 배음을 하나의 음으로 취급하지만, 동시에 울리는 음의 조합에 따라 다른 '음색'으로 지각한다. 이것은 바이올린, 플루트, 테너 가수가 같은 음을 낼 때 이 소리들을 구별하는 한 가지 방법이다. 바이올린, 플루트, 테너 음성은 음향분석기가 아니더라도 다르게 들린다!)

모든 측정 장비가 실재에 대해 무언가를 알았다는 느낌을 똑같이 불러일으키지는 않는다. 의자 밀기, 탁자 두드리기, 음향분석기에 대고 노래하기의 공통점은 상호작용적 탐구interactive exploration(과학철학자 이언 해킹

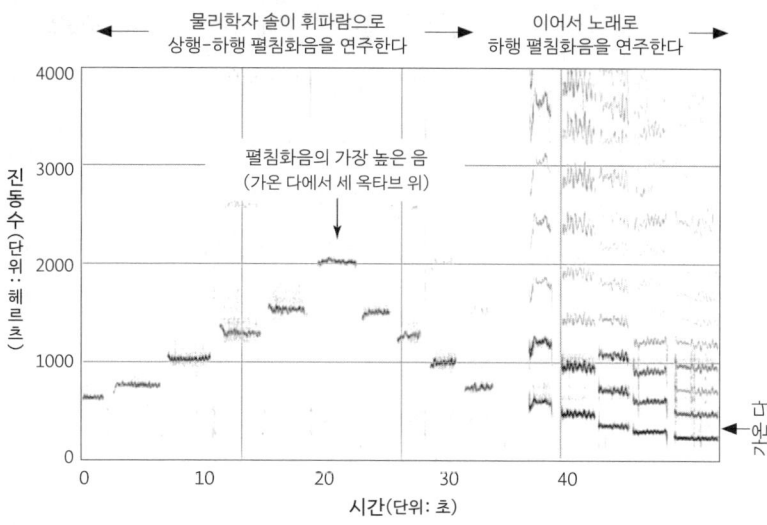

물리학자 솔이 휘파람으로
상행-하행 펼침화음을 연주한다

이어서 노래로
하행 펼침화음을 연주한다

진동수(단위: 헤르츠)

4000

3000

2000

1000

0

펼침화음의 가장 높은 음
(가온 다에서 세 옥타브 위)

가온 다

0   10   20   30   40

시간(단위: 초)

Ian Hacking이 쓴 용어)의 느낌을 자아낸다는 것이다. 상호작용적 탐구의 바탕이 되는 발상은 우리가 경험하는 사물이 우리의 투입에 반응해 달라질 경우, 우리가 그 사물의 실재성을 확실하게 느낄 가능성이 커진다는 것이다. 이를테면 당구공을 큐대로 쳐서 굴러가면 당신은 저기 보이는 동그란 이미지가 물리적 세계에서 무게를 가지는 실제 딱딱한 물체라고 믿는다. 음향분석기 화면은 직접 경험으로부터 한 단계 떨어져 있지만, 여전히 당신의 조작에 반응한다. 휘파람을 높게 불거나 낮게 불면 선이 올라가거나 내려가고, 두 사람이 동시에 휘파람을 불면 선이 여러 개 나타난다. 그리하여 당신은 전에 알지 못했던 사물의 실재성을 믿게 된다. 이를테면 동시에 발음되는 여러 음높이가 음색을 좌우한다는 것을 알게 된다.

상호작용적 탐구를 통해 어떻게 실재 감각이 예리해지는지 생각해

보면 상호작용의 세기를 조절할 수 있는 도구에 의해 감각이 강화되는 사례가 흥미롭게 느껴진다(뒤에서 보겠지만 의미심장해지기도 한다). 우선 과학 분야의 사례를 두어 개 살펴본 뒤에 일상 경험의 예를 둘러보자.

음향분석기 앱을 실행한 뒤 자연스럽게 이어지는 다음 순서는 스마트폰이 전혀 필요 없는 구식 기술이다! 집에서도 해볼 수 있다. 직사광선이 비치는 창문과 바늘구멍이 뚫린 판지만 있으면 된다. 판지를 창문에 대어 하나의 빛살만 통과되도록 한다.

그런 다음 빛살의 경로에 프리즘을 놓으면 햇빛이 색색의 무지개로 갈라져 퍼지는 것을 볼 수 있다. 그런데 LED 손전등의 빛을 프리즘에 비추면 햇빛의 온전한 무지개와 달리 색선이 몇 개 되지 않는다. 구식 형광등이나 백열전구를 프리즘에 비추면 LED와 다른 색선이 나타나는데, 이 역시 온전한 무지개는 아니다. 이 모든 빛은 백색광이라고 불리지만 저마다 다른 색깔로 이루어진 듯하다. 이 현상을 어떻게 이해할 수 있을까? 프리즘 조작이 음향분석기 조작만큼 상호작용적으로 느껴지는가?

프리즘으로 하는 빛 검사는 어떤 면에서 음향분석기로 하는 소리 검사와 매우 비슷하게 느껴진다. 음향분석기는 우리에게 들리는 소리가 실제로는 동시에 울리는 여러 음높이로 이루어졌음을 보여주는데, 이와 마찬가지로 프리즘은 우리가 일상에서 보는 백색광이 여러 색깔로 이루어졌음을 보여준다. 우리는 음향분석기에서 휘파람이 음높이가 하나뿐인 매우 또렷한 소리를 내는 것을 보았는데, 이와 마찬가지로 프리즘을 통과한 LED 빛 또한 햇빛과 달리 여러 색깔로 분리되지 않는다는 것을 볼 수 있다. 여러 광원을 조사하면 당신 눈에 백색광으로만 보이는 빛이 실제로는 여러 색깔이 합쳐진 '화음'임을 확신하게 될 것이다. 한 음으로 노래하는 당신의 음성이 실제로는 여러 음높이가 합쳐진 소리인 것처럼 말이다. 이런 식으로 당신은 빛이 우리가 맨눈으로 알 수 있는 것과 조금 다르다는 점을 받아들이기 시작할 것이다.

상호작용적 탐구의 두 사례인 소리와 빛을 비교하면 당신은 단순한 유리 프리즘을 다루는 일이 스마트폰 앱과 달리 대단하게 느껴질 것이다. 프리즘은 손으로 만질 수 있는 물체다. 앱에는 당신이 이해하지 못하는 성질이나 당신을 속이는 이면의 술수가 있을지도 모르지만 프리즘에 그런 것이 있으리라는 생각은 들지 않는다. 당신은 프리즘에서 나오는 빛이란 프리즘에 들어간 빛이 변형된 것일 뿐이라고 확신한다. 유리 프리즘의 단순함으로 보건대, 프리즘의 결과물은 영리한 컴퓨터 프로그래머가 당신에게 보여주는 환각이 아니라 실재의 실제 표상이라고 확신할 수 있다.

하지만 빛과 프리즘의 이 상호작용적 탐구에는 소리와 스마트폰의 상호작용적 탐구만큼 만족스럽지는 못한 구석도 있다. 우리는 백색광 광원을 음원만큼 자유자재로 다루지 못한다. 우리가 음높이를 마음대로 바꿔가며 노래하듯 눈에서 레이저 빔을 쏘고 마음대로 색깔을 바꿀 수 있다면, 우리 뇌는 백색광 색 조합의 실재에 대해 좀 더 깊이 확신하게 될까? 결국 이것은 실재 탐구가 더 상호작용적인가 덜 상호작용적인가의 차이다.

하지만 이건 약과다! 우리가 지금 들이마시는 실내 공기가 얼마나 퀴퀴한지 알아내는 방법을 위의 사례와 비교해보자. 최근 들어 우리는 공기질이 중요한 문제임을 알게 되었다. 당신이 산소를 들이마시고 이산화탄소를 내뱉을수록 공기는 점점 퀴퀴해진다. 그러면 뇌는 명료하게 생각하는 데 필요한 산소를 흡수하기 힘들어진다. 평소에는 걱정할 필요 없다. 널찍한 실내에는 공기가 많이 있으며 산소가 함유된 신선한 공기가 늘 스며들기 때문이다. 하지만 (한 시간짜리 수업이 진행되는 대학 강의실처럼) 실내에 사람이 많고 공기 흐름이 정체되면 이산화탄소 농도가 높아지고 산소 농도가 낮아질 수 있다. 연구자들은 이산화탄소 농도에 따라 사람들의 인지 검사 점수가 어떻게 달라지는지 조사했다.[5] 그랬더니 농도가 800 이하일 때 점수가 높고, 1000일 때는 점수가 낮았다. 농도가 1200이면 매우 낮았는데, 이 농도는 환기가 안 되는 강의실에서 한 시간이 지났을 때와 비슷하다.

요즘은 조그만 센서를 사서 공기 중 이산화탄소 농도를 잴 수 있다 (덤으로 온도와 습도도 알 수 있다). 우리의 이산화탄소 센서는 음향분석기나 프리즘만큼 상호작용적이지는 않다. 1분가량 흡입구에 숨을 불어넣으면 화면의 이산화탄소 수치를 올라가게 할 수 있지만 그게 전부다. 이 기기를 상호작용적으로 다룰 수는 없다. 기기가 무엇에 반응하는지 알아내기도 힘들다. 음향분석기로 음높이와 악기를 구분할 때와 달리, 기기의 화면에서 말고는 이산화탄소 농도가 얼마큼인지 알 수 없기 때문이다. 내가 아까 당신이 들어왔을 때보다 지금 실내 이산화탄소 농도가 높아졌고 그 때문에 당신의 뇌 기능이 저하했다고 말한다면 당신 스스로 진위를 알아내기란 쉽지 않다. (물론 뇌 기능이 저하할수록 더 힘들어진다.)

이로 인한 결과는 이산화탄소 농도 수치가 '얼마나 진짜인지' 감을 잡기가 힘들다는 것이다. 우리는 수치를 믿음으로 받아들이는 수밖에 없다. 어쩌면 센서에 표시되는 수치는 외계인이 우주에서 우리에게 보내는 전파 때문이고 외계인은 누군가 흡입구에 숨을 불어넣는 것을 볼 때마다 수치를 올리는지도 모른다. 뭐, 이렇게 괴상망측한 이야기를 믿을 사람은 없겠지만, 이산화탄소 센서가 방금 전 논의한 도구만큼 실재와 직접적으로 연결되어 있지 않음은 분명하다.

마지막으로 예를 하나만 더 들겠다. 우리의 감각을 확장하는 극히 단순한 도구로, 첨단기술과는 거리가 먼 종이와 연필이다. 1854년 런던에서 콜레라가 대유행했다. 당시에는 아무도 원인을 몰랐다. 그때 존 스노John Snow가 콜레라 사망 현황을 지도에 표시하기 시작했다. 누군가 콜레라로 죽을 때마다 사망 지점에 작은 점을 찍었더니 점들이 모두 한 장소를 중심으로 몰려 있는 것이 보이기 시작했다. 중심점에서 멀수록 사망자 수가 적었다. 그는 마침내 중심점에 사람들이 식수로 쓰는 우물과 펌프가 있고 그 우물이 오염되었음을 알아냈다. 펌프의 손잡이를 뽑아 아무도 물을 긷지 못하게 했더니 콜레라 사망이 감소했다.

앞에서 우리는 실재 이해의 상호작용적 검증에 대해 이야기하고 있었는데, 이것도 그런 사례로 생각할 수 있다. 우리의 약점 중 하나를 보완하는 구식 기술 과학 기법의 사례이기도 하다. 우리는 많은 사건이 오랜 시간에 걸쳐 어디에서 일어났는지 기억하는 데 젬병이다. 그래서 런던 주민들은 사망 장소의 패턴을 보지 못했다. 하지만 종이와 연필이 있으면 사건을 기록할 수 있으며, 인간 기억력의 한계와 우리 뇌의 제한된 능력을 뛰어넘어 많은 공간 데이터를 표현할 수 있다. 이 도구들을 구사하면 다른 방법으로는 감지할 수 없는 현실 사건을 감지할 수 있다.

존 스노의 시대 이래 우리는 감각을 확장하고 한계를 뛰어넘는 방법을 계속 발명했으며 그리하여 세계의 실제 모습을 더욱 많이 알아가고 있다. 탐지되는 현상을 상호작용적으로 다룰 수 있게 해주는 도구들은 우리가 과학 개념과 명칭을 날조하는 것이 아님을 확신하게 해준다. 무슨 이름을 붙이든 그것이 실체가 있고 진짜처럼 느껴진다. 이런 현상의 실재성에는 이론의 여지가 없다.

도구를 검증하는 방법

인간을 비롯한 모든 동물은 세계의 전모를 파악하는 데 한계가 있다. 위에서 서술한 도구들은 우리의 세계 지각에 내재하는 약점을 바로잡는다. 가장 기본적인 약점은 우리의 지각이 주변 상황을 고스란히 알려주지는 않는다는 것이다. 그래서 교정 장치가 필요하다. 어떤 사람은 안경을 써야 한다. 머나먼 은하나 행성처럼 아주 멀리 떨어진 천체를 보려면 망원경을 써야 하고, 세포처럼 아주 작은 사물을 보려면 현미경을 써야 한다. 많은 사람들은 단순음과 복합음의 차이를 분간하지 못하지만 위에서 말한 음향분석기는 복합음을 구성 성분으로 분리하게 해준다. 대부분의 사람은 맨귀로 할 수 없는 일이다. 우리 눈에는 햇빛이 단일한 백색광으로 보인다. 햇빛의 복잡성을 분석해 여러 색깔의 색선으로 이루어졌음을 보려면 프리즘이 필요하다.

하지만 주변 환경을 분석하는 데 이용하는 도구들이 받아들여지는 과정은 험난했다. 전기를 생각해보라. 전류에 대해 알아내려면 전압계와 전류계 같은 여러 측정 도구를 써야 한다. 이 도구들은 낯익다. 그래서 오늘날 우리는 도구의 겉면에 쓰인 기능을 당연하게 받아들인다. '전압계'라고 쓰여 있으면 전압을 측정하겠거니 짐작한다. 이 도구들의 존재 자체가 대단한 성취임은 곧잘 잊어버린다. 그렇다면 도구 자체가 현상을 발견하는 유일한 방법일 때, 이 도구가 정확히 무엇을 측정하고 있는지 어떻게 알 수 있을까?

역사적 사례를 살펴보자. 갈릴레오가 망원경을 처음 들여다본 것은 1609년이다. 갈릴레오는 처음으로 밤하늘에 망원경을 겨누고서 맨눈으로는 볼 수 없었던 많은 기본적 천체를 관측했다. 이를테면 목성의 위성들이 목성 자체를 공전하고 있음을 발견했다. 그때까지 성경에서 말하는 진실은 모든 천체가 지구를 공전한다는 것이었다. 그렇기에 갈릴레오의 관측 결과는 치열한 당파적 논쟁거리가 되었다.

그를 비판하는 사람들은 대뜸 이렇게 주장했다. 갈릴레오가 밝혀낸 것이라고는 대롱 안에 렌즈를 이래저래 넣으면 특이한 점들이 눈앞에 보인다는 사실에 지나지 않는다고. 그들은 망원경이 '저기 바깥' 사물에 대해 알아내는 방법으로서 어떤 타당성도 없다고 우겼다.[6] 그렇다면 망원경이 실재에 대해 알아내는 방법임을 어떻게 입증할 수 있을까?

앞에서 보았듯 이런 물음에 대한 과학의 접근법은 사교나 종교의 권력 기반 접근법과 사뭇 다르다. 이 역사적 사례는 둘의 차이를 극명하게 보여준다. 사교와 (권위를 앞세우는) 종교는 자신들이 발견한 진리가 확실하다고 주장하며 역사적으로 이런저런 강제력을 동원해 우격다짐으로 동의를 이끌어내려 들었다. 이를테면 1633년 6월 22일 가톨릭교회는 갈릴레오에게 이단심문관이 쓰는 고문 도구를 보여주었다. 모든 천체가 지구를 공전한다는 것에 대한 동의를 이끌어내기 위해서였다.

이에 반해 과학자들은 강제력을 동원하는 일이 거의 없다. 그들은 회의론을 용납한다. 자신이 틀리지는 않았는지 묻는다. 비판적 태도로 비개인적 기법을 활용하고 검증된 법칙을 적용해 자신이 쓰는 이론을 검증한다. 뒤에 이어지는 장들에서 이런 기법을 여럿 살펴볼 것이다. 하지만 실재의 관찰이 옳은지 아닌지 가려내기 위해 그들이 던지는 질문은 우리에게 낯익다. 관찰을 몇 번이나 했나? 관찰자가 달라도 모두 같은 결과를 얻었나? 관찰에 쓰이는 도구가 어떻게 작동하는지 알고 있나? 그 도구가 문제의 현상을 측정한다고 생각할 근거가 있나?

그러므로 이 역사적 사례에서 갈릴레오가 거듭거듭 같은 관측 결과를 얻었다는 사실은 관측이 신뢰할 만하다는 확고한 증거였다. 물론 이 발견을 남들에게 전달하는 데는 적잖은 문제가 있었다. 망원경은 처음에는 안경 렌즈로 만들었으며 먼 거리를 정확하고 안정적으로 관측하기에는 품질이 좋지 않았기 때문이다. (어쨌거나 시각은 촉각에 비해 환각에 취약하다고 여겨졌다.) 그래서 갈릴레오는 훨씬 크고 또렷한 상을 만들어내는 기법을 개발했다. 하지만 그러고 나서도 사람들을 설득하려면 충분한 수량의 도구가 연구자들에게 보급되어야 했다. 시간이 지나 이 조건이 충족되자 망원경으로 보이는 장면을 누구나 검증할 수 있었으며, 변화를 주면서 관찰할 수 있을 만큼 가까운 사물(이를테면 저 너머 들판에 있는 소들)을 볼 수 있었다. 하지만 이것은 갈릴레오의 원대한 구상에 들어가는 입구에 불과했다. 그의 구상이란 전혀 다르게 보이는 천체와 지구가 비슷한 물질로 이루어졌고 같은 역학 원리를 따른다는 사실을 밝혀내는 것이었다. 하늘의 영광과 땅의 영광은 전혀 다르다는 것이 수 세기 동안 이어진 생각이었다. 하지만 갈릴레오의 연구는 관성 원리가 천체와 지구 둘 다에 적용된다는 발상으로 이어졌는데, 이것은 일군의 방정식이 천체와 지구 할 것 없이 모든 물체에 적용된다는 뉴턴의 발견에 반드시 필요했다.

이미 아는 것을 토대로 삼으라

갈릴레오의 결론을 확증하는 하나의 '마법 탄환'은 없지만, 상호적으로 강화하고 독립적으로 검증될 수 있는("굴절에 대한 우리의 생각이 옳았나?", "관찰자들이 모두 같은 결과를 얻었나?" 등등) 고찰들의 그물은 있다. 이것은 과학의 구조를 보여주는 두 가지 고전적 예를 가지고 설명할 수 있다. 그것은 뗏목과 피라미드다. 내용은 아래와 같다.

모험가이자 민족지학자 토르 헤위에르달Thor Heyerdahl은 1947년 발사나무 뗏목 콘티키호를 타고 페루에서 폴리네시아까지 항해했다. 승무원들은 뗏목 재료인 발사나무가 항해 중에 물을 머금을 것이라고 생각했다. 그래서 여분의 발사나무 통나무를 챙겼다. 통나무 하나가 물을 머금어 부력을 잃으면 뗏목에서 떼어내어 새 통나무로 교체할 요량이었다. 하지만 모든 통나무를 한꺼번에 떼어내어 교체할 수는 없었다. 통나무를 여러 개 떼어내는 순간 뗏목 전체가 허물어져 전부 빠져 죽을 테니 말이다.[7]

우리는 망원경 같은 도구가 제대로 작동하고 우리에게 제공해야 하는 정보를 제공하고 있음을 입증하기 위해 촘촘히 엮인 검증 패턴을 이용하는데, 뗏목 이미지는 이에 대한 비유로 제격이다. 당신이 사사건건 믿음을 유예하려 한다고 가정해보라. 당신은 현재의 지식을 하나도 받아들이지 않으며 우리가 아는 모든 것을 백지에서 새로 쌓아올리려 한다. 이 말은 특정 질병을 항생제로 치료할 수 있는지 검사하는 방법에 대한 지식, 반점이 홍역의 증상인지에 대한 지식, 밤하늘 전체의 움직임 패턴에 대한 지식 등을 모조리 내버린 다음, 우리가 믿는 모든 것, 예컨대 어느 백신이 어느 질병에 듣는지 같은 것들을 백지에서 새로 검증한다는 뜻이다. 이것은 통나무를 모조리 떼어낸 뒤 뗏목을 처음부터 새로 짓는 일과 비슷하다. 이래서는 애초에 무엇을 가지고 시작해야 할지도 막막하다. 우리는 물에 빠져 죽을 것이다. 우리가 할 수 있는 일은 배경이 되는 지식을 대부분 그대로 두고서 각 명제를 하나씩 검증하면서 검증을 통과하지 못하는 생각들을 폐기하고 다른 아이디어로 대체하는 것이다. 이를테면 현재의 의학 지식이라는 배경을 대부분 받아들인 채 뒤로 돌아가 특정 백신이 특정 질병을 정말로 예방하는지 검토할 수 있다. 마찬가지로 우리가 믿는 각각의 의학 명제에 대해 나머지 배경을 그대로 두고서 하나씩 진위 여부를 검토하고 평가할 수 있다.

뗏목에 대비되는 이미지로 피라미드가 있다. 이 발상은 과학을 층층이 쌓인 것으로 본다. 높은 층은 낮은 층에 의지한다. 뗏목 비유와는 사뭇 다르다. 뗏목 비유에서는 어떤 통나무 집단이 다른 통나무 집단보다 기본적이라고 생각하지 않지만, 피라미드 비유에서는 나머지 모든 과학적 믿음을 떠받치는 밑바닥 믿음이 있으며 그것에 의문이 제기되면 전체가 와르르 무너진다.

두 이미지 다 마음에 쏙 들지는 않는다. 하지만 뗏목 이미지는 대부분의 사람들이 과학에 대해 취하는 접근법의 신중하고 회의적이고 잠정적인 성격에 더 잘 들어맞는다. 의문을 제기할 수 없는 명제, 폐기해 대체할 수 없는 명제는 어디에도 없다. 하지만 명제를 문제 삼을 때에는 우리가 던지는 질문이 '국소적'임을 명심해야 한다. 통나무를 한 번에 하나씩만 점검해 대체하듯, 한 명제가 타당한지 묻고 답할 때는 나머지 것들을 제자리에 고정해두어야 한다. 하지만 통나무와 마찬가지로 한 번에 하나씩 검사하고 대체하면 결국 모든 명제를 들여다볼 수 있다.

뗏목 비유에는 이 이야기의 또 다른 핵심이 들어 있다. 뗏목의 각 통나무와 마찬가지로 과학적 이해의 각 요소는 서로 연결된 나머지 모든 과학적 요소에 기대서만 힘을 빌린다. 우리가 과학의 한 조각을 신뢰하는 이유는 수많은 조각이 서로 떠받치고 있기 때문이다. 이 점에서 우리는 증거의 수많은 조각에 대해 삼각측량(여러 지점에서의 관측을 바탕으로 미지의 위치나 정보를 추정하는 방법. 과학에서는 다양한 증거를 교차 검증하는 비유로 사용된다-옮긴이)을 실시해 나머지 어떤 증거 조각이든 신뢰할 수 있다. 과학의 뗏목은 이렇게 작동한다. 차차 보겠지만 이 삼각측량은 탁자를 주먹으로 내리치거나 발가락을 찧는 것 같은 직접적이고 상호작용적인 접촉이 불가능한 상황에서도 현실 세계를 붙잡은 채로 현실에 대한 공유된 그림을 그려가기 위한 필수 요소다.

그렇기에 우리는 (이를테면) 햇빛의 구성에 대해 알아내려고 도구를 쓸 때 하나의 결과에만 의존하지 않는다. 방금 언뜻 보았듯 우리가 이용할 수 있는 도구는 종류와 사용법이 다양하다. 우리는 관심 있는 현상에 대해 이 모든 결과를 이용해 삼각측량을 실시할 수 있다.

현실에 기반한 의사결정을 고민하라

결정에 이르는 방법에 대해, 특히 다른 사람들이나 사회 전체와 함께 결정하는 방법에 대해 위의 비유로부터 어떤 교훈을 얻을 수 있을까? 이 이야기에서 가장 극적인 대목은 우리가 감각으로 지각할 수 있는 범위를 확장하는 실용적 도구들이 저기 바깥 세계의 공통되고 공유된 현실을 파악하는 데 분명히 도움이 된다는 인식일 것이다. 우리는 이 도구들을 만지작거리며 소리, 빛, 콜레라에 대해 무언가를 이해하려고 기껏 노력하고서 이런 식으로 말하지는 않는다. "LED 빛과 햇빛은 당신에겐 그런 식으로 작동하지만 내게는 다른 식으로 작동할지도 몰라." 우리는 무언가를 함께 이해한다는 목표를 가지고서 의견을 교환하고 도구에서 얻은 결과를 서로 보여준다. 콜레라의 주원인을 찾아낼 때처럼 말이다. 이상적 목표는 그 이해를 통해 (이를테면) 사람들이 오염수를 마시지 못하게 함으로써 세상에 효과적으로 영향을 미치는 것이다.

실내를 가로지르면서 딱딱하고 무거운 탁자를 피해 움직일 때 우리는 세상에 대한 자신의 대략적 지식을 확신한다. 그런데 도구를 매개로 세상과 직접 상호작용할 때에도 같은 확신을 어느 정도 느낄 수 있다. 최상의 상호작용적 사례를 경험할수록, 우리가 영향을 미칠 수 있는 세상에 대해 중요한 사실들을 알 수 있다는 확신이 커진다. 또한 우리가 효과적으로, 때로는 강력하게 문제를 해결하거나 기회를 조성하도록 해주는 지식의 핵심 조각들을 개인으로서, 집단으로서, 사회 전체로서 신뢰할 수 있다는 확신도 커진다.

우리는 현재 자신의 현실 감각과 부대끼는 지점이 어디인지도 인식

해야 한다. 우리가 현실과 접하는 가장 친밀한 방법이 투입을 조작한 뒤 산출을 관찰하는 것이라고 가정해보라. 하지만 투입을 조작한 뒤 산출을 관찰할 수 없어서 현실과의 접촉에 대해 의구심이 드는 불리한 상황에서도 세상에 대해 개인으로서나 집단으로서, 사회 전체로서 결정을 내려야 할 때가 있다. 온갖 예가 머릿속에 떠오른다. 의료를 예로 들자면 우리가 다루는 시스템인 인체는 무지막지하게 복잡하며, 의사들은 인체와 직접 상호작용할 수는 있지만 이것저것 마음대로 시험할 수는 없다. 영향을 주는 수많은 변수들 중 어느 것을 변화시켜야 할지 의사 역시 알기 힘들다. 설상가상으로 미세한 세균이 그렇듯 어떤 변인은 잘 보이지 않는다. 외교정책이 다루는 시스템도 이와 비슷하게 무척 복잡하다. 이 영역에서는 결과가 막중하기 때문에 시행착오를 감수할 여유가 없다. (인간이 결부된 모든 시스템은 변인 개수가 어마어마하게 많을 가능성이 있다고 말해도 무방할 것이다!)

사실 의료와 외교는 자신이 다루는 것이 현실인지를 상호작용적으로 알아내기 힘든 또 다른 사례이기도 하다. 다시 해볼 수 없기 때문이다. 시도는 한 번만 할 수 있다. 우주학자로서 솔이 관심을 가지는 모든 현상은 우리가 능숙하게 상호작용하는 현상과는 매우 다른 시간 척도에 기반한다. 우리는 반응 시간이 즉각적일 때 가장 좋은 성과를 낸다. 반응이 화면에 나타나기까지 하루 이틀 기다리는 것까지는 감수할 수 있지만, 몇 년이나 몇십 년이라는 시간 척도에서 무언가에 대해 이야기하는 순간 우리는 직접 상호작용의 감각을 잃는다. 우리가 여전히 살아가게 될 시간 척도인데도 말이다. 더 나아가 수백 년이나 수천 년에 걸쳐 벌어지는 현상을 다룰 때는 자신이 수집하는 데이터가 현실과의 접촉에 도움이 된다고 느끼기조차 힘들다. 상호작용적 탐구가 불가능하다는 뜻은 아니다(그런 경우에 대해서는 좀 이따 이야기하겠다). 투입과 산출 사이의 지연 시간이 너무 길어서 산출이 투입의 결과인지조차 분명치 않다는 뜻일 뿐이다. 이 문제는 기후변화 문제에 대한 우리의 의사결정 능력에 분명한 영향을 미친다.

오늘날 전 세계 모든 사회는 지구 위 생명의 향방에 매우 오랫동안 영향을 미칠 결정을 내리고 있다. 우리는 이 결정의 결과에 대해 즉각적 피드백을 받지 못한다. 이산화탄소 배출을 줄이더라도 '어떻게 되는지 지켜볼' 수 없다. 이산화탄소 배출을 줄이지 않더라도 마찬가지다. 시스템과의 상호작용은 거의 무의미하다. 산출이 너무 먼 미래에나 발생하기 때문이다. 이것은 과학뿐 아니라 정치와 통치에서도 문제다. 시간 척도가 너무 커지면 우리가 조작하면서 반응을 보고자 하는 변인 말고도 수많은 여타 변인들이 작용할 여지가 생긴다.

이 모든 사례에 저기 바깥의 현실이 아예 없다는 뜻은 아니다. 다만 현실을 확정하기가 매우 힘든 상황이 많다는 뜻일 뿐이다. 이 때문에 논쟁의 여지가 커진다. 하지만 과학은 힘들다고 포기하지 않는다. 상호작용적 탐구가 힘들어지면 사람들은 이에 대처할 수 있도록 현실을 '삼각측량'하는 과학적 도구와 기발한 실험을 더 고안해낸다. 이렇게 더 복잡해진 상황에서 현실에 대한 공유된 이해로 이어지는 연결 고리를 만들 수 있다면 이상적이다. 자신의 진영에 틀어박혀 두 사람이나 두 집단이 세상의 실제 모습에 대한 모순된 생각을 근거로 행동하더라도 아무 문제없다는 식으로 치부해서는 안 된다. 게다가 직접 다루기 힘든 현실 측면들을 정말로 알아내고자 한다면, 현실에 대해 다른 그림을 그리는 사람들을 적극적으로 찾아 세상에서 실제로 벌어지는 일의 삼각측량에 대해 도움을 받아야 한다. 자신이 틀렸다는 걸 스스로 알아내기란 쉬운 일이 아니기 때문이다. 10장에서 논의하겠지만 실험 접근법과 개선을 반복하는 조합을 목표로 삼으면 훨씬 까다로운 조건에서도 최선의 상호작용적 탐구를 시도할 수 있다.

삼각측량과 상호작용적 탐구를 이용해 현실에 대한 공유된 이해를 만들어낸다는 이야기는 세상이 무엇으로 이루어졌는지뿐 아니라 무엇이 무엇에 영향을 미치는지도 분명히 알려준다. 다음 장에서는 인과관계라는 주제에 특별히 초점을 맞춘다. 인과관계는 우리가 세상에서 의사결정을 하고 계획을 수립하는 데 핵심적인 요소다.

현실 감각을 테스트 하는 법

우리가 공유된 현실 감각을 얼마나 가지고 있는지 알아보기 위해 다른 사람과 해볼 수 있는 재밌는 두뇌 연습이 있다. 아래 목록에서 개념들을 하나씩 살펴보고 상대방에게도 똑같이 하라고 주문하라. 개념들 중에서 당신이 합리적 확신을 품고서 세상에 실제로 존재하는 사물이라고 지목할 수 있는 것은 무엇이고, 우리의 이야기 속 이야기에만 존재하는 상상의 산물은 무엇인가?

- 당신 앞에 보이는 물체
- 유리판 너머로 보이는 물체

- 돋보기로 보이는 물체

- 현미경으로 보이는 물체

- 병균

- 실험 장비에 들어온 입자를 측정한 질량과 에너지를 장비에서 빠져나
  간 입자의 질량과 에너지와 비교해 존재 여부를 추론한 물체

- 시간 길이(이를테면 다섯 시간)

- 중력

- 영혼

- 빛에 비추이는 사물이 아닌 빛 자체

- 허기

- 낭만적 사랑

- 아름다움

- 물가 상승

- 노래 〈예스터데이〉에 대한 사람들의 선호

- 이타주의

- 깨달음

우리가 이 두뇌 연습을 좋아하는 이유는 과학과 철학이 어떤 면에서
힘든지(하지만 재밌는지!) 알려주기 때문이다. (목록 맨 아래까지 내려가기
는 쉬운 일이 아닐 것이다. 우리도 그랬으니까.)

3장. 원인과 결과는 어떻게 알 수 있을까?

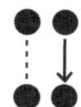

과학은 우리가 가진 평범한 세계상을 변화시킬 수 있다. 이제 우리는 강과 산, 탁자와 의자, 사람과 동물 등 쉽게 관찰할 수 있는 세계의 요소들 너머에 세포, 기본 입자, 느리지만 어김없는 대륙판 운동 등 이전에는 관찰할 수 없던 중요한 요소들이 실질적 토대를 이루고 있음을 안다. 하지만 과학은 물질적 현실을 구성하는 요소인 동물, 식물, 광물의 목록을 작성하는 일에 머물지 않는다. 이 요소들이 어떻게 상호작용하고 서로 영향을 미치는지 알아내는 일이기도 하다.

원인과 결과는 우리가 세상을 바꾸기 위해 돌리고 당기는 손잡이다. 원인과 결과에 대해 몰랐다면 우리는 돌아가는 상황을 멍하니 바라보는 구경꾼에 불과했을 것이다. 돌을 깨뜨려 날카로운 박편을 만들거나 아이를 안아주어 울음을 그치게 하듯 사물에 다가가 그 사물을 활용하거나 조작하거나 변화시켜 우리의 생존과 번영에 영향을 미칠 방법은 전혀 궁리하지 못했을 것이다. 그건 그렇고 우리는 어떻게 해서 손잡이에 대해 알게 되었을까? 어떻게 해서 관찰자로서뿐 아니라 세상에 다가가 세상을 변화시킬 수 있는 주체로서 세상에 대해 알게 되었을까?

여기서 우리는 무엇이 무엇의 원인인지 알아내려 할 때, 뒤죽박죽 현실 세계가 장애물로서 들이미는 문제들과 과학이 우리가 이 장애물을 피할 수 있도록 내어주는 기법들을 살펴볼 것이다. 많은 독자가 고등학교 과학 수업이나 대학교 철학 수업에서 "상관관계는 인과관계가 아니다"라는 문구를 들어봤을 것이다. 하지만 둘의 차이를 어떻게 판단할지에 대한 공유된 이해는 세심하게 논의할 만하다. 그 이해가 있어야 세상에 변화를 일으킬 손잡이를 찾을 수 있기 때문이다. 우리의 목표는 이 문제에서 모든 독자가 같은 수준에 오르도록 하는 것이다. 그러면 우리는 무엇이 무엇의 원인인지에 대해 합의할 수 있으며 그런 다음 우리가 어떻게 합의에 도달했는지를 남에게 설명할 수 있다.

상관관계와 인과관계

과학자들이 골다공증에 대한 행동 측면에서의 위험 요인을 찾아내려고 여러 나라에 걸쳐 사람들을 조사한다고 가정해보라. 그들은 응답자들 중에서 술을 하루에 두 잔 이상 마시는 사람이 골다공증에 걸릴 확률이 높다는 점을 발견한다.[8] 당신은 조사 결과를 읽고서 심란해져 **당신**도 하루에 마시는 술의 양을 줄여야 하는 건 아닌지 궁금해한다. 사실 조사 결과만으로는 확실히 알 수 없다. 술과 골다공증이 관계있을 한 가지 가능성은 하루에 두 잔 이상 음주하는 사람들이 주로 앉아서 지내는 생활습관이 있고 이 때문에 골다공증에 걸리는 경우다. 이때는 당신이 일주일에 며칠씩 힘차게 걷고 가벼운 근력 운동을 하는 한 음주를 늘려도 괜찮다. 또 다른 가능성은 술 자체가 골다공증을 일으키는 경우인데, 이때 골다공증에 걸리지 않으려면 음주를 제한해야 한다. 자, 어느 쪽일까? 어떻게 알 수 있을까?

무엇이 무엇의 원인인지 알아내기 힘든 이유는 무엇일까? 여기에는 기본적인 문제가 있다. 당신은 우선 두 요인이 관계있다는 것에 주목한다. 이를테면 술을 많이 마시는 사람이 골다공증에 걸릴 가능성이 크다는 것을 확인한다. 문제는 이 관계를 다양한 인과 구조로 설명할 수 있다는 것이다. 아래 가능성들을 생각해보라.

이 모형들은 전부 음주와 골다공증의 관계를 설명할 수 있는 인과 패

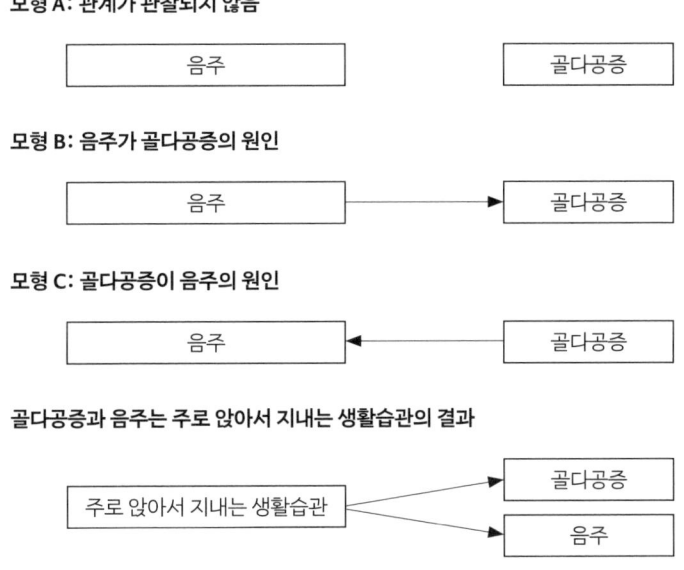

모형 A: 관계가 관찰되지 않음

음주   골다공증

모형 B: 음주가 골다공증의 원인

음주 ⟶ 골다공증

모형 C: 골다공증이 음주의 원인

음주 ⟵ 골다공증

골다공증과 음주는 주로 앉아서 지내는 생활습관의 결과

주로 앉아서 지내는 생활습관 ⟶ 골다공증
주로 앉아서 지내는 생활습관 ⟶ 음주

턴 후보다. 두 가지 요인이 전혀 관계가 없거나 상관관계가 하도 작아서 사실상 무시해도 무방하다고 말하는 모형 A는 우리의 데이터에 의해 일찌감치 배제된다. 하지만 나머지 세 모형은 전부 가능한 설명이며 우리는 어느 것이 옳은지 알지 못한다.

모형 B는 행동과 질병 발병의 상관관계를 접했을 때 많은 사람들이 받아들이는 해석이다. 이 모형에서는 음주가 골다공증 위험을 높이며 골다공증 위험을 줄이려면 음주를 줄여야 한다는 함의가 들어 있다. (지금은 절주가 몸에 좋은 이유가 많이 밝혀졌지만) 음주가 다른 면에서는 문제가 없다고 생각하는 사람이라면 절주하기 전에 이 상관관계의 토대에 대한 증거를 더 찾아보고 싶을 것이다.

모형 C도 관찰된 상관관계가 인과적이라고 상정하지만 이 경우는 인과의 방향이 반대다. 골다공증이 음주량을 증가시킨다는 게 터무니없어 보일지도 모르지만, 결코 불가능하지 않다. 실제로 '골다공증'을 '실업'으로 대체하면 모형 C는 모형 B의 개연적 대안처럼 보일 수도 있다. (실업, 골다공증, 음주 사이에 연결 고리가 있을지도 모른다.)

마지막으로, 모형 D는 관찰된 상관관계가 직접적으로 인과적이지 않거나, 적어도 음주에 대한 골다공증의 직접적인 인과적 영향이나 골다공증에 대한 음주의 직접적인 인과적 영향 때문이 아님을 암시한다. 이 경우 상관관계가 나타나는 것은 두 요인이 제3의 변인("주로 앉아서 지내는 생활습관")에 의해 각각 나타나기 때문이다. 이 모형에서는 당신이 음주를 줄일 작정이더라도 이를 통해 골다공증 위험이 줄어들 거라 기대해서는 안 된다. 뼈 건강을 위해서는 몸을 많이 움직이는 생활습관을 선택하는 쪽이 효과적일 것이다. '공통 원인' 요인이 반드시 '주로 앉아서 지내는 생활습관'이어야 하는 것은 아님에 유의하라. 식품 방부제, 라돈, 오염, 외계인 등 개연적인 제3의 요인은 얼마든지 있으며 연구자들이 가장 중요한 요인을 밝혀내기까지는 수십 년이 걸릴지도 모른다.[9]

그렇다면 어느 모형이 음주와 골다공증의 관계를 정확하게 묘사하는지 어떻게 알 수 있을까? 과학의 상당 부분은 이런 질문에 답하는 일이다. 위 질문이 우리가 관련 상관관계를 이미 관찰했음을 전제로 한다는 것에 유의하라. 이렇게 하려면 각 변인을 정확히 측정해 통계적 방법으로 이 변인들이 상관관계가 있는지 판단할 수 있어야 하며, 한 요인의 수치가 나머지 요인의 수지와 함께 상승하고 하락한다는 것을 규명할 수 있어야 한다.

이를테면 지난 200년간 영국의 빵값은 꾸준히 상승했으며 베네치아의 해수면도 마찬가지였다.[10] 우리가 보기에 이 상관관계를 논문 주제로 탐구하는 일에 학위를 걸 박사과정생은 많지 않을 듯하다. 개연성plausibility이 커 보이지 않으니 말이다. ('개연성'이 무엇을 의미할 수 있는지에 대해서는 이 장 말미에서 더 이야기하겠다.) 두 요인이 함께 변동하는 경우는 얼마든지 있으며, 그런 상황에서 둘을 연결하는 인과망을 생각해내려다가는 우스꽝스러운 창의력을 발휘하기 십상이다. 인터넷에서 'Spurious Correlations(허위상관)'를 검색하면 나오는 웹사이트에서 수십 가지 사례를 볼 수 있다. 예를 하나만 들어보겠다. 웹사이트에 따르면 미국의 1인당 치즈 섭취량은 2000년부터 2009년까지 꾸준히 증가했으며 홑이불에 목이 감겨 죽는 사람의 수도 정확히 보조를 맞춰 증가했다.

베네치아가 영국 수출용 밀의 주요 생산국이라면 베네치아의 해수면 상승이 영국 빵값 상승을 일으키는 것이 이론적으로 가능할지도 모른다. 하지만 우리는 베네치아가 그렇지 않다는 사실을 안다. 밀값 상승이 베네치아 해수면을 높일 만한 이유를 생각해내기는 더욱 힘들다. 그래도 두 가지 개연적 가능성이 있긴 하다. 하나는 모형 D와 비슷하게 두 변인에 대해 제3의 원인, 이를테면 모종의 대류 기후 패턴이 있다는 것이다. 하지만 또 다른 가능성도 있다. 우리가 데이터 표본에서 관찰한 상관관계가 순전히 우연에 의해 생겼으리라는 것이다. 그 경우 새 데이터 표본을 취합했을 때 이 현상을 다시 관찰할 가능성은 희박하다. 말하자면 표본 데이터가 우리를 오도했으며 올바른 모형은 위의 모형 A(관계없음)다.

이 가능성을 배제하기 위해 연구자들은 데이터집합에서 관찰된 상관관계가 순전히 각 변인의 무작위 변동에서 예상되는 것보다 큰지 작은지를 통계적 방법으로 검증한다. 통계학자들이 어떤 관계가 '통계적으로 유의하다'라고 말할 때의 의미가 이것이다. '유의(미)하다'는 그 관계가 우리 삶에 현실적 의미를 가진다는 뜻이 아니다. 통계학자들은 그 관계를 떠받치는 인과망이 (빵값과 해수면의 경우처럼) **전혀** 없는지, 아니면 관계를 설명하는 **모종의** 인과망이 있는지(모형 B, C, D 중 어느 것에 해당하는지는 모르지만) 알아내려고 애쓴다.[11]

여기까진 좋다. 그렇다면 음주가 실제로 골다공증의 원인인지는 어떻게 알 수 있을까? 우리가 관찰하는 상관관계를 설명할 수 있는 인과 구조의 개수를 줄이려면 어떻게 해야 할까?

무엇이 무엇의 원인인지 알아내기란 힘든 일이지만, 우리 삶에서 달갑잖은 결과를 줄이고 바람직한 결과를 늘리고 싶다면 꼭 알아내야 한다. 바이러스가 지역사회에 퍼지는 경우를 생각해보자. 무슨 일이 일어나고 있고, 이 현상을 지배하는 과학 법칙이 무엇이고, 지금까지의 감염률이 얼마인데 1년 뒤 감염률이 열 배로 증가하리라는 것 등을 아는 일은 근사하다. 하지만 우리는 한낱 구경꾼이 아니다. 어떻게 해야 현실을 변화시킬 수 있을지 알고 싶어 한다. 마스크를 쓰면 감염률이 달라질까? 우리가 먹는 음식이 바이러스의 인체 내 작용에 영향을 미칠까? 사회적 거리두기가 바이러스의 사람 간 전파를 예방하는 데 정말로 효과가 있을까? 이것들은 전부 원인과 결과에 대한 물음이다. 과학이 정말로 도움이 되려면 세상이 어떤 모습인지와 우리가 관찰자로서 어떤 현상을 예상할 수 있는가에 대한 선명하고 상세한 그림 이상의 것을 내놓아야 한다. 바이러스의 원인과 결과에 대해 말해야 하며 **무엇을 해야 하는지**(그 원인과 결과에 비추어 우리의 행동이 어떤 결과를 낳을지) 찾아내는 데 필요한 정보를 제시해야 한다. 무엇이 무엇의 원인인지 과학이 말해주지 않는다면 우리는 현실적 의사결정에 과학이 대체 어떤 연관성이 있는지 알기 힘들다.

인과 검증의 '황금 표준'

수 세기에 걸쳐 과학자와 철학자들은 관찰된 상관관계를 가장 훌륭하게 설명하는 인과 모형을 찾기 위한 수많은 감별 기준을 제시했다. 뒤에서는 주요 기준들을 살펴볼 텐데, 전부 아직까지 쓰이고 있다. 하지만 맨 위에 있는 것부터 시작하자. 지금껏 제시된 방법 중에 단연 최고의 방법, 바로 **실험**이다.

우리가 직면한 기본적 난관은 상관관계만 관찰할 수 있고 **인과관계**가 상관관계의 밑바닥에 깔려 있어서 관찰되지 않는다면, 어떻게 해야 인과관계에 대해 알 수 있느냐는 것이다. 아무리 관찰해봐야 더 많은 상관관계만 얻을 수 있을 뿐이니 말이다. 역사적으로 이 기본적 난관 때문에 과학자들은 인과적 연결의 존재를 확립한다는 생각 자체에 대해 회의를 품었다. 하지만 우리가 현재 의존하는 답은 **실험 조건하에서** 관찰되는 상관관계를 들여다보는 일이야말로 인과관계에 대해 알아내는 핵심적 방법이라는 것이다.

일상어에서 '실험'이란 "무언가를 시도한 뒤 어떻게 되는지 본다"라는 뜻이지만, 여기서 우리가 염두에 두는 의미는 더 엄밀하다.[12] 과학 실험은 두 가지 핵심 특징을 가진 절차다. 첫째, 무슨 일이 일어나는지 보려고 '무언가를 시도'하는 것은 맞다. 우리는 인과 체계에 '개입'한다. 둘째, 무언가를 시도하되 검증 대상인 원인을 제외한 모든 가능한 원인의 영향이 배제되도록 한다.

개입의 논리에 대해 논의하기 전에 여타 인과 요인을 배제하기 위한 과학적 방법을 살펴보자. 이 방법의 첫 번째 성분은 최대한 많은 요인을 **표준화**하려는 노력이다. 우리는 요인들이 엉뚱한 이유로 변동하지 않도록 하려고 애쓴다. 이를테면 교수법이 효과적인지 검증하려면 참가자나 수업 시수에 따라 교수법이 달라지는 정도를 최소화해야 한다(이를테면 수업 계획과 대본을 준비한다). 그리고 각 참가자의 성적을 평가할 때 일관된 방법을 써야 한다(이를테면 쪽지시험 문제를 통일한다).

두 번째 성분은 **대조군**이다. 새 교수법을 검증할 때의 대조군은 새 교수법으로 수업받지 않은 학생 집단일 것이다(수업을 아예 받지 않았을 수도 있고 옛 교수법으로 수업받았을 수도 있다). 우리는 새 교수법으로 수업받은 학생을 관찰할 수 있지만, 교수법이 주효했는지 알려면 학생들이 새 교수법으로 수업받지 않았을 경우 어떤 결과를 얻었을지 추론해야 한다. 이것을 철학과 통계학에서는 반사실counterfactual이라고 부른다.

대조군과 '처리군'을 최대한 비슷하게 하려면 최대한 비슷하게 **대응**시켜야 한다. 이를테면 처리군에 16세 여성을 배정할 때마다 대조군에도 16세 여성을 모집해 배정해야 한다. 대응 방법은 지금껏 매우 정교해졌지만 한계도 있다. 대응에 이용한 변인(이 경우는 성별과 연령)만 통제할 수 있기 때문이다. 경제적 배경, 영양 상태, 스트레스 같은 그 밖의 차이는 통제되지 않는다.

20세기 초가 되어서야 과학자들(특히 통계학자 로널드 피셔Ronald Fisher)은 우리가 아는 변인뿐 아니라 모든 무관한 변인을 통제하는 해법이 있음을 알게 되었다. 그 해법이란 사람들을 두 집단에 **무작위 배정**하는 것이었다. 통계학적으로 말하자면 100명 중 누구를 처리군에 넣고 누구를 대조군에 넣을지를 동전 던지기로 정하면, 한 집단의 여성 수와 16세 참가자 수는 다른 집단과 대략 같다. 근사하게도 상상할 수 있는 모든 변인을 이런 식으로 통제할 수 있다. 표준화할 엄두를 결코 내지 못했을 변인도 문제없다. 두 집단은 테일러 스위프트 팬, 생일 별자리가 천칭자리인 사람, 골프 애호가, 아침을 굶은 학생 등의 수도 비슷할 것이다. 이런 까닭에 무작위 배정 실험은 '황금 표준(최적 표준)'으로 간주된다.[13]

멀뚱멀뚱 서 있지 말고 뭐라도 해!

2002년, 존은 개입과 인과관계에 대한 새로운 아이디어를 접하고서 큰 충격을 받았다(이 아이디어들은 기계학습 분야에서 제시되었다). 그는 철학자로서 다음 문제를 궁리하던 차였다. 물리학자들은 달이 조석을 일으킨다느니, 두 입자가 충돌하면 제3의 입자가 방출된다느니 하는 식으로 인과관계에 대해 스스럼없이 말한다. 그들은 인과관계를 입자 수준에서 천체물리학에 이르는 세계의 보편적 성질로 여기는 듯하다. 하긴 물리학의 목표는 물리적 세계에 존재하는 모든 현상을 분석하는 것이다. 그러니 질량, 전하(물체가 전자기 상호작용을 하는 정도를 나타내는 물리량-옮긴이), 쿼크(물질을 구성하는 기본 입자로, 양성자와 중성자 등 핵입자의 구성 성분-옮긴이), 기묘도(쿼크의 한 종류인 '기묘 쿼크'의 존재 여부를 나타내는 양자수. 입자 간 반응이나 붕괴 과정을 설명하는 데 사용된다-옮긴이), 맵시(쿼크의 또 다른 종류인 '맵시 쿼크'의 특성을 나타내는 양자수. 기묘도와 마찬가지로 입자물리학에서 쓰인다-옮긴이)에 대해 알려주는 모형과 방정식 체계가 있는 것과 마찬가지로 인과관계에 대해 알려주는 모형과 방정식 체계도 있으리라 기대할 법하다. 하지만 존이 보기에 물리학자들은 인과관계를 이런 식으로 다루는 것 같지 않았다. 왜 그럴까? 물리학자들은 무엇이 무엇의 원인인지 알아냈다고 서술하면서도 모형과 방정식에서는 인과관계를 명시적으로 보여주지 않을 때가 있는데, 이것은 성급하거나 심지어 무모한 처사 아닐까? 우리에게는 전하를 지배하는 방정식 체계가 있다. 그런데 왜 인과관계망 자체를 지배하는 방정식 체계는 없을까?

기계학습에서 얻은 새 아이디어는 (전산학자 주데아 펄$^{Judea Pearl}$ 말마따

나) 인과에 대한 논의란 "개입했을 때 일어나는 일의 요약"이라는 것이었다. 그러면 인과를 우리가 관찰하는 상관관계 기저에 있는 "무엇인지 알지 못하는" 신비한 것으로 여기지 않고, 우리가 체계 안에서 개입할 때 무엇과 무엇이 상관관계를 이루는지와 관계있는 것으로 여길 수 있다. 인과를 신비하게 여기는 태도는 수백 년간 과학철학을 따라다녔지만, 인과에 대해 생각하는 간단한 방법이 있음이 느닷없이 분명해졌다. 인과는 우리가 체계에 개입할 때 관찰하는 상관관계의 문제에 불과하다.

상호작용하는 수많은 부품으로 이루어진 복잡한 체계(이를테면 인체, 국가 경제, 컴퓨터 회로)의 작동 원리가 궁금하다고 가정해보자. 다음의 첫 번째 그림은 그런 체계의 모습이다. '달걀'꼴은 체계의 경계를 나타내며 글자들은 체계의 다양한 부분들을 나타낸다. 변인들이 뒤죽박죽 섞여 있어서 변인끼리 어떤 관계가 있는지 도무지 알 수 없다. 그런데

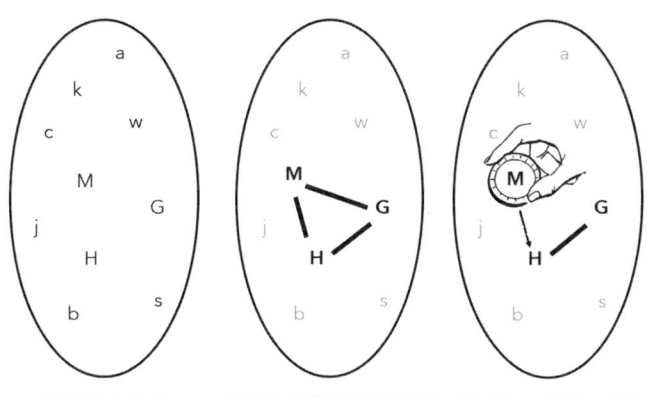

변인들의 체계   체계에서 관찰된 상관관계   체계를 교란하는 개입

참조. M=마그네슘, G=유전, H=심장 건강

아래의 두 번째 그림에서는 두 변인 X와 Y 사이에서 상관관계가 보인다. 좀 더 실감 나게 표현하기 위해 건강과 관계가 있을지도 모르는 많은 변인을 측정한다고 가정해보자. 우리는 마그네슘과 심장 건강의 상관관계(높은 마그네슘 수치는 건강한 심장과 관계있다)를 발견한다.

이제 이것이 궁금하다. 마그네슘은 정말로 심장병을 예방할까? 아니면 상관관계를 설명하는 제3의 변인이 있을까? 이를테면 상관관계가 생기는 것은 높은 마그네슘 수치와 건강한 심장이 둘 다 유전적 소질(변인 G)의 결과이기 때문인지도 모른다.

우리가 연구하는 체계에서는 유전, 마그네슘 수치, 심장 건강 각각에 수없이 많은 원인과 수없이 많은 결과가 있으므로 인과의 방향을 밝히기 힘들다. 이럴 때 개입이 한몫한다. 우리는 '시스템에 개입'할 때 계 밖에서 안으로 들어가 체계를 교란하고는 무슨 일이 일어나는지 본다. 이를테면 무작위로 한 집단은 마그네슘을 별도로 섭취하도록 하고, 한 집단은 원래 식단을 유지하도록 한다. 이렇게 하면 마그네슘 수치를 좌우하는 요인들의 일반적 패턴이 교란된다. 이를테면 이전에는 유전자가 마그네슘 수치를 좌우했는지도 모르지만 이젠 마그네슘 수치가 **실험에 의해** 좌우된다. 그러므로 세 번째 그림에서 우리가 마그네슘과 건강 사이에서 상관관계를 찾으면 인과의 방향이 'M에서 H로'라고 확신할 수 있다.

우리는 관계있는 변인 중 어느 것에든 개입할 수 있다. 나머지 모든 변인을 일정하게 유지한 채 마그네슘 섭취량을 변화시키면 **인과 효과**가 있는지 알아낼 수 있다. 그런가 하면 심장이 건강해서 마그네슘을 더 많이 섭취하는 것일 수도 있다. 이것이 참이라면 피험자의 절반을 모종의 방법으로(이를테면 운동을 더 많이 시켜서) 더 건강하게 만드는 개입으로 마그네슘 수치가 올라가는지 볼 수 있다.

이렇게 본다면 **실험**은 관심 대상인 전체 체계의 바깥에서 안으로 들어가 무슨 일이 일어나는지 보는 것이다. 이를테면 당신이 기압계 바늘의 위치와 잠시 뒤 날씨의 관계를 관찰한다고 가정해보라. 당신은 이런 궁금증이 든다. 바늘 위치가 날씨를 **변화**시키는 걸까? 어떻게 알 수 있을까? 방법은 기압계 케이스를 연 다음 바늘을 손으로 집어 원하는 위치에 밀어놓는 것이다. 바늘을 밀었을 때 날씨가 변하면 바늘 위치는 정말로 날씨의 원인이다. 그렇지 않다면 바늘 위치는 날씨의 원인이 아니다. 바늘 위치는 날씨(그리고 아마도 기압계 바늘의 위치)의 원인인 다른 요인(이를테면 기압)을 나타내는 표시에 불과하다.

예를 하나 더 들어보자. 복잡한 전기 회로를 들여다보면서 작동 원리를 알아내려 할 때, 당신은 체계 바깥에서 안으로 들어가 전기 탐침으로 체계의 일부를 발동시킬 것이다. 그때 다른 무언가가 발동하면 하나가 나머지 하나를 일으킨다고 결론 내릴 수 있다.

인과적 연결을 찾아라

하지만 실용적이거나 금전적이거나 윤리적인 여러 이유로 의도적 실험이 힘들거나 불가능한 경우가 많다. 이를테면 지금껏 관측된 거대 은하의 중심에서는 거의 예외 없이 어마어마한 블랙홀(전문용어로는 '거대질량 블랙홀')이 발견되었다. 이런 블랙홀의 중력질량은 우리 태양의 수백만 배나 수십억 배에 이른다. 천체물리학자들은 중심부 거대질량 블랙홀의 질량과 모은하$^{host\ galaxy}$의 전체 항성질량 사이에서 상관관계를 관찰했다. 블랙홀 질량이 모은하 질량을 결정하는 것일까? 아니면 모은하 질량이 중심부 블랙홀 질량의 원인일까? 그것도 아니면 둘의 질량에 공통 원인이 있을까? 거대질량 블랙홀의 질량이나 모은하의 질량을 조작해 무엇이 무엇의 원인인지 알아내기까지는 점잖게 말해 오랜 시간이 걸릴 것이다. 마찬가지로 지질학자들은 여러 지질학적 단계 중에서 산맥을 형성한 단계가 무엇인지 알고 싶어 하지만 수백만 년 전에 일어난 일을 지금 조작할 수는 없다. 그럼에도 여기서 무엇이 무엇의 원인인지 판단할 방법이 있을까?

더 현실적인 예를 살펴보자. 암의 원인은 명확히 밝히기 힘들다. 이유가 많은데, 원인으로부터 오랜 기간이 지나야 결과가 나타난다는 것도 그중 하나다. 과거에 무엇에 노출되어서 암이 일어났는지 알아내기란 쉬운 일이 아니다. 요즘 연구자들이 암의 새로운 환경적 원인을 뻔질나게 찾아내고 있는 탓에, 식품 성분표에서 암을 유발한다는 문구가 없는 경우를 찾기 힘들다. 하지만 암의 원인을 찾으려는 시도는 다른 데서 시작되었다. 1775년 암의 환경적 원인을 처음으로 지목한 사람은 영국의 외과의사 퍼시벌 포트$^{Percival\ Pott}$다. 포트는 굴뚝 청소부의 직업적 위험인 검댕에 노출되는 것과 음낭암 사이에 상관관계가 있음을 관찰했다(굴뚝 청소부는 일반인보다 음낭암에 많이 걸린다). 앞에서 보았듯 상관관계가 인과관계를 함축하지는 않지만, 여기서 무엇이 무엇의 원인인지 알아내려면 어떤 결정적 실험을 해야 할까? 무작위 통제 실험을 하려면 인간 피험자를 모집해 무작위로 두 집단으로 나눠야 한다. 그런 다음 한 집단을 임의로 검댕에 많이 노출시킨다. 나머지 집단은 청결한 상태를 유지하도록 한다. 그러고 나서 두 집단의 음낭암 발병에 차이가 있는지 살펴본다. 이 실험이 실시되지 않은 윤리적 이유는 쉽게 짐작할 수 있다(애석하게도 이와 비슷한 역사적 선례들이 있지만).[14]

포트는 다른 방식으로 접근했다. 그는 검댕 노출과 음낭암 사이에서 매우 커다란 상관관계를 보았다. 기본적으로, 포트가 아는 한 굴뚝 청소부는 음낭암에 걸리는 거의 유일한 직종이자 매일 대량의 검댕에 노출되는 유일한 직종이었다. (1920년대 들어서까지도 굴뚝 청소부의 음낭암 사망률은 검댕의 타르나 광유^{鑛油}에 노출되지 않는 직종의 약 200배였다.) 이것이 인과관계를 뜻할까? 포트는 상관관계의 크기가 중요하다고 추론했다.

검댕이 아닌 제3의 요인이 굴뚝 청소부의 어마어마한 음낭암 발병률을 설명할 수 있을까? (이를테면 모든 굴뚝 청소부의 아침 식사 메뉴가 똑같다고 가정해보라.) 포트는 굴뚝 청소부의 특징이자 이 어마어마한 암 발병률 차이를 설명할 수 있는 요인은 오로지 검댕 노출뿐이라고 주장했다.

1965년 저명한 전염병학자이자 통계학자로 흡연과 암의 연관성을 확립한 사람들 중 한 명인 오스틴 브래드퍼드 힐^{Austin Bradford Hill}은 결정적 실험을 할 수 없을 때 인과적 연결을 찾아내는 문제를 다룬 유명한 논문을 발표했다.[15] 힐이 포트의 연구에서 끄집어낸 요점 중 하나는 두 요인 사이에서 **커다란** 상관관계를 얻는다면, 하나가 나머지 하나의 원인이라는 주장의 신빙성이 커진다는 것이다. 굴뚝 청소부의 높은 음낭암 발병률 같은 사례에서는 더더욱 그런데, 제3의 요인이 작용할 가능성이 희박하기 때문이다.

힐은 우리가 살펴볼 수 있는 또 다른 요인으로 **일관성**을 지목한다.

여러 다른 맥락에서도 상관관계가 발견되는가? 이를테면 검댕 노출과 음낭암의 강한 상관관계가 다른 나라들에서도 나타나는지 살펴볼 수 있다. 폴란드의 굴뚝 청소부들도 발병률이 비슷한가? 아제르바이잔에서도? 오스트레일리아도? 맥락이 달라도 일관성이 유지된다면 인과적 관계에 대한 주장이 강화된다. 일관성은 무작위성과 같은 역할을 한다. 당신은 여러 다른 배경에서 같은 관계를 보는데, 그럴 경우에는 질병에 연관되었을 가능성이 있는 나머지 요인들이 무작위로 뒤섞여 있다.

힐의 또 다른 기준은 **시간성**이다. 우리는 원인이 결과에 시간상으로 선행한다는 것을 안다. 두 가지 변인이 있을 때, 시간상으로 먼저 일어나는 쪽이 결과일 수는 없다. 따라서 추정되는 원인이 관찰된 결과보다 먼저 일어나면 그것이 실제 원인인 경우와 일관되므로 인과의 방향이 반대일 가능성을 배제할 수 있다. 검댕 노출과 음낭암의 강한 상관관계가 암이 어떤 식으로든 검댕 노출을 일으키거나 사람들을 굴뚝 청소부가 되게 하기 때문일 가능성을 포트가 배제할 수 있었던 것은 이 시간성 기준 덕분이다.

상관관계에서 원인에 도달하기 위해 살펴보아야 하는 기준은 상관관계의 크기와 상관관계가 여러 다른 맥락에서 성립하는지 여부만이 아니다. 두 요인 사이에 **용량-반응** 관계가 있는지 여부도 있다. 당신이 굴뚝 청소부들을 관찰했는데 검댕에 많이 노출될수록 음낭암에 걸릴 가능성이 컸다면, 검댕 노출이 음낭암을 일으킨다고 말할 여지가 커진다. 마찬가지로 담배를 많이 피울수록 폐암 위험이 커진다면, 흡연이 암의 원인이라는 주장의 신빙성이 커진다. 하나가 나머지 하나의 원인이면 우리는 용량-반응 관계를 예상할 수 있다.

다음으로 언급할 힐의 기준은 **개연성**이다. 우리는 A가 B에 영향을 미칠 수도 있는 메커니즘을 알고 있는가? 아니면 우리의 현재 지식은 A가 B에 영향을 미칠 수도 있다는 생각에 실제로는 들어맞지 않는가? 추정된 원인이 결과를 일으키는 개연적 메커니즘을 내놓을 수 있다면, 즉 검댕이 음낭암을 일으키는 생물학적 과정을 밝힌다면 당신의 주장이 사실일 가능성이 커진다.

우리는 굴뚝 청소부 사례 하나만 살펴봤지만, 결정적 실험 개입을 하지 않고서 무엇이 무엇의 원인인지 파악하기 위한 위의 기준들은 분명 다양한 사례에 적용된다. 이를테면 흡연이 암을 일으키는지 궁금할 때 직접 실험하는 것은 윤리적 이유로 비현실적이지만 힐의 기준들은 적용할 수 있다. 실제로 흡연이 실제로 암을 일으킨다는 연구가 오늘날 많은 사람들을 설득한 것은 이 기준들이었다. 흡연과 암 사이에서 커다란 상관관계가 관찰되고, 이 상관관계가 여러 다른 맥락에서 재현되고, 용량-반응 곡선(담배를 많이 피울수록 암 위험이 커진다)이 존재하고, 하나가 어떻게 나머지 하나를 일으키는지 설명할 수 있는 생물학적 메커니즘이 있으면 흡연이 암을 일으킨다는 것을 실험 없이도 매우 확신할 수 있다.

현실 사례를 위해 개발된 이 기준들은 앞에서 언급한 천체물리학 사례를 이해하는 데에도 도움이 될 수 있다. 많은 거대질량 블랙홀이 모은하의 형성이 완료된 **뒤에** 탄생했음을 우리가 모종의 방법으로 판단할 수 있었다고 가정해보라. 그러면 거대질량 블랙홀의 존재가 은하 질량의 원인이라는 주장은 틀림없이 신빙성이 낮아질 것이다.

힐은 또 다른 기준도 제시했다. 지금까지 언급한 기준은 상관관계의 크기, 상관관계가 다양한 맥락에서 관찰되는 **일관성**, 원인 변인과 결과 변인 사이의 **용량-반응 관계**, **시간성**, **개연성**이다. 마지막으로, 한 영역에서 다른 영역으로의 **유추**를 논거로 들 수 있다. 우리가 검댕 노출이 암을 일으킨다는 것을 발견하고서 흡연이 암을 일으키는지 궁금하다면, 이 생각을 뒷받침할 수 있는 한 가지 방법은 검댕이 인체에 작용하는 방식과 담배 연기가 인체에 작용하는 방식 사이에서 유사점을 찾아내는 것이다.

힐은 이 개념들이 우리가 뒤죽박죽 현실 세계에서 인과적 연결을 찾을 때 쓸 수 있는 잠정적이고 임기응변적인 기준을 넘어서서 적용되는 것을 결코 의도하지 않았다. 하지만 이 개념들은 이제 정통이 되었으며 다양한 분야의 연구자들에게서 인과 이론의 증거로 종종 인용된다.[16]

단일 인과와 일반 인과

지금까지 이 장에서 이야기한 인과는 일반 인과라고 부를 수 있는 것으로, "흡연이 암을 일으킨다"나 "사랑이 고통을 일으킨다"처럼 **일반적** 특징(이를테면 **흡연**과 **암**의 관계)을 규정한다. 무작위 통제 시험을 비롯해 앞에서 논의한 모든 기법으로 확립하고자 하는 것은 일반 인과다.

반면에 멕시코만에 대규모 원유 유출이 발생했다고 가정해보자. 우리는 유출 원인을 알고 싶다. 이런 종류의 질문은 현실에서 매우 중요하다. 배상이 이루어져야 한다면, 난장판을 정리해야 할 장본인을 찾아야 한다면, 원유 유출이 어떻게 해서 일어났는지 알아야 한다. 유출의 주원인은 한 가지이고 그것이 수중 시멘트 차단벽 균열과 관계가 있다는 말을 우리가 들었다고 가정해보자. 시멘트 차단벽 균열과 원유 유출은 두 가지 구체적 사건이다. 하나가 나머지 하나의 원인이다.

하지만 이것은 일반 인과에 대한 질문이 아니다. 두 **유형**의 관계에 대한 물음이 아니다. 시멘트 차단벽 균열이 원유 유출의 원인이라는 명제는 일반적 참이 아니다. 시멘트 차단벽이 터졌지만 유출이 전혀 일어나지 않은 경우도 무수히 많다. 예를 하나 더 들어보자. 더 비극적일지도 모르겠다. 누군가 교통사고를 당했는데, 안전벨트가 목에 감겨 죽었다고 가정해보라. 당신은 안전벨트가 죽음의 원인이었다고 말할 것이다. 하지만 안전벨트가 일반적으로 죽음을 일으킨다는 말은 옳지 않다. 오히려 반대다. 안전벨트는 목숨을 구한다.

이제 당신은 이런 종류의 사례에서 인과를 확립하기 위해 무엇을 해야 할지 알고 있다. 당신은 멕시코만 해수면의 기름 입자가 어디서 왔는지 찾아볼 것이다. 기름 입자가 유출구로부터 어느 이동 경로를 따랐는지 살펴본다. 그러면 유출의 출처를 알게 될 것이다. 시멘트 균열부에서 멕시코만 해수면까지 기름 입자의 이동 경로를 따라갈 수 있다면, 당신은 유출의 출처를 규명할 수 있으며 이것은 시멘트 균열이 유출의 원인임을 함축한다. 여기에는 과학적 탐구가 필요하지만, 그 탐구는 무작위 통제 시험 연구와는 성격이 전혀 다르다. 개별 사건의 구체적 원인을 알고 싶을 때는 다른 종류의 질문을 던져야 한다.

단일 인과와 일반 인과의 이런 차이는 왜 중요할까? 둘 다 인과관계가 결부되어 있기 때문에 어느 쪽을 확정하는 것이 주어진 목적에 맞는지 헷갈리기 쉽다. 우리는 위험한 제품(담배라고 하자)의 특정 쓰임새가 특정 결과(암이라고 하자)의 원인임을 입증할 수 없으므로 제조사에 결과의 책임을 물려서는 안 된다는 논증을 쉽게 떠올릴 수 있다. 이것은 분명 단일 인과 주장을 정확히 이해했지만 일반 인과 주장에 대해서는 올바르지 않다. 우리 사회가 이렇게 다른 인과 주장에 대한 반응을 어떻게 구조화하는지 생각하는 일은 흥미롭다. 전형적으로 우리는 일반 인과를 통해 해로운 결과를 낳은 무책임한 행위(이를테면 조명 기구에 설계 결함이 있으면 많은 구매자가 부상을 입을 수 있다)에 대해서는 이를 예방하기 위해 규제가 실시될 것이라고 기대한다. 하지만 단일 인과에 의해 해로운 결과로 이어진 무책임한 행위(이를테면 날림으로 설치한 조명이 누군가의 머리에 떨어진 경우)에 대해서는 소송을 제기(하고 비난)하는 것이 마땅하다고 생각한다. 실제로 단일 인과와 일반 인과 둘 다 이를 다루는 폭넓은 법적 메커니즘이 있다.

인과 손잡이를 당길 때는 조심해야 한다

무엇이 무엇의 원인인지 확정할 수 있으면 세상을 바꿀 가능성이 열린다. 이상적인 경우라면 더 나은 쪽으로 바꿀 수 있을 것이다. 질병을 치료하고 기근을 해결하고 아동을 교육할 수 있다. 하지만 이 책을 관통하는 한 가지 주제(어쩌면 **유일한** 주제)는 이 일이 잘못되는 사태를 우리가 경계할 수 있어야 한다는 점이다. 복잡한 조건에서의 인과적 연결에 대한 우리의 이해는 불완전할 수밖에 없다. 이 불확실성을 설명하면서도 우리가 알맞은 때에 앞으로 나아가 합리적 조치를 취할 수 있도록 해주는 방법이 필요하다.

이는 우리의 다음 3MT 주제인 확률론적 사고로 이어진다.

2부
불확실성을 이해하는 법

4장. 확률론적 사고로의 극적 전환

현실에 대해 우리가 아는 것을 분간하려다 보면, 두 가지 사실이 금세 분명해진다. 우리가 모르는 것이 많다는 사실과 알지만 긴가민가한 것도 많다는 사실이다. 불확실성은 사람을 불안하게 한다. 우리는 인간이기에 생존을 위한 생리적 조건을 갖췄다. 숲에 무엇이 도사리고 있는지 모르면 함부로 들어가지 않는 게 상책이다. 하지만 생존하고 번성하려면 우리가 모르거나 부분적으로만 아는 것이 무엇인지 반드시 알아야 한다. 이것은 과학적 사고의 가장 기본적인 쓸모 중 하나이며 3MT의 핵심 요소로 우리를 이끈다. 그 요소란 자신이 하는 일에 강한 확신을 품을 수 있도록 불확실성을 다루는 것이다.

조금은 알지만 전부는 알지 못하는 현실과의 연결을 궁리하는 태도에 대해 과학은 극단적으로 다른 방법을 제시한다. 절대적으로 확신하는 것만 다룰 수 있다고 말하는 태도에서 벗어나, 확신의 정도가 다양한 것을 다룰 수 있으면 더 성공할 수 있다고 말하는 태도로 전환하게 해준다. 게다가 확신의 정도에 차이가 있다는 개념을 이해하기만 해도 세상에서 명확한 답을 얻으려 할 때보다 훨씬 큰 효과를 거둘 수 있다. 우리가 얻을 수 있는 증거는 우리가 원하는 절대적 확실성을 보장하지 않는 경우가 많기 때문이다.

당신이 스키장에서 무릎을 구부리고 자세를 고정한 채 전혀 무게중심을 조정하거나 다리를 움직이지 않고서 슬로프를 내려간다고 상상해 보라. 그랬다가는 재앙이 벌어질 게 뻔하다. 스키를 탈 때 넘어지지 않으려면 몸무게를 끊임없이 이쪽 다리에 실었다 저쪽 다리에 실었다 하며 중심을 잡아야 한다. 이것을 **역동적** 안정성이라고 한다. 마찬가지로 현실에 대한 지식을 근거로 삼아야 하는 결정을 내릴 때 자신이 지금 참이라고 믿는 것이 전부 참이라고 우겨서는 안 된다. 이 믿음보다 저 믿음에 무게를 더 싣고, 세상에 대한 새로운 사실을 알아감에 따라 무게를 옮겨야 한다. 그래야 필요에 따라 판단을 갱신할 수 있다. 이것은 가장 중요하지만 좀처럼 언급되지 않는 과학의 비법 가운데 하나로, 세상에 대한 이해의 불확실성이라는 '스키 슬로프'를 무사히 내려갈 정신적 유연성을 심어준다. 이것을 우리는 확률론적 사고라고 부른다.

확률론적 사고로의 전환은 느릿느릿 진행되었으며 완료되려면 아직 멀었다. 많은 사람들은 신약이나 다이어트 방법이나 형사 정책의 효과에 대한 경험적 주장이 옳은지 틀렸는지에 대해 여전히 경직되고 이분법적인 견해를 가지고 있다. 이 관점에서 보면 반례("우리 삼촌은 예방접종 받았는데도 독감 걸렸어")가 하나라도 제기되면 원래 주장이 완전히 반박되어 원래 주장을 한 과학자들이 체면을 구길 거라 생각하기 쉽다.

과학자들은 이런 흑백 논리에 빠지지 않기 위해 나름의 문화를 만들어냈다. 이에 따르면 어느 명제를 진술하든 잠정적 태도를 기본으로 가져야 하는데, 모든 진술에 어느 정도의 불확실성을 부여하는 관행인 이 잠정적 태도야말로 과학이 위력을 발휘하는 비결이다. 잠정적 태도를 가지면 자신이 그 순간 품은 믿음에 지나친 애착을 느끼지 않을 수 있다. 자신의 진술이 매번 옳다는 것에 모든 자존감을 걸지 않음으로써 당신은 자부심과 자신감을 가진 과학자이면서도 "이 이론이 현상을 포착하고 있다고 상당히 확신합니다"라는 말이 이따금 틀릴 여지를 스스로에게 부여한다. (스키에 비유하자면 각각의 명제에 무게를 다르게 싣는 셈이다. 즉, 옳을 확률을 다르게 부여한다.) 사실 목표는 매번 옳음(불가능하다)에 자신의 정체성을 거는 게 아니라 자신이 무언가에 대해 얼마나 확신하는지 얼추 판단하는 능력을 기르는 데 있다. 스키어가 달갑잖은 변수를 줄이기 위해 앞을 내다보는 법을 익히는 것과 마찬가지로, 과학자들은 불확실성을 받아들임으로써 자신이 틀릴지도 모르는 이유를 미리 내다보는 법을 익힌다. 이 확률론적 태도는 3MT의 필수 구성 요소이며 많은 혜택과 역량을 가져다준다. 약점(불확실성)을 강점으로 바꾸는 주짓수 기술이랄까.

과학자들은 불확실성을 표현하는 좋은 습관을 여럿 배운다. 그중 하나는 (가능한 경우) 자신의 예측에 숫자(확률)를 부여해 정량화하는 것이다. 이를테면 구글에서 "베이에어리어에 대규모 지진이 일어날 확률"을 검색하면(우리가 몇 번 검색했는지는 차마 말 못하겠다) 이런 답변을 얻을 것이다. "향후 30년 안에 샌프란시스코 지역에서 진도 6.7의 지진이 발생할 확률은 72퍼센트입니다."[17] 어떤 면에서 이 답변은 지진 가능성에 대해 우리가 매우 무지하다는 뜻이지만 다른 한편으로 어마어마한 양의 지식이 담겨 있기도 하다. 저 진술이 말하는 바는 이렇다. 과학자들은 시간("향후 30년")과 장소("샌프란시스코 지역")에 대해 위험을 모형화해야 하며, 기이하리만치 구체적인 숫자인 6.7은 과학자들이 이 숫자를 기준threshold으로 삼은 이유(아마도 자신의 이론이나 입수 가능한 데이터의 속성)가 있음을 암시한다.

과학자는 무언가가 참임을 아주아주 확신하더라도, 즉 명백히 확실히 절대적으로 참이라고 말하고 싶더라도, 훈련을 제대로 받았다면 "예, 100퍼센트 옳습니다. 명백히 확실히 절대적으로 참이라고요"라고 말하기를 주저한다. 그보다는 자신의 확신이 (이를테면) 99퍼센트 수준이라고, 심지어 99.9999퍼센트 수준이라고 말할 것이다. 무언가에 대한 확신이 99.9999퍼센트 수준이라는 말은 "이것이 참이라는 데 목숨을 걸겠어"라는 말과 사실상 같다. 하지만 이렇게 말하는 격이기도 하다. "내가 틀릴 수도 있음을 인정한다." 절대적 진술에서 한발 물러서는 능력은 확률론적 사고 초능력을 얻는 첫 번째 열쇠다. (내가 이제껏 본 고니는 전부 흰색이지만 "흰 고니가 아무리 많이 관찰되더라도 모든 고니가 희다는 추론을 내릴 수는 없으며 검은 고니가 한 마리만 관찰되어도 결론을 반박하기에 충분"하다. 이 명언은 19세기 철학자 존 스튜어트 밀이 데이비드 흄의 논점을 다듬어 주장한 것으로, 니컬러스 탈레브Nicholas Taleb가 재인용하면서 표현을 손본 듯하다.[18])

물론 당신이 99.9999퍼센트 확신할 수 있는 것은 수없이 많다. 사실 과학의 가장 생산적인 측면 중 하나는 끊임없이 지식을 갱신하고 새로운 것을 배우고 발견한다는 점이다. 그리고 세상은 그 자체로 역동적이다. 아직까지도 우리는 세상의 작동 원리에 끊임없이 놀란다. 우리는 세

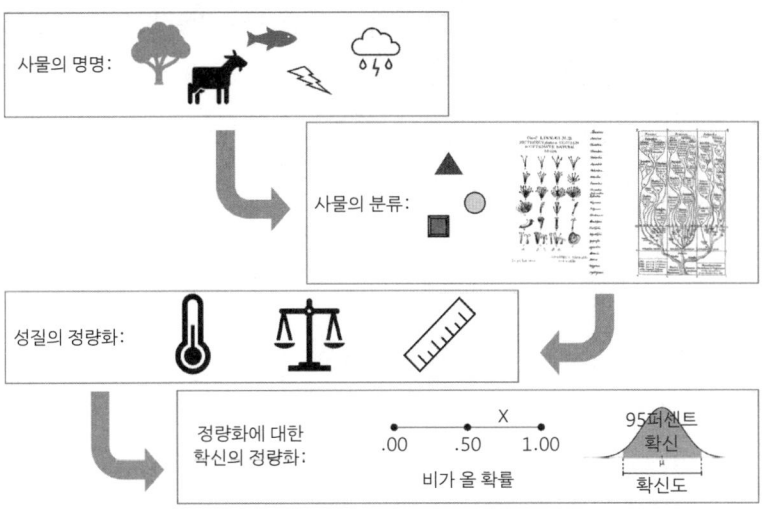

사물의 명명:

사물의 분류:

성질의 정량화:

정량화에 대한
확신의 정량화:

X

.00   .50   1.00

비가 올 확률

95퍼센트
확신

확신도

상에 대한 지식이 현재 진행형이라는 인식을 힘겹게 얻었으며 이를 감안해 세상에 대해 이야기할 수 있는 방법이 필요하다. 이런 식으로 말할 수 있어야 한다. "세상이 어떻게 돌아가는지에 대한 이 이해가 옳다고 정말로 생각한다. 실은 옳을 가능성을 87퍼센트로 정하고자 한다." 또한 더 큰 의심을 표현할 수도 있어야 한다. 이를테면 이런 식이다. "나는 새 이론이 옳다는 쪽에 51퍼센트의 확률만을 부여한다." 0퍼센트에서 100퍼센트까지의 확신 범위는 누구나 세상을 다룰 때 쓸 수 있는 과학 도구 중 하나다. (과학자들이 확신을 계산하는 데 쓰는 방법에 대해서는 나중에 논의한다.)

　수 세기에 걸쳐 우리는 세상을 더 정확히 이해하고 더 효과적으로 대처할 수 있도록 더 완전하게 묘사하는 과정에서 일련의 단계를 밟았는데, 그중 최근 단계로서 과학적 사고의 이 확률론적 도구가 어떻게 발전했는지 알아보면 흥미로울 것이다. 우리는 세상 만물을 명명하는 데서 출발했으며 그다음 그것들을 범주와 계층으로 분류했다. 그리고 나자 사물의 성질을 측정하고 정량화할 수 있었으며 급기야 정량화에 대한 확신을 정량화하기 시작했다!

비확신의 힘

확률론적 도구는 왜 이토록 중요할까? 가장 명백한 이유는 불완전한 정보를 요령껏 쓸 수 있게 해주기 때문이다. 이를테면 당신이 나사를 써서 다리를 건설하고 싶은데 나사가 망가질까봐 걱정이라고 가정해보자. 다리 수명이 다하기 전에 임의의 나사가 망가질 **확률**을 알기만 하면 안심하고 다리를 건설할 수 있다. 중요 연결 부위마다 예비 나사를 충분히 끼워넣어 어느 연결 부위에서든 **모든** 나사가 망가질 가능성이 당신의 목숨을 걸 수 있을 만큼 낮아지도록 하기만 하면 된다. (더 현실적으로 표현하자면 당신은 구조 건전성을 유지하기에 **충분한** 개수의 나사가 망가지지 않는 쪽에 목숨을 걸고 싶을 것이다. 하지만 그러려면 훌륭한 공학자를 수소문해야 한다!) 이 확률론적 정보를 이용할 수 없다면 공사를 진행할 수 없고 자신이 만든 다리를 신뢰할 수 없다. 실제 물리적 세계의 어떤 측면에서도 완벽한 보장이란 없기 때문이다. 현대 공학의 이 확률론적 기법이 보급되면서 이전에는 상상하지 못한 실제 건설 가능성의 세계가 열렸다.

확률론적 사고의 이점 중에서 과학자들이 자신이 틀렸을 때 체면을 구기지 않을 수 있다는 점은 미묘하지만 강력하다. 틀리더라도 신용이 깎이지 않기 때문이다. 과학자로서 그가 말한 거의 모든 것에는 어느 정도의 불확실성이 내포되어 있으니 말이다. 이 기법의 덕을 볼 수 있는 사람은 과학자만이 아니다.

당신이 무언가에 대해 틀렸을 때 체면을 구기지 않을 알맞은 방법을 찾는 일은 놀라울 정도로 중요하다. 체면을 지켜야 하는 필요성은 아동기의 가장 이른 시기로 거슬러 올라간다. 두 살배기의 거짓말에 대한 연구[19]에 따르면 아주 어린 아이가 거짓말하는 가장 큰 동기 중 하나는 체면을 지키고 실수를 둘러대려는 욕구다. 일례로 두 살배기 하나가 "아빠 어딨니?"라는 질문에 "위층에 있어요"라고 대답했다. 아빠가 뒷문 바깥에서 내는 소리가 들리자 아이가 말했다. "**다른** 아빠는 위층에 있어요." (아이는 아빠가 한 명뿐이었다.) 두 살배기는 무엇에 대해 체면을 지키려 했을까? 이런 문제에서 우리가 두 살배기 아동에게 높은 신용도를 기대할 리는 없다. 그럼에도 잘못을 들키고 싶어 하지 않는 것이 인간의 강력한 욕구임은 분명하다.

이 두 살배기 이야기를 솔의 동료 물리학 교수 이야기와 비교하면 흥미롭다. 솔의 동료 교수는 존경받는 과학자였으며 하전입자에 해당하는 자기적 실체(이른바 자기 홀극magnetic monopole)처럼 보이는 것을 발견한 적이 있었다. 만일 확증된다면 기념비적 사건이 될 발견이었다. 양전하나 음전하를 가진 하전입자는 발견할 수 있지만 북극이나 남극만 있는 자성입자는 발견할 수 없기 때문이다. 자석을 부러뜨리면 알 수 있듯 자성입자는 언제나 북극과 남극 두 개의 극을 가진다.

교수는 자기 홀극처럼 보이는 것을 발견하고서 결과를 발표했다. 그는 우리가 이 책에서 권고하는 방식을 따랐다. 자신이 관찰한 것을 제시했고, 발견된 입자가 자기 홀극이 아닐 수 있는 이유를 제시했으며, 입자가 자기 홀극으로 확인될 확률을 제시했다. 그는 이렇게 결론 내렸다. "사실들은 이 입자가 자기 홀극이라는 쪽으로 확고하게 기울어 있다." 하지만 이 입자가 정말로 자기 홀극일 가능성은 그 뒤로 점점 줄었다. 후속 실험을 실시하고 기존 실험을 더 완벽하게 분석했더니 발견된 입자는 여전히 놀랍도록 신비하긴 했지만 홀극의 후보로는 미흡했다. 뒤이은 학술지 논문에서 교수와 연구진은 생각을 분명히 바꿨으며 더는 자신들이 자기 홀극을 발견했다고 믿지 않았다.[20]

하지만 교수가 갖고 있던 과학자로서의 평판은 손상되지 않았다. 자신의 결론을 과학적이고 확률론적으로 제시했기 때문이다. "여기 우리의 데이터가 있다. 이 실험에서 다른 입자가 자기 홀극을 흉내 낼 가능성으로 보건대 우리에게 자기 홀극의 증거가 있을 확률은 다음과 같다." 실제로는 다른 입자가 자기 홀극을 흉내 낸 것이 틀림없었다. 하지만 그는 과학적 발언 태도 덕에 체면을 지킬 수 있었다. 결코 100퍼센트 확실하다고 장담하지 않았기 때문이다. 그 덕에 자신이 틀렸다고 말하고서도 신용을 잃지 않았다.

확률론적 언어는 끊임없이 상대방을 틀렸다고 몰아세우지 않고도 쓸모 있는 대화를 나누는 방법일 뿐 아니라, 세상의 일부 측면이 자기 생각과 다르게 드러나는 시나리오를 더 면밀히 고려하도록 선제적으로 유도한다.

과학자들이 사건을 설명하다 보면, 우리의 세계와 같은 세계에서 일어날 법하지만 실제로는 일어나지 않는 상황과 사건을 언급해야 할 때가 많다. 그들은 이 가능성을 공히 '반ᵗ사실'이라고 부른다. 반사실은 당신이 검증하는 것을 참일 가능성이 희박한 것과 대조하는 데 도움이 될 수 있다. 우리는 어떤 사건이나 상황이 자신의 지식에 비추어 반사실이라고 **추정**하되 확실히 알지는 못할 때가 많다. '추정된 반사실'이라는 명칭이 낯설겠지만 과학자가 아닌 사람들도 늘 이런 추론을 벌인다. 이를테면 이런 식이다. "아내가 여행하는 동안 내가 개를 산책시켜야 해서 얼른 집에 가야 해. 귀국 항공편이 앞당겨져서 아내가 지금 집에 와 있는 희한한 시나리오는 일어나지 않는다고 추정하겠어!"

당신이 확률론적 관점에서 생각하는 사람이라면 이렇게 추정된 반사실을 진지하게 고려할 가능성이 크다. "그래, 좋았어. 그게 옳다고 꽤 확신해. 90퍼센트 확신할 수도 있어. 하지만 내가 틀렸으면 어떻게 되지?" 개를 산책시키는 문제에 대해서라면 이런 질문을 던지는 것이 그다지 중요하지 않을지도 모른다. 하지만 다른 상황에서는 매우 흥미로운 과학적 결과를 낳을 수 있으며 실제로도 낳았다. 그러니 이 '추정된 반사실'을 '대안 시나리오'로 전환해 그것이 실제 현실과 일치할 가능성을 진지하게 받아들이는 것은 유익한 행동이다.

명제를 제시하거나 그래프에 점을 찍을 때마다 자신의 확신을 정량화하는 태도가 얼마나 중요한지 실감하게 해줄 뿐 아니라 이 접근법을 당신의 모든 행동에 주입하는 연습법이 있다. 우리는 모든 발언의 진실성에 대한 확신도ᴸᵉᵛᵉˡ ᵒᶠ ᶜᵒⁿᶠᶦᵈᵉⁿᶜᵉ(주로 '신뢰도'로 번역되나 이 책에서는 예측하는 사람 자신의 확신에 대한 것이므로 '확신도'로 번역한다-옮긴이)를 바탕으로 실제 대화를 나누고 싶어 한다. 오만가지 의견이 경합하는 아무 주제나 골라보라. 이를테면 초중고 전국 모의고사를 확대한 뒤 교육의 질이 좋아졌는지 나빠졌는지를 놓고 친구들과 토론한다고 해보자. 토론 참가자는 참일 수도 있고 거짓일 수도 있는 명제를 제시한 뒤 반드시 0부터 100까지의 숫자를 말해야 한다. 숫자는 그 진술의 진실성에 대한 확신도를 나타낸다. 누군가 깜박하면 나머지 사람들이 끼어들어 그 사람을 제지하고 자신들이 생각하는 확신도 수치를 내놓아야 한다. 때로는 자신이 별로 확신하지 못하는 경우(진술의 진실성에 대한 확신도를 95퍼센트보다 훨씬 낮게 매겼을 때)에 집중해 이렇게 자문하는 것도 흥미롭다. '내가 틀렸다면 어떤 면에서 틀렸을 가능성이 가장 클까? 내가 모르는 것에 대해 더 알려면 어떤 질문을 던져야 할까?'

이 연습을 참아줄 친구들을 찾을 수 있다면 주제와 무관하게 흥미로운 사실들을 발견할 수 있다. 연습을 시도한 학생들은 발언에 높은 확신도를 부여할 때 자신의 말에 증거가 있어야 한다는 압박감을 더 많이 느낀다고 말한다. 남들이 스스로의 발언에 대해 확신도 추정값을 제시하는 것을 들으면 우리는 자신의 추정값을 갱신하고 싶어진다. 토론이 진행되면서 사람들의 조심성이 커짐에 따라 확신도는 90퍼센트 남짓에서 그보다 퍽 낮은 수준으로 떨어진다. 대화 첫머리에서는 더 독단적으로 내뱉었을 법한 발언에 대해 자신이 별로 확신하지 못한다는 것을 깨닫기 시작하면서 많은 확신도 추정값이 60~75퍼센트 범위까지 낮아지기도 한다. 진술의 구체성과 자신이 표출하고자 하는 확신도 사이에서도 반비례 관계가 관찰된다. 상세한 데이터 집합이 없는 대부분의 상황에서는 명확하고 구체적인 진술의 진실성보다는 막연하고 일반적인 진술의 진실성을 더 확신할 수 있다(진실의 한 가지 버전에 국한되지 않으므로).

이 관찰들에서 중요한 질문이 제기된다. 우리 사회에서 진짜 토론이 이런 식으로 이루어진다면 토론의 양상이 바뀔까? 사람들이 더 열심히 듣도록 유도할까? 단언할 때 더 신중해질까? 대안 시나리오를 더 기꺼이 고려하도록 하려나? 하루나 이틀간 저녁 식사 자리에서 모든 사람을 졸라 연습해보고 무슨 일이 일어나는지 보라. 그러다 아무도 당신과 밥을 먹지 않으려 들까봐 걱정되면 한두 번만 이런 식으로 진술을 주고받고서 대화의 분위기가 달라지는지 보아도 재미있을 것이다. 흥미로운 논쟁이라면 효과가 더 커진다.

절대적 정직성의 형태

이런 토론에 참여하거나 그냥 지켜보기만 해도 확신도의 이 같은 쓰임새가 진술한 태도를 취하게 해주는 것이라는 생각이 들 수밖에 없다. 매번 자신의 이해가 얼마나 확고하거나 취약한지 공공연히 드러내는 셈이니 말이다. 물리학자들의 문화에서는(과학은 각 하위 분야마다 나름의 문화가 있다!) 자신이 보고하는 측정값에 대한 확신도를 제시하지 않으면 **부정직**하다는 소리까지 들을 수 있다.

물론 과학자들은 확신도를 공개하는 토론이 현실 상황에서 벌어지면 확신도 수치의 출처에 대해 일반적으로 더 높은 기준을 적용한다. 가능한 경우에는 어림짐작이 아니라 통계적 방법을 단연 선호한다. 어떤 실험에서든 불확실성 범위를 계산하고 표현하는 체계적 방법을 개발하는 일은 공이 많이 든다.

이제 당신은 어느 날 밤 지구에서 달까지의 거리를 측정한 후에 22만 9733마일이었다고 말하지 않고, 22만 9733 플러스마이너스 (±) 9마일이라고 말할 것이다. 그 의미는 이렇다. "그날 밤 실제 거리가 22만 9724(733 마이너스 9)마일과 22만 9742(733 플러스 9)마일 사이라는 것에 대한 나의 확신도는 68퍼센트다." 플러스마이너스 범위(확신도 구간이라고 부르기도 한다)는 그래프에서 정답이 점 아래위로 얼마나 떨어져 있을지를 나타내는 오차막대로 표현된다. 그래프의 오차막대를 보는 데 익숙하지 않은 사람들을 위해 달까지의 거리 측정값 그래프를 아래 실었다.

노벨물리학상 수상자 루이스 앨버레즈^{Luis Alvarez}는 버클리 언덕바지에 있는 자택에서 월요일 밤마다 세미나를 열었다. 매주 물리학자 한 명을 초청해 지금 무슨 연구를 하고 있는지 이야기를 들었는데, 대개는 버클리대학교를 방문중인 유명 교수이거나 국제 물리학 실험에 참여하려

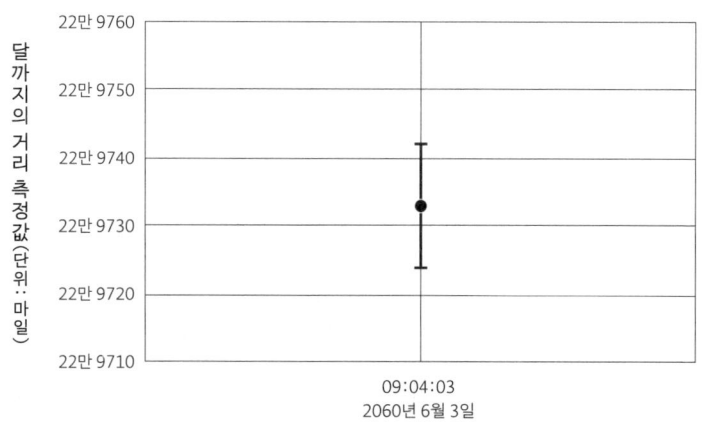

온 저명 연구자였다. 루이스는 큼지막한 안락의자에 앉았고, 교수와 학생과 박사후연구원들은 거실에 줄줄이 놓인 접이식 의자에 앉았다. 그는 으레 연사에게 까다로운 질문을 던져 곤경에 빠뜨렸다. 솔은 모두가 자리에 앉은 뒤 그 주의 연사가 일어나 프로젝터에 그래프를 띄우던 어느 날 저녁을 아직도 기억한다.

루이스가 말했다. "그래프의 오차막대는 어디서 온 겁니까?"

연사는 잘 모르겠다고 말했다.

루이스가 말했다. "자신의 오차막대를 이해하지 못하는 사람의 말은 들어봐야 아무 소용없을 것 같군요." 그러고는 대뜸 강연을 중단시켰다.

나머지 참석자들이 말했다. "좀 봐줘요, 루이스. 무슨 말 하는지 들어보기라도 하자고요." 하지만 그는 요지부동이었다.

루이스의 관점에서(아마도 '물리학자 문화'가 다소 극단적으로 표출된 것이었을 텐데) 측정값의 불확실성 범위를 모른다는 말은 측정값이 얼마나 틀릴 수 있는지 전혀 모른다는 뜻으로 그 측정은 사실상 아무것도 알려주지 않는다는 의미였다. (당시 물리학자들은 서로에 대해 더 혹독했는지도 모른다. 루이스는 극단적 사례였을 테지만 말이다!)

솔은 유쾌한 사례도 하나 떠올렸다. 사흘간 열리는 우주학 워크숍에 참석했을 때의 일인데, 과학자들은 확실한 정량적 추정값이 없는 경우에 다양한 결과의 확신도를 어떻게 표현하는지 이야기를 주고받았다. 확신도를 묘사하는 표현은 "여기에 목숨을 걸겠다"와 "여기에 집을 걸겠다"부터 "여기에 내 황무지쥐(미국에서 인기 있는 애완용 설치류-옮긴이)를 걸겠다"까지 다양했는데, 심지어 "여기에 당신 황무지쥐를 걸겠다"도 있었다!

의사결정에서의 결과

이렇듯 스스로의 진술에 대한 확신도를 고찰하고 표현하면, 적절한 때에 생각을 바꾸기 쉬워지며 평상시에 주목하지 않던 가능성에 더 눈길을 줄 수 있다. 불완전한 지식에 응당한 무게를 부여할 수 있고, 더 생산적인 토론을 벌일 수 있으며, 생각을 바꾸거나 자신이 틀렸음을 인정하더라도 자부심과 평판을 잃지 않을 수 있다. 하지만 확신도를 이렇게 정량화했을 때 얻을 수 있는 또 다른 현실적 결과가 있다. 이를테면 당신이 재판에 배심원으로 참여했는데 목격자가 절도 용의자를 지목했다고 가정해보라. 유죄 평결을 내려 용의자를 투옥하기 위해서는 목격자의 증언에 대한 당신의 확신도가 얼마나 커야 할까? 다음 장에서 확신도를 알아내는 좋은 방법과 나쁜 방법을 논의하겠지만, 여기서는 목격자가 용의자를 똑바로 지목했는지에 대한 당신의 확신이 (이를테면 0에서 99.999퍼센트의 척도에서) 꽤 정확하다고 가정하자. 유죄 평결을 내리는 데 필요한 확신도에 대해 숫자를 선택하고 나면, 당신은 이 숫자들이 현실에 영향을 미친다는 사실을 깨닫게 된다.

우리가 매일같이 경험하는 또 다른 현실 사례를 살펴보자. 당신이 이곳 캘리포니아대학교 버클리캠퍼스에서 수업을 듣는다고 해보자. 아울러 당신은 등교를 위해 매일 허스트가를 건너야 한다. (학교와 도로는 다른 곳으로 바꿔도 상관없다.) 당신이 수업에 가는 길에 허스트가를 건너다 차에 치일 가능성은 얼마일까? 다음 중에서 골라보라. A는 약 1000분의 1, B는 약 10만 분의 1, C는 약 1000만 분의 1, D는 약 10억 분의 1, E는 약 1000억 분의 1이다.

많은 사람들은 차에 치일 확률을 10만 분의 1 언저리로 어림한다. 하지만 이 숫자를 더 자세히 들여다보자. 당신은 허스트가를 얼마나 자주 건너는가? 하루에도 몇 번은 건널 것이다. 그렇다면 당신이 길을 건너다 차에 치일 수 있는 경우는 1000번에 가깝다. 당신이 평생 매일같이 이 일을 한다고 상상해보라. 물론 수명은 100년으로 가정한다. 이 경우 당신이 해마다 1000번씩 차에 치일 위험을 겪는다고 할 때, 100년이면 그 위험을 10만 번 겪는 셈이다. 차에 치일 확률이 10만 분의 1이라면 이제 이 숫자가 당신 눈에 지독히 고약해 보이기 시작할 것이다. 당신은 언젠가 길을 건너다 틀림없이 차에 치인다!

대부분의 사람들은 자신의 사망 원인이 등굣길에 허스트가를 건너다 차에 치이는 일은 아니길 바란다. 그렇기에 우리는 하루에 여러 번 건널목을 건너야 한다면 차에 치일 확률이 1000만 분의 1보다 낮은 곳을 찾아야 한다. (그러면 평생 차에 치이지 않고 안전하게 길을 건널 확률이 99퍼센트보다 높아진다.) 여기서 요점은 자신의 확신도에 대한 정량적 추정이 커다란 차이를 만들어낼 수 있다는 것이다. 당신은 이 숫자를 토대로 결정을 내릴 수 있다.

정치와 확실성

자신이 하는 말에 대해 일일이 확신도를 평가하고 표현하는 것이 언제나 현명한 생각일까? 당장 한 가지 문제가 떠오른다. 정치적 맥락에서 확신도를 거론하면 무슨 일이 벌어질까? 대통령이 연설에서 의료 개혁에 대한 새 정책 방안을 발표한다고 상상해보라. 당신이라면 아래 발언 중에서 어느 쪽이 더 믿음직스러운가?

A. 제가 내놓는 정책은 미국에 옳은 정책입니다. 이것이 미국에 최선이라고 장담합니다.

B. 제가 내놓는 정책이 미국에 옳은 정책일 가능성이 매우 높다고 생각합니다. 효과가 있으리라는 보장은 전혀 없습니다. 사실 성공확률은 75퍼센트입니다. 하지만 지금껏 제시된 다른 대안들은 성공 확률이 훨씬 낮습니다.

우리가 정치인들에게서 B와 같은 진술을 듣는 경우는 드물다. 추측건대 정치 컨설턴트라면 누구나 B 같은 발언을 하고서 표 얻을 생각 하지 말라고 말할 것이다. 그들은 사람들이 두 살배기의 부모처럼 전능해 보이는 대통령을 원한다는 이유를 내세운다. 부모가 언제나 정답을 알고 모든 문제를 해결할 수 있으리라는 막연한 무의식적 감정을 느낀 기억은 누구에게나 있을 것이다. 우리가 어릴 적에 부모는 우리보다 엄청나게 많은 것을 알고 있었다. 많은 사람들은 성인이 되고서도 자신이 언제나 신뢰할 수 있는 진짜 전문가에게 대통령 같은 지도자 역할을 맡겨 그 안도감을 다시 느끼고 싶어 한다.

다른 한편으로 우리 저자들에게, 또한 이 책을 읽는 사람들에게 B 같은 진술은 무척 신선하게 들린다. 그렇지 않나? 우리는 A 같은 진술을 귀에 못이 박이도록 들었다. 누군가 자신이 답을 안다고, 그것이 정답이라고 말한다는 이유만으로 그것이 옳지는 않았던 경험은 누구에게나 있지 않던가. B 같은 진술은 화자가 문제의 복잡한 면면을 실제로 고려했으며 문제를 해결할 확률을 처음부터 이해했다는 느낌을 줄 것이다. 우리는 모든 정치 논쟁이 B 같은 언어로 이루어지는 세상을 훨씬 선호한다. 배우고 적응할 여지가 있음을 보여주기 때문이다. 하지만 일반인이 "와, 이제 저 후보에게 투표하겠어"라고 말하게끔 만들 수 있을 리는 만무하다. 적어도 아직은 말이다. 앞으로 모두가 이 책을 읽으면 깨우친 시민들이 다른 반응을 보여주리라 확신하지만!

이쯤 되면 확률론적 사고가 3MT 시민에게 왜 중요한지 분명히 알았을 것이다. 우리는 생각이 달라지거나 예전 주장이 틀렸다고 입증되더라도 자존감을 지킬 수 있다. 대안 시나리오를 고려할 수 있으며 현실에 대한 하나의 경직된 예측을 고집하지 않을 수 있다. 자신이 아는 것과 모르는 것을 진솔하게 밝히는 태도에 자부심을 느낄 수 있으며, 더 나아가 아는 것과 모르는 것 중간에 있을 때 진술이 참일 가능성이 얼마인지 정직하게 정량화할 수 있다. 남과 토론할 때 덜 방어적이고 더 허심탄회할 수 있다. 불확실한 지식을 생산적으로 쓸 수 있으며 자신의 성향을 바꿔줄지도 모르는 정보를 선제적으로 찾아볼 수 있다. 심지어 피고인을 수감할지 방면할지, 건널목을 건널지 말지 같은 결정을 내릴 때 이런 확률 수치를 바탕으로 올바른 선택을 할 수 있다.

하지만 이런 대단한 이점들은 시작에 불과하다. 확률론적 사고는 3MT의 스위스 군용 칼이다. 오만가지 쓰임새가 있어서 어떤 환경에서도 당신이 생존하고 번성할 확률을 높여주는 도구다. 앞 장들에서는 세상에서 실제로 벌어지는 일이 무엇인지, 세상이 무엇으로 이루어졌는지, 우리가 세상을 (이상적으로는) 더 나은 쪽으로 변화시킬 수 있게 해주는 인과관계가 무엇인지를 더욱 잘 이해하는 방법을 논의했다. 확률론적 태도는 불완전한 인간 이해와 저기 바깥의 실제 공유된 현실이 맺는 관계를 반영한다. 결국 인과관계에 대한 우리의 모든 무작위 통제 시험(또는 이와 관련해 힐의 기준 평가)이 내놓는 것은 임의의 인과관계가 우리 세상을 정확히 서술할 가능성에 대한 정량적 추정값이다. 이런 확률론적 지식의 '통나무'를 가득 엮어 과학적 현실 이해라는 '뗏목'을 만들면, 통나무들이 서로 지탱하며 이를 통해 단단히 묶인 부분에 대한 우리의 확신을 키워줄 수 있다. 반대로 약한 확신의 통나무가 많이 쓰인 부위를 보면 현실의 그 부분에 대한 우리의 이해가 뭔가 잘못되었으리라 의심할 수 있다.

우리는 세상의 구조와 인과관계에 대한 인간적 이해의 불확실성을 강조했지만, 흥미롭게도 불확실성 중에는 현실 자체에 박혀 있는 것도 있는 듯하다. 계(이를테면 가까운 항성)가 어떻게 작동하는지 완벽하게 이해하더라도 계의 행동에는 동전 던지기와 비슷한 진짜 무작위성이 남아 있을 것이다. 이를테면 앞으로 10년 안에 초신성 폭발이 일어날지 누가 알겠는가. 더 우려스러운 가능성도 있는데, 우리는 다음번 거대 태양풍이 언제 전력망을 마비시킬지 모른다. 10년 안에? 아니면 100년 안에? (1859년 거대 태양풍이 불어닥쳤으며 20세기 들어서도 1921년과 1989년을 비롯해 규모는 작지만 여러 건의 태양풍이 전력망을 마비시켰다.) 마찬가지로 치료법이 개별 질병에 효과가 있는지는 알지 못해도 70퍼센트의 확률로 효과를 발휘하리라는 것을 대단히 확신하는(98퍼센트) 상황이 있다. 세상 자체에 무작위적 측면이 있는 상황에서도 확률론적 사고를 이용하면 위험을 판별하고, 비교하고, 관리할 수 있다.

우리가 살아가는 세상에는 답을 얻지 못한 질문이 무수히 많다. 만물이 어떻게 돌아가는지 확실하게 알려주는 답안지 따위는 없다. 이렇듯 확신도에 대한 확률론적 이해를 근거로 삼는 능력은 필수이며 우리가 능력과 효과를 발휘하는 원천이다. 따라서 확신도 추정값을 더 정확히 보정해 이 확률론 도구의 쓰임새를 꾸준히 개선하는 법을 익히는 일은 개개인에게도 무척 중요하다. 우리가 조언을 청하는 전문가들이 이 도구를 어떻게 쓰는지, 자신의 확신도를 추정할 때 얼마나 정확하게 보정해두었는지, 확신도를 시간이 지남에 따라 더 정확하게 보정하려고 얼마나 노력하는지 이해하는 일 또한 그에 못지않게 중요하다.

확신도를 보정하는 능력과 이 능력(또는 능력의 결여)에 대한 이해를 발전시키는 것은 확률론적 사고의 핵심이며 다음 장의 관심사다.

5장.

과신을 경계하라

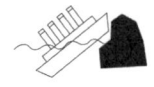

앞 장에서 우리는 확률론적 사고가 과학에서 발전한 중요한 개념이라고 주장했으며 확신도를 그런 사고의 한 예로 소개했다. 하지만 우리는 역량이 뛰어난 과학자들이 불확실성을 감안하지 못하는 경우를 왕왕 본다. 2020년 7월, 매우 존경받는 과학자가 트위터에서 이렇게 천명했다. "미국에서는 코로나19가 4주 안에 종식될 것이며 총 사망자는 17만 명에 못 미칠 것이다." 이제 와서 말이지만 우리는 이 예측이 틀렸다고 말할 수 있다. 이 책을 쓰는 지금 미국에서 코로나19가 아직 사라지지 않았고 100만 명 넘는 미국인의 목숨을 앗았으니 보기 좋게 틀렸다고 말해도 좋겠다.

시간이 지나고 뒤를 돌아보면 틀린 예측을 내놓은 전문가를 쉽게 찾을 수 있다. 하지만 우리가 이 예를 소개하는 것은 이 전문가의 예측이 틀렸기 때문이 아니다. 당시 그에게는 전염병 대유형이 다르게 전개되리라 생각할 만한 개연적 이유가 있었다. 우리가 그를 거론한 이유는 확신도 진술("······라는 것을 80퍼센트 확신한다")을 전혀 쓰지 않았기 때문이다. 그는 자신의 전염병 대유행 이론이 불완전하거나 오류가 있을 가능성을 넌지시 언급조차 하지 않았다.

이 예에서는 전문가가 자신의 전문 영역 바깥에 있는 주제에 대해 의견을 제시했으며 자신의 의견을 트위터에 올렸다는 것에 주목할 만하다. 만일 그가 감염병이나 공중보건이라는 주제에 대해 동료 전문가들을 대상으로 전문 학술지에 글을 썼다면 의견을 표명할 때 훨씬 신중했을 것이다(이에 대한 우리의 확신도는 75퍼센트 이상이다). 그러지 않았다면 학술지 편집자와 검토자들이 그에게 방어 가능한 확신도를 가지고 견해를 재천명하거나 논문을 철회하라고 요구했을 것이다.

그런데 이번 경우는 이렇게 말하며 무사 통과시켜주고 싶은 기분이 든다. "에이, 이건 자유 시간에 한 거잖아. 사람들이 트위터에 아무 말이나 쓴다는 거 몰라?" 하지만 이렇게 자문해보라. 전문 학술지에서 그의 견해를 보았을 사람이 세상에 몇이나 될까? 트위터에서 그의 견해를 본(또한 리트윗한) 사람의 극소수에 불과하지 않겠는가? 그러니 우리 모두는 철학자 데이비드 흄의 또 다른 명언을 곱씹는 게 좋겠다. "현명한 사람은 자신의 믿음을 증거에 비례해 키워나간다."

전문가의 과신은 심각한 결과를 낳을 수도 있다. 1986년 우주왕복선 챌린저호 폭발에 대한 조사에서 미 항공우주국이 발사 실패 확률을 10만 분의 1로 공식 예측했다는 사실이 밝혀졌다. 이것은 앞 장에서 허스트가를 건너다 차에 치일 확률과 비슷하다. 하지만 또 다른 증거에서는 이 장밋빛 예측에 반하는 확고한 증거가 있었다는 사실이 드러났다. 미 항공우주국이 불과 5년 전 발표한 보고서에서는 (챌린저호를 궤도에

올려보내는 데 쓴) 고체연료 로켓의 역대 실패율을 57건당 1건으로 언급했다. 우주왕복선을 발사할 때마다 고체연료 로켓이 두 번 쓰이므로 역대 실패율이 달라지지 않았다고 가정하면 28~29건당 1건의 발사 실패를 예상할 수 있었다. 챌린저호는 25번째로 발사된 우주왕복선이었으므로 이번 실패는 예상과 들어맞았다. 그렇다면 매우 비관적인 위험 전망을 훨씬 낙관적인(그리고 비현실적으로 보이는) 위험 전망으로 둔갑시킨 무언가가 미 항공우주국 내에서 일어난 것이 틀림없다.[21]

20세기 중엽 이론물리학자 레프 란다우Lev Landau는 과학자들의 전문가적 과신에 대해 이런 촌철살인을 남겼다. "우주학자들은 오류를 곧잘 저지르면서도 긴가민가하는 일은 결코 없다." 이것은 과장일지도 모르겠다. 어쨌거나 과학자들이 이따금 결과를 철회하기는 하니 말이다.[22] 예를 들어보겠다. 2010년 전문가 23명은 연방준비제도 이사회 의장이던 벤 버냉키Ben Bernanke에게 보낸 공개서한에서 양적완화 정책이 "통화 절하와 인플레이션"을 일으킬 것이라고 주장했다. 2014년 이 예측이 틀렸다고 판명되었을 때 기자 두 명이 공개서한에 서명한 23명에게 연락했다. 14명은 논평을 거부했지만, 나머지 사람들은 견해가 달라지지 않았다고 말했다.[23]

《뉴욕 타임스》 칼럼니스트(이자 노벨상 수상 경제학자) 폴 크루그먼 Paul Krugman은 이 전문가들을 조롱한 적이 있었는데, 조 바이든 대통령의 2021년 경기 부양책이 높은 인플레이션을 낳으리라는 예측을 일축한 자신의 오류를 2022년 초 공개적으로 인정했다. "저 작자들과 같은 사람이 되고 싶진 않다. 그래서 지난해 초, 인플레이션에 대한 나의 안이한 견해가 실제 사건들에 의해 반증된 이유를 이해하는 일에 시간을 꽤 할애하고 있다." 하지만 그는 자신의 원래 분석이 기본적으로는 옳았으며 코로나19 대유행 때문에 경제의 일반적 패턴이 뒤집혔다고 주장하고 말았다.[24] (경제학이라는 게임은 하는 것도 힘들고 그것에 대해 쓰는 것도 힘들다. 크루그먼은 인플레이션을 과소평가했지만 경기 부양책의 구체적 역할과 관련해 누가 옳은지는 아직 미지수다.)

실수를 인정하는 문화

이 예들에서 보듯 세 번째 밀레니엄에 전문가가 권위를 지키기 위해서는 지적(또는 인식론적) 겸손이라고 불리는 것을 함양해야 한다. 심리학자 마크 리리Mark Leary는 이 특질을 오랫동안 연구했는데, 지적으로 겸손한 사람들이 "사실 주장에 대한 증거의 힘에 더 주목하고 사람들이 동의하지 않는 이유를 이해하는 것에 더 관심을 기울인"다는 점을 발견했다.[25] 그는 말한다. "개방성과 유연성을 중시하고 불확실성과 모호성을 감내하는 정도는 문화마다 다르다."

실리콘밸리의 가장 큰 장점은 "빨리 실패하고 자주 실패하라"라는 유명한 좌우명에서 보듯 오류에 대한 개방성을 증진하는 문화다. 물론 저 좌우명은 실패 자체에 대한 찬양이 아니라 실패가 첨단기술 기업의 불가피한 부산물이라는 주장이다. 많은 과학자들 사이에도 비슷한 통념이 있는데, 그에 따르면 대학원생은 반드시 실험 오류를 저지르게 마련이므로 최대한 일찍 많은 연구 경험을 쌓아 극복하게 하는 것이 상책이다.

최근 젊은 심리학자 집단이 실수를 인정하는 문화를 장려하기 시작했다. '자신감 상실'이라는 이름의 이 프로젝트에서 학자들은 자신이 발표한 결과 중에서 의심스러운 것을 공개했다. 그들이 과학자 315명을 대상으로 진행한 익명 조사에서는 44퍼센트가 자신이 기존에 발표한 연구 결과 중 적어도 하나에 의심을 표했음이 밝혀졌다. 하지만 대부분의 사례에서 연구자들은 자신감 상실을 공개적으로 인정하지 않았으며, 설령 그랬더라도 연구가 발표된 학술지가 아닌 다른 창구를 이용했다.[26]

확신도 보정

앞에서 주장했듯 과학적 증거는 확률을 제시할 수는 있어도 절대적 확실성을 내놓을 수는 없다. 그러므로 전문가들이 **절대 틀리지 않는다**는 기대는 어리석은 동시에 부당하다. 임무를 완벽하게 수행하더라도 이따금 잘못이 벌어진다. 하지만 전문가들이 **보정**을 실시하리라는 기대는 지극히 타당하다.

우리가 말하는 '보정'은 무슨 뜻일까? 전문가가 어떤 사건의 확률을 제시하면 우리는 여러 상황을 살펴보면서 예측이 사건의 빈도와 맞아떨어지는지 확인할 수 있다. 전문가가 단정적 진술("뇌종양입니다")을 내리면 우리는 그 진술이 옳을 확률을 정량화하라고 요구할 수 있다. 전문가가 양을 추정하면 우리는 95퍼센트의 확신도로 참값을 포함하는 추정값의 상하 범위를 제시하라고 요구할 수 있다.

보정이 잘되었다는 것은 예측 시점에 천명한 확신도와 실제 결과가 나온 뒤의 확신도가 일치한다는 뜻이다. 우리는 학생들에게 이 개념을 설명하기 위해 다음과 같은 이지선다 문제를 낸다. "파나마운하와 수에즈운하 중 어느 쪽이 더 길까요?"[27] 이 문제의 정답을 외우고 있는 사람은 별로 없을 것이다. 하지만 우리는 학생들의 '잡지식' 수준을 알고 싶은 것이 아니다. 우리는 각각의 답에 대한 확신도를 그들 스스로 어떻게 평가하는가를 알아내려 한다. 스스로 표명한 확신도가 정답 확률과 일치하면 그들은 **완벽하게 보정**된 상태다. 이를테면 확신도가 언제나 50퍼센트라면, 당신은 절반은 맞고 절반은 틀려야 한다. 확신도가 언제나 100퍼센트라면 언제나 옳아야 한다. 정확도가 자신이 표명한 확신도보다 낮으면 과신하고 있는 상태다. 즉, 자신의 무지를 과소평가한다.

다음 그림은 여러 해 동안 학생들에게 보정 문제를 낸 결과다. 학생들이 50퍼센트의 확신도를 보고한다는 것은 사실상 무작위 추측을 한다는 뜻인데, 그때 학생들이 정답을 맞히는 확률은 50퍼센트보다 약간 높다. 이것은 학생들이 자신의 생각보다 많이 안다는 뜻이다. 하지만 정답에 대한 확신도가 커질수록 정확도는 자신의 생각보다 일관되게 낮아진다. 과신을 향한 뚜렷한 추세를 보여주는 '고전적' 보정 패턴은 수많은 인구집단을 대상으로 실시한 수많은 연구에서 거듭거듭 도출되었다.[28]

이 '과신' 오보정의 증거는 전문가 판단에서도 볼 수 있다. 2000년대 초 여러 연구자들이 독일 주식시장 예측가들의 과신을 연구했다. 그들은 금융 전문가 350명에게 6개월 이후의 월별 DAX 지수(다우존스 평균에 해당하는 독일의 지수)를 예측해달라고 주문했다. 중요한 사실은 각 전문가에게 각각의 예측에 대한 90퍼센트 확신도 구간(실제 DAX 가치

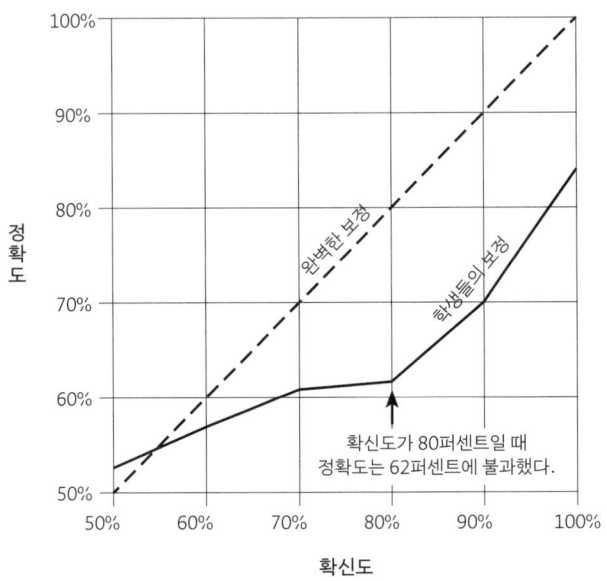

완벽한 보정

학생들의 보정

확신도가 80퍼센트일 때
정확도는 62퍼센트에 불과했다.

정확도 (y축)
확신도 (x축)

가 열 번 중 아홉 번 포함되리라 생각하는 범위)을 명시해달라고 주문했다는 것이다.[29] 결과는 다음과 같다. 매달 실제 DAX 가치는 많은 전문가들이 6개월 전 제시한 확신도 구간을 완전히 벗어났다. 사실 26개월에 걸친 연구 기간의 절반 이상에 대해 해당 월의 DAX 가치를 포괄할 만큼 넓은 확신도 구간을 제시한 전문가는 절반에도 못 미쳤다. 상당수 전문가는 독일 주식시장의 미래 방향을 보기 좋게 틀렸을 뿐 아니라 자신이 얼마나 틀릴지 추정하는 것에도 젬병이었다.

실은 위 문장에 보정 개념의 열쇠가 들어 있다. 그것은 지식(이를테면 6개월 이후의 DAX 지수를 예측하는 데 동원하는 지식)뿐 아니라 **메타**지식, 즉 지식에 대한 지식도 있다는 사실이다. 독일의 금융 전문가들이 확신도 구간을 너무 좁게 잡은 것은 자신의 메타지식이 부실하다는 점을 자인한 꼴이었다. 그들은 자신이 얼마나 모르는지를 몰랐다. 메타지식을 개선했다면, 즉 확신도를 보정했다면 그들은 더 나은 성과를 거뒀을 것이다.[30]

또 다른 예는 직업적 외교정책 전문가들에 대한 필립 테틀록Philip Tetlock 의 연구에서 찾을 수 있다. 이 전문가들의 예측은 공공 정책에 지대한 영향을 미칠 수 있다. 전문가의 예측과 전망을 근거로 미 의회는 군사 예산을 배정하며 대통령은 외교, 경제, 군사 전략의 수립과 조약의 협상을 추진한다. 전문가들이 자신의 예측에 대해 확신할수록 의회와 대통령이 정책에 반영할 가능성이 커진다.

테틀록의 연구는 그런 예측을 경계해야 함을 암시한다. 그는 외교정책 전문가 수백 명에게 5년에서 10년 뒤의 사건들을, 예, 아니요로 예측해달라고 주문했다. 이를테면 이렇게 물었다. "블라디미르 푸틴은 2016년에도 러시아 대통령일까요?" 그러고는 각 예측에 대해 피험자들에게 1부터 9까지 확신도를 매기도록 했다. 그는 두 가지 궂은 소식을 발견했다. 첫째, 예측은 동전 던지기보다 딱히 정확하지 않았다. 둘째, 정확도와 표명된 확신도 사이에는 사실상 아무 관계도 없었다. 옳은 것으로 드러난 예측의 평균 자기 보고 확신도는 6.5~7.6이었으며 틀린 예측의 평균 확신도는 6.3~7.1이었다. 별반 다르지 않았다. 틀린 전문가들은 맞은 전문가들 못지않게 확신에 차 있었다. 이것은 외교정책 전문가들이 자신의 예측에 부여한 확신도가 그들의 신뢰도를 판단할 잣대로 매우 부실하다는 뜻이다.[31]

우리는 물리학자를 비롯한 자연과학자들이 자신의 확신도를 사회과학자보다 더 훌륭히 보정하리라 예상할지도 모르겠다. 정치와 무관한 자연계의 특성을 탐구하기에 더더욱 그렇다. 어쨌거나 자연과학자들의 데이터는 도수분포와 다수의 측정치를 갖추고 있으며, 그들의 고급 통계학 공식은 방대한 데이터를 입력받아 정확한 확신도 구간을 산출한다. 하지만 '경성' 과학에 몸담은 연구자들 또한 자신의 발견에 부여할 적절한 확신도를 판단하는 문제에서 종종 금융 및 외교정책 전문가 못지않게 애를 먹었다.

흥미롭게도 우리가 자연과학자들의 이런 모습에 대해 알게 된 한 가지 이유는 물리학자들이 자신의 확신도 진술이 얼마나 잘 보정되었는지 이해하는 일에 유난히 관심을 기울여 이 문제를 수십 년간 연구하고 추적했기 때문이다. 물리학은 극도로 큰 데이터 집합을 다룬 최초의 과학 분야 중 하나이며, 물리학자들은 전 세계 연구진들이 협력하고 경쟁하는 오랜 전통을 가지고 있다. 그래서 1950년대 후반과 1960년대 초반에 자신들 나름의 측정값과 확신도 추정값을 수집하고, 비교하고, 취합하기 시작했다. 결과에 대한 그들의 확신이 잘못됐다는 징후는 금세 발견되었다. 이를테면 빛의 속도와 전자의 질량 같은 물리 상수의 정확한 값을 정하려 할 때, 물리학자들은 최초 측정값에 대해 커다란 불확실성을 보고한 뒤 시간이 지남에 따라 점차 확실한 추정값을 제시할 것으로 예상되었다. 말하자면 오차막대는 처음에 매우 넓다가 새 연구가 진행될 때마다 점점 좁아지며, 상수에 대한 각각의 새 측정값은 이전 측정값의 오차 범위 안에 있을 것으로 생각되었다.

하지만 실상은 딴판이었다. 물리학자들이 1780년대부터 1960년대까지 빛의 속도 c의 값에 대한 물리학자들의 역대 추정값과 오차막대를 도표로 나타냈더니, 추정값은 천방지축으로 날뛰었으며 한 연구에서 추정한 값이 이전 연구에서 제시한 오차 범위를 훌쩍 벗어나는 경우도 비일비재했다. 역미세구조 상수, 플랑크 상수, 전자의 전하량, 전자의 질량, 아보가드로 수 같은 물리 상수의 추정값에 대해서도 똑같이 들쭉날쭉하고 겉보기에 모순된 패턴이 나타났다.

물론 이러한 측정의 역사 내내 과학자들은 **자신**의 연구가 마침내 진리에 근접했다고 믿었다. 이를테면 1941년 물리학자 레이먼드 버지 Raymond Birge는 이렇게 썼다. "오랜 시간 (이따금) 열면 역사가 흐른 뒤 c 값은 마침내 매우 만족스러운 '안정' 상태에 정착했다."[32] 그 뒤로 얼마 지나지 않아 대부분의 c 추정값은 버지가 추정한 것보다 훨씬 높아져 그가 제시한 확신도 구간을 훌쩍 넘겼으며, 높은 확신도가 부여된 현재의 추정값 또한 버지의 '안정 상태'보다 훨씬 바깥에 있다.[33]

물리학자들은 확신도 추정값이 이렇게 틀리는 것을 보고서 단순한 내부 추정을 신뢰하는 것에 훨씬 경계심을 품었으며, 불확실성을 평가할 수 있도록 결과에 대한 교차 비교를 훨씬 늘리고, 제시된 과학적 발견을 받아들이는 기준을 훨씬 강화하라고 요구하기 시작했다. 그럼에도 실험물리학자들이 학생들에게 가르치는 가장 중요한 교훈 중 하나는 학생들이 자신의 측정을 **여전히** 과신할 수 있다는 점이다!

과신이 인간 심리의 속성이기는 하지만 보정을 개선할 수 있다. 우리는 불확실한 상황에서의 확신을 꽤 능숙하게 보정할 수 있다. 예측이 필수인 다양한 직종의 확신도 보정을 들여다보면 (이를테면) 기상학자들의 단기 예보가 놀랍도록 훌륭히 보정되어 있음을 알 수 있다. 기상예보관이 이튿날 강수 확률을 80퍼센트로 예측한 경우를 전부 조사하면 실제로 비가 온 경우가 약 80퍼센트다. 그들의 보정은 왜 이렇게 훌률할까? 관건은 기상학자들이 예측에 대한 즉각적 피드백을 끊임없이 받는다는 것이다. 더욱이 기상학자들의 직업적 명성은 자신의 지식(정확도) 못지않게 메타지식(보정)에도 좌우된다.[34]

직종이나 영역을 막론하고 직업적 요구와 사회·문화적 요인은 지식 상태에 대한 사람들의 판단에 영향을 미친다. 당신의 직종에서 확신도를 보정하는 데 영향을 미치는 요인을 알면 당신을 과신으로 시나브로 밀어대는 힘을 발견하고 저항할 수 있을 것이다. 어떤 면에서 우리는 IBM의 슈퍼컴퓨터 왓슨을 흉내 내려고 애써야 한다. 왓슨은 퀴즈 프로그램 〈제퍼디!Jeopardy!〉에서 최고의 인간 참가자를 이겨 유명해졌는데, 승리 비결은 방대한 위키백과식 지식뿐 아니라 예리한 메타지식이었다.

〈제퍼디!〉에서 메타지식이 엄청나게 중요한 이유는 각 '정답'에 대해 옳은 '문제'를 맞힐 기회가 참가자 중 한 명에게만 돌아가는데 그 주인공은 바로 버저를 맨 먼저 누른 참가자이기 때문이다(〈제퍼디〉는 '정답'이 주어지고 참가자가 그에 맞는 '질문'을 맞히는 독특한 형식의 퀴즈 프로그램이다-옮긴이). 틀리게 대응하면 벌점을 받기 때문에 무작정 빨리 버저를 눌렀다가는 낭패를 겪는다. 올바른 대처법을 알 때만, 또는 안다고 생각할 때만 버저를 눌러야 한다. 우승하는 참가자들은 자신이 옳은 '문제'를 아는지 모르는지 재빨리 판단할 수 있는 사람들이다. 왓슨은 이 일을 실시간으로, 그것도 매우 훌륭히 해내도록 프로그래밍되었다. 그래서 자신의 무지 상태를 안다. 왓슨은 "이 경우에 당신은 나를 믿어야 하고 다른 경우에는 나를 믿을 이유가 별로 없다"라고 말하는 셈이며 이것은 전문가에게서 매우 귀중한 덕목이다.[35]

타인의 확신을 신뢰한다면

전문가 과신을 온전히 이해하려면 전문가의 예측과 평가가 세상에서 어떻게 쓰이는지 살펴보아야 한다. 우리는 수술 위험을 평가하는 의사의 환자, 목격자의 증언을 판단하는 배심원, 재무 상담가의 증시 예측에 따라 행동하는 투자자 등과 같이 '관찰자' 시점에서 사물을 보아야 한다. 이런 경우를 살펴보고 사람들이 전문가를 믿을지 말지 판단할 때 어떤 단서를 쓰는지 조사하면, 전문가가 내세우는 확신이 가장 중요한 단서 중 하나임을 알 수 있다. 상담가, 목격자, 전문가는 스스로 확신할 때 가장 신뢰할 만하다고 여겨진다.

이런 역학이 작동하는 상황 중 하나는 형사 법정으로, 배심원들은 목격자의 증언을 듣고서 신빙성을 판단해야 한다. 여기서 목격자는 '전문가'이고 배심원은 '관찰자'다. 심리학자들은 관찰자가 신뢰도를 판단할 때 어떤 단서를 쓰는지 연구하기 위해 모의 실험을 동원하는데, 공공장소에서 벌어진 범죄의 실제 목격자들이 선발되어 모의 배심원단 앞에서 증언하는 방식이다. 심리학자들은 목격자의 신뢰도에 대한 지각과 확신도에 대한 지각 사이에 매우 강한 양(陽)의 상관관계가 있음을 발견했다. 이는 배심원들이 "이 사람을 믿어야 할까, 말아야 할까?"를 판단할 때 목격자의 확신에 매우 큰 영향을 받을 수 있음을 시사한다.[36]

하지만 여기에는 문제가 있다. 우리는 예측이나 평가에 스스로 부여한 확신도를 정확도의 잣대로 신뢰할 수 없음을 알고 있다. 사람들이 전문가의 (지각되거나 표명된) 확신을 신뢰도 판단에 이용하면 곧잘 오판하고 그 결과로 잘못된 결정을 내릴 수 있다. 배심원이 무고한 사람을 감옥에 보내고, 투자자가 폭락할 주식을 매수하고, 환자가 합병증 위험이 큰 수술에 동의하는 것은 모두 전문가의 확신을 신뢰도와 정확도 판단의 단서로 중시하기 때문이다.

다행히도 이 과정을 교란할 수 있다는 증거가 있다. 심리학 연구에서 사람들에게 자신만만한 기상 예보관, 전문가, 목격자가 틀렸음을 보여주면 그들의 자신감 표현은 예전만큼의 무게를 지니지 못한다. 자신만만한 사람이 실수를 저질렀음을 알게 되는 순간 사람들은 배신감을 느낀다. (반대로 예측이나 평가에서 낮은 확신도를 표현한 전문가나 목격자는 틀렸다고 밝혀지더라도 신뢰도 하락을 겪지 않는다.[37])

관찰자가 전문가의 실제 정확도에 대한 정보를 제시받고서 확신 단서에 다르게 반응하는 것은 직관적으로 일리가 있다. 정확도를 알고 있으면 확신도를 정확도의 대용물로 쓸 필요가 없다. 하지만 관찰자가 피드백을 받아야 한다는 요건이 결정적 걸림돌이다. 전문가의 정확도에 대한 피드백을 늘 얻을 수는 없다. 게다가 일부 연구에 따르면 피드백을 얻는 것이 수고로울 때는 많은 사람들이 게을러져 이전과 마찬가지로 전문가의 확신도를 정확도의 지표로 이용한다.[38]

전문가가 과신을 피하면서 오류를 면하는 두 마리 토끼를 잡을 수 있을까? 한 가지 방법은 확신도 구간을 넓게 잡아 참값이 거의 확실히 포함되도록 하는 것이다. "바이든 대통령이 재선에 도전한다면 30~70퍼센트 득표할 것이라고 95퍼센트 확신한다." 전문가의 딜레마는 이런 안전제일 태도를 취하면 누구에게도 전문가로 인정받지 못한다는 것이다. (범위가 좁아지면 확신도가 반드시 낮아진다. 어떤 전문가가 바이든이 40~60퍼센트 득표할 것이라고 70퍼센트 확신한다면, 범위가 40~50퍼센트로 좁아질 경우 확신도도 60퍼센트로 낮아진다.) 전문가들은 신뢰받을 만큼 확신도를 보정해야 한다. 하지만 정보 가치가 있을 만큼 구체적이어야 하는데, 이것은 만만한 일이 아니다. 희소식은 자신의 확신도를 정직하고 현실적으로 평가하면 전문성에 대한 신뢰를 유지할 수 있다는 것이다.

과신을 견제하라

전문가의 부류가 '정확한 전문가'와 '부정확한 전문가' 둘뿐이라면 대부분의 사람들은 두 번째 부류보다는 첫 번째 부류에 귀를 기울이고 싶을 것이다. 하지만 쉬운 문제(전문가가 딱히 필요하지 않은 문제)를 제외하면 모든 전문가가 반드시 정확한 통찰을 제시할 수 있으리라 기대하는 것은 비현실적이다. 그렇기에 확신도 진술은 전문가를 가늠할 결정적 정보 출처다. 가늠하는 방식이 대부분의 독자들에게 낯익지는 않을 테지만 말이다!

다음번에 당신이 즐겨 시청하는 뉴스 프로그램에서 전문가가 이야기하는 것을 듣거든 그들이 자신의 확신을 묘사할 때 어떤 낱말을 쓰는지 유심히 귀 기울여보라. 절대적 확실성을 표명하는가? '~인 것은 가능합니다', '~할 위험', '이런 견해도 있습니다' 같은 '위험분산^{hedge}' 낱말을 쓰는가? 내재적 불확실성이 있는 세상에서는 **보정된** 전문가를 우대해야 한다. 애석하게도 전문가들은 기자로부터, 정책입안자로부터, 변호사로부터, 일반 대중으로부터 자신감을 표하라는 압박에 시달린다.

저명 심리학자 대니얼 카너먼$^{Daniel\ Kahneman}$은 과신이 "자신에게 마법 지팡이가 있다면 가장 없애고 싶은" 인간적 편향이라고 말한 적이 있다.[39] 우리는 과신을 없앨 수 있을지에 대해서는 회의적이지만, 과신을 줄이기 위해 누구나 취할 수 있는 구체적 단계가 있다는 것은 확인했다.

우리가 강조하진 않았지만 첫 번째 요점은 이것이다. 잘 알지 못하는 것에 대해 의견을 제시해야 한다고 생각하지 말라. 자신의 '의견 예산'을 빡빡하게 책정해도 좋다. "오늘의 의견 표명은 다섯 개로 제한하겠어. 그러니 현명하게 골라야 해." 의견을 꼭 내야겠다는 생각이 들면 (가능한 경우) 확률로서 표명하거나, "~라는 것을 75퍼센트 확신합니다"나 "아닐 가능성보다 그럴 가능성이 크다고 생각합니다"처럼 확신도를 제시하라.

전문가의 말을 들을 때는 그들이 자신의 불확실성과 자신이 틀릴 수도 있는 상황을 인정하는지에 주목하라. 우리야 전문가들이 100퍼센트 정확하면 좋겠지만 그런 일은 일어날 리 만무하다. 하지만 우리는 100퍼센트에 가깝게 보정된 전문가를 찾을 수 있고 찾아야 한다. "확고한 의견을 제시할 만큼 잘 알지 못합니다"라고 말하는 전문가는 쓸모없는 사람이 아니다. 그들이야말로 신뢰할 수 있는 사람이다. 당신이 보기에 그들이 해당 주제에 대해 가장 식견이 높은 사람이라면 그들은 방금 당신에게 이 주제에 대해 연구가 더 필요하다는 사실을 가르친 셈이다. 그때까지는 행동에 신중을 기하고 얼마나 많은 것이 밝혀지지 않았는지 감안해 겸손한 태도를 취하는 것이 상책이다.

6장.   잡음에서
신호 찾기

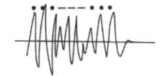

경험 많은 과학자는 현상에 대한 자신의 첫 이해가 종종 틀린 것으로 드러날 수 있음을 안다. 비싼 수업료를 내고 교훈을 얻을 때도 많다. 솔은 젊은 박사후연구원 시절 이 교훈을 얻었다. 비교적 가까운 항성의 폭발과 함께 시작된 흥미진진한 천체물리학 탐사를 위해 여러 선배 과학자들과 공동 연구를 진행할 때였다.

초신성 1987A로 불린 이 항성은 지구와 가장 가깝고 가장 밝은 초신성으로, 수백 년째 관측되고 있었다. 전 세계 과학자들이 (이 초신성을 관측할 수 있던) 남반구의 망원경으로 달려가 온갖 방식으로 연구에 돌입했다. 솔이 몸담은 연구진은 이렇게 생각했다. '이런 종류의 초신성이 폭발하면 극도로 압축되고 조밀한 본체의 잔해가 남아 있을 거야(이 잔해를 중성자별이라 부른다).' 중성자별 잔해는 매우 강력한 자기장을 형성한 채 자전하고 또 자전하면서 두 자극^{磁極}에서 광선(과 전파)을 내뿜는다. 자극이 회전축과 일치하지 않으면, 자전할 때마다 한 번씩 한쪽 자극에서 나오는 광선이 마치 등댓불처럼 당신을 비출 수 있다. 일반적으로 자전은 초당 1000번 가량 일어나므로 매 밀리초마다 규칙적 빛(또는 전파) 펄스^{pulse}(짧고 규칙적으로 반복되는 빛이나 전파 신호-옮긴이)를 볼 수 있다. 대형 망원경과 정밀한 빛 기록 장치가 있어야겠지만!

이 규칙적인 빛(펄서^{pulsar} 또는 맥동변광성이라고 불린다)을 처음 본 사람은 작성 중인 그래프(광학 신호가 아니라 전파 신호를 기록한다)에 "LGM"이라고 적었다. 이것은 외계인을 뜻하는 "작은 초록 인간$^{little\ green}$ ^{men}"의 약자였는데, 규칙적으로 반복되는 이 펄스가 외계 지성체의 신호일지도 모른다고 생각했기 때문이다. 그러다 신호를 발견한 천체물리학자인 조슬린 벨 버넬$^{Jocelyn\ Bell\ Burnell}$과 앤터니 휴이시$^{Antony\ Hewish}$가 하늘의 여러 장소에서 펄서 다발을 발견하기 시작했다. 몇몇은 이 종류의 초신성 잔해와 관계있는 듯했다. 두 사람은 펄서가 외계 지성체의 신호만큼 흥미진진하지 않음을 깨달았다. 하지만 여전히 매우 근사했다. 펄서들은 그 자체로 경이로웠다.

솔의 연구진은 초신성 폭발 직후, 펄서가 형성되는 과정을 최초로 포착할 기회가 있을지도 모른다고 생각했다. 그래서 적외선 광자 검출기라는 새 장비를 제작한 다음, 칠레로 날아가 장비를 망원경에 장착했다.

아니나 다를까 예상과 거의 비슷하게 초당 2000회 반복되는 신호가 검출되었다. 이것이 소리(빛이 아니라 음압의 맥동)였다면 가온 다보다 세 옥타브 위의 나에 가까운 고음이었을 것이다. (여기서는 이렇게 빠른 맥동을 소리에 빗대어 생각하는 것이 편리한데, 이런 소리 음높이의 높낮이가 어떻게 느껴지는지는 직관적으로 알 수 있지만 이렇게 빠르게 깜박거리는 빛 신호는 직관적으로 알 수 없기 때문이다. 우리 눈은 빛의 반복 횟수가 초당 약 50회 이상이면 깜박거림을 인지하지 못한다.) 신기하게도, 깜박이는 초신성 빛의 이 '음높이'는 일정하지 않고 몇 시간에 걸쳐 약간 낮아졌다가(즉, 약간 천천히 깜박거리다가) 다시 몇 시간에 걸쳐 처음 음높이로 돌아갔다. 왜 그랬을까?

연구진은 이 현상을 궁리하다 신호의 약한 변동을 예상할 충분한 이유가 있을 수 있음을 깨달았다. 그것은 약간의 도플러 효과 때문일 터였다. 이것은 차량의 경적 소리가 당신에게 다가올 때와 멀어질 때 음높이가 다르게 들리는 것과 같다. 지구는 자전하고 있으므로 칠레의 천문대에 있는 장비가 신호와 가까워질 때는 음높이가 약간 높게 들렸다. 그리고 어떤 때는 장비가 신호에서 멀어져 음높이가 약간 낮게 들렸다.

그러고 보니 지구는 태양도 공전하고 있으므로 이 움직임 또한 음높이에 변화를 줄 것이 틀림없었다. 그래서 신호가 과연 변하는지, 변한다면 왜 변하는지 알아내기 위해 연구진은 두 가지 음높이 왜곡 효과를 보정했다. 보정하고 나니 신호의 음높이는 여전히 변동했지만 이제는 변동이 매우 규칙적인(완벽한 사인파와 거의 비슷한) 움직임으로 바뀌었다. 흥미진진한 발견이었다. 도플러 효과에서 사인파가 나타난다는 것은 펄서가 **자신을 공전하는 행성을 가졌다**는 뜻이기 때문이다. 그 행성은 우리에 대해 뒤로 앞으로 뒤로 앞으로 움직이며 음높이를 규칙적으로 변화시킬 터였으며 그것은 연구진이 보고 있던 사인파 신호를 빼닮았을 터였다.

이 흥분되는 결과를 얻은 시점은 과학자들이 아직 우리 태양계 바깥에서 행성을 하나도 발견하지 못했을 때였다. 펄서 신호에는 이런 '외계 행성'이 발견되었을지도 모른다는 사상 최초의 증거가 담겨 있었다. 과학자로서 보람을 느낄 만한 발견이었다. 유유자적 바라보다, 느닷없이 신호를 포착한다! 물론 신호를 알아보는 일은 쉽지 않다. 하지만 알려진 왜곡(이를테면 지구 움직임으로 인한 효과) 중 하나를 제거하자 지금껏 한 번도 찾아볼 생각을 하지 않은 무언가와 똑같이 생긴 무언가가 나타난다. 이 경우는 저 먼 펄서를 공전하는 행성이었다. 연구진의 발견을 서술한 논문은 즉시 국제 과학 학술지《네이처》에 투고되었다.

그때 상황이 복잡해졌다…….

방금 4장과 5장을 읽은 당신은 이 발견에 대한 연구진의 확신도가 얼마였는지 궁금할 것이다. 어쨌거나 우리는 불확실성으로 가득한 세상에서 확률론적 사고가 의사결정에 얼마나 핵심적인지, 우리가 거두는 성적에 대한 확신도(또는 우리가 귀 기울이는 전문가의 진술에 동반되는 확신도)를 보정하는 것이 얼마나 중요한지 강조했다. 이번에는 우리가 확률론적 사고를 어떻게 다루고, 정량화하고, 써먹는지 좀 더 깊이 들여다보자. 이 도구를 능수능란하게 부릴 줄 알면 무척 도움이 되기 때문이다.

우선 과학자의 용어를 조금 설명하는 것이 좋겠다. 많은 확률론 논의는 '잡음에서 신호를' 찾는 것과 관계있지만, 우리가 쓰는 '신호'와 '잡음'이라는 낱말의 의미는 다른 맥락에서 쓰일 때의 일상적 의미와 다르다.

우리가 말하는 신호는 무슨 뜻일까? 의사소통에서의 신호는 말, 편지, 음악, 등댓불 등 어떤 사람이 다른 사람에게 메시지를 전하기 위해 이용하는 모든 수단을 가리킨다. 이 신호에는 당신이 전달하고자 하는 생각이나 방침이나 감정이 들어 있다. 하지만 신호는 좀 더 추상적일 수도 있다. 형체든 소리든 냄새든 세상이 어떻게 돌아가는지에 대해 무언가를 알려주는 것을 탐지하려고 할 때의 신호는 그것의 흔적이나 증거를 가리킨다.

이 두 가지 개념이 우리가 말하는 신호의 의미를 가리킨다면 잡음은 무엇일까? 우리가 말하는 잡음의 의미는 신호 탐지를 방해하는 거의 모든 것이다. 어떤 종류의 잡음은 신호와 매우 비슷하지만, 당신과 소통하도록 의도되지 않았을 수도 있고 당신이 세상에 대해 찾고 있는 정보를 실제로는 제공하지 않을 수도 있다. 청각 사례에서 출발하자(용어 자체가 무선통신공학에서 비롯했으므로). 당신이 누군가의 말을 들으면서 무슨 뜻인지 이해하려 하는데 방 안에 있는 다른 누군가가 방을 가로질러 또 다른 대화를 나누고 있다고 상상해보라. 그 누군가의 말은 **누군가**와 소통하기 위한 것이지만, 당신의 관점에서는 당신이 받으려는 '신호'에 간섭하는 '잡음'이다. 이런 어수선한 상황에서 대화 상대방에게 집중하는 우리의 능력을 칵테일파티 효과라고 부른다.

잡음은 자신이 집중하는 것과 나란히 존재하는 무작위적인 소리, 형체, 냄새 같은 무작위 교란물일 수도 있다. 이를테면 당신이 바닷가를 거닐면서 누군가의 말에 귀를 기울이고 있을 때 우르릉거리는 파도 소리는 칵테일파티에서 다른 사람들이 나누는 대화와 달리 의도적이지 않다. 그럼에도 파도 소리는 당신의 신호를 모호하게 만드는 무작위 잡음이다.

소리의 형태로 된 잡음의 예는 쉽게 떠올릴 수 있지만, 우리의 정의에 따른 잡음이 다른 형태를 띨 수 있으며 우리가 무엇을(감각 정보든 아니든) 탐지하려 하든 잡음이 존재한다는 사실을 명심하라. 무표정한 친구의 말투에 스민 빈정거림이든, 상사가 보낸 이메일의 어조든, 사과크럼블의 계피 맛이든, 개털의 진드기든 당신이 무언가를 탐지하려 할 때 잡음으로부터 신호를 구별해야 하는 일의 난점은 똑같다.

신호와 잡음은 어떻게 구분할까

'신호'와 '잡음'을 정의했으니 당신은 어떤 사람의 신호가 다른 사람에게는 잡음이겠다는 생각이 들지도 모르겠다. 두 사람이 탐지하려는 세상의 측면이 서로 다를 테니 말이다. 이를테면 당신이 텔레비전에서 영화를 보는 동안 아래와 같은 네 가지 일이 일어난다고 상상해보라.

A. 영화에서 주인공이 서 있는 방으로 벽돌이 날아들어 유리창이 와장창 깨진다.

B. 영화에서 완두콩 수프만큼 뻑뻑한 안개 때문에 주인공이 울창한 숲을 뚫고 지나가는 데 애를 먹는다.

C. 영화가 중단되고 산불이 접근하고 있다는 비상 경고 방송이 흘러나온다.

D. 영화에서 주인공이 극적인 정치 연설을 하다가 민주주의와 관련해 중요한 점을 언급한다.

이 중에서 당신의 영화 시청 경험에 대한 '잡음'은 어느 것일까? 당신은 B라고 말하고 싶을지도 모르겠다. 뻑뻑한 안개는 집중을 방해하기에 충분해 보이니 말이다. 하지만 당신의 역할이 영화 시청자라면 빽빽한 안개는 잡음이 아니다. 주인공이 안개를 뚫고 나아가는 데 애를 먹고 있음을 보여주는 중요한 데이터다. 안개는 영화 시청자로서의 당신에겐 신호이자 플롯의 일부다. 그러므로 우리는 C를 선택해야 한다. 영화 시청자의 관점에서 산불을 경고하는 짜증스러운 방송은 불필요한 교란이다. 물론 이것은 영화 시청자의 역할을 맡은 당신에게는 잡음이지만, 내일도 살아있고 싶은 인간의 역할을 맡은 당신에게는 잡음이 아닐 것이다.

영화 주인공의 관점에서는 어느 것이 잡음일까? C는 무시할 수 있다. 주인공은 산불을 경험하지 않기 때문이다. 이번에는 안개가 정말로 잡음이다. 주인공에게 신호는 숲을 가로지르는 길이고 빽빽한 안개는 그 길을 못 찾게 방해하는 요소다. A(창문으로 날아든 벽돌)도 잡음일까? 이 사건은 주인공의 관점에서 분명히 요란하긴 하지만, '잡음'이라는 낱말의 일반적 의미에서만 그렇다. 잡음을 교란으로 간주한다면 창문으로 날아드는 벽돌은 이에 해당하지 않는다. 영화의 목적에 비추어 보면 누군가 창문으로 벽돌을 던진 것은 주인공과 플롯에 중요한 사건으로 가정해야 한다. 주인공이 알아야 하는 무언가를 전달하는 사건인 것이다.

영화 시청자에게 산책 나가자고 보채는 개의 관점에서는 어느 것이 잡음일까? 아마도 '전부 다'라고 답해야 할 것이다. 개는 이 중 어느 것에도 관심이 없으니 말이다. 개의 관심사는 산책뿐이다. 영화에서 일어나는 모든 사건, 텔레비전에서 흘러나오는 모든 소리는 개의 관점에서는 배경 잡음에 불과하다. 중요한 신호(개의 애처로운 '산책 가고 싶어요' 눈빛)를 방해하는 요소들이니 말이다.

이제 질문을 바꿔 A부터 D까지 네 가지 사건 모두가 나름의 맥락에서 신호일 수 있는지 물어보겠다. 당신은 아니라고 답할 것이다. 사건 B(완두콩 수프만큼 뻑뻑한 안개)는 어떤 맥락에서도 잡음처럼 보이기 때문이다. 하지만 당신이 항공편을 예약해두었다고 가정해보라. 그러면 안개는 이륙이 지연될지도 모른다는 신호다.

이 문제들의 핵심 교훈은 신호가 무엇이고 잡음이 무엇인지가 언제나 즉각적으로 분명히 드러나지는 않는다는 것이다. 자신이 무엇을 알아내고자 하는지를 고려해야 한다. 특정 맥락에서 무엇이 신호에 해당하는지, 무엇이 잡음에 해당하는지 가려내야 한다. 다음과 같은 몇 가지 질문은 많은 상황에서 도움이 될 것이다. 여기에 신호가 있을까? 여기에 잡음이 있을까? 우리는 신호와 잡음을 뚜렷이 구별하고 있나? 신호와 잡음을 혼동하고 있지는 않나? 이런 물음이 중요해지는 것은 기후변화와 지구온난화 같은 현실 문제를 들여다볼 때다. 다음 그래프를 보라. 1850년부터 2000년까지 지표면의 연평균 온도를 측정한 값이다.[40]

당신은 틀림없이 여기에 온도 증가의 신호가 있는지 알고 싶을 것이다. 또한 온난화 신호가 시작된 시점이 인류가 이산화탄소를 대기 중에 훨씬 많이 방출하기 시작한 때와 같은지도 궁금할 것이다. 하지만 그래프에서 가장 먼저 눈에 띄는 점은 매우 많은 잡음이다. 측정값은 해마다, 10년마다 심하게 오르락내리락한다. 그래프를 해석해 신호를 탐지할 수 있으려면 무엇이 이 잡음(무작위적인 것처럼 보이는 온도 변화)을 일으키는지 잘 알아야 한다. 약간의 온도 상승, 이를테면 20년간 0.25도의 상승은 기후변화의 신호일까? 아니면 이 특정 계에서 일어나는 무작위 요동 중 하나에 불과할까? 어쨌거나 해마다 더 큰 요동도 적잖이 보

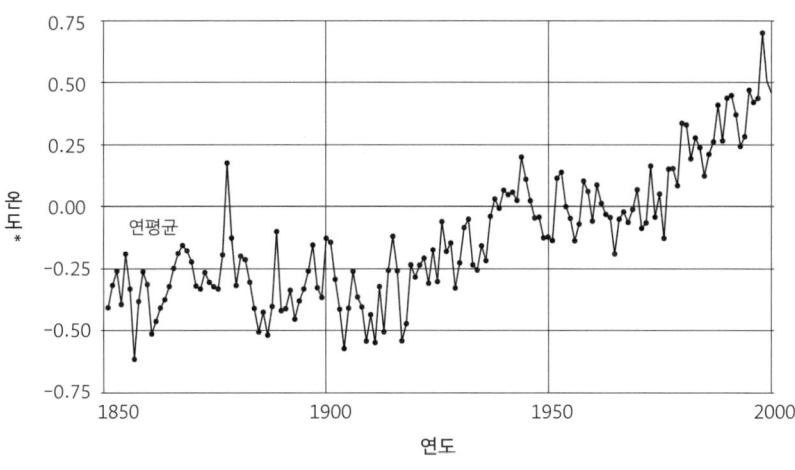

연평균

*1951~1980년을 기준으로 한 섭씨 온도 증감

이니 말이다.

지구 온도의 요동을 장기적 맥락에서 들여다보면 이야기가 훨씬 극적으로 바뀐다. 다음 그래프는 기원전 400년으로 거슬러 올라가 20년 평균 온도를 나타낸다(그린란드 빙심 데이터를 지구 온도 변화의 대략적 대용물로 삼았다). 오른쪽의 작은 네모는 처음에 있던 그래프에 표시된 기간인데, 이렇게 보면 기다란 오르락내리락 연쇄의 일부분에 불과해 보인다. 즉, 신호가 아니라 잡음이다.[41] (로마는 따뜻한 시기에 건설되었고 흑사병은 추운 시기에 창궐했다. 우리는 따뜻한 기후를 선호하는지도 모르겠다.)

불행하게도, 기간을 더 최근으로 좁히면(두 번째 그래프를 보라) 지구 온난화의 신호는 잡음보다 더 확실히 상승하는 듯하다. 게다가 지구 평균 온도의 최근 상승 추세를 더 폭넓게 연구했더니 20세기에 일어난 온도 상승은 대부분 인간 활동에 의한 것이었다. 이를 뒷받침하는 증거의

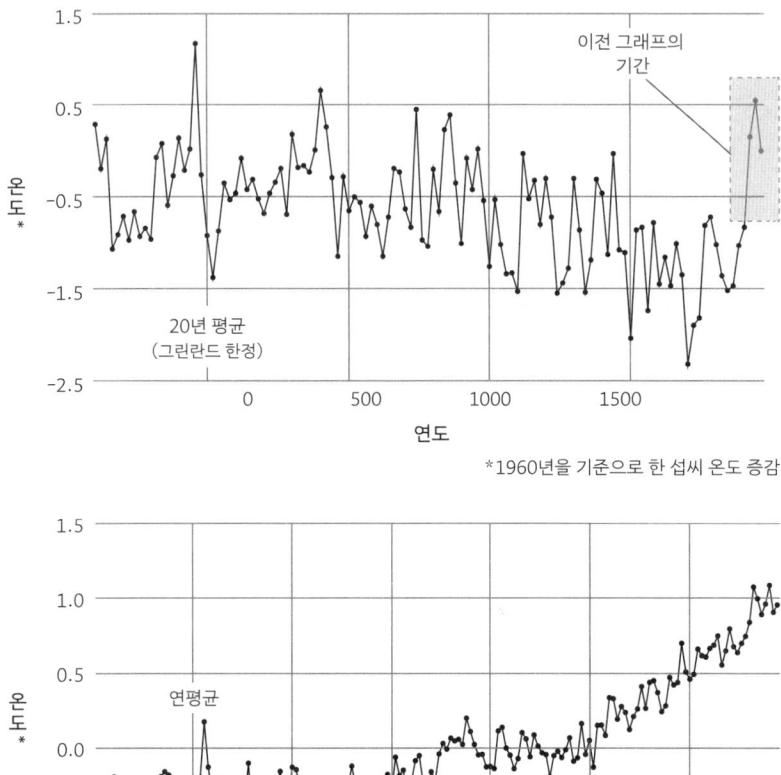

*1960년을 기준으로 한 섭씨 온도 증감

*1951~1980년을 기준으로 한 섭씨 온도 증감

꽤 많은 부분은 이 그래프의 잡음 출처를 밝혀냄으로써 도출되었다. 이
를테면 소규모의 단기간 온도 하락 중 상당수는 화산 폭발로 생긴 가스

가 대기 중에 분출되어 햇빛을 반사함으로써 지구를 냉각시킨 것과 관계있다. 잡음이 지상에서의 부실한 측정 때문이 아니라 실제로 현실을 반영한다는 사실도 알 수 있다. 남아 있는 단기적 요동이 대부분 북대서양의 해수면 온도 변동과 맞아떨어지기 때문이다. 데이터에 나타난 이 두 가지 단기적 잡음을 제외하면 나머지 추세는 온도 그래프의 완만한 상승으로, 이것은 같은 기간 대기 중 이산화탄소 그래프의 완만한 상승과 맞아떨어진다. 이는 우려했던 신호다. 이산화탄소 변화가 주로 인간 활동의 결과라는 뜻이기 때문이다.[42] 이것은 신호(이산화탄소 증가와 연관된 온도 상승 추세)를 잡음(화산 및 해수면 온도와 연관된 단기적 요동)으로부터 분리하는 것이 상황을 이해하는 열쇠가 되는 좋은 예다.[43]

뒤로 물러서서 큰 그림을 보면 (칵테일파티 효과에서와 마찬가지로 친구의 말을 알아듣기 힘든 이유가 다른 누군가가 이야기하고 있기 때문임을 당신이 이론상 알 수 있는 것과 마찬가지로) 신호에 간섭하는 무작위 잡음처럼 보이는 것의 출처를 때로는 명확히 알아낼 수 있다. 칵테일파티가 그렇듯 잡음의 출처를 꼭 알 필요는 없다. 신호를 강화하고 잡음을 억제할 다른 방법들이 있기 때문이다(이를테면 조용한 구석으로 자리를 옮겨 대화를 이어갈 수 있다). 하지만 기후변화의 경우에는 잡음의 출처를 알아야 할 또 다른 이유가 있다. 역사상 어느 때보다 많은 수십억 인구를 먹여 살리는 세계에 현저한 온도 변화가 미칠 영향을 감안한다면 우리는 지구 온도를 20~21세기 범위 이내로 유지해야 한다. 하지만 변화를 촉발하는 변인이 무엇이고(이를테면 이산화탄소), 장기적으로 온도에 영향을 미치지 않는 변인이 무엇인지 알지 못하면 온도를 통제하기 힘들 것이다.

잡음의 와중에서 신호를 탐지하는 문제에 대해 생각하기 시작하면 칵테일파티에서뿐 아니라 일상생활에서도 어딜 가든 이 문제가 눈에 띄기 시작한다. 자녀에게 이솝 우화 〈늑대와 양치기 소년〉을 읽어주다 보면 당신은 이 이야기가 잡음을 발생시킴으로써 경고 신호를 보낼 능력을 잃어버린 소년에 대한 이야기임을 깨닫게 된다. 또한 자녀에게 〈월리를 찾아라!〉 퍼즐을 보여주다 보면 작가가 주인공 월리(신호)의 흐릿한 시각적 인상을 흉내 내는 이미지들의 패턴(잡음)을 만들어낸 솜씨에 감탄하게 된다.

우리는 뉴스에서 2001년 테러 위협을 탐지하는 임무를 맡아 전 세계에서 벌어지는 수상한 조짐들을 기록한 무수한 보고서의 잡음 가운데 비행기 조종 훈련을 받으면서도 착륙법에는 관심 없는 사람들의 이상 행동에 대한 보고서에 들어 있는 신호(9·11 음모)를 탐지하지 못한 사람들에게 예전보다 더 공감하게 된다. 진주만 공습의 경고 신호를 간과한 연유도 비슷했을 것이다.

드물지만 잡음이 우리의 친구인 경우도 있다. 이때 우리는 신호를 무시하고 **싶어 한다**. 이는 '백색잡음 발생기'라는 기계의 이름에 '잡음'이 들어 있는 것에서 똑똑히 알 수 있다. 이 기계는 우리가 자고 싶을 때 옆방에서 들려오는 궁금하지만 거슬리는 대화의 신호를 듣지 않게 해준다. 우리가 가려운 곳을 긁는 이유에 대한 설명 중 하나는 잡음의 유익을 보여주는 더 놀라운 예다. 모기가 팔을 물어 생긴 짜증스러운 가려움 신호를 덜 짜증스러운 긁기 감각이라는 잡음으로 덮어주기 때문이다.

신호 대 잡음비

신호와 잡음의 개념과 관련한 과학 용어 중 일상에서 쓰이지는 않더라도 알아두면 이로운 것이 또 있다. 이 용어가 쓰이는 이유는 과학자들이 잡음에 묻힌 신호를 끄집어내는 기법을 설계해야 하고 이를 위해서는 신호가 얼마나 깊이 묻혀 있는지, 즉 잡음 크기에 비해 신호 크기가 정확히 얼마큼인지 정량적으로 알아야 하기 때문이다. 이 용어는 '신호 대 잡음비'다.

신호 대 잡음비를 알아내는 기본 과정은 쉽게 서술할 수 있다. 아래와 같이 글자 16개로 이루어진 신호가 있다고 해보자.

A_STITCH_IN_TIME

지직거리는 정전기 잡음이 많이 들리는 열악한 전화 회선으로 누군가 이 비밀 메시지를 한 글자씩 당신에게 불러준다고 상상해보라. 이 상황을 흉내 내기 위해 신호에 잡음을 추가해보자. 방법은 글자 두 개를 무작위로 골라, 역시 무작위로 고른 글자 두 개로 대체하는 것이다.

AQSTITCH_VN_TIME

위의 예에서 '신호 대 잡음비'는 14:2(또는 7:1)로 생각할 수 있다(신호 글자가 14개고 잡음 글자가 2개). 이 비율(또는 잡음 수준)에서도 신호를 분간하거나 적어도 짐작할 수 있다. 그렇다면 전화 회선이 더 열악해지면 어떻게 될까? 이 상황을 모방하기 위해 글자 두 개를 더 잡음으로 대체해보자.

EQSTITCHNVN_TIME

이제 신호 대 잡음비는 12:4(또는 3:1)이며 신호를 탐지하기가 꽤 힘들다. 여러 번 추측을 시도하면 맞힐 수도 있겠지만 잡음이 실제로 방해가 된다. 여기서 글자 두 개를 더 잡음으로 대체해 신호 대 잡음비를 10:6(또는 5:3)으로 줄이면 신호를 탐지하기가 거의 불가능하다.

EQATITCHNVN_TUME

위의 예에서 보듯 신호가 잡음에 가려지면 운이 작용할 수 있다. 어떤 종류의 무작위 정보는 신호를 더 효과적으로 숨기기도 한다. 과학에서는 가끔 운이 따를 때가 있다. 어떤 신호가 유입되는데 다행히 잡음에 의해 너무 왜곡되지 않았으면, 이것이 당신에게 실마리를 건네 발견에 이르게 하기도 한다.

하지만 요점은 신호 대 잡음비를 정량화하면 잡음도와 신호 품질을 측정해 상황을 비교할 수 있다는 것이다. 우리의 예에서 신호는 7:1 비율에서는 꽤 분명하지만 3:1 비율에서는 아주 모호해진다. 정량화를 하면 자신의 목적에 필요한 신호 대 잡음 수준이 얼마큼인지 실제로 추정할 수 있다. 이것은 과학자들이 자주 해야 하는 일이므로 과학자에게 결정의 핵심 요인에 대해 의견을 청할 때는 이 사항을 중요하게 고려해야 한다.

과학자들은 신호 대 잡음비에 대해 이야기할 때 종종 더 근사한 통계학적 정의를 동원하기도 한다. 하지만 원리는 같다. 당신이 알고 싶은 것은 자신이 가진 신호의 양에 비해 잡음의 양이 얼마큼인지, 이 비율이 주어졌을 때 잡음에서 신호를 탐지할 가능성이 얼마큼인지다. 이런 이유로 '신호 대 잡음비'는 중요하고 알아두면 요긴한 용어다.

잡음을 어떻게 해야 하나

우리는 과학자들이 하는 일 중 하나가 잡음에 파묻힌 신호를 끄집어내는 것이라고 말했다. 이 일을 하는 방법 중 하나를 살펴보자. (영화는 자신이 주인공일 때 더 재미있다는 이론에 따라) 당신이 주인공인 드라마틱한 영화의 허구적 장면을 예로 들어보겠다. 당신은 제2차 세계대전에 참전해 비행기로 태평양 상공을 순찰하고 있다. 그때 정전기 잡음처럼 들리는 무선 신호가 포착된다. 이어폰에서 흘러나오는 요란한 잡음을 어떻게 해석해야 할까?

당신은 이런 상황에 대해 훈련받았으므로 나름의 판단 기준이 있다. 어쩌면 특정 음높이와 특정 주파수에서 전송되는 신호가 있을지도 모른다고 생각한다. 신호는 무척 희미하게 들려오는 듯하다. 마침 무선 수신기에 주파수 필터인 이퀄라이저가 있어서 당신이 듣고자 하는 음높이를 제외한 나머지 모든 소리를 걸러낼 수 있다. 당신은 수신기를 만지작거린 다음 귀를 기울인다. 짧은 펄스가 세 번, 긴 펄스가 세 번, 짧은 펄스가 세 번 들린다. 모스 부호로 조난신호(SOS)다. 당신은 무슨 일인지 알아보기 위해 신호 방향으로 기수를 돌린다.

이 이야기에는 두 가지 흥미로운 대목이 있다. 첫째, 밀려드는 잡음을 듣는 것과 신호를 듣는 것의 유일한 차이는 신호 이외의 모든 주파수를 걸러냈는지 뿐이었다. 나머지 모든 주파수를 걸러냈더니 유일하게 들려오는 것은 신호가 담긴 주파수 하나였다. 그러자 신호가 있다는 사실이 분명해졌다.

두 번째 흥미로운 대목은 신호를 어디서 찾아야 하는지(이 경우는 조난신호가 전송되리라 예상되는 음높이) 알기만 한다면 우리 뇌가 잡음 걸러내기 작업을 정말 잘해낸다는 것이다. 실제로 당신이 제2차 세계대전 조종사이고 많은 정전기 잡음에 가려진 조난신호를 방금 들었다면 이 퀄라이저 필터가 꺼져 있더라도 잡음 속에서도 여전히 신호를 식별할 수 있을 것이다. 어디에 귀를 기울여야 하는지 알며 자신의 뇌를 필터로 이용할 수 있기 때문이다. 뇌는 걸러내는 법을 익히는 데 놀랍도록 뛰어나다. (당신이 잡음 속에서 신호를 찾고 있다면 명심해야 할 사실이 있다. 우리가 탐구하려는 문제가 애초에 발생하는 이유는 바로 뇌가 걸러내기를 자동으로 하기 때문이다. 우리의 인간적 재능이 다 그렇듯 걸러내기에도 좋은 면과 나쁜 면이 있다.)

잡음을 걸러내어 신호를 찾는 고전적 예로는 외계지성체탐사search for extraterrestrial intelligence, SETI(이하 세티)를 위해 현재 진행 중인 국제적 과학 사업이 있다. 세티 과학자가 하는 일 중 하나는 무선 안테나의 방향을 머나먼 항성에 맞추는 것이다. 그에게 들리는 소리는 제2차 세계대전 조종사가 들었던 소리와 매우 비슷한 정전기 잡음이다. 이것은 우주의 모든 잡음이 어우러진 정전기 잡음이다. 아니, 안테나가 향한 하늘 위 특정 지점에서 날아오는 잡음이라고 하는 게 낫겠다.

문제는 삑삑삑삑 소리만 마냥 듣고 있을 수는 없다는 점이다. 우리가 아는 한 외계인은 모스 부호로 말하지 않는다. 그러니 상상할 수 있는 모든 필터를 고안해야 한다. 즉, 세티 과학자들의 실제 임무는 잡음 속의 분명한 신호를 무턱대고 들여다보는 일이 아니라 외계 지성체가 쓸 법한 통신 신호에 주목할 수 있게 해주는 필터를 고안하는 것이다. 간단한 일은 아니다. 생각해보라. 어떤 통신 신호에 초점을 맞추고 나머지를 모두 걸러내야 할까? 외계인에게도 모스 부호에 해당하는 수단이 있을까?

한 가지 간단한 가능성은 일정한 음높이로 꾸준히 반복되는 펄스다. 조난신호 사례처럼 우리가 살펴봐야 하는 특정 음높이가 있음이 밝혀진다면 흥미로울 것이다. 하지만 애석하게도 우주에는 외계 지성체가 아닌 반복적 펄스를 생성하는 자연 현상이 있다.

이 장에서는 펄서를 공전하는 행성에 대한 흥미진진한 이야기로 문을 열었는데, 나중에 이 극적인 이야기를 다시 끄집어내어 마무리하겠다. 하지만 우선 잡음 속에서 유의미한 패턴을 찾는 필터링 게임을 할 때 맞닥뜨리는 고약한 문제에 대해 논의해야 한다. 바로 우리 뇌가 무작위 잡음에서 패턴을 보고 그 패턴에 의미를 부여한다는 것이다! 이제 보겠지만 일상적(이고 장기적인) 의사결정을 위해 온갖 잡음 출처 가운데에서 필요한 신호를 인식하는 능력은 같은 방식으로 속아 넘어가는 자신의 성향을 얼마나 잘 이해하느냐에 달렸다. 이것은 우리 모두가 일상에서 신호와 잡음을 다루는 방법과 관련된 아주 중요한 주제이므로 장 하나를 할애해 (펄서 이야기와 함께) 설명하겠다.

7장.

없는데
보인다

이야기의 다음 부분은 무작위 잡음이 어떻게 생겼는지에 대한 우리의 어수룩한 예상에서 시작된다.

예상이 어수룩하다는 것은 어떤 의미에서일까? 우리는 실험을 하나 진행했다. 수업을 듣는 학생들에게 동전을 50번 던져 앞면이 나오면 H라고 쓰고, 뒷면이 나오면 T라고 쓰라고 주문했다. 그런 다음 또 다른 학생 집단에게는 동전을 실제로 던지지 말고 동전 던지기처럼 무작위 적으로 보이도록 '앞면'과 '뒷면'의 연쇄를 지어내도록 했다. 아래는 그 들이 만들어낸 연쇄다. A와 B 중 어느 쪽이 실제 동전 던지기에서 나온 것인지 맞혀보라.

A:

HTHTTHTTTHT HHHH TTTTT HHTHHTTTH TTTTT H TTTTTTT HT
HHHTHT

B:

TTTHTTHH$\boxed{\text{TTTTT}}$HTHHTTHTTTH$\boxed{\text{TTTT}}$HTHTHHHTTT$\boxed{\text{HHHHH}}$
TTHHHTH

어느 연쇄가 정말로 무작위이고 어느 연쇄가 무작위를 흉내 냈는지 알 수 있겠는가? 두 연쇄를 비교할 때 당신의 뇌는 연속하는 H와 연속하는 T(네모로 둘러싸인 것들)에 우선 관심을 기울인다. A 연쇄에서는 7연속 T가 한 번, 5연속 T가 두 번 나오는데, B 연쇄에서는 그만한 '연속성'을 찾아볼 수 없다. 하지만 B 연쇄에도 5연속 H와 5연속 T가 한 번씩 나오긴 한다. 이를 근거로 당신은 A 연쇄가 가짜라고 생각할 수 있다. '진짜' 무작위 연쇄는 7연속 T 같은 동일 연쇄가 이렇게 많을 리 없으니 말이다.

이렇게 생각했다면…… 당신은 틀렸다. B 연쇄가 가짜다. 이 연쇄를 만들어낸 학생들은 앞면이나 뒷면을 너무 연속시키면 무작위처럼 보이지 않으리라 생각했을 것이다. (기다란 동일 연쇄를 두 번 시도하기는 했지만 이내 소심해졌다.) '앞면, 앞면, 앞면, 앞면'이나 '뒷면, 뒷면, 뒷면, 뒷면'이라고 쓴 뒤에는 이렇게 생각했을 것이다. '이건 무작위처럼 느껴지지 않아. 연속은 여기서 그만해야겠어.' 하지만 진짜 무작위 연쇄에는 우리의 예상과 달리 놀랍도록 기다란 동일 연쇄가 많이 들어 있다.

이제 밀려드는 정전기 잡음 속에서 조난신호를 찾으려고 애쓰는 제2차 세계대전 조종사와 문자열 중간중간에 엉뚱한 글자를 무작위로 집어넣은 뒤 의미 있는 문구를 찾아내는 예에 이 이야기를 대입해보자. 두 경우 모두 우리는 잡음 속에서 신호를 찾기가 얼마나 힘들지 알고 있었다. 이 이야기에서 당신이 깨달아야 하는 새로운 사실은 잡음이 매우 큰 데이터에서 신호를 찾고 찾고 또 찾다가는 속아 넘어가기 십상이라는 것이다. 잡음이 낀 데이터는 결국에 가서는 유의미한 패턴처럼 보이는 무언가를, 당신이 한 번도 예상하지 못했을 방식으로 보여줄 것이다. 달리 말하자면, 무작위 잡음에서 신호를 찾다 보면 신호가 없는데도 있다고 생각하기 쉽다.

무작위 잡음에서 얼마나 자주 패턴이 나타나는지에 대해 뛰어난 직감을 가진 사람은 아무도 없다. 우리가 할 수 있는 최선은 자신의 패턴 발견 노력에 늘 의문을 제기하는 법을 익히고, 무엇이 신호인가에 대한 직관이 틀릴 수 있으며 무작위 데이터에서 패턴이 나타나는 빈도와 비교해야 함을 명심하는 것이다. (통계학에는 이런 비교를 할 수 있는 수학 기법이 많다.) 당신이 이 책을 다 읽고 나서 앞의 생각을 깊이 내면화한다면 큰 도움을 받을 것이다. 그러니 위의 실험을 해본 적이 없다면 동전을 구해(어딘가에는 아직도 있다) 100번 던지면서 기다란 동일 연쇄를 전부 기록하라. (이 현상을 이미 알고 있다면 다른 사람을 찾아 이 방법으로 놀라게 하고 즐겁게 해주라.)

당신이 기업주라면 이제부터는 5주 연속으로 목요일마다 상품이 매진되는 패턴(처럼 보이는 것)을 근거로 초과 주문을 넣지 않을 것이다. 우선 목요일 연속 매진이 무작위 우연의 일치에 불과할 확률이 얼마큼인지 통계학자에게 자문을 구할 것이다.

힉스 입자를 찾아서

그렇다면 잡음에서 신호를 가려내는 작업은 실제로 어떻게 이루어질까? 극적이고 소설 같은 예부터 살펴보자. 입자물리학자들이 힉스 입자 Higgs Boson(물질에 질량이 생기게 하는 역할을 하는 아원자 입자-옮긴이)라는 아원자 입자를 발견한 사건으로, 과학자들이 잡음을 신호로 혼동하지 않으려면 얼마나 많은 노력을 기울여야 하는지 보여준다. (다음번에 방송에서 과학자가 섣부른 발표를 했다는 보도를 접하거든 실제로는 과학자가 신중을 기했을 것임을 알아주시길!)

힉스 입자의 발견은 고전적 입자물리학 연구에서 나온 결과였다. 잘 알려진 소립자(이 경우는 수소 원자의 핵인 양성자)를 너비가 수 킬로미터에 이르는 거대한 고리 속에서 돌리고 또 돌려 엄청난 속력으로 가속한다. 방향 전환에는 수많은 전자석을 이용한다. 각각의 빔에 들어 있는 양성자들을 '다발'로 묶어 회전시킨다. 그런 다음 고리 속을 회전하는 양성자 다발 하나를 시계 반대 방향으로 이동하는 또 다른 양성자 다발과 같은 궤도에 놓이도록 해 두 다발 속 개별 양성자들을 충돌시킨다. 그러면 이제껏 본 적 없는 새 소립자를 만들어내기에 충분한 에너지가 생긴다.

각 충돌의 결과는 뒤죽박죽이다. 충돌하는 두 개의 양성자는 저마다 다른 입자들의 풍성한 집단으로 완전히 둔갑해 사방으로 뿜어져나가는데, 각자 충돌로 생긴 전체 에너지의 일부를 갖고 있다. 이 분출에서 관찰되는 거의 모든 입자는 전자, 광자, 뮤온 같은 잘 알려지고 이전에 연구된 적 있는 입자이지만, 수조 개에 이르는 충돌 결과를 연구하다 보면 이제껏 한 번도 본 적 없는 입자가 발견되는 드문 경우도 있다. 힉스 실험에서 과학자들이 찾던 것은 존재가 예측된 입자로, 이름은 힉스 입자다. 이 입자는 알려진 어떤 입자와도 다른 독특한 질량으로 알아볼 수 있다.

당신이 제네바에 있는 대형강입자충돌기Large Hadron Collider(이하 LHC)의 입자가속기 옆에 있다고 상상해보라. 승강기를 타고 터널 속으로 100미터를 내려가면 둘레 27킬로미터의 거대한 지하 고리 내부에 도착한다. 전자석 수천 개가 고리를 둘러싸고 있는데, 하나하나가 버스보다 길다. 지하 고리에는 양성자 다발이 서로 충돌하는 지점마다 널찍한 방이 있다. 각 지점에 국제 과학자 공동 연구진들이 거대한 검출기 시스템을 설치해두었다. 검출기를 이루는 여러 작은 부분subdetector은 충돌에서 뿜어져 나오는 각각의 입자에서 생성되는 신호를 포착하도록 설계되었다.

목표는 이 신호 관련 데이터를 모조리 이용해 충돌로 어떤 새 입자가 생성되었는지 알아내는 데 있다. 무엇보다 중요한 과제는 입자에 들어 있는 에너지를 계산하는 것이다. 그러면 힉스 입자처럼 그들이 찾는 새 입자가 충돌로부터 일시적으로 생성되었을 때, 그 입자에 담긴 에너지의 정보를 알 수 있기 때문이다. (20세기나 21세기에 성장한 사람이라면 누구나 아인슈타인 방정식 $E = mc^2$을 외웠을 것이다. 이에 따르면 빛의 속도 c를 알면 원래 입자의 전체 에너지 E를 전체 질량 m으로 환산할 수 있다. 그런데 빛의 속도는 이미 알고 있다!) 과학자들은 수 건, 수천 건, 수백만 건, 심지어 수조 건의 충돌 사건에서 통계를 수집해 이 충돌 사건들 중에서 특정 전체 질량을 가지는 새 입자가 존재한다는 증거를 낳는 것이 몇 개인지 보여주는 히스토그램(데이터 그래프)을 작성한다.

두 주요 국제 공동 연구진이 각자 검출실에서 독자적 검출기 시스템을 운용하면서 힉스 입자를 찾기 위해 경쟁하고 있었다. 다음 그래프는 두 검출기 중 하나인 아틀라스 검출기에서 실시한 힉스 탐색의 데이터를 보여준다.[44] (우리 저자들은 모두 이 검출기의 내부 부품이 제작되던 기간에 버클리대학교에서 재직하고 있었기에 아틀라스 연구진은 '홈 팀'인 셈이었다.) 그래프에서 약간의 초과량(작은 혹)처럼 보이는 것은 힉스 입자가 있을 것 같다고 예측했던 지점에서 발견되었을 흥미진진한 가능성을 나타낸다. 하향 화살표가 가리키는 지점 언저리에 힉스 입자의 질량이 있을 터였기 때문이다. 힉스 입자는 거물이다. 이 입자가 발견되면 우리 주위의 대다수 물질이 (늘 우리 주위를 쏘다니는 질량 없는 광자와 달리) 어떻게 질량을 가지는지 설명하는 이론이 설득력 있는 증거를 얻게 된다. 힉스 교수(를 비롯한 몇 명의 과학자)가 이 설명을 처음 제시한 뒤로 40년 넘도

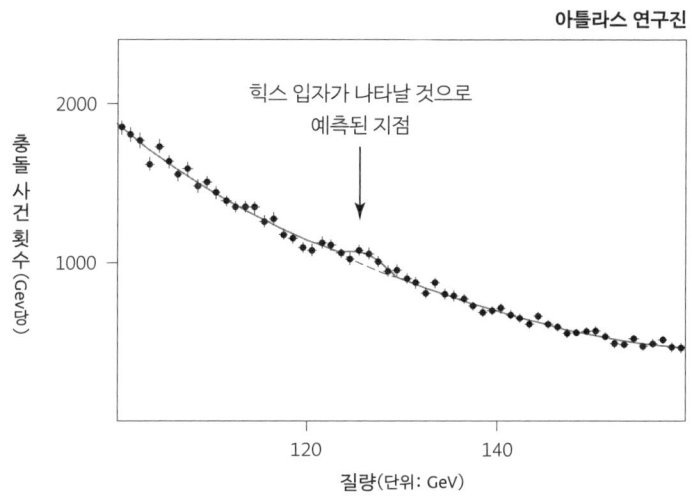

록 우리는 이 증거를 고대했다.

이제 억 소리 나는 문제를 하나 내겠다(이 실험 시설을 짓는 데 100억 달러가량 들었으므로 빈말이 아니다). 그래프의 작은 혹은 진짜였을까? 이것이 한낱 잡음 요동이 아니라 정말로 신호라는 걸 어떻게 알 수 있을까? 그래프를 들여다보면 다른 지점들에서도 작은 혹이 보인다. 원래의 혹이 점들을 관통하는 실선과 하향 화살표로 특별히 강조되지 않았더라도 당신은 이것이 무작위 잡음 때문에 우연히 나머지 점들보다 약간 높아진 그래프 상의 여느 점과 다르다고 확신했을까?

이즈음 입자물리학자들은 힉스 입자 탐색을 오랫동안 시도했으므로 LHC 건설 당시부터 이 문제에 대해 알고 있었다. **두** 연구진들에게 LHC 가속기 고리의 서로 다른 두 충돌실에 검출기를 설치하도록 한 것은 매우 타당한 조치였다. 그러면 두 결과를 서로 비교할 수 있기 때문이다. 이 비교가 어찌나 중요했던지 연구진은 불완전한 결과로 선수 치지 않고 동시에 결과를 내놓기로 합의했다.

그리하여 CMS(소형뮤온솔레노이드Compact Muon Solenoid) 공동 연구진(버클리 연구진은 '상대 팀'이라고 불렀다)은 같은 히스토그램을 각자의 방식으로 작성했는데, 두 연구진의 결과를 비교하고서 모두들 흥분했다.[45] 오른쪽이 CMS 연구진의 그래프다.

이렇듯 아틀라스의 고리 반대편에 있는 CMS 연구진의 데이터에도 비슷한 작은 혹이 있었다. 두 연구진 다 이 혹을 보았으므로 이 과학자들은 힉스 유사 입자를 보았다고 주장할 수 있었다. (힉스 입자가 아니라 힉스 유사 입자라고 부른 이유는 여전히 신중을 기하기 위해서였다.)

이것은 입자물리학자들에게 무엇보다 중요한 문제이며 현실을 살

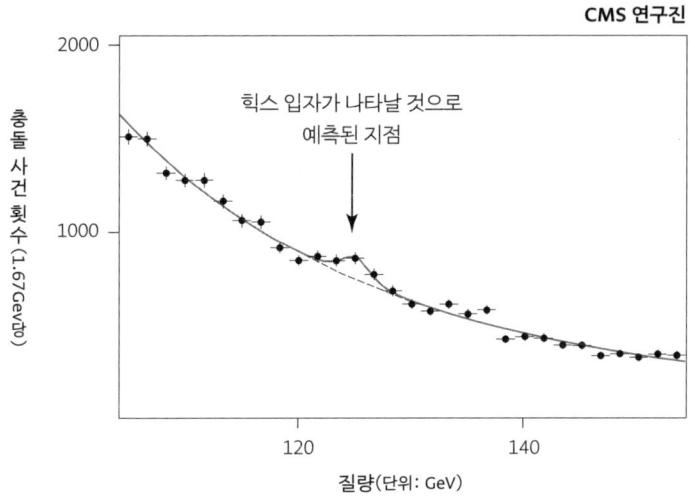

아가는 우리에게도 그럴 때가 많다. 잡음 속에서 신호를 보고서 그것이 가짜 신호가 아닌지 확인하는 일 말이다. 이것이 얼마나 중요하냐면 데이터의 작은 요동에 속아 넘어가지 않는 데 능숙해지는 일이 과학 문화로 자리 잡았을 정도다. 물리학자들은 이 솜씨를 연마하려고 온갖 종류의 게임을 벌인다. 데이터를 동료에게 보여주고서 그래프에 있는 혹이 진짜인지 한낱 무작위 요동인지 퀴즈를 낸다. 이를테면 힉스 입자에서와 같은 새 결과를 관찰하면 비슷한 힉스 입자가 없을 경우 검출기에서 나오는 비슷한 데이터가 어떻게 생겼을지에 대한 예를 많이 생성한 다음(즉, 비교 그래프의 모든 혹이 오로지 무작위 요동으로부터 생성되도록 한다), 비교 그래프 열 개에 진짜 그래프를 끼워넣어 동료에게 어느 것이 무작위 데이터이고 어느 것이 진짜 신호인지 알아맞혀보라고 한다. 동료가 잘못된 그래프를 골랐다면, 흥미로운 신호인 줄 알았던 것이 무작위 잡음일 가능성이 다분하다.

물리학자들이 잡음에서 진짜 신호를 가려내는 일에 이처럼 극도로 주의를 기울이는 데는 그만한 이유가 있다. 그들은 세계의 근본적 측면, 법칙, (우리가 무엇을 하더라도) 언제나 제자리에 존재하는 실체를 파악하려고 분투한다. 그래야 실재에 대한 깊은 진리를 모든 예측과 기술의 근거로 삼을 수 있기 때문이다. 앞에서 언급했듯 과학자들이 자신의 발견에 대해 지나치게 몸을 사리는 탓에 기자들이 답답해하는 것은 이 때문이다. 과학자들은 자신이 찾아냈다고 생각하는 실재의 새 요소가 시간의 검증을 이겨내리라 확신하고 싶어 한다. 그래서 힉스 입자가 아니라 '힉스 유사 입자'를 발견했다고만 말한다!

하루하루 잡음 속에서 신호를 찾는 대부분의 탐색에서도 우리가 그만큼 주의를 기울여야 하는 것은 아니다. 하지만 일단 이 문제에 민감해지면 우리 또한 늘 잡음 속에서 신호를 찾는 게임을 벌이고 있음을 깨닫게 된다. 버스에서 흘러나온 안내 방송은 내가 내려야 하는 정류장인 "이번 정류장은 이동 저수지입니다"였을까, "이동을 자제해주시기 바랍니다"였을까? 당신 앞에 있는 자전거는 도로의 요철 때문에 비틀거릴까, 당신 차로로 끼어들려는 것일까? 당신의 셔츠 소매에는 얼룩이 묻었을까, 아니면 걷어붙인 소매에 빛이 비치는 것에 불과할까?

마찬가지로 우리는 잡음으로 가득한 상대방의 행동에서 의도를 읽어내려고 애쓴다. 내 데이터가 유의미한 결과를 내고 있는 걸까? 이 방에서 내 제안을 맘에 들어 하는 사람이 누구일까? 더 비극적인 예로는 미국 정부가 온갖 우려스러운 조짐의 보고서들 속에서 진짜 위협을 식별하지 못한 것을 들 수 있다. 이를테면 앞에서 언급했듯 미국 정부는 진주만 공격이나 9·11 테러가 벌어지기 전에 경고 신호를 알아차리지 못했다. 이런 첩보나 기업 투자처럼 많은 것이 걸린 상황에서는 일반인도 물리학자 못지않게 신중을 기해야 한다.

잡음이 많을수록 쉽게 속는다

물론 일상에서는 힉스 입자 탐색에서처럼 제2검출기와 서로 결과를 비교해야 하는 경우가 드물다(우리가 관심을 두는 대부분의 신호는 검출하는 데 수십억 달러가 들지도 않는다). 그래서 우리는 온통 잡음 요동밖에 없는 곳에서 자신이 신호를 보고 있다고 상상하기 쉬운 상황을 인식하는 연습을 해야 한다. 이것을 염두에 두고서 이제 이야기를 다음 단계로 확장해보자. 데이터를 더 많이 들여다볼수록 당신은 (설령 잡음으로만 이루어진 데이터일지언정) 놀라운 패턴을 더 많이 발견할 것이며, 이 때문에 자신이 신호를 발견했다고 생각할 수 있다. 동전을 한 사람이 열 번 던지는 것과 한 집단이 온종일 던지는 것은 다른 문제다. 후자의 경우 매우 흥미로운 결과를 얻을 수도 있다.

친구가 당신에게, 동전 던지기를 했더니 연달아 앞면이 열 번 나오더라고 말한다고 가정해보라. 물론 이것은 놀라운 결과다. 하지만 결과가 가장 놀라운 것은 다음 중 어느 맥락일까?

A. 친구가 동전을 던진 유일한 사람이었고, 열 번만 던졌다.
B. 친구 말고도 여러 명이 동전을 던졌고, 모두가 열 번을 던진 뒤 결과

를 당신에게 알려주었다.

C. 친구 말고도 여러 명이 동전을 던졌고, 모두가 100번을 던진 뒤 결과를 당신에게 알려주었다.

D. 친구가 동전을 던진 유일한 사람이었고, 100번을 던졌다.

정답은 A다. 생각해보면 많은 친구들이 동전을 여러 번 던지다가 그 중 한 명에게서 연달아 앞면이 열 번 나올 확률은 한 명만 던질 때보다 훨씬 크다. C는 딱 봐도 아니다. 많은 사람이 각자 **100번**씩 동전 던지기를 하면 연달아 앞면이 열 번 나와도 별로 놀랍지 않을 테기 때문이다. (친구가 15명이면 저런 결과가 나올 가능성이 안 나올 가능성보다 크다.) 뻔한 이야기처럼 들릴지도 모르겠지만, 이 출발점을 분명히 해두는 게 좋겠다.

여기서 문제가 까다로워지는 이유는 누군가 새로운 과학적 결과를 발표하거나 당신이 놀라운 뉴스를 읽을 때 '동전 던지기'가 몇 번이나 실시되었는지 언제나 알 수는 없기 때문이다. 사실 연구를 직접 수행한 사람들조차 자신이 '동전 던지기'를 몇 번이나 했는지, 즉 자신의 데이터에서 무작위가 아닌 것처럼 보이는 패턴이 보일 가능성이 얼마나 되는지 모를 때가 많다. 예를 두어 개 들면 분명히 알 수 있다.

첫 번째 예는 주식시장이다. 당신이 전형적인 소액 투자자로서 주식시장에 투자하려 한다면 주식 포트폴리오 전문가가 구성한 뮤추얼 펀드의 지분을 당신에게 판매하고 싶어 하는 회사가 많다는 점을 금세 알게 될 것이다. 그들은 자기네 뮤추얼 펀드가 지난 5년간 시장 수익률보다 나은 성적을 올렸으며 여러 차례 증시를 정확히 예측했다고 말할 것이다. 그러면 당신은 그 뮤추얼 펀드의 매니저가 다른 뮤추얼 펀드의 매니저들보다 낫다고 생각해 지분을 매입할 것이다. 아래 그래프는 2013년부터 2017년까지 5년간 최상위 뮤추얼 펀드가 거둔 성적이다. 각 뮤추얼 펀드매니저가 주식을 얼마나 적절히 매수했는지에 따라 순위를 매겼다. 그래프에서 보듯 일부는 평균을 4퍼센트 웃돌았고, 상당수는 평균과 엇비슷했으며, 나머지 일부는 평균을 10퍼센트가량 밑돌았다. 그래프를 보고서 당신은 최고의 성적을 거둔 포트폴리오 매니저들이 최악의 성적을 거둔 사람들보다 실제로 실력과 지식이 뛰어나다고 생각할 것이다.

그런데 같은 사람들이 다음 5년인 2018년부터 2023년까지 거둔 성적은 어떨까? 결과는 뒤의 그래프에서 보듯 완전한 무작위에 가깝다. 앞 5년간의 성적은 뒤 5년간의 성적과 상관관계가 사실상 전무하다. 앞

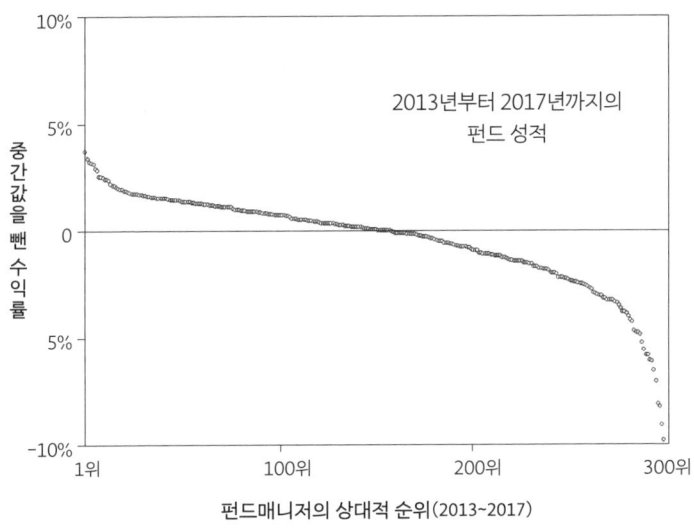

펀드매니저의 상대적 순위(2013-2017)

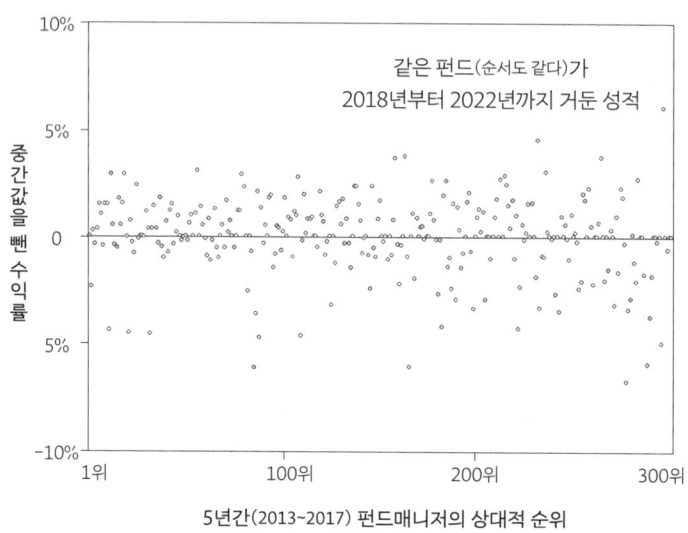

같은 펀드(순서도 같다)가
2018년부터 2022년까지 거둔 성적

중간값을 뺀 수익률

10%

5%

0

5%

-10%

1위　　　100위　　　200위　　　300위

5년간(2013~2017) 펀드매니저의 상대적 순위

5년 동안 몇몇 사람들은 경제 분석과 직감에서 뛰어난 능력을 발휘했다. 하지만 어떤 이유에서인지 똑같은 직감과 분석이 뒤 5년 동안에는 먹히지 않았다. 그래프에서 보듯 충분히 많은 펀드매니저를 조사하면 모든 주식을 알맞게 매입한 것처럼 보이는 사람을 결국 찾아낼 수 있지만, 이것은 수많은 잡음을 탐색하다가 무작위 잡음에서 패턴을 보게 되는 효과에 불과하다. 흥미롭게도 그들은 그들이 고의로 패턴을 만들어 낸 것이 아니다. 그들은 자신이 기업들의 성적을 매우 주도면밀하게 조사하고 실제로 파악했으며 단순히 동전 던지기를 하는 게 아니라고 확신한다. 자신을 진지한 경제 분석가이자 바람직한 기업 관행을 떠받치는 존재로 여긴다. 하지만 패턴은 본질적으로 무작위인 것처럼 보인다.

　사소한 예외(시간이 지나도 언제나 평균보다 나은 성적을 올리는 펀드매니저나 언제나 평균보다 못한 성적을 올리는 펀드매니저)가 있을 수는 있겠지만 위의 결과는 매우 중대한 경고 신호로 받아들여야 한다.[46] 대부분의 사람들은 인식하지 못하지만 매 순간 엄청나게 많은 펀드가 이 게임에 참여하고 있다. 그러니 매 순간 **일부** 펀드는 (실력이 아니라 운 덕분에) 빼어난 성적을 거둔다. 펀드 성적을 어떻게 무작위로 분포시키든 더 나은 성적을 거두는 펀드가 있고 더 못한 성적을 거두는 펀드가 있기 마련이다(이런 이유로 우리는 늘 펀드매니저 수수료에 헛돈 쓰지 말고 대형 지수 펀드를 고수하라는 조언을 듣는다).

'딴 데 보기' 효과

무작위 잡음 속 패턴에 속아 넘어간 줄도 모르고 자신이 신호를 보고 있다고 착각하는 경우는 또 있다. '딴 데 보기' 효과look elsewhere effect로 불리는 이 실수는 신호가 들어 있을 가능성이 존재하는 잡음 낀 데이터 집합에서 하나의 패턴이 아니라 여러 패턴을 찾는 탓에 무작위 잡음이 그중 한 패턴과 일치할 가능성이 커지는 것이다. 예를 들어보겠다. 아스피린을 매일 복용하면 심장마비를 예방하거나 적어도 위험을 줄이는데 이로운지 검증하는 의학 연구를 수행한다고 해보자. 당신은 피험자 1000명을 모집해 연구를 시작하는데, 피험자를 모으는 게 얼마나 힘든지 알기에 이참에 아스피린을 매일 복용하면 암 위험이 줄어드는지도 검증하면 좋겠다는 생각이 든다. 그리고 이왕 실험하는 김에 구체적으로 폐암과 결장암에 미치는 효과도 알아보고 싶어진다. 그리고 보니 천식도 넣을 수 있을 것 같다. 당신은 '딴 데를 보기' 시작한다. 즉, 연구에서 원래 검증하려던 것이 아닌 수많은 변인을 곁눈질한다.

이 사례를 극단까지 밀어붙여보자. 당신은 아스피린을 매일 복용하면 100가지 질병에 어떤 효과가 있는지 살펴보고 있다. 그런데 피험자 수는 처음과 마찬가지로 1000명이다. 이제 동전 앞면이 일곱 번 연달아 나오는 것과 비슷한 결과를 얻을 가능성이 커지는 것이 실감되기 시작한다. 드물고 우연한 사건들이 실제로 일어나 아스피린이 수많은 질병 중 적어도 하나에 영향을 미치는 것처럼 착각하게 만들 기회가 많아지기 때문이다. 말하자면 동전 던지기를 수없이 반복하는 셈이다. 그러면 실제 효과처럼 '보이는 것'이 보이기 시작한다. 이것은 의학 연구에서 실제로 일어나는 현상이다. 두드러진 사례로는 호르몬 대체 요법 연구, 납이 식수에 미치는 영향에 대한 연구 등이 있다. 이 연구들에서는 나중에 결과에 의문이 제기되었는데, 연구자들이 처음에 실험을 설계하고 분석을 계획할 때 염두에 둔 것보다 훨씬 많은 변인을 들여다보았기 때문이다.[47]

물론 '딴 데 보기' 효과를 상쇄하는 방법이 있다. 데이터를 들여다보기 전에 자신이 검증하려는 변인을 미리 조사해 변인의 개수에 알맞은 피험자 수를 산출하면 된다. 그러면 더 많은 변인을 들여다볼 수 있도록 실험을 설계할 수 있지만, 유효한 결과를 얻을 통계적 검증력을 확보하기 위해 더 많은 피험자를 모집해야 한다.[48]

이 모든 조건을 따져보면 힉스 입자의 증거를 찾기 위해 데이터를 조사할 때 물리학자들이 맞닥뜨린 어려움을 더 잘 이해할 수 있다. 힉스 입자를 찾던 물리학자들은 질량이 얼마큼인지 정확히 몰랐다. 사실 그들에게는 아까 본 그래프에서 정확한 지점을 가리킨 깔끔한 화살표가 없었다. 그래서 그래프에 나타난 전체 에너지 범위에서 미심쩍게 높은 신호를 전부 힉스 입자의 표시로 여길 수도 있었다. 그랬다면 틀림없이 화살표의 정확한 위치가 아니라 딴 데를 보았을 것이다. 물론 입자물리학자들은 이 문제를 오래전부터 알고 있었기에 진짜 피크를 판정하는 기준을 훨씬 높여 잡았다. 심지어 두 검출기 연구진의 결과를 비교하는 확인 단계를 밟기도 전에 이런 조치를 취했다. (데이트 상대방이 당신에게 호감이 있는지 알아보는 문제로 돌아가서, 당신이 몸짓 하나하나를 증거의 원천으로 간주할 작정이라면 매우 강력한 지표를 정해두는 게 좋다. 그렇게 하지 않으면 상대방이 무심코 내보인 몸짓을 과잉 해석하기 십상이기 때문이다. '와, 저것 봐. 한쪽 발이 은근슬쩍 나를 향하고 있어. 그리고 왼쪽 새끼손가락을 치켜올린 건 기분 좋다는 뜻 아니겠어?' 당신이 주목해야 하는 것은 잠깐 스쳐 지나가는 눈빛이 아니라 오래고 강렬한 눈맞춤이다.)

잘못된 해석이 낳은 결과

우리의 주인공들(솔이 박사후연구원으로 함께 일하던 연구진)이 칠레에서 초신성 1987A의 잔해를 탐사할 때 그들 눈에 보인 것은 음높이가 오르락내리락하는 새 펄서 신호 같았다. 지구의 자전과 공전으로 인한 약한 도플러 효과를 살짝 보정했더니 그래프에 표시된 '오르락내리락'은 행성이 초신성 잔해를 공전할 때 나타날 법한 아름다운 사인파로 탈바꿈했다. 그 순간 그들은 연구를 논문으로 써서《네이처》에 보냈다.

이듬해 연구진은 마지막 관찰 이후 펄서가 어떻게 되었는지 보려고 칠레를 다시 찾았다. 그들은 펄스 빈도가 느려졌으리라 예상했다. 즉, '음높이'가 낮아졌을 거라고 생각했다. 펄서가 초당 2000번 회전하려면 많은 에너지를 중력파 형태로 방출해야 하기 때문이다. 그런데 그들이 다시 망원경을 들여다보았을 때 신호는 나타나지 않았다. 이튿날 밤다시 들여다보았더니 펄서 신호가 돌아와 있었다. 그 이튿날 밤에는 신호가 미미했다. 그러다 연구진은 펄서 신호의 관찰이 망원경 돔 맞은편에서 다른 용도로 쓰이는 장비와 관계가 있음을 알아차렸다. 장비가 켜져 있으면 펄서가 있고, 꺼져 있으면 없었다!

연구진이 펄서를 검출하는 데 쓴 장비[49]는 매우 예민한 광검출기 시스템이었다. 어찌나 예민하던지 공교롭게도 펄서에서 예상되는 주파수와 비슷한 주파수(초당 약 2000회)를 방출하는 또 다른 장비에서 새어나온 신호를 포착했다. 다른 장비에서 나오는 신호는 우연하게도 지구의 자전과 공전을 보정했을 때의 아름답고 완벽한 사인파와 같은 형태로 전파되고 있었다. 잡음이 신호처럼 보이는 행동을 하고 있었다. 물론 다음 달에 연구진이 쓴 것은 《네이처》 논문에 대한 철회 요청서였다. 그들은 태양계 바깥 행성의 첫 증거를 발견하지 못했다.

모든 독자는 이 이야기를 읽고서 가슴속에 두려움을 품어야 마땅하다. 당신의 장래 희망이 과학자든 아니든, 살면서 언젠간 뒤죽박죽 잡음이 순전히 무작위 우연 때문에 아름다운 신호로 둔갑한 게 아니라는 쪽에 적잖은 돈을 걸어야 하는 상황을 마주할 수 있다. 이따금 내기에서 질지도 모른다. 무작위 수의 통계가 언젠간 신호처럼 보이는 놀라운 결과를 낼 것이기 때문이다.

솔은 이렇게 논평한다. "다행히 그때 나는 매우 잔뼈 굵고 저명한 과학자 무리에서 신출내기에 불과했어. 우리가 진상을 빠르게 해명한 덕에 사람들에게 원성을 듣지 않았던 것 같아. 하지만 10여 년 뒤 우리 연구진이 우주 팽창이 가속화된다는 증거를 발견했을 때, 잡음을 엉뚱하게 해석한 오류일지도 모른다는 생각이 머릿속에 똑똑히 떠올랐지. 무작위 운명에 한번 데고 나면 다음에는 정신을 바짝 차리게 돼. 우리는 우주 가속 팽창의 결과를 공표하기 전에 정말로 곰곰이 따져봐야 했어."

결국 우주 팽창을 연구하던 팀은 모든 교차검증과 시험을 시도한 다음 (우주의 행동을 지배하는) 그전까지 알려지지 않은 '암흑물질' 때문에 팽창이 점점 빨라지고 있음을 보여주는 놀라운 측정 결과를 (정량화된 확신도와 함께) 발표했다. 헛짚은 펄서와 달리 이 결과는 그 뒤로 많은 측정에 의해 뒷받침되었는데, 그중에는 같은 측정 기법을 쓴 것도 있었고 전혀 다른 삼각측량을 이용한 것도 있었다. 가속 팽창 우주와 암흑물질 후보에 대한 설명을 찾는 탐구는 오늘날 현대 물리학의 핵심 문제 중 하나다.

위의 모든 예에서 과학자들은 잡음이 아니라 신호를 발견했다고 결론 내리기에 충분한 확신을 얻으려면, 자신이 적절한 양의 데이터를 수집했는지 판단해야 한다. 일상생활의 사례들에서도 우리는 진짜 패턴이라고 생각되는 것이 한낱 무작위가 아닐 가능성을 가늠할 수 있어야 한다. 그렇다면 신호를 발견했다고 잠정적으로 주장할 수 있기 위해 가능성이 얼마나 커야 하는지는 어떻게 판단할까? 이것이 다음 장의 주제다.

8장. 어떤 오류를 더 피하고 싶은가?

우리가 수집하는 데이터와 우리가 내려야 하는 현실 결정 사이에는 긴장이 있다. 우리가 형사재판의 배심원이라고 다시 상상해보라. 법정 증거를 가려 피고인의 유무죄를 판단하는 것이 우리의 임무다. 피고인은 실제로 유죄일 수도 있고(즉, 진짜 신호가 있는 경우) 무죄일 수도 있다(즉, 검사가 내놓은 증거가 신호가 아니라 잡음인 경우). 형사재판에서 배심원단은 많은 증거를 접하는데, 그중에는 유죄를 입증하는 것처럼 보이는 증거도 있고 무죄를 입증하는 것처럼 보이는 증거도 있다. 이렇듯 모든 신호에는 잡음이 많이 섞여 있으므로 우리의 유죄 판단은 확률론적이다.

하지만 어떻게든 판단을 내려야 한다면 100퍼센트 확실성을 기다릴 수는 없다. 좌우지간 가부를 정해야 한다. '내가 가진 증거는 선택을 정당화하기에 충분할까?' 이를 위해 우리는 **입증 기준**을 채택한다. 이것은 결론에 도달하기 위해 필요한 증거의 문턱값 수준이다. 형사재판에서든 민사재판에서든 판사는 배심원단에 증거를 판별하는 방법을 일러준다. 우리는 검사가 이 재판에서 법률에 규정된 증거 기준과 입증 책임 요건을 충족할 때에만 피고인에게 유죄 평결을 내려야 한다.[50] 이 사례를 제외하면 우리에게 어떤 입증 기준을 쓰라고 일러주는 사람은 아무도 없다. 하지만 확률론적 증거에 근거해 정언적(예, 아니요) 판단을 내릴 때마다 우리는 알든 모르든 입증 기준을 적용하고 있다.

입증 기준의 문턱값을 정할 때는 두 종류의 오류를 조심해야 한다. (이를테면) 형사재판의 경우 피고인은 범행을 저질렀거나, 저지르지 않았거나 둘 중 하나이며(세계의 실제 상태) 우리는 피고인에게 '유죄 평결(단죄)'을 내리거나, '무죄 평결(방면)'을 내리거나 둘 중 하나이므로 재판에서 나올 수 있는 결과는 네 가지다.

		평결	
		무죄	유죄
세계의 실제 상태	범행을 저질렀음	범행을 저지른 피고인을 방면	범행을 저지른 피고인을 단죄
	무고함	무고한 피고인을 방면	무고한 피고인을 단죄

그러므로 우리가 양심적인 배심원으로서 내리는 평결은 위험으로 가득하다. 좋은 결과가 두 가지이지만("시스템이 작동하는 경우"), 중대한 오류도 두 가지다. 무고한 사람을 단죄한다고 생각하면 모골이 송연하지만, (범죄가 가볍지 않은 경우) 위험한 인물을 풀어주어 그가 다른 죄를 저지를지 모른다고 생각해도 뒷골이 땅긴다.

형사재판은 대부분의 독자에게 낯익은 상황이다(직접 경험하지 않았더라도 영화나 텔레비전에서 보았을 것이다). 하지만 삶의 많은 영역에서도 우리는 비슷한 딜레마에 처한다. 아래 상황을 생각해보라.

- 비행기를 놓치지 않도록 공항에 일찍 도착해야 할까, 공항 라운지에서 시간을 허비하지 않도록 이륙 직전에 도착해야 할까?
- 10대 자녀의 교우 관계를 내버려두어 아이가 신뢰감을 느끼고 자율성을 키우도록 해야 할까, 나쁜 길에 빠지지 않도록 단속해야 할까?
- 집값이 오를 때 가난한 사람들이 길바닥에 나앉지 않도록 임대료를 강제로 동결해야 할까, 개발업자들에게 새 주택 단지 건설의 동기를 부여하기 위해 집값 상승을 내버려두어야 할까?
- 전쟁 난민을 받아주어 그들에게 안전과 안녕을 베풀어야 할까, 그중 일부가 테러범이나 범죄자일 위험이 있으므로 입국을 불허해야 할까?

과학이 우리의 문제 해결 능력을 향상시키는 한 가지 방법은, 추상화를 통해 문제의 독특한 세부 사항들을 (잠정적으로) 배제해 많은 문제에 공통된 일반 속성에 초점을 맞추도록 하는 것이다. 그러므로 형사재판 표는 다음과 같이 일반화할 수 있다.

다음의 개정된 표에서는 신호가 세계에 부재하는지, 존재하는지에 대한 최상의 판단에 근거해 결정이 내려진다. 피고인이 무고한지 아닌지, 정부 지원의 수급 자격이 있는지 없는지, 평범한 폭풍인지 토네이도인지, 암인지 아닌지 등 어떤 양자택일 상황이든 '신호'가 될 수 있다. 신호가 존재한다는 판단을 양성 판단이라고 부르고, 신호가 부재한다

		판단	
		"신호가 부재한다"	"신호가 존재한다"
세계의 실제 상태	신호가 존재한다	거짓음성	참양성
	신호가 부재한다	참음성	거짓양성

는 판단을 음성 판단이라고 부른다. 그러면 일반적인 네 가지 유형의 결과가 생긴다. 신호가 부재한다면 "부재한다"라는 말은 옳고("참음성"), "존재한다"라는 말은 그르다("거짓양성"). 신호가 존재한다면 "부재한다"라는 말은 그르고("거짓음성"), "존재한다"라는 말은 옳다("참양성"). 거짓음성과 거짓양성 사이의 긴장은 "행하지 않은 죄" 대 "행한 죄"의 대립으로 생각할 수도 있다.

위의 표에서 당장 떠오르는 것은 우리의 판단에 단순히 "옳다"나 "그르다"라는 이름표를 붙이는 일은 의미가 없다는 사실이다. 옳은 방식에는 두 가지가 있고, 그른 방식에도 두 가지가 있기 때문이다. 의학(여기서 신호는 이를테면 '암'이다)이나 시험(여기서 신호는 이를테면 시험 문제의 정답이다) 같은 분야에서는 전체 정확도(옳은 판단을 모두 합친 비율)를 보고하는 방식에서 벗어나 정확도에 대해 더 많은 정보를 담은 기준을 추구하는 쪽으로 전환이 일어났다. 그것은 '민감도'(신호가 정말로 존재할 때 "존재한다"라고 말하는 횟수의 비율)와 '특이도'(신호가 정말로 부재할 때 "부재한다"라고 말하는 횟수의 비율)다. 암 선별 검사에서든 의사 국가시험에서든 예측하는 데 써먹을 수 있는 검증은 민감도뿐 아니라 특이도도 높아야 한다. "신호가 존재한다"라고 **언제나** 말하면 민감도를 극대화할 수 있다. 이를테면 언제나 종양이 악성이라고 말하면 어떤 암도 놓치지 않을 수 있다. 문제는 특이도가 낮아진다는 것이다. **모든** 종양을 암이라고 부르는 셈이니 말이다. 그러면 진단이 무의미해진다. 유용한 검증 문턱값은 두 진단 기준 사이에서 균형을 맞춰야 한다.

입증 기준과 오류 상충관계

다시 말하지만 잡음과 불확실성으로 가득한 세상에서는 오류를 저지르지 않을 도리가 없다. 그런데 한 종류의 오류가 다른 종류의 오류보다 더 꺼림칙할 때가 있다. 거짓음성 오류가 더 꺼림칙하다면(악성 종양을 놓치고 싶지 않다), 기준(또는 판단 문턱값)을 매우 낮게 잡으면 된다. 이러면 "신호가 존재한다"라고 말하는 쪽으로 편향된다. 이에 반해 거짓양성 오류가 더 꺼림칙하다면(암에 걸리지 않은 사람을 겁주고 싶지 않다), 기준(또는 판단 문턱값)을 매우 높게 잡으면 된다. 이러면 "신호가 부재한다"라고 말하는 쪽으로 편향된다.[51]

관습법 전통에서 배심원단에 제시하는 입증 기준은 무고한 사람에게 유죄 평결을 내리지 않는 쪽으로 편향된다. 영국의 법학자 윌리엄 블랙스톤 경Sir William Blackstone은 무고한 사람 한 명을 단죄하는 것보다 범인 열 명을 놓치는 편이 낫다는 명언을 남겼다.[52] 그러므로 대체로 배심원단은 "합리적 의심을 넘어서서" 피고인이 유죄라는 확신이 들지 않는 한 피고인에게 무죄 방면 평결을 내리라고 교육받는다.

어떤 사람들 눈에는 이것이 '범죄에 무른' 태도로 보일지도 모르겠다. 하지만 이 편향에는 타당한 이유가 있다. 첫째, 형사사건에서는 시민 개인이 검찰이라는 공권력을 정면으로 상대해야 하는데, 검사는 피고인보다 인적·물적 자원이 훨씬 풍부하다. 둘째, 많은 경우(이를테면 범행이 저질러진 것은 알지만 누가 저질렀는지는 모르는 '범인 찾기' 범죄) 유죄 평결에 더 엄격한 기준을 적용하는 것이 논리적으로 바람직하다. 무고한 사람을 단죄하는 것은 **곧** 진짜 범인을 풀어주는 셈이기 때문이다.

애석하게도 '합리적 의심을 넘어서서'라는 구절은 모호하기 짝이 없다. 판사는 당신의 의심이 합리적인지 아닌지 알려주지 않는다. 배심원 스스로 판단해야 한다. 연방 판사들에게 설문조사를 진행했더니 약 3분의 1은 합리적 의심이 95퍼센트 확신한다는 뜻이라고 말했으며 약 3분의 1은 99퍼센트, 3분의 1은 다른 숫자를 제시했다. 우리 중 한 명(롭)은 배심원들이 실제로 적용하는 문턱값을 추정하려고 시도했는데, 그들의 확신은 95퍼센트에 훨씬 못 미치는 것으로 드러났다.

불행하게도 이 모호함으로 인해 자유재량권이 발생하면 배심원이 선입견을 품을 여지가 생긴다. 우리가 이 사실을 입증한 한 가지 방법은 학생들에게 가상의 법정 소송을 제시하고 판결을 내리게 하는 것이었다. 학생 절반에게는 형사사건에 대한 서술을 서면으로 제시했는데, 그 안에는 다음과 같은 결정적 정보가 담겨 있었다. "피고인은 21세의 캘리포니아대학교 학생으로, 동네 술집 주차장에서 폭행을 저지른 혐의로 기소되었다." 나머지 절반에게는 피고인이 "무직의 21세 버클리 주민"이라고 구두로 알려주었다. 그러고는 피고인이 범행을 저질렀을 확률을 물었다. 그랬더니 피고인이 무직의 버클리 주민이라고 믿은 학생들은 증거가 똑같은데도 그가 범행을 저질렀다고 생각할 가능성이 컸다. 한마디로 동료 학생에게 '선의의 해석'을 베푸는 경향이 있었다.

우리는 무고한 사람에게 유죄 평결을 내리는 것과 범인을 무죄 방면하는 것을 얼마나 나쁘게 평가하느냐고 학생들에게 물었는데, 그 결과도 이 해석과 일치했다. 피고인이 무직의 버클리 주민이라고 생각한 학생들은 무직의 주민에게 실수로 유죄 평결을 내리는 것보다 동료 학생에게 실수로 유죄 평결을 내리는 것을 더 우려했다. 이런 종류의 편향은 다른 학생들에게서도 발견되었다. 배심원들의 기준은 피고인의 인종이나 신체적 매력 같은 특질에 영향을 받았다. 이 특질과 범행 사실 사이에 논리적 연관성이 전혀 없는 경우에도 마찬가지였다.

표준검사와 대학 입학

우리가 하는 선택과 저지르는 오류의 상호작용을 더 온전히 이해하기 위해 대학 입학 기준과 학생 성적의 관계를 생각해보자. 미국의 대학들은 오래전부터 입학 신청자에게 지식과 인지능력을 평가하는 표준검사를 요구했다. 이를테면 학업적성검사(SAT)나 미국대학시험(ACT)이다.

다음 도표에 있는 수치는 표준검사 점수(우리의 예측 인자)와 대학 1학년 성적의 관계를 보여준다(범위는 각각 0부터 100까지다). 도표에서 각각의 점은 대학의 입학 신청자를 나타낸다. (실제로는 신청자가 수백 명, 심지어 수천 명에 달하므로 각 점이 점수가 같은 100명의 학생을 나타낸다고 생각해도 무방하다.)

도표의 가로줄은 학생의 성공 기준이다. 가로줄 위쪽에 있는 학생들은 양호한 성적을 거둔 반면에, 가로줄 아래쪽에 있는 학생들은 '학사경고'를 받아 퇴학당할 위험에 처해 있다. 세로줄은 입학사정위원회에서 누구를 입학시킬지 결정할 때 일반적으로 쓰는 기준 점수를 나타낸다. **하지만 올해에는 대학에서 모든 신청자를 받아주었기 때문에 불합격했을 학생들이 대학에서 어떤 성적을 거뒀을지 알 수 있다.** 그래프를 가로줄과 세로줄로 나누자 우리에게 낯익은 2×2 표가 만들어졌다. 각각의 칸은 두 종류의 성공한 예측(참양성과 참음성)과 두 종류의 실패한 예측(거짓양성과 거짓음성)을 나타낸다. 점들이 왼쪽 아래에서 오른쪽 위로 얼추 대각선을 그리는 것에 유의하라. 이것은 우리의 예측 인사(SAT 점수)와 결과(대학 학점) 사이에 양의 상관관계가 있음을 시사한다(완벽과

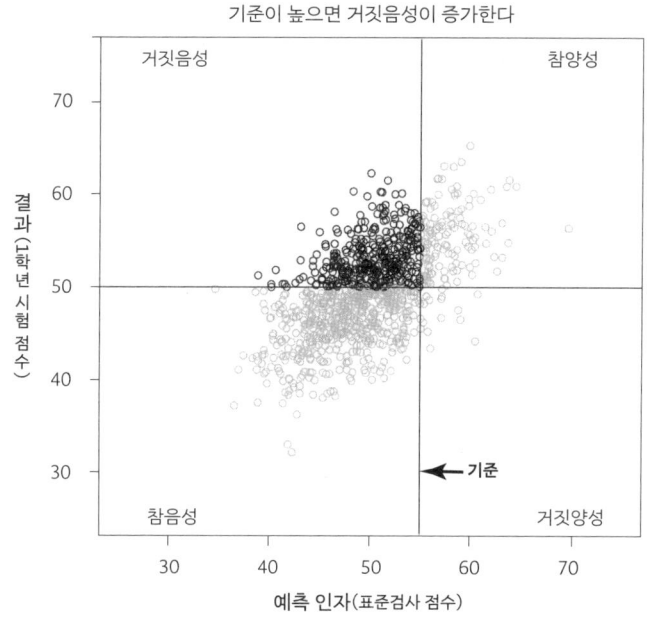

는 거리가 멀지만).

기준 점수를 높이면 거짓양성 점수가 상대적으로 줄어 대학에서 실패할 학생들을 입학시키는 위험을 최소화할 수 있다. 하지만 거짓음성 오류가 많아져 대학에서 성공할 학생들을 탈락시키게 된다.

신임 총장이 더 많은 학생들에게 고등교육의 기회를 공평하게 제공하겠노라 선포한다고 해보자. 아래 도표는 기준 점수를 낮출 때 무슨 일이 일어나는지 보여준다. 이제 거짓음성 오류는 줄었지만 여기에는 대가가 따른다. 거짓양성 오류가 늘어 이수 학점에 미달할 가능성이 있는 학생을 입학시키게 된다.

정확하게 보정된 수정 구슬이 없다면, 예측 인자와 결과에 대해 기준

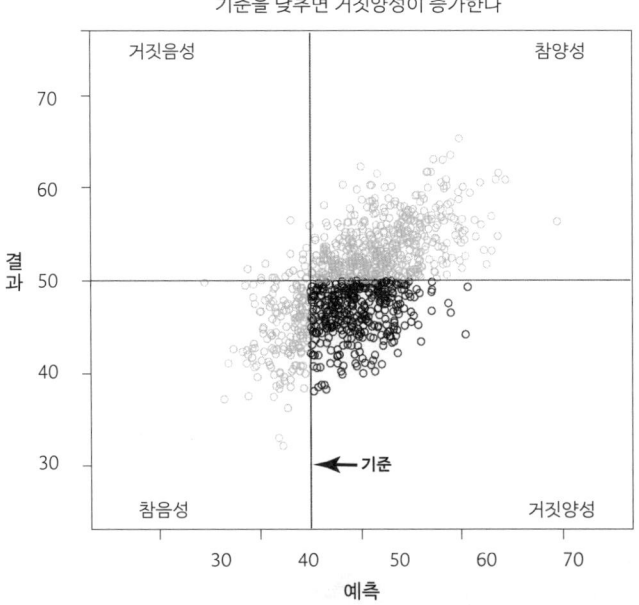

기준을 낮추면 거짓양성이 증가한다

을 세우는 순간 우리는 '대학에서 잘해나갈 학생만을 빠짐없이 입학시키기' 과제에서 오류를 범할 수밖에 없다. 기준 점수를 정하는 것은 과학적이거나 수학적인 계산이 아니다. 어떤 오류 유형을 감수할지를 놓고 우리의 가치를 반영하는 **정책 결정**이다.[53] 현실 의사결정은 데이터와 (신호탐지 이론 같은) 수학 원리들을 참고할 수는 있지만 필연적으로 가치판단이 결부된다. 이런 상충관계 면에서 과학자들이 더 뛰어나리라는 보장은 전혀 없다. 이런 가치판단을 위해서는 대학 당국, 교수진, 예비 학생, 학생 가족 등 이해당사자들의 가치를 조합해야 한다.

기준을 높여 잡으면 거짓양성 오류가 줄지만 거짓음성 오류가 많아진다. 기준을 낮춰 잡으면 반대 결과를 얻는다. 그렇다면 과학은 이 딜

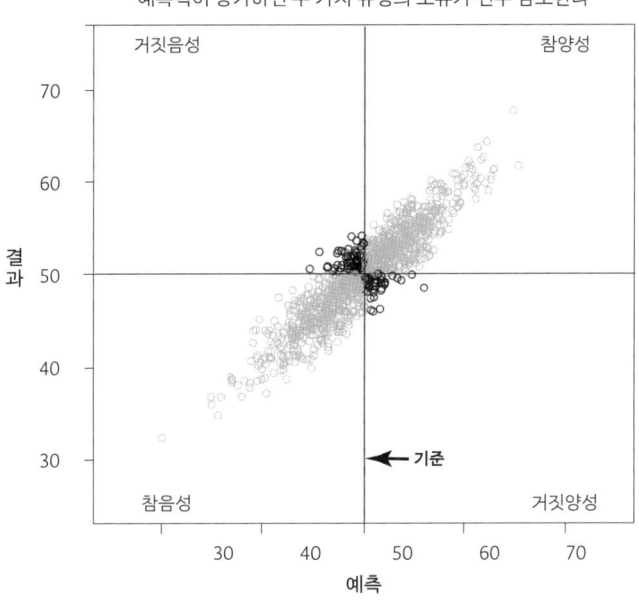

예측력이 증가하면 두 가지 유형의 오류가 전부 감소한다

레마에서 도움이 될 수 없을까? 되고 말고. 마지막 도표는 단지 기준 점수를 조정하는 게 아니라 인적·물적 자원을 동원해 성적을 훨씬 정확히 예측하는 새 시험을 개발하면 어떻게 될지 시뮬레이션한 것이다. 데이터 군집이 더 가늘고, 더 대각선에 가까워졌으며, 두 가지 유형의 오류가 전부 부쩍 감소한 점에 유의하라. 그러니 과학적 노하우로 단기간에 상충관계를 없앨 수는 없겠지만, 필요한 연구·개발에 적극적으로 투자하면 때에 따라 장기적으로 상충관계를 대폭 줄일 수 있다.[54]

희귀병 진단 시험

다양한 오류의 위험에 대한 가치가 작용하는 또 다른 낯익은 영역은 의학에서의 진단 시험이다. 이 사례를 가지고서 우리는 오류율에 영향을 미치는 또 다른 요인인 '기저율'을 설명할 것이다. 기저율은 신호가 실제로 존재하는 경우의 비율이다.

최근《뉴욕 타임스》기사에 따르면 여러 희귀병(이를테면 디조지 증후군이나 볼프히르시호른 증후군) 검사에서 양성으로 나오는 사람의 거의 전부(취재진이 조사한 질병의 81~93퍼센트)가 실제로는 음성이다.[55] 이것은 검사가 쓸모없다는 뜻일까? 다행히 검사받는 사람의 절대다수는 이 희귀병에 걸리지 않았다. 우리가 관찰하는 거짓양성의 실제 건수를 좌우하는 것은 검사의 부정확도(거짓양성과 거짓음성의 비율)만이 아니다. 질병이 얼마나 흔한가도 영향을 미친다. 검사가 불완전**하고** 검사를 받는 사람이 대부분 실제로는 희귀병에 걸리지 않았으면, 참양성보다 거짓양성이 많이 발견될 수 있다. 애초에 참양성이 많지 않기 때문이다. (예상 했겠지만 이 비율을 계산하는 방법이 있다. 바로 베이스 법칙Bayes Rule이다.[56])

거짓양성률이 높더라도 이 질병을 검사하는 것은 가치가 있다. 그래 야 환자에게 필요한 조치를 해줄 수 있기 때문이다. 희소식은 거짓양성 때문에 오랫동안 걱정하거나 불필요한 치료를 받는 경우가 거의 없다 는 것이다. 더 비싸긴 하지만 거짓양성 오류가 적은 두 번째 검사법이 있는 경우가 많다. 검사 결과가 양성으로 나온 사람들에게 두 번째 검 사를 실시하면 오류를 상당수 바로잡을 수 있다.

불완전한 판단

우리는 오류 패턴을 분석하면서 2×2 표를 이용했다. 하지만 수많은 현 실 조건에서는 결코 네 칸 모두를 볼 수 없다. 우리가 가르치는 캘리포 니아대학교 버클리캠퍼스와 스탠퍼드대학교의 입학 사정을 생각해보 자. 우리는 주기적으로(또한 정확하게) 학생들에게 '자네는 근사하고 군 계일학이며 자네가 와줘서 우리에게 다행'이라고 말한다. 하지만 입학 사정위원회는 우리가 간과한 명단에 기준을 통과하지 못한 아까운 학 생들이 수두룩하리라는 것을 안다. 하지만 그들을 입학시키지 않은 것 이 잘못이었는지는 영영 알 수 없다. 우리가 받아주었다면 그들이 어떤 성적을 거뒀을지를 영영 알 수 없기 때문이다. 우리가 입학시킨 학생들 이 경쟁 대학에서 더 좋은 성적을 받았을는지도 알 수 없다. 우리와 반 대 결정을 내린 대학에 가서 확인할 도리도 없으니 말이다.

홍미로운 사례가 1973년에 일어났다. 교도소 수감자나 정신병원 수용자를 방면해도 위험하지 않을지를 정신과의사와 가석방심사위원회가 제대로 판단할 수 있는지는 오랜 논란거리다. 하지만 그해 대규모 예산 위기 때문에 몇몇 시설에서 모든 수용자를 방면했다. 정신과의사들이 일부 환자는 너무 위험하니 퇴원시키면 안 된다고 판단했음에도 주 공무원들은 이렇게 말했다. "이봐요, 선생님이 뭐라고 말씀하시든 우리는 환자들을 내보낼 겁니다." 그 덕에 우리는 위험하다고 생각되는 사람을 풀어주었을 때 어떤 일이 일어나는지 실제로 볼 수 있었다. 알고 보니 '위험 인물'로 판단된 사람의 대다수는 그 뒤로 3년간 폭력 범죄를 한 건도 저지르지 않았다. 우리가 보기에 심사관들은 (알고 보니) 위험한 사람을 풀어준 책임을 면하기 위해 매우 높은 거짓양성률을 기꺼이 받아들인 게 아닌가 싶다. 그들은 개인의 권리보다 사회 안전을 우위에 놓은 듯했다. 저 균형이 옳은지 그른지에 대해서는 독자마다 의견이 다를 것이다.

딜레마의 뿔

우리는 거짓양성의 위험과 거짓음성의 위험 사이에 진퇴양난 상충관계가 있음을 보았다. 다시 말하지만 **기준 점수를 정하는 것은 정책 결정이며** 여기에는 오류의 상대적 비용에 대한 기관 차원의 결정이 반영된다. 이런 결정은 본질적으로 과학적 결정이라기보다는 가치에 대한 정치적 결정이다.

이 장의 가장 본질적인 요점을 반복하겠다. 과학은 확률을 평가하는 법을 우리에게 알려줄 수 있지만, 결정 문턱값을 어떻게 정해야 하는지는 알려주지 못한다. 우리의 입증 기준(결정 문턱값)은 가치판단의 표현이다. 주어진 특정 상황에서 우리가 더 간절히 피하고 싶어 하는 오류는 무엇일까?

과학자와 과학 애호가들은 이따금 이 점을 간과한다. 코로나19 대유행 초기에 봉쇄가 바람직한가를 놓고 벌어진 논쟁을 생각해보라. 여기서 찬반을 따지진 않겠지만, 우리는 봉쇄가 바이러스 전파를 줄일 수 있다고 믿을 만한 설득력 있는 과학적 이유들이 있었다고 생각한다. 하지만 전파 위험은 봉쇄로 인한 모든 피해와 견주어 판단해야 한다. 결국에 가서 각각의 위험을 정량화할 수 있을지도 모르지만, 결정을 내려야 했던 시점에는 충분한 정보가 없었다. 당시의 의학 수준을 감안컨대 봉쇄가 공중보건 면에서 이롭다는 주장은 타당해 보인다. 하지만 그렇다고 해서 봉쇄 조치가 과학적으로 반드시 해야 하는 선택이라는 결론이 도출되지는 않는다. 봉쇄에는 여러 다른 효과도 있기 때문이다. 우리는 차를 살 때 안전 기능의 유익을 차량 비용과 어떻게 견줄지 결정한다. 마찬가지로 봉쇄를 시행하는 데는 공중보건뿐 아니라 경제, 교육 등의 측면에서 여러 상충하는 편익과 비용이 있다. 16장과 17장에서는 결정 문턱값을 정하는 가치를 사회가 어떻게 다룰 수 있는지의 문제로 돌아올 것이다.

통계적 유의성이라는 관문

통계학 입문 수업을 들은 독자는 통계적 가설 검정에도 같은 종류의 상충관계가 있음을 떠올릴 것이다. 당신은 '통계적으로 유의하다'라는 문구를 들어봤을 텐데, 이것을 결정하는 것은 $p < .05$라는 마법의 상태다. 이것이 바로 p값으로, 대략적으로 말하자면 데이터에서 관찰된 강한 관계가, 실제로는 어떤 관계가 없는데도 탐지될 확률이다.

이 체계는 논란의 여지가 있다. p값이 .049가 되면 당신은 실험실에서 나가 축배를 든다. 하지만 p값이 .051이 되면 좌절한다. 확률에서의 저 작디작은 차이에 대해 이렇게 엄격하게 구는 것이 많은 사람들 눈에는 비합리적으로 보일 수 있다. 왜 우리는 하나를 유의하다고 말하고 다른 하나를 그렇지 않다고 말할까?

전 세대 통계학자들은 .05 문턱값을 매우 자의적으로 골랐다. 거짓음성을 피하기보다는 거짓양성을 피하기 위해 관습적으로 내린 결정이었다. 하지만 이론적 근거에서 더 높은 문턱값이나 더 낮은 문턱값을 주장할 수도 있다. 어쩌면 효과가 존재하지 않았다고 말함으로써 진짜 효과를 간과하는 것이 과학에 더 해로울 수도 있다.

이것이 심란한 이유는 공공 정책의 일부 영역이 현실에서의 개입을 검증하기 때문이다. 이런 경우는 표본 크기가 작으며 측정에 잡음이 많아서 신호를 탐지하기가 매우 힘들다. 존재하지 않는 효과가 존재한다고 주장하지 못하도록 매우 엄격한 문턱값을 정해두었기 때문에, 효과가 진짜더라도 크기가 작다면 우리는 효과가 존재한다고 말할 수 없다 (.05 미만의 p값을 얻기가 더 힘들기 때문). 여러 효과적인 정부 개입이 우리가 그 효과를 탐지하지 못한 탓에 사장되었을 가능성이 다분하다. 데이터가 부족하고 잡음이 많은 영역에서 이 엄격한 문턱값을 써야 했기 때문이다. 이 손실을 막을지 결정하는 것은 가치판단이다.

선택을 피할 수 없다면

과학이 예측 도구의 질을 개선해 결정 오류를 줄일 수 있음은 이미 살펴보았다. 이와 더불어 상충관계를 관리할 수 있는 추가 조치들도 있다.

이따금('대개'라고 말하고 싶지만) 우리는 행동 방침을 잠정적으로 채택할 수 있다. 시도해 결과를 확인한 뒤 결정을 재고할 수 있다. 입법권자는 지원액을 변경하기 전에 사업을 평가하는 '일몰 조항'을 둘 수 있다. 솔직히 말하자면 일이 꼬일 우려도 있다. 일몰 조항이 있으면 이해관계자가 사업에 유리하거나 불리하도록 증거를 왜곡하려는 유혹을 받는다.

때로는 결정을 내리기 전에 판단을 미루고 더 많은 증거를 수집할 수도 있다. 이 책에서 줄곧 주장하듯 **견해를 형성하는 것이 섣부를 때도 있다.** 경제 상황이 불확실할 때, 사람들은 주택 구입이나 이직 결정을 미룬다. 의사들은 검사 결과가 명확해질 때까지 침습 시술을 연기한다. 물론 기다릴 수 없는 상황도 있다. 그럴 땐 결정해야 한다. 이를테면 시장은 홍수 경보가 발령되었을 때 대피 명령을 내릴지 결정해야 하고, 공군 지휘관은 비행제한구역을 침범한 제트기를 격추하라고 명령할지 결정해야 한다. 배심원단은 이렇게 말할 수 없다. "존경하는 판사님, 저희는 피고인이 유죄일 확률이 82퍼센트라고 생각합니다." 판사는 배심원단이 평결을 내릴 때까지 평의실로 돌려보낼 것이다.

이 장에서 우리의 바람은 대중적 의견 충돌이 언제나 **사실**에 대한 것이 아님을 독자가 인식하도록 하는 것이다. 때로는 올바른 **입증 기준**, 즉 한쪽이 생각을 바꿔야 할 만큼 확고하다고 간주되는 증거의 양이 얼마큼인지 정하는 문제를 놓고 이견이 있을 수도 있다.

이것은 확률론적 사고의 본질적 속성이다. 확실성을 기대할 수 없으므로 우리 모두는 증거가 얼마큼이면 충분한지 판단해야 한다. 절대적 확실성은 존재하지 않으므로 최상의 증거 기반 정책에서도 오류가 생길 수 있다. 당신과 나는 도움을 필요로 하는 사람들을 돕지 못하는 것이 나쁜 일이며, 다른 사람들이 정부 지원을 악용하도록 내버려두는 것이 나쁜 일이라는 데 동의할 것이다. 하지만 어느 오류가 더 나쁜지에 대해서는 의견이 다를 수 있다. 이런 사안에 대해 견해를 분명히 밝히더라도 이견을 없애기는 불가능하지만 모호한 구석을 부쩍 줄일 수는 있다. 예측의 정확도를 개선하면 두 종류의 오류가 다 감소하리라는 데는 양측 다 동의할 수 있다.

9장. 불확실성의 두 가지 원인

세상 만물과 그 성질이 이것 아니면 저것이라면 얼마나 좋을까! 모든 사람의 키가 정확히 90센티미터이거나 정확히 106센티미터이거나 둘 중 하나라면, 온라인에서 디즈니랜드 이용권을 구입해 그 먼 거리를 찾아가기 전에 당신의 다섯 살 자녀가 놀이기구에 탑승할 수 있을지 쉽게 알 수 있을 것이다. 하지만 현실에서 당신은 기대감에 부푼 아이의 키를 측정해야 하는데, 아이는 100센티미터 기준에 도달했을 수도 있고 아닐 수도 있다. 그리고 당신에게는 서랍에 처박힌 낡은 줄자만 있을 뿐이다. 아이의 키를 재보니 '탑승 가능' 요건에 닿을락 말락 한다. 줄자를 쥔 당신의 손이 떨려 측정에 잡음이 섞일 때마다 맞는 것 같기도 하고 아닌 것 같기도 하다. 당신은 측정을 여러 번 실시한 다음 평균을 내면 손떨림 잡음을 상쇄할 수 있겠다는 생각이 든다. 하지만 줄자를 바지 주머니에 넣은 채 세탁기를 돌린 기억이 어렴풋이 나서 줄자가 줄어들지 않았을지 의심스럽다. (바지는 확실히 줄어들었다!) 그렇다면 여러 번 측정해서 평균해봐야 소용없다. 에휴…….

이 안쓰러운 사연은 현실에서 잡음과 불확실성을 맞닥뜨렸을 때 요긴하게 쓸 수 있는 또 다른 개념 도구를 소개하기 위한 것이다. 첫째, 잡음과 불확실성이 측정에 영향을 미치는 데는 두 가지 방식이 있다. 이따금 측정이 무작위로 오르락내리락하되 평균은 낼 수 있는 경우가 있고(줄자를 쥔 떨리는 손), 한쪽이나 다른 쪽으로 일제히 밀리는 경우가 있다(세탁기에서 줄어든 줄자를 쓰면 측정할 **때마다** 결과가 실제보다 크게 나온다). 정말로 확신도를 정량화하고 (세상에 대해 잘못된 인상을 불어넣는) 무작위 수의 확률을 인식하려 한다면 두 종류의 어려움에 다 대응할 수 있어야 한다.

과학에는 이 목표에 유용한 언어와 접근법이 있다. 사실 이 다양한 잡음과 불확실성을 처리하는 최선의 방법을 아는 것이 얼마나 중요한 문제냐면 여러 과학 분야에 이를 일컫는 용어가 있을 정도다. 용어는 달라도 의미는 비슷하다. 솔 같은 물리학자는 두 종류의 잡음원을 **통계적 불확실성**과 **계통적 불확실성**이라고 부르며, 롭 같은 사회심리학자는 **신뢰도**와 **타당도**라고 부른다. 통계학자들은 정밀도와 정확도를 구분하는데, 좀 더 전문용어처럼 들리는 **분산**과 **편향**을 쓴다. (여기서 '편향'이라는 낱말은 전문용어이므로 일상어 의미와 혼동하면 안 된다.) 이 모든 용어는 뉘앙스가 조금씩 다르므로(이 장 뒷부분에서 다시 살펴볼 것이다) 철학자 존은 어느 것이 자신의 의미와 가장 맞아떨어지는지 골머리를 썩인다.

체중계마다 달라지는 몸무게

이 용어들을 이해하기 위해 우선 두 종류의 불확실성이 일상생활에서 어떻게 나타나는지 보여주는 구체적 예를 살펴보자. 당신이 의사에게서 건강을 위해 2킬로그램을 감량하라는 권고를 들었다고 상상해보라. 당신은 그 직후 출장을 떠나는데, 호텔에 머물 때마다 몸무게를 확인한다. 매일 바뀌는 호텔방에서 다른 체중계에 올라선다. 처음 몸무게를 쟀을 때 이런 생각이 든다. '와, 이게 무슨 일이람. 내가 생각한 것보다 1킬로그램이 덜 나가네. 체중계가 잘못됐나봐.' 다음 도시에 가서 다음 체중계에 올라섰을 때는 이런 생각이 든다. '어라, 이것 보게. 이 체중계에서는 생각보다 1킬로그램 더 나가잖아.' 당신은 호텔에서 체중계를 똑바로 보정하지 않는다는 의심이 들기 시작한다. 한 달의 출장 기간 동안 당신은 욕실과 체중계를 전전한다. 그러고는 모든 측정값의 평균을 내면 얼추 들어맞겠거니 생각한다. 모든 저울이 같은 방향으로 틀어졌을 가능성은 희박해 보이기 때문이다.

당신은 집에 돌아와 자신의 체중계에 올라선다. 당신이 모르는 사실이 하나 있는데, 실은 집의 저울도 편향되어 있다. 언제나 실제보다 2킬로그램 적게 나온다. 처음에 당신은 비행으로 탈수가 일어나 몸무게가 줄었다고 생각할지도 모른다. 하지만 **이** 체중계로 매일같이 한 달간 몸무게를 쟀는데도 출장 당시의 평균 몸무게보다 여전히 2킬로그램이 적게 나온다. 사실 이 체중계에서 몸무게를 몇 번 재느냐는 중요하지 않다. 당신은 한결같이 2킬로그램이 적게 나가 희희낙락한다. 물론 과학자들은 바로 이런 상황을 가려낼 방법을 끊임없이 고심한다. 당신은 매우 말끔하게 재현할 수 있는 결과를 얻되(즉, 몸무게를 아무리 여러 번 재도 언제나 같은 수를 얻는다) 참값에서 2킬로그램이 어긋나는 상황에 처한 것은 아닌지 궁금하다.

이 시점에서 과학자들은 두 종류의 불확실성을 구분하고 이름을 붙인다. **통계적 불확실성**은 당신이 측정한 값을 올바른 값 주위에 무작위로 흩어지게 만드는 잡음원을 가리킨다. 호텔 체중계마다 몸무게가 오르락내리락하는 것처럼 어떤 값은 더 높고 어떤 값은 더 낮다. 통계적 불확실성만 있을 때는 측정값을 점점 많이 평균할수록 참값에 점점 가까워진다. 이에 반해 **계통적 불확실성**은 모든 측정값을 한쪽으로 몰아가는 잡음원을 가리킨다. 측정할 때마다 값을 낮게 표시하는 당신의 부정확한 체중계처럼 값은 전부 더 높거나 전부 더 낮다. 계통적 불확실성만 있을 때는 측정을 몇 번 하느냐는 중요하지 않다. 아무리 평균을 내봐야 참값이 아니라 '편향된' 결과를 얻을 뿐이다.[57]

이 두 유형의 확실성에는 흥미로운 구석이 있다. 일단 둘의 차이를 알게 되면 측정을 잘하기 위해서는(즉, 잡음에 짓눌리지 않고 뚜렷한 신호를 얻으려면) 두 불확실성을 다룰 때 서로 다른 전략을 써야 함을 알 수 있다. 측정을 반복할 때마다 값이 무작위로 널뛰기하면(이를테면 줄자를 가만히 쥐고 있으려 해도 손이 미세하게 떨리는 경우) 이 통계적 잡음을 평균해 제거할 수 있도록 측정을 더 많이 실시해야 한다. 아니면 수전증이 없어서 더 일관된 결과를 얻을 수 있는 사람을 찾거나. 이에 반해 **계통적** 불확실성이 의심될 때는 문제가 훨씬 까다롭다. 그래서 과학자들은 이 불확실성을 다루는 방법에 노력을 집중한다(우리의 나머지 논의도 마찬가지다).

계통적 불확실성을 다루는 법

계통적 불확실성으로 의심되는 것을 다룰 때는 창의력을 발휘할 여지가 생긴다. 당신의 첫 번째 임무가 측정을 일관되게 한쪽으로 몰아가는 모든 원인을 생각해내는 것이기 때문이다. 줄자가 늘어나거나 줄어들어서 측정할 때마다 똑같은 오차가 발생했을까? 대부분의 사람들이 몸무게를 낮춰주는 체중계를 부지불식간에 선호하므로 당신이 친구 집에 가도 체중계 눈금이 똑같이 낮게 나올까?

당신의 두 번째 임무는 이 계통적 편향을 억제하거나 더 바람직하게는 측정에 미치는 영향을 제한하는 방법을 고안하는 것이다. 키나 몸무게를 더 믿음직하게 비교할 수 있도록 다른 줄자나 체중계를 구할 수 있을까? 아니면 측정에 계통적 편향이 있는지 입증할 수 있든 없든, 측정 도구에 특수한 편향이 있더라도 문제가 되지 않도록 측정 방식을 바꿀 방법을 찾을 수 있을까? 마지막 방안은 직관에 어긋나는 것처럼 들린다(특수한 편향이 어떻게 상관없을 수 있겠는가?). 그러니 예를 살펴보아야 한다.

세라가 1000미터 달리기를 준비한다고 상상해보라. 그러려면 경주로를 네 바퀴 돌아야 한다. 세라의 코치는 세라가 세 번째 바퀴를 얼마나 빨리 뛰는지 시간을 재려고 한다. 그래서 세라가 세 번째 바퀴의 출발선을 지날 때마다 초시계 단추를 눌러 타이머를 시작한다. 세라가 그 선을 다시 지나 네 번째 바퀴를 시작하는 순간, 코치는 다시 단추를 눌러 초시계를 멈춘다.

이 시간 측정을 들여다보면 통계적 불확실성의 여러 잠재적 원인을 떠올릴 수 있다. 세라가 세 번째 바퀴를 매번 같은 속력으로 뛰지 않을 수도 있고, 코치가 초시계 단추를 매번 정확히 같은 순간에 누르지 않을 수도 있다(어떤 때는 좀 일찍, 어떤 때는 좀 늦게 누를지도 모른다). 이런 문제는 훈련 시기마다 측정한 값을 평균하면 해결할 수 있다(한날에 하면 곤란하다. 세라가 녹초가 될 수 있기 때문이다). 사실 많은 상황에서는 개별 측정을 평균하면 통계적 불확실성이 줄어든다. 하지만 세라가 출발선을 통과할 때 코치의 반응이 일관되게 느려서 초시계 단추를 **언제나** 조금 늦게 누른다면 어떨까? 이것은 영락없는 계통적 오류의 원인처럼 보인다. 반응 지연은 더 많은 측정값을 평균하는 방법으로는 바로잡을 수 없다.

하지만 당신은 이 이야기를 들으면서 코치가 같은 단추를 똑같이 지연된 반응으로 두 번(한 번은 세 번째 바퀴가 시작될 때, 또 한 번은 세 번째 바퀴가 끝날 때) 누른다는 점을 눈치챘을지도 모르겠다. 그러니 세 번째 바퀴가 시작될 때의 반응 지연이 끝날 때(이것은 네 번째 바퀴의 시작이기도 하다)의 반응 지연과 같은 한, 두 지연이 상쇄하므로 측정은 편향되지 않는다. 이것은 행운에만 기대는 억지스러운 예처럼 들릴지도 모르겠지만, 실은 계통적 불확실성의 잠재적 원인 하나에 대한 (과학자들이 늘 찾고 있는) 창의적 해법이다. 의학 실험에서 사람들을 의약품을 투약받는 실험군과 투약받지 않는 대조군으로 무작위 배정하는 방법이 얼마나 유익했는지 떠올려보라. 이것은 두 집단을 비교했을 때 결과를 어느 한쪽으로 편향시킬지도 모르는 계통적 불확실성의 원인을 상쇄하는 기발한 방법이었다.

현실에서 작용하는 계통적 불확실성

여기서 우리의 목표는 계통적 불확실성이 어디에서 생겨나든 그 원인 (과 가능한 해결책)에 대해 예민해지는 것이다. 서로 다른 방식으로 극적인 두 가지 현실 사례를 생각해보자. 첫 번째는 현실적으로 중요한 계통적 불확실성 사례인데, 당신도 (학교운영위원 선거에서처럼) 쟁점이나 후보들에 대해 잘 모르면서 투표해야 했던 때가 있을 것이다.

연구에 따르면 투표자가 후보 이름이 쓰인 투표용지를 받아들었는데 후보들에 대해 아무것도 모른다면 나머지 조건이 동일할 경우 투표용지 맨 위에 있는 후보에게 투표할 가능성이 약간 크다. 맨 위에 이름이 기재된 후보는 아래쪽에 있는 어떤 후보보다도 약 5퍼센트 많이 득표한다. 5퍼센트가 당락을 좌우하는 많은 선거에서 이것은 실로 결정적인 효과다.

놀랍게도, 여론조사원이 사람들에게 전화해 어느 후보에게 투표할 의향이 가장 크냐고 물을 때처럼 후보를 (시각적으로 제시하지 않고) 청각적으로 제시하면 정반대 효과가 일어난다. 그 상황에서는 후보 명단에서 **맨 뒤**에 있는 사람이 이득을 본다. 그렇다면 이렇게 생각해보자. 투표지에는 후보 한 명의 이름이 맨 위에 인쇄되어 있고 사전 여론조사에서는 조사원이 후보 명단을 투표지에 실린 순서대로 사람들에게 전화로 불러준다면, 사전 여론조사에서는 당선자를 완전히 헛짚을 것이다. 투표지 맨 위에 있는 후보는 전화 여론조사에서 5점을 잃고 선거에서 5점을 얻을 것이다.

이건 말도 안 된다! 계통적 편향의 원인을 알고 있으면서 왜 모든 후보를 같은 순서대로 투표지에 인쇄하나? 캘리포니아주의 입법사무소 선거에서 누군가 이름 순서에서의 계통적 편향 문제를 알아차렸다. 하지만 그가 문제를 해결하려고 시도한 방법은 투표지에 실리는 후보들의 순서를 무작위로 선택한 다음 **모든** 투표지를 그 순서대로 인쇄하는 것이었다. 이렇게 해서는 문제가 해결될 리 만무하다. 공정함을 엉뚱하게 이해하지 않는 이상 저게 공정하다고 말할 수는 없다. 모든 후보는 자신의 이름이 투표지 맨 위에 놓여 5퍼센트 이득을 볼 확률이 동일하지만 이것은 결코 우리가 추구하는 방향이 아니다.

우리는 오측정을 공정하게 실시하려는 게 아니다. 우리는 사람들에게 선호받는 후보가 당선되길 바란다. 이름 순서에 휘둘려 투표하는 5퍼센트 때문에 결과가 왜곡되길 원하지 않는다. 신기하게도 캘리포니아주 전체와 미국 의회사무처 선거에서는 같은 실수를 저지르지 않는다. 투표지를 카운티별로 인쇄하는데, 캘리포니아주의 58개 카운티마다 후보 명단의 순서를 바꿔가며 배부한다. 이 방법이 완벽하진 않지만 맨 위에 실리는 이름의 이득을 평균해 없앨 수는 있다. 당신이 출장 간 호텔들에서 몸무게 측정값을 평균하듯 말이다.

우리의 두 번째 현실 사례는 통계적 불확실성과 계통적 불확실성을 둘 다 인식하고 관리하는 것이 얼마나 중요한지 보여준다. 현재 기준에서는 20세기의 지구 온도 변화 측정값이 옳은지 그른지가 결정적으로 중요하다. 측정값을 엉뚱하게 이해하면(물론 확률론적 이해를 말한다!) 엉뚱한 문제에 대해 잘못된 조치를 취하거나 기후 재앙을 방치해 엄청난 고통을 불러올 수 있다.

20세기에 전 세계 기상학자들은 온도계를 매일 확인하며 국지적 온도를 추적했다. 기후학자들은 이 측정값을 이용해 지구 평균 온도 변화를 추정했는데, 온도가 20세기에 걸쳐 상승했음을 보여주는 6장 그래프는 이렇게 작성되었다. 이것은 통계적 불확실성과 계통적 불확실성이 둘 다 뚜렷이 작용하는 상황이다. 첫째, 장소마다, 날마다, 해마다 날씨가 조금씩 바뀌고 온도계가 불량으로 제작된 탓에 국지적 일일 측정값에 온갖 잡음이 낀다. 이런 종류의 불확실성은 '통계적 불확실성'으로 규정하고 이해해야 한다. 데이터가 충분하면 전부 평균해 없앨 수 있기 때문이다.

이에 반해 20세기 초와 20세기 말에 서로 다르게 나타나는 계통적 편향의 원인은 무엇이든 훨씬 위험할 수 있다. 그 기간 동안 일정하게 유지된 계통적 오류는 (세라 코치의 반응 지연처럼) 상쇄할 수 있으므로 신경 쓸 필요 없다. 이를테면 전 세계 기상학자들이 일일 평균 온도를 정오에만 측정했다면 일일 평균에 비해 따뜻한 쪽으로 계통적 편향이 일어날 것이다. 하지만 이 실수가 20세기 내내 일어났다면 온도 변화 측정의 계통적 편향을 일으키지는 않을 것이다.

다른 한편으로 20세기에 측정 편향에서 변화가 일어났다면 이것은 온도 변화 측정에서 고려해야 할 계통적 오류다. 온도를 **어디에서** 기록하는지에 대한 계통적 변화가 일어난 사례를 생각해보라. 20세기 초엽에는 기록계가 설치된 유럽과 북아메리카에서 측정이 더 많이 이루어졌다. 하지만 시간이 지나자 아프리카, 남아메리카, 아시아의 비중이 커지면서 측정이 더 평준화되었다. 시간의 흐름에 따른 또 다른 지리적 변화는 도시화 때문에 일어났다. 20세기에 도시 인구가 증가하면서 도시와 도시 인근에서 온도를 측정하는 사례가 점차 늘었다. 알다시피 도시는 이른바 도시열섬현상 때문에 주변 농촌 지역보다 더운 경향이 있다.

최근 몇십 년간 지구온난화 문제로부터 중요한 정책 질문들이 제기되면서 불거진 계통적 불확실성 우려가 바로 이런 종류다. 이 우려에 응답한 한 연구진은 도시에 가까운 지역과 농촌 지역의 20세기 온도 변화를 비교한 통제 연구를 실시했다. (솔이 연구에 도움을 주었다.) 이 접근법은 계통적 불확실성의 원인을 효과적으로 통제할 수 있었다. 연구진은 도시와 농촌의 온도 변화 차이가 우리의 관심사인 온난화 효과보다 훨씬 작다는 점을 발견했다. 이는 20세기 도시화가 20세기 지구 온도 변화 측정값을 계통적으로 편향시킨 핵심 원인이 아님을 시사한다.

온도를 측정하는 시각은 어땠을까? 알고 보니 일일 평균을 계산하기 위해 온도계 눈금을 읽는 방법과 시기에서도 변화가 일어났다. 이를테면 20세기 초 미국 기상청은 일몰 즈음에 온도를 측정할 것을 권고했는데, 20세기 말에는 미국 내 대부분의 측정이 오전에 실시되었다(아마도 더 서늘했을 것이다). 그러니 각 시기의 평균 온도를 확정하기가 더 힘들다. 그 차이를 실제로 바로잡아야 하기 때문이다.

온도 측정 관행의 또 다른 변화는 해수면 온도와 관련이 있다. 20세기 전반기에 해수 온도를 측정하는 방법은 배에서 양동이를 던졌다가 끌어올려 그 속에 담긴 물의 온도를 재는 것이었다. 그러다 제2차 세계대전 즈음 엔진을 식히려고 물을 공급하는 흡입구에 온도계를 설치하는 방식으로 바뀌었다. 당신도 예상할 수 있다시피 두 방법은 결과가 약간 달랐다. 일단 흡입구에 유입되는 물은 양동이로 끌어올리는 물보다 훨씬 해수면 아래쪽에 있다. 측정을 하는 사람들은 누군가 온도 기록을 비교하고 싶어 하리라고는 상상도 하지 못했기에 교차 보정을 하지 않았다. 그들이 온도를 측정하는 목적은 따로 있었다. 그래서 해수 온도를 이용하는 모든 연구에서 과학자들은 두 가지 방법으로 측정한 해수 온도 측정값에서 미지의 크기 차이를 상쇄해야 한다. 요즘은 얼마큼 상쇄할지 판단하기가 힘든데, 측정 방식이 달라진 시점에 쓰이던 것과 비슷한 배를 구해 양동이 측정값을 흡입구 측정값과 비교할 수 없기 때문이다.

온도 데이터를 수집하는 방법이 이렇게 달라졌음을 알게 되면 이 변화 자체가 연구 대상이 될 수 있다. 위의 예에서는 변화로 인해 일이난 '온도 측정 상쇄'를 측정해야 하는데, 여기에는 나름의 통계적 불확실성이 결부된다. 그러면 지구 온도 변화에 대한 최상의 최종 추정값에 불확실성이 끼어들 수밖에 없다. 하지만 희소식도 있다. 불확실성이 '정답에 이르는 과정에서 측정해야 하는 한낱 또 다른 양'이 되면, 앞 장들에서 설명한 표준적인 확률론적 추론을 이용해 불확실성을 정량화할 수 있으며, 조치를 취하기에 '충분히 확실하다'고 간주되는 문턱값을 선택할 수 있다. 이를테면 온도 상승에 대한 확신도가 75퍼센트에 불과하더라도 조치를 취해야 할 만큼 지구 온도 변화의 결과가 중대하다고 판단할 수 있으며, 자원 배분의 변화는 세계 경제에 막대한 교란을 일으키므로 95퍼센트의 확신도가 필요하다고 판단할 수도 있다.

계통적 불확실성의 창의적 공략법

지구 온도 측정값 변화에 계통적 편향을 일으킬 수 있는 여러 원인을 찾아내는 앞의 사례에서 보듯 각각의 원인에 대처하는 방법은 저마다 다르다. 어떤 경우에는 측정에서 상쇄하는 방법을 찾을 수 있고, 어떤 경우에는 계통적 효과를 측정해 다루기 수월한 통계적 불확실성으로 바꿀 수 있으며, (여기에 제시하진 않았지만) 또 어떤 경우에는 계통적 효과의 크기가 측정에 유의미할 만큼 크지 않음을 밝혀내기만 하면 될 수도 있다. 요점은 계통적 불확실성을 일으킬 수 있는 원인을 **알아낸 뒤에는** 연구를 통해 설명할 수 있다는 것이다. 따라서 불확실성의 원인을 알아내고 이 원인 때문에 측정이 결정의 토대로 삼기에 너무 불확실해지지 않도록 각각의 측정을 통제하거나, 균형을 맞추거나, 적절히 실시하는 창의적 방법을 생각해내는 일은 과학자가 받는 훈련에서 막대한 비중을 차지한다.

뒤의 장들에서는 자신과 의견이 다른 사람들과 함께 일하는 것이 얼마나 중요한지 논의할 텐데, 가장 중요한 이유 중 하나는 다른 사람의 입장에 딴지를 걸 때 계통적 불확실성의 원인을 밝혀내기가 무척 수월하기 때문이다! 그러니 측정값을 왜곡할 수 있는 계통적 불확실성을 찾으려면 그 측정값에 딴지를 걸 사람을 수소문하는 게 상책이다. 상대방의 연구를 검토하고 격렬히 비판하는 과학자들의 전통은 (최선의 상황에서라면) 계통적 불확실성을 찾는 또 다른 중요한 요소다. 심지어 계통적 불확실성을 찾는 훈련보다 중요할지도 모른다. 계통적 편향 문제에 친숙해지면 자신의 삶에서 내리는 결정의 증거들에서도 계통적 편향을 보거나 직접 찾아보기 시작할 수 있다. (이를테면 상사가 당신의 보고서를 뜯어고치거나 당신의 제안을 반대하는 경우는 똑똑히 인식하면서, 당신의 제안을 흔쾌히 받아들이는 경우는 간과하기 쉽다. 당신의 자기평가 증거에 이런 계통적 편향이 있으면 괜히 다른 직장을 알아보게 될지도 모른다.) 하지만 과학 문화의 바깥에서는 당신에게 반대해 당신이 스스로의 계통적 편향을 찾아내도록 도와줄 사람을 찾기가 힘들다. (여기서 '편향'이라는 용어에는 지금까지 논의한 전문적 의미와 일상적 의미가 **둘 다** 담겨 있다.)

게다가 어떤 약을 복용해야 하는지, 셰일가스 추출 정책에 찬성표를 던져야 하는지 등에서와 같이 과학사들의 연구 결과를 바탕으로 우리 스스로 결정을 내려야 할 때는 과학자들이 자신의 연구에서 계통적 불확실성의 범위를 충분히 탐색했는지 예민하게 점검해야 한다. 반대 견해를 가졌거나 맞수인 과학자들이 계통적 불확실성을 이미 들여다보았다면 더할 나위 없다. 어느 분야의 전문가든 자신이 어떤 과학적 발견을 왜 믿는지 설명하려면 계통적 불확실성에 대한 질문에 답할 수 있어야 하며 우리는 답변을 요구해야 한다.

다트가 과녁을 벗어가는 두 가지 방법

이 장에서 설명한 통계적 불확실성과 계통적 불확실성의 구분을 더 명확하고 기억하기 쉽게 만드는 데 종종 쓰이는 비유적 시각화 수단이 있다. 어떤 양을 측정하려는 시도가 다트 놀이이고 각각의 다트가 측정 시도라고 상상하면, 과녁 주위에 다트가 퍼져 있는 모양은 측정의 불확실성(정답이라는 과녁을 얼마나 빗맞혔는지)을 나타낸다고 생각할 수 있다.

이제 알았다시피 측정이 정답을 맞히지 못하는 경우는 두 가지다. 하나는 정확한 결과 주위에 무작위로 퍼지는 것이고(통계적 불확실성), 다른 하나는 정확한 결과로부터 한 방향으로 멀어지는 것이다(계통적 불확실성). 다트로 표현하면 통계적 불확실성은 다트가 과녁 주위에 구름처럼 퍼져 있는 것이고, 계통적 불확실성은 다트가 과녁의 한쪽 방향에 몰려 있는 것이다. 통계적 불확실성이 크다는 것은 구름이 과녁으로부터 멀리까지 퍼져 있다는 뜻이고, 계통적 불확실성이 크다는 것은 과녁

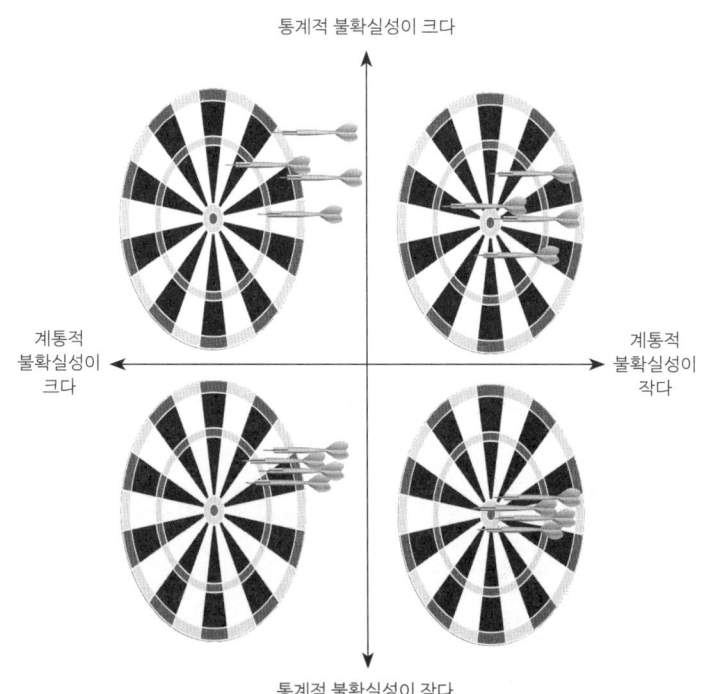

통계적 불확실성이 크다

계통적 불확실성이 크다

계통적 불확실성이 작다

통계적 불확실성이 작다

으로부터 멀리까지 옮겨져 있다는 뜻이다. 물론 우리의 측정에서는 대체로 두 가지가 한꺼번에 나타난다. 다트 구름이 멀리까지 퍼져 있거나(통계적 불확실성), 구름의 중심이 과녁으로부터 멀리 떨어져 있거나(계통적 불확실성) 둘 중 하나다. 다트판 비유는 여러 번의 측정에서 나올 수 있는 네 가지 결과를 나타내는데, 각각은 두 가지 불확실성 원인과 관련해 더 나은 선택지일 수도 있고, 더 못한 선택지일 수도 있다.[58]

이것은 두 종류의 불확실성이 어떻게 다른지를 더 구체적으로 이해하는 방법 중 하나이며 나머지 분야의 용어가 무엇을 가리키는지 이해하는 데도 도움이 된다. 이를테면 다트가 촘촘하게 몰려 있는 아래쪽의 두 다트판은 '분산이 작다'라고 말할 수 있고, 다트가 과녁에 가까이 있는 오른쪽의 두 다트판은 '편향이 작다'라고 말할 수 있다.[59]

삼각측량의 귀환

다루기가 비교적 수월한 통계적 잡음이 아니라 계통적 불확실성이 문제라면 이 지점에서 당신은 걱정이 들기 시작할지도 모르겠다. 계통적 불확실성 운운하는 것들은 말부터 어렵게 들리지 않나! 계통적 불확실성이 당신을 어떤 방법으로 속일 수 있는지 생각해내려면 창의력을 발휘해야 할 뿐 아니라 당신이 그 방법들을 샅샅이 밝혀냈다는 보장도 없다! 게다가 실제 인간적 편향으로 인해 생겨나는 계통적 오류(12장에서 설명할 '동기부여된 추론')는 아직 논하지도 않았다.[60]

정말로 경악하기 전에(이래서야 측정에 기반한 판단을 도대체 어떻게 신뢰할 수 있지?) 우리에게 안도감을 선사할 뿐 아니라 이 불확실성을 자신 있게 공략할 희망을 줄 수 있는 과학적 사고의 몇 가지 요소를 살펴보자. 첫 번째 요소는 삼각측량이다.

2장에서는 삼각측량을 한 가지 도구만 쓸 때보다 현실을 더 정확하게 묘사할 수 있는 다양한 도구 모음(때로는 다양한 감각을 강화하는 것)으로 설명했다. 지금의 논의에 비추어 보자면 이런 삼각측량에는 또 다른 이점이 있다. 충분히 다른 측정 방법들을 쓰면 각 방법마다 계통적 불확실성의 원인이 다를 것이다. 이렇게 다양한 방법들에서 같은 결과가 나왔다면 이 모든 계통적 불확실성들이 '공모해' 하나의 왜곡된(부정확한) 결과를 냈을 가능성이 훨씬 줄어든다.

이를테면 다가올 시장 선거에서 투표권이 있는 시민들의 현재 투표 의향을 측정하려 한다고 해보자. 우리가 유권자의 무작위 표본을 충분히 많이 모으는 데 성공해 통계적 불확실성이 낮다고 꽤 확신할 수 있다고 상상해보라.[61] 이제 앞에서 논의한 계통적 불확실성의 두 가지 원인에 대해 우리가 유난히 심란하다고 해보자. 하나는 글로 된 명단에서 맨 위에 있는 후보를 선호하는 편향이고, 다른 하나는 말로 된 명단에서 맨 뒤에 나오는 후보를 선호하는 편향이다. 여론조사의 절반은 전화를 이용해 구두로 실시하고 나머지 절반은 인터넷에서 문자로 실시할 수 있다면, 두 가지 계통적 불확실성에 대해 삼각측량을 할 수 있다. 두 여론조사 방법에 대해 서로 다른 계통적 불확실성이 결부되기 때문이다. 두 여론조사의 결과가 일치하면 우리는 이 계통적 불확실성들이 둘 다 중요하지 않다고 확신할 수 있으며, 일치하지 않으면 결과의 차이가 얼마나 큰지를 통해 한 계통적 효과나 다른 계통적 효과, 또는 둘 다로

인한 편향이 얼마나 큰지 추정할 수 있다.

이제 삼각측량이라는 과학적 사고의 중요한 도구에 익숙해지고 불확실성의 통계적 원인과 계통적 원인을 자세히 들여다보았으니 뒤로 물러나 큰 그림을 살펴보자. 우리가 불확실성의 두 원인을 탐구해야 했던 이유는 그래야 공유된 현실을 직시하기 위한 측정에 근거해 의사결정을 내릴 때 불확실성을 더 효과적으로 관리할 수 있기 때문이다. 이 책 2부에서는 이 '현실 기반' 의사결정이 현실을 확률론적으로 이해하는 능력에 어떻게 좌우되는지 살펴보았다. 또한 1부에서는 우리가 문제를 해결하고 세상을 바꾸기 위해 이용할 '인과 손잡이'를 찾아내는 기법을 소개했다. 우리는 이 확신을 떨어뜨릴지도 모르는 통계적 잡음과 계통적 잡음을 확인해야 할 모든 필요성과 더불어 인과 손잡이에 대한 확률론적 확신이 이 기법들에서도 생겨난다는 사실을 유념해야 한다.

들여다봐야 할 게 무척 많아 보이는데, 실제로도 그렇다! 3부에서는 과학의 또 다른 비밀 무기를 살펴본다. 이것은 모든 인과 요인, 확률, 계통적 불확실성의 원인, 탐지 문턱값의 와중에서 우리가 침착함을 잃지 않게 해준다. 우선 과학적 사고의 '할 수 있다' 측면이라고 부를 법한 것에서 출발하자.

낙관주의로
난제를 돌파하는 법

10장. 과학적 낙관주의

어려운 문제나 퍼즐을 풀려고 가장 오래 골머리를 썩인 기간이 얼마큼 인가? 10분, 두 시간, 하루, 한 달, 1년, 10년? 대부분의 사람은 이 질문을 받으면 몇 시간 이상을 투자한 문제와 퍼즐을 좀처럼 떠올리지 못한다. 아무리 길어야 며칠이 고작이다. 하지만 세상에 며칠 안에 해결할 수 있는 까다로운 문제가 몇 개나 되겠는가? 세상은 그렇게 호락호락하지 않다! 이 책의 독자들에게 걸맞은 문제라면 한 달 이내로는 역부족일 것이다.

문제를 해결하려고 오랫동안 붙들고 있는 모습은 각양각색이다. 당신이 1960년대에 미 항공우주국을 이끌고 있다면 인간을 달에 착륙시키려고 얼마나 오랫동안 노력할 것인가? 서재에 둘 이케아 수납장을 조립하려고 배우자와 함께 얼마나 오랫동안 골머리를 썩일 것인가? (조립설명서를 오독할 경우의 수가 **그리** 많진 않지만.)

요는 우리 인간이 천성적으로 게으르다는 것이다. 우리 잘못이 아니다. 에너지를 절약하기 위해 게으르게 진화했을 것이다. 신기하게도 골똘히 생각하는 일은 에너지를 많이 쓰는 것처럼 **느껴진다.**[62] 그래서 우리는 가파른 언덕을 에돌 수 있으면 굳이 올라가려 하지 않듯, 힘든 생각을 가급적 피하려 한다. 하지만 중요한 문제를 해결하려면 골똘히 생각해야 한다. 우리의 느림보 뇌에는 여러 부담이 가해지는데, 앞에서 보았듯 잡음 속에서 거짓 패턴을 신호로 착각해 스스로를 속일 가능성이 있는 때를 알아차리려면, 또는 중대한 측정을 편향시키는 계통적 불확실성의 잠재적 원인 목록을 짜려면 상당한 정신노동이 필요하다. 4부에서는 명료한 생각을 가로막는 이런 어려움을 더 논의한다.

설상가상으로 우리는 게으르기만 하지 않다. 우리의 긍정적 특질 중 하나인 새로운 것에 대한 경이로운 호기심조차 사태를 악화한다. 하루이틀이 지나면 문제는 더는 새로워 보이지 않으며 우리는 다른 문제로 호기심을 돌리는 경향이 있다. 게다가 우리는 세상을 새롭게 이해해 호기심을 채우고 싶어 하고 그 보상을 원하는 욕구는 문제에 집중하게 하는 좋은 유인책이지만, 최소한의 노력으로 빠르게 보상을 얻지 못하면 의욕을 잃는다. 호기심과 게으름의 불운한 만남이랄까![63]

문제에 진득이 매달리지 못하는 이 인간적 속성을 어떻게 해야 하나? 좀처럼 논의되지 않는 과학의 비밀 도구가 여기서 등장한다. 이 도구는 과학 문화가 발명한 단순한 심리적 수단으로 이루어졌는데, 우리는 **과학적 낙관주의**라고 부를 것이다. 과학적 낙관주의는 하루하루 느끼는 평범한 낙관주의가 아니다. 기본적으로는 '할 수 있다' 정신이며 당면 문제가 당신에 의해서나 당신과 동료들에 의해 해결 가능하리라는 기대다. 복잡한 문제를 맞닥뜨렸을 때 해법이 손안에 있는 것처럼 접근하면 문제를 풀 가능성이 훨씬 커진다. 기본적으로 과학자들은 문제를 풀 수 있다고 믿도록 (실제로 푸는 데 걸리는 시간 동안) 스스로를 속이는 방법을 고안한 셈이다. 이 책에서 스스로에게 속아 넘어가는 것을 목표로 삼는 대목은 이곳뿐이다!

역사를 들여다보면 사람들이 어떤 문제를 해결 불가능하다고 여겼지만 세상 어딘가에서 누군가 방법을 찾아냈다는 소문이 돌자 금세 많은 사람들이 해결할 수 있게 된 사례가 많다. 사람들은 '어라, 저 사람들은 방법을 알잖아. 해결할 수 있는 거였어'라는 생각이 들면 끈질기게 노력한다. '아하, 이런 식으로 했겠구나······. 에이, 이건 아니었군. 그게 아니라 이 방법을 썼는지도 모르겠어······.' 문제를 풀 수 있다는 것을 알게 되면 포기하지 않을 동기가 생긴다. 결국 문제를 처음 해결한 사람들과 전혀 다른 방식으로 해결하는 방법을 찾아낸다.

'4분 1마일(4분 안에 1.6킬로미터를 주파하는 것-옮긴이)'은 사람들이 결코 깨지지 않으리라 생각한 운동 경기 기록인데, 위의 비법은 이것과 비슷한 정신적 기록인 셈이다. 도저히 능가할 수 없어 보이던 인간 한계가 한 사람이 마침내 가능성을 보인 뒤 예사로 능가된 이야기는 누구나 들어보았을 것이다. 이것을 인지적 문제 해결 상황에 대입하려면 버려진 이케아 수납장들의 조각에서 부품을 모아 심심풀이로 수납장을 만드는 것과 친구 여러 명이 구입 후 조립에 성공한 동일한 이케아 새 제품으로 수납장을 만드는 것의 차이를 생각해보라. 틀림없이 당신은 두 번째 상황에서 더 오래 끈기를 발휘할 것이다.

하지만 과학적 낙관주의에는 또 한 가지 반전이 있는데, 이케아 수납장이 제대로 조립되는 완벽한 제품이라는 점을 **모를지라도** 성공할 수 있다는 믿음을 잠정적으로 채택하는 것이다. 이런 식으로 우리는 까다로운 문제를 공략할 충분한 시간을 스스로에게 부여한다. 낙관주의가 과학자들에게 필요한 이유는 새로운 발견에 도달하려고 노력하기 때문이지만, 우리 모두에게도 필요한 이유는 해결이 보장되지 않은 상황에서 문제에 접근해야 할 때가 많기 때문이다. (과학적 낙관주의의 정반대는 '학습된 무기력' 현상이다. 인간을 비롯한 동물은 불편하거나 고통스러운 상황이 자신의 통제 밖에 놓여 있는 경험을 너무 많이 하면 해결 노력을 포기하는 듯하다. 실제로는 현재 상황을 해결할 수 있는데도 노력조차 하지 말아야겠다는 태도를 학습하는 것이다.)

문제를 해결 가능하다고 생각해 해결 가능하게 만드는 방법 중에서 우리가 아는 가장 놀라운 사례 중 하나는 페르마의 마지막 정리다. 1637년 수학자 피에르 드 페르마는 책의 여백에 이렇게 썼다.

세제곱수를 두 세제곱수의 합으로 나타내거나, 네제곱수를 두 네제곱수의 합으로 나타내거나, 일반적으로 지수가 3 이상인 임의의 거듭제곱수를 지수가 자신과 같은 두 거듭제곱수의 합으로 나타내는 것은 불가능하다. 이 추측에 대한 참으로 놀라운 증명을 발견했지만 여백이 너무 좁아서 쓰지 못하겠다.

그 뒤로 358년간 수학자들이 이 문제에 도전한 이유는 페르마의 주장으로 보건대 해결 가능하다고 다들 생각했기 때문이었다. 그리고 1995년 문제가 풀렸다. 정확히 페르마가 푼 방식으로 풀리진 않았을지도 모르지만, 사람들이 **358년 동안이나** 끈질기게 문제에 매달린 이유는 문제가 해결 가능하다는 페르마의 호언장담 때문이었다.

솔은 대학원생 때 과학적 낙관주의의 중요성을 처음 실감했다. 그는 어느 연구진에 몸담을지 고민하다가 경이로운 '할 수 있다' 정신으로 충만한 곳을 알게 되었다. 그 정신은 연구진을 이끄는 리처드 멀러Richard Muller 교수가 불어넣었다. 멀러 교수의 연구진은 흥미진진한 과제에 주눅 드는 법이 없었다. 새 도구가 필요하면 발명하면 된다는 마음가짐이 있었다. 무언가를 만들어야 하면 만들었으며, 복잡한 전자공학 기술이든 DNA 조작 기법이든 새 영역, 새 분야를 배워야 하면 배웠다. 연구진은 이 '할 수 있다' 정신을 품고서 다양한 문제와 도전에 열정적으로 뛰어들었다. 그 시점에 연구진은 목성 중력에 의해 휘어지는 빛의 굴절률을 측정하는 기법을 연구하고, 소형 탁상용 사이클로트론(입자 가속기의 일종-옮긴이)을 발명하고, 지구의 탄소 순환을 이해하기 위해 바다 위 대기 중 탄소를 측정하고, 상대적으로 '가까운' 초신성을 발견하기 위해 최초의 자동 망원경 시스템을 개발하고 있었다. 흥미로운 문제에 어떤 어려움이 따르든 스스럼없이 도전하는 이 과학적 전통은 우리가 어떤 분야에 종사하든 과학이 우리에게 선사하는 가장 큰 힘 중 하나일 것이다.[64]

솔은 마지막 과제인 자동 초신성 탐색으로 대학원 연구를 시작했다. 이 과제는 나중에 가서 훨씬 까다로운 과제로 발전했다. 까마득히 먼 초신성을 발견해 우주 팽창의 역사를 밝히고 우주의 궁극적 운명을 예측하는 데에도 같은 기법을 쓸 수 있다는 사실이 분명해졌기 때문이다. 이것은 어마어마하게 힘든 과제일 터였다. 솔과 연구진은 우주가 팽창하는 속도 변화를 측정하기 위해 수십 개의 원거리 초신성을 찾아내기까지는 3년이 걸릴 거라 예상했다. 3년 뒤 발견된 초신성은 0개였다.

(요령을 하나 공개하자면, 맑은 날씨가 성공 여부를 좌우하는 분야는 가급적 피하라!) 5년 뒤 첫 번째 원거리 초신성이 발견되었다. 7년이 지나자 연구진은 과제를 수행하는 방법을 터득했으며 예닐곱 개의 원거리 초신성을 무더기로 발견했다. 9년째에는 데이터 집합을 확보했지만, 필요한 수준으로 분석하는 방법은 아직 알아내지 못했다. 10년이 흐른 뒤 답을 찾았다. 대경실색할 결과였다. 우주는 점점 빠르게 팽창하고 있었다.

흥미롭게도 10개년 초신성 과제의 매 단계마다 연구진은 과제가 해결 가능하다고 확신했다. 과학적 낙관주의가 그들을 계속 나아가게 했다. 하지만 과학적 낙관주의가 현실에서 어떻게 작동하는지 보는 것이 중요하다. 과제의 매 단계마다 연구진은 어떤 성공이 달성되었는지, 목표를 향해 나아가려면 다음으로 무엇이 필요한지 알 수 있었다. 이 반복적 진전이야말로 '할 수 있다' 이야기의 많은 부분을 가능케 하는 핵심이다. 과학자들은 목표가 단번에 달성되리라 기대하지 않는다.[65]

힘든 문제, 수개월, 수년, 수십 년이 걸릴 수도 있는 문제에서 앞으로 나아가려면 대체로 이런 반복적 진전이 필요하다. 이 말은 시도할 때마다 점점 나아지고, 앞선 시도에서 배운 것을 다음 시도의 발판으로 삼는다는 뜻이다. 이제 과학적 낙관주의의 현실적 의미를 풀어내볼 텐데, 계획을 수립하는 사람이라면 누구나 이 반복적 진전 개념에 공감할 것이다. 예를 하나만 들어보겠다. 주요 복지 개혁 법안이나 교육 개선 법안이나 범죄 예방 법안을 초안하는 정책입안자와 입법권자는 무엇이 효과가 있고 없는지 알아가면서 몇 년마다 반복적으로 개선해야 한다는 취지를 법안에 담을 수 있으며 그래야만 한다. 이런 정책 갱신 메커니즘은 금시초문까지는 아닐지언정 정부 계획의 두드러지고 가시적인 특징은 분명 아니다. 적어도 미국에서는 그렇다. 만일 이 취지가 법안에 담겼다면 우리는 이 사회적 목표들에서 진전이 이루어졌다는 느낌을 더 많이 받았을 것이다.

파이를 키우려면

과학자가 (종종) 새로운 문제에 접근할 때 품는 일상적인 '할 수 있다' 정신은 공유된 자원의 문제에 적용하면 사뭇 다른 현실적 의미를 띤다. 많은 사회 갈등은 지각된 희소성 때문에 발생한다. 사람들이나 집단들이 자원에 대한 권리를 요구하는 와중에 모두가 자신이 원하는 것을 얻을 만큼 자원이 충분하지는 않기 때문이다. (이것은 제로섬 게임으로 불리기도 한다. 내가 무엇을 얻든 당신은 그것을 잃고, 당신이 무엇을 얻든 나는 그것을 잃는다.) 이를테면 제한된 수자원을 농업용수에 우선적으로 배정해야 할까, 도시개발에 써야 할까? 환경오염을 일으키지만 도시 전체를 위해 전력을 생산하는 석탄화력발전소를 어느 지역 인근에 건설해야 할까? 이런 결정은 어떤 원칙을 사회 건설의 토대로 삼아야 하는지에 대해 첨예하게 다른 철학적 견해를 가진 선의의 사람들 사이에서 갈등을 일으키는 골치 아픈 사안처럼 보일 수도 있다. 물론 갈등은 파이에서 가장 큰 조각을 차지하거나 적을 짓밟고 싶어 하는 우리의 타고난 경쟁심 중에서 최악의 것을 끌어낼 수도 있다.

하지만 우리가 **'지각된** 희소성'이라고 말한 것에 유의하라. 무언가가 희소하다는 주장은 상상력 결여로 인한 잘못된 가정에서 비롯할 때가 많다. 이 지점에서 '과학적 낙관주의'에 동반되는 '할 수 있다' 태도가 이로울 수 있다.

여기서 과학적 낙관주의의 끈기는 파이를 키울 대안적 가능성을 가져다줄 수 있다. 그러면 한 사람의 이익이 다른 사람의 손해가 되는 결정에서 벗어날 수 있다. 오늘날 세계 인구는 100년 전보다 훨씬(네 배) 많지만 극단적 빈곤 속에서 살아가는 비율은 60퍼센트 가까이에서 10퍼센트 이내로 줄었다. 이것은 인구가 60억 명가량 증가했음에도 극빈층의 절대적 수가 줄었다는 뜻이다. 극단적 빈곤이 감소한 이유가 자원을 한 집단에서 빼앗아 다른 집단에 나눠주었기 때문이 아니라, 자원 생산이 극적으로 증가했기 때문임은 분명하다. 이제 우리의 관심사는 아직도 빈곤 속에서 살아가는 집단, 그리고 세계적 생산 증가가 환경에 미치는 영향이다. 다시 말하지만 우리는 과학적 '할 수 있다' 정신과 더불어 반복적 문제 해결 능력을 남김없이 발휘해야 한다.

파이를 키우는 해법의 또 다른 흥미로운 예는 에너지의 생산과 소비로 인한 탄소 배출을 줄이려는 노력에서 볼 수 있다. 최근 몇 년간 온실가스를 덜 배출하는 새로운 에너지 기술(풍력, 태양광, 지열, 수력)이 발전하고 기존 기술이 개량되었다. 온실가스를 더 많이 배출하는 낡은 에너지원에 비해 이 기술들이 값싸고 안전하다고 믿는 전문가들도 있다. 그렇다면 누가 어느 에너지 기술을 써야 하는가에 대한 정치적 다툼은 무의미해진다. 온실가스에 대한 우려의 정도는 사람마다 다를지언정, 온실가스를 배출하지 않는 쪽이 더 값싸다면 누가 반대하겠는가?

과학의 역사는 걸림돌을 뛰어넘어 (모든 이해당사자를 만족시키는) 다른 접근법을 도출한 이야기로 가득하다. 세상만사가 잘못 돌아가거나 잘못 돌아갈지도 모른다며 우리를 겁주는 일을 돈벌이 수단으로 삼는 미디어로 세상이 포화된 지금은 이 이야기를 눈여겨보는 것이 더더욱 중요하다. 겁먹었을 때 우리의 자연스러운 반응은 잔뜩 웅크린 채 가진 것을 모조리 지키려 드는 태세다. 그런 상황에서 파이를 키우는 상생 해법을 찾기란 지독히 힘들거나 불가능하다. 과학적 낙관주의는 미디어의 공포 마케팅에 대한 문화적 해독제로서 다른 출발점을 제시한다.

과학적 낙관주의에만 빠지지 말 것

이 모든 낙관주의가 사방에 감도는 상황에서, 우리가 스스로를 어떻게 속이는지 과학이 모두 찾아내어 그것들을 피할 기법을 개발한다는 우리 책의 일관된 주제는 어떻게 되었을까? 파이를 더 크고 맛있게 굽는 동안은 '할 수 있다' 정신을 가지고 반복적 진전을 모색하는 태도는 바람직하다. 하지만 달걀로 바위 치기인 일도 있는 법이다. 이따금 문제가 해결될 만큼 무르익지 않았을 때가 있다. 그러면 깨끗이 포기하고 다른 문제에 눈을 돌려야 한다. 우리는 **문제를 풀 수 있다고 믿도록 (실제로 푸는 데 걸리는 시간 동안) 스스로를 속이면 된다**고 태평하게 말하지만, 그보다 오랫동안 스스로를 속여서는 안 된다!

여기서 환기하고 싶은 요점은 우리가 너무 일찍 포기하는 쪽으로 지나치게 편향되어 있으며, 어떤 힘든 과제에서 필연적 좌절을 겪더라도 우리를 민첩하고 활기차고 의욕에 넘치게 해줄 과학적 낙관주의가 필요하다는 것이다. 하지만 과학적 낙관주의의 이 문화적인 심리적 도구와 더불어 과학은 어마어마하게 커 보이는 문제를 공략할 매우 실용적 도구도 선사한다. 문제를 더 만만한 조각들로 나누고 다음 단계가 너무 거대할 때를 알아보게 해주는 도구 말이다. 다음 장에서 이런 도구를 몇 가지 논의한다.

그런데 이 장의 논의에서 이미 흥미로운 실마리가 잡힌다. 지금껏 공을 많이 들였다는 이유만으로 어떤 문제에 집착한다면 그것은 경고 신호이며 그때야말로 그만둬야 할 때인지도 모른다. 과제에 이미 투입된 시간과 자원 자체는 과제를 계속해야 할 이유가 되지 못한다. (알고 있는 독자도 있겠지만, 이 사고의 함정에 빠지는 것에는 이름까지 붙어 있으니 바로 '매몰 비용 오류'다.) 다른 한편으로, 느리지만 실질적인 진전이 있다면 이것은 우리가 여전히 반복적 개선을 통해 해결을 향해 나아가고 있음을 암시한다. 그럴 때는 최선의 과학적 낙관주의와 끈기를 발휘해야 한다.

반복적 진전이 충분하지 않고 막무가내식 '과학적 낙관주의' 추구를 미뤄야 한다고 결론 내리더라도, 이것은 목표의 폐기보다는 일시 중단일 수도 있다. 한데 어우러져야 하는 해법의 여러 조각들이 한꺼번에 준비되지 않았을 때가 있는가 하면, 새로운 보조 기술이 개발될 때까지 문제를 제쳐두어야 하는 때도 있다. 사실 과학의 '할 수 있다' 정신에서 큰 부분을 차지하는 것은 문제를 오랫동안 묵혀두었다가 기술이 등장해 해결할 수 있게 되었을 때 끄집어내는 능력이다. (페르마의 마지막 정리가 증명된 시점에도 이런 성격이 있었다. 페르마 시대에는 존재하지 않았던 수학 분야에서 1980년대에 도출된 결과가 1995년의 증명 가능성을 열어주었으니 말이다.)

이 책에서 논의한 3MT 개념과 주제를 통틀어 과학적 낙관주의는 이름값에 걸맞게 가장 긍정적이다. 그 밖의 많은 주제들은 스스로를 속이지 않기 위해 무엇을 조심해야 하는지, 자연적 자기기만 성향에 어떻게 결정적 브레이크를 걸어야 하는지 논의한다. 하지만 브레이크만 가지고는 차를 몰 수 없다! 과학적 낙관주의는 우리를 계속 나아가게 하고, 이상적으로는 앞으로 나아가도록 하는 필수 가속페달이다. 물론 문제를 풀 수 있다는 보장이 없는 경우도 비일비재하다. 아무리 오랜 시간이 지나도 끝이 보이지 않는다. 날마다, 달마다, 해마다, 10년마다 조금씩 나아지는 것이 고작이다. 이런 점이 불만스럽게 들릴 수도 있다. 하지만 올바른 마음가짐을 가진다면, 반복과 끈기를 통해 목표에 도달하고 있다는 느낌이야말로 삶에서 누릴 수 있는 최고의 쾌락 중 하나다.

과학적 낙관주의 문화에 대한 이런 생각들을 이리저리 곱씹다 보니 이와 대립하는 문화가 횡행하는 것이 눈에 띄기 시작한다. 자기기만에 꼭 필요한 브레이크를 걸어주는 건강한 회의주의 문화가 아니라 겉멋에 빠진 냉소주의 문화 말이다. 누구나 한 번쯤 '염세적 지혜'를 과시하며 똑똑해 보이고 싶은 유혹을 느껴보았을 것이다. 모든 것은 이전에 겪어 보았고 어떤 희망찬 시도든 실패할 운명임을 아는 사람의 지혜 말이다. "그래, 언젠간 되지 않겠어?"라는 반어적 표현은 대화를 중단시키는 효과적 방법이며, 냉소적 논평은 생산적일 수도 있었던 대화를 종종 무산시킨다. 우리의 임무 중 하나는 자신에게서, 남들에게서, 매체에서 이 냉소적 문화를 발견하는 족족 붙들어 세워 우리의 '할 수 있다'식 과학적 낙관주의가 더 절제된 건강한 회의주의로 균형을 맞추도록 하는 것이다. 그러면 때로는, 어쩌면 자주 문제를 해결하고 파이를 키울 수 있다.

11장

이해 순서와 페르미 문제

당신이 이제 "가스로 요리한다"(일이 순조롭게 진행된다는 뜻 - 옮긴이)고 해보자. 당신은 최상의 과학적 낙관주의를 동원해 거대하고 복잡한 문제에 도전할 준비를 마쳤다.[66] 이제 그런 문제에 접근하기 위한 첫발이라도 떼려면 어떻게 해야 할까? 그 과정에서 드러나는 결과는 어떻게 점검할까? 물론 얼마나 많은 잠재적 요인이 우리가 실시하는 측정이나 관찰하는 결과에 인과적으로 영향을 미칠 수 있는지 보여주는 3장의 정신 사나운 도표보다 세상은 **훨씬** 복잡하다. 당신은 이런 걱정이 들기 시작할지도 모르겠다. 무언가에 대해 무엇을 할지 결정하기 위해 거의 모든 인과관계에서 자신의 확신도를 표현해야 한다면 지독한 곤경에 빠질지도 모른다는 걱정 말이다. 당신은 55퍼센트의 확신도를 넘어설 자신이 없다. 복잡한 상황에서 '변화의 손잡이'를 찾는 것과 같은 현실 문제를 해결하려면 과학 도구함에서 더 개념적인 도구를 꺼내야 한다. 우리가 **이해 순서**라고 부르는 도구에서 출발하자.

세상은 실로 복잡다단한 곳이다. 거의 모든 현실 사안에서 수많은 요인을 고려해야 한다. 문제는 수많은 복잡한 사안을 머릿속에 한꺼번에 담아두기 힘들다는 것이다. 인간이 임의의 순간에 단기기억에 저장할 수 있는 항목이 일곱 개 남짓밖에 안 된다는 이야기를 들어봤을 것이다. 이 주장을 곧이곧대로 받아들이면 안 되지만, 당신이 몇 가지 생각을 머릿속에 한꺼번에 담아두고 처리하는 일조차 버거워한다는 사실은 적어도 직관적으로 감지하고 있을 것이다.

과학적 사고에서 제시하는 생각은 현실 문제의 여러 인과 요인 하나하나가 똑같이 중요하지는 않다는 것이다. 이 요인들 중 몇 가지만 고려하더라도, 무슨 일이 일어나는지, 또한 일어**날 수 있는지** 대부분 알 수 있다. 그러니 당신이 세상에서 문제를 변화시킬 손잡이를 찾고 있다면, 대부분의 차이를 만들어내는 정말로 커다란 손잡이 몇 개만 있으면 된다. 이 손잡이들을 **일차** 요인이라고 부른다. 문제에서 참으로 중요한 부분들을 이해하고 나면, 예측에 정확성을 좀 더 부여하기 위해서는 뒤로 돌아가 덜 중요한(**이차**) 몇 가지 인과 요인의 영향을 평가할 수 있다. 하지만 그렇더라도 다음으로 중요한 손잡이를 쓰고 싶지 나머지들(**삼차** 요인과 **사차** 요인)에 정신 팔리고 싶진 않다.

좀 더 구체적으로 이해하고 싶다면 간단해 보이는 문제를 하나 생각해보자. 지구상의 한 장소에서 다른 장소로 이동하는 과제다. 지구를 구로 간주하기만 하면 지구상에서의 이동에 대해 많은 것을 이해할 수 있다. 지구는 꽤 동그란 구다. 그러므로 지구상에서의 이동에 대한 많은 것들(이를테면 수평선을 바라볼 때 무엇이 보이는가)을 설명하는 일차 요인은 지구가 구라는 사실이다. 일차 요인에 의한 설명은 많은 목적에 부합하지만(항공 운항은 대부분 이런 식으로 이루어진다) 당신이 미국을 차로 횡단할 작정이라면 이것으로는 충분한 정보를 얻을 가능성이 희박하다. 그 경우에 지구에 대한 이차 요인(이를테면 표면에 산 같은 주름이 있는지)을 알면 도움이 된다. 당신이 지구를 매끈한 구로 간주하는 일차 묘사에 의존한다면 로키산맥 자락에 당도하고서 당황할 수 있다.

일차 인과 요인이 이차 요인이나 덜 중요한 요인과 어떻게 다른지 알려면 좀 더 파고들어야 한다. 어떤 사람이 다른 사람보다 많이 버는 가장 확실한 이유를 결정하는 요인을 알고 싶다고 상상해보라. 조라는 사람이 고연봉자라고 해보자. 그가 고연봉자인 이유는 열심히 일하기 때문일까? 맨 처음 떠오르는 생각은 근면성이 그의 소득을 결정하는 가장 중요한 일차 요인일지도 모른다는 것이다. 또 다른 요인으로는 직종이 있을 수 있다. 그런데 누군가 끼어들어 조가 뉴욕이나 고비사막에 사는지 여부도 관계가 있는 것 같다고 말한다. 아닌 게 아니라 뉴욕에 살면 사막에 사는 경우보다 소득이 높을 가능성이 커 보인다. 사실 세상에는 조만큼 소득을 얻기 힘든 지역이 많은 듯하다. 지역 **간** 소득 편차가 지역 **내** 소득 편차보다 훨씬 크다면 지역이 일차 원인으로 간주되고 근면성과 직종은 이차 원인으로 간주될 것이다.

캐나다가 미국에 인접해 있다는 입지 조건은 캐나다와 미국의 대규모 교역량의 일차 원인일까, 이차 요인이나 삼차 요인일까? 당신은 캐나다의 인접성을 선뜻 일차 요인으로 꼽기가 꺼려질지도 모르겠다. 일차 요인은 캐나다가 고도로 산업화된 나라고 제조업이 매우 발전했다는 사실이며 입지 조건은 이차 요인이라고 생각할 수도 있다. 하지만 그때 한 가지 사실이 더 떠오른다. 멕시코는 미국의 교역국 중에서 세 번째로 크다(중국 다음이다). 멕시코가 캐나다에 비해 산업화가 훨씬 저조하고 제조업이 미비해 기업 환경이 열악한데도 3위인 점을 감안하면 미국과 가까이 붙어 있는 입지 조건은 캐나다에 정말로 커다란 혜택 같다는 생각이 든다. 그렇다면 결국 인접성이 일차 요인 맞다.

일차, 이차, 삼차 등의 인과 요인을 바탕으로 세상을 이해한 덕에 우리는 오늘의 세상을 만들어낸 거대한 과학적 발전과 그로 인한 기술적 도약을 달성할 수 있었다.[67] 물체의 운동을 예측하는 가장 단순한 작업을 시도할 때조차 우리는 공기 저항과 햇빛의 압력 같은 온갖 이차, 삼차 요인을 무시해야 한다(햇빛의 압력은 일반적으로는 사차 요인에 불과할 테지만 우주 공간을 지나는 물체의 운동에 대해서는 일차 요인이다). 하지만 우리가 내리는 모든 결정의 효과를 좌우하는 데 이 이해 순서는 분명 핵심 역할을 한다. 이차 원인과 삼차 원인에 현혹되면 변화를 일으킬 수 없다. 일차 원인을 찾아내어 그것에 초점을 맞춰야 한다.

이따금 우리는 이런 이해 순서 분류 작업을 꽤 자연스럽게 해낸다. 자동차의 운전대가 갑자기 덜덜 떨리고 차가 일직선으로 주행하지 못하면 당신은 타이어 펑크를 일차 원인으로 여겨 알아보지, 쇼크 업소버(완충 장치-옮긴이)가 노후하거나 서스펜션(차체의 무게를 받쳐 주는 장치-옮긴이) 정렬이 살짝 틀어지는 것 같은 이차 원인을 걱정하지 않는다. 하지만 온갖 이차 설명을 쫓아다니다가 커다란 일차 설명을 놓칠 때도 있다. 자신의 기분이나 자녀의 기분이 가라앉은 이유를 설명하는 미묘한 요인을 찾다가(이 일이 내게 딱 맞는 직업이 아닌가? 선생님이 우리 아이를 제대로 이해하고 있을까?) 가장 큰 요인인 수면 부족을 간과하기도 한다. 전기제품 제조사의 기술지원팀은 우리가 문제의 일차 원인에 늘 집중하지는 못한다는 사실을 분명히 아는 듯하다. 우리가 전화하면 맨 먼저 플러그 꽂으셨느냐고 물어보니까! (생각해보니 숙면의 인과 요인을 올바른 이해 순서로 분석하는 것도 대부분의 사람들에게 무척 도움이 된다. 우리는 낮에 운동하기, 밤에 명상과 스트레칭 하기, 저녁 일찍 먹기, "그러고도 밤에 **잠이 와**?!"라는 질책을 듣지 않도록 선행을 베풀어 양심의 가책 없애기 같은 온갖 불면증 치료법을 전전하는 일에서 벗어날 수 있다.[68]

규모를 키워 당신이 시의원인데 지역 교통사고 건수를 감소시키고 싶다고 가정해보라. 교통사고의 일차 원인이 무엇인지 모조리 아는 것은 매우 중요하다. 당신은 정책, 입법, 규제의 초점을 일차 원인들에 맞추고 싶을 것이다. 음주 운전, 주행 중 한눈팔기, 과속, 졸음운전을 줄이고 싶을지도 모르겠다. 당신은 우선 연구를 진행해 이것들이 전부 일차 원인인지 확인하거나, 이 중 하나가 나머지보다 훨씬 덜 중요한 이차 원인인지 알아내고 싶을 것이다. 눈을 가리고 운전하는 행위를 제한하려 하지는 않을 것이다. 이 행위가 분명 사고를 유발하지만, 현재 사고율에 대해서는 일차, 이차, 삼차, 심지어 사차 원인도 아니기 때문이다. (그런데 미묘하지만 중요한 논점이 하나 있다. 일차 원인이 무엇이고 이차 원인이 무엇인지 찾을 때는 사안을 어떤 틀에서 바라보느냐가 무척 중요하다. 이를테면 자율주행차를 개발하는 사람에게 교통사고의 일차 원인에 대해 물으면 그는 10년 뒤의 유일한 일차 원인은 인간에게 운전대를 맡기는 것이라고 말할지도 모른다.)

당신의 장래 희망이 사회문제를 해결하는 입법권자라고 계속 가정해보자. 당신이 국회의원이고 적자를 줄이고 싶은데 사람들이 사회보장(미국판 국민연금-옮긴이) 같은 복지 지출을 예산 적자의 주원인으로 꼽는다면, 당신은 복지 지출이 정말로 문제의 일차 원인이냐고 묻고(또한 알아내고) 싶을 것이다. "자네도 알다시피 땅콩 농장 보조금에 돈을 쏟아붓는 게 문젤세"라는 동료 의원의 말에 이렇게 대꾸할지도 모르겠다. "땅콩 농장 보조금이라고? 그건 적자의 삼차 원인도 아니라네!"

낙원에서 벌어지는 말썽

세상의 문제들을 이해 순서에 따라 분류할 수 있다는 것에는 약간 마법 같은 구석이 있다. 당신은 자신이 설명하려는 문제의 가장 지배적이고 중요한 인과 요인을 찾아보기만 했는데 대개는 운 좋게도 큰 성과를 거둔다. 그러고 나서 그 단순한 일차 설명들에 대한 가장 명백한 예외(이 예외들은 당신의 '이차 설명'이다)까지 고려했으면 집에 가도 좋다. 당신은 문제를 해결했다. 일차 설명과 이차 설명은 대부분의 경우 당신에게 필요한 전부다. 무언가를 알아내기 위해 127개의 변인을 머릿속에 담아둘 필요는 없다. 물론 세상에는 우리가 이해하지 못하는 일이 많을 것이다. 우리가 이해하지 못하는 이유는 127개의 변인이 전부 상당히 중요해서 모두 머릿속에 담아두어야 하기 때문일 수도 있다. 하지만 위의 방법으로 세상에 대해 많은 것을 알아낼 수 있다는 점은 여전히 대단한 일이다.

　여기에 함정이 있긴 하다(함정은 늘 있게 마련이다!). 당신은 지금까지의 이해 순서 이야기를 듣고서 막연한 불만을 느끼고 있을지도 모르겠다. 누구도 우리에게 어느 요인이 일차 요인인지 미리 알려주지 않으며,

일차 요인이 언제나 뚜렷한 것도 아니니 말이다. 언제나 뚜렷하기는커녕 우리의 첫 짐작은 곧잘 틀린다.

정부 예산 문제를 다시 살펴보자. 시민으로서 우리는 무엇이 정말로 중요한가를 놓고 선거 출마자들이 벌이는 논쟁에서 (투표로) 심판 역할을 해야 한다. 이렇게 상상해보라. 한 출마자가 교도소 수감률을 감소시키면 사회보장의 장기적 안정성과 교육의 질을 극적으로 개선할 수 있다고 주장한다. 그렇다면 출발점으로 전체 정부 사회 지출에서 차지하는 비중에 따라 교정矯正, 교육, 사회보장의 순서를 어떻게 정할지 (당신의 일반적 지식이나 인상만을 바탕으로) 적어보라. (연방, 주, 지방의 모든 지출을 고려한다고 가정하자.) 어느 지출이 가장 크고, 어느 것이 그다음이고, 어느 것이 가장 작은가? 숫자를 적은 종이를 잘 챙겨두라. 잠시 뒤에 살펴볼 테니까.

교정, 교육, 사회보장 예산을 놓고 당신이 정한 순서에 대한 스스로의 확신도는 얼마인가? 이런 문제에서 일차 요인과 이차 요인을 구분하는 것은 간단한 문제가 아니므로 당신의 확신도는 별로 크지 않을 수도 있다. 이쯤에서 과학적 사고 도구함에서 다음의 중요한 도구를 꺼낼 때가 됐다. 그것은 **페르미 추정**이다. 페르미 추정은 만병통치약은 아니지만(이런 문제를 매번 해결하지는 못한다), 우리를 올바른 방향으로 이끌어주며 이차 요인을 일차 요인으로 착각해 엉뚱한 목표를 따라가느라 긴 시간이나 막대한 비용을 허비하지 않게 해준다. ('페르미 추정'이 전문용어처럼 들린다고 해서 겁먹진 마시길. 실은 전문용어가 아니라 당신이 과거에 했던 일이다.)

미국에는 차량이 몇 대나 있을까?

페르미 문제라는 발상은 저명 물리학자 엔리코 페르미Enrico Fermi에게서 비롯했다. 그는 늘 학생들에게 빠른 즉석 추정을 요하는 문제를 냈다. 페르미는 이것을 페르미 추정이라고 부르지 않았을 테지만, 이 '페르미 문제'에 답하는 빠른 추정을 내놓는 것은 그 뒤로 여러 세대의 물리학 자에게 도전 과제였다.[69] 페르미가 낸 유명한 문제로 이런 것이 있다. 시 카고에는 피아노 조율사가 몇 명이나 있을까? (이 페르미 문제는 우리 저 자들의 도전 과제로 삼겠다. 이 장 끝에 가서는 독자들도 직접 풀 수 있겠지만.)

페르미 추정은 일차 설명을 이차 설명과 구별하는 데 매우 실용적인 쓰임새가 있다. 숫자를 제시해 논점을 입증하는 세상에서 페르미 추정 은 그 숫자가 말이 되는지 확인하는 데 매우 요긴한 기법이기도 하다. 하지만 페르미는 학생들이 이 빠른 추정 방법에 익숙해지면서 '할 수 있다' 정신을 체득하는 일에도 관심을 가졌을 것이다. 세상을 이런 식으 로 다룰 수 있음을 깨달으면 커다란 자신감이 생기기 때문이다.

페르미 추정 방법을 정부 사회 지출에 적용하기 전에 약간 단순한 다 른 예를 들어보겠다. 미국에 차량이 몇 대나 있는지 어림해보라. 인터넷 에서 검색하지 말고 머릿속에 든 지식만 활용하라. 첫 단계는 낯익어서 쉬울 법한 다른 추정값을 바탕으로 원하는 추정값을 얻는 방법을 스스 로에게 묻는 것이다. 당신은 미국의 도로 길이와 도로 킬로미터당 차량 대수를 추정하거나, 미국의 도시 수와 도시당 차량 대수를 추정하는 등 몇 가지 아이디어를 시도하지만 딱히 쉬워 보이지 않아 금세 폐기한다. 그러다 미국에 사는 사람의 수와 차량 소유 비율을 추정하면 어떨까 하는 생각을 떠올린다. 많은 사람들은 미국 인구를 **얼추** 알고 있으며, 친구와 지인의 차량 소유 패턴으로 1인당 차량 대수를 추정할 수 있기 때문이다.

당신은 미국 인구가 최근 몇십 년 안에 3억 명을 넘어섰음을 기억해낸다. 그러면 3억 명이나 그 뒤의 인구 증가를 반영한 좀 더 큰 수치를 이용할 수 있다. 10퍼센트 증가했다치고 3억 3000만 명이라고 해보자.

모든 사람이 차를 소유한다면 차량 대수는 약 3억 3000만 대다. 하지만 모두가 차를 가지고 있지는 않다. 유아와 아동은 차가 없다. 대부분의 청소년도 없다. 많은 노인은 차를 공유한다. 다른 한편으로 어떤 사람은 차가 두 대 이상이며 어떤 가족은 구성원 수만큼 차를 소유하기도 한다. 그렇다면 차량 대수는 인구의 절반쯤 될 것이다. 그러니 1억 6500만 대의 차량이 도로 위를 달린다고 말할 수 있겠다. 수백만 대, 수천만 대의 오차가 날 수도 있겠지만, 추정값의 자릿수는 옳을 거라고 꽤 확신할 수 있다. 이것이 추정을 **근사적으로** 한다는 말의 의미다. 당신은 최종적인 정확한 수를 얻으려는 게 아니다. 수중에 있는 정보로는 그 수에 도달하기가 불가능하다는 것을 안다. (어쨌거나 실제 수치를 찾아봤더니 우리의 오차는 약 30퍼센트 이내였다. 차량 종류에 따라서는 더 정확할 수도 있을 것이다.)

어떤 수를 추정에 써도 될지 확신이 없다면, 상한과 하한을 정하는 것이 도움이 된다. 이를테면 당신은 미국에 사람이 얼마나 사는지 정확히는 모르지만 상한과 하한을 제시할 만큼은 안다. 그러면 어림수의 타당성을 검증하는 일에서 출발할 수 있다. 미국 인구가 10만 명 이상인 것은 분명하다. 그렇다면 100만 명 이상일까? 그런 것 같다면 상한에 대해 생각해보라. 10억 명 이상일 수도 있을까? 아니다. 그건 좀 많아 보인다. 그렇다면 당신은 미국 인구가 100만 명과 10억 명 사이 어딘가에 있다고 추측할 수 있다. 많은 경우는 이것만 알면 충분하다. (이쯤 되면 당신은 애처로운 사연을 내세운 '1달러만 보내주세요' 전국 캠페인을 벌인 사람이 10억 달러를 벌어 벼락부자가 되었다는 낚시글에 결코 넘어가지 않을 것이다.)

상한과 하한을 어떻게 활용할 수 있을지 간단한 예를 보자. 미국인이 지난해 자가용에 쓴 기름값이 얼마인지 알고 싶다고 해보자. 스스로에게 물어보라. 1000만 달러가 넘는다고 알고 있는가? 1억 달러 이상이라고 알고 있는가? 10억 달러 이상이라고 알고 있는가? 실제 수보다 작다고 확신할 수 있는 가장 큰 수는 몇인가? 이것이 당신의 하한이다.

이제 반대 방향으로 가보자. 상한은 몇인가? 기름값은 100조 달러보다 확실히 작은가? 그렇다. 10조 달러보다 확실히 작은가? 그렇다. 1조 달러보다 확실히 작은가? 그런 것 같다. 10억 달러를 하한으로 정하고 1조 달러를 상한으로 정하면 이것이 우리가 고려해야 하는 한계다. 이 금액은 미국의 연간 수입액에서 상당한 비중을 차지하는 것이 분명하다. 그러므로 이 상한과 하한을 보면 추정을 더 다듬어야 한다는 것을 알 수 있다.

추정값에 도달하는 과정

방금 제시한 예들에서 페르미 추정을 위해 쓴 세 가지 요긴한 비법을 나열해보겠다.

낯익은 항목으로 추정할 것. 낯설고 접근하기 힘든 양을 낯익고 접근하기 쉬운 양으로 분해한다. (첫 번째 경우는 미국의 차량 대수보다 미국 인구가 낯익으므로 후자를 근거로 전자를 추정했다.)

근사적일 것. 추정값은 정의상 근삿값이지만, '충분히 가깝'기만 하면 대체로 무방하다. 당신이 찾는 답은 위아래로 세 배 이내까지는 괜찮은 경우가 많다. 말하자면 당신이 추정하려는 양의 참값이 100이라면 33부터 300까지의 추정값은 대개 적당하다. 이 말은 당신이 추정의 토대로 삼는 낯익은 숫자가 그 이상 정확할 필요가 없다는 뜻이다.

자신이 없으면 **상한과 하한을 먼저 추정한다.**

방금 낸 문제를 가지고 이 추정 비법을 좀 더 심층적으로 구사해보겠다. 미국인은 지난해 기름값으로 얼마를 썼을까? 아까 구한 10억 달러에서 1조 달러 사이는 너무 큰 범위이므로 좀 더 좁혀보자.

준비됐나? 우선 질문을 구성 요소들로 쪼개라. 이미 미국에 차량이 몇 대 있는지 추정해 물꼬를 텄으니 거기서 출발하라. 차량이 몇 대인지 알면, 거기다 일반 차량이 매년 주행하는 거리를 적용할 수 있다. 그러고 나서 차량 한 대가 리터당 몇 마일을 달리는지 추정할 수 있다. 그다음 갤런당 휘발유 가격을 추정한다. 이런 정보는 이미 알고 있는 것이므로 당신은 정보를 모두 조합해 합리적 추정에 도달할 수 있다.

자, 구성 요소의 목록을 최대한 정확히 훑어보자. 우리는 이미 미국에 있는 차량 대수를 1억 6500만 대로 추정했다. 차량 한 대는 얼추 해마다 평균 몇 마일을 주행할까? 당신이 중고차를 사본 적이 있거나 누군가 중고차를 사고파는 것을 본 적이 있다면 주행거리에 대해 감이 있을 것이다. 일반적으로 쓸 만한 중고차의 주행거리는 연간 1만 마일을 훌쩍 넘기진 않을 것이다. 1만 마일은 어림수로 알맞으므로 이걸로 하자. 이제 연비를 따져볼 차례다. 차량 한 대는 갤런당 평균 몇 킬로미터를 달릴까? 많은 트럭과 SUV는 갤런당 20마일이지만 하이브리드 차량은 40마일을 훌쩍 넘긴다. 갤런당 평균 20마일이라고 하자. 문제를 해결하려면 1마일당 몇 갤런이 연소되는지 알아야 하므로 역수를 취해 1/20 또는 0.05(마일당 갤런)를 얻는다.

지금까지의 숫자를 조합하면 모든 차량이 해마다 쓰는 연료량을 알 수 있다. 이제 알아내야 할 것은 갤런당 휘발유 가격이다. 얼마가 적당할까? 이곳 캘리포니아에서는 이 책을 쓰는 지금 갤런당 4달러쯤 한다. 이 숫자를 쓰되 미국 내 나머지 지역보다 조금 높을 수도 있다는 걸 유념하라. 이제 모든 숫자를 조합해 어떤 결과가 나오는지 보자.

1억 6500만 대 × 1만 마일/년/대 × 0.05갤런/마일 × 4달러/갤런

= 3300억 달러/년

우리의 추정값은 3300억 달러다. 이 값은 우리의 하한 10억 달러와 상한 1조 달러의 범위에 속한다.

이렇게 페르미 추정을 하고 나면 이제 이 추정값에 대한 우리의 확신도에 대해서도 이야기할 거리가 있다. 우리가 추정값에 도달하기 위해 쓴 모든 숫자를 살펴보고, 그보다 높거나 낮게 어느 정도까지 수정할

의향이 있는지 판단하라. 이것은 우리가 도달한 숫자를 당신이 얼마나 확신하는지 측정하는 방법이다. 4장에서 우리는 사실 명제를 제시할 때마다 확신도를 표명하는 게임을 해보았다. 이제 페르미 추정을 체험했으니 대부분의 독자는 미국인이 해마다 차량 기름값으로 쓴 실제 금액이 1000억 달러에서 1조 달러 사이임을 합리적으로(심지어 80~90퍼센트) 확신할 수 있을 것이다. 물론 이 숫자가 맞다에 집을 걸고 싶지는 않을 것이다. 현명한 생각이다. 어쨌거나 이것은 알맞은 확신도처럼 보인다. (이론상 우리는 추정값인 3300억 달러를 가운뎃점으로 하는 더 좁은 범위 안에 실제 숫자가 놓인다는 것을 얼마나 확신하는지도 말할 수 있다. 이를테면 실제 금액이 2000억 달러에서 4600억 달러 사이라는 것을 70퍼센트 확신할 수 있다.)

이 특별한 경우에 답은 실제로 1000억 달러에서 1조 달러 사이다. 찾아보니 미국인은 2012년 기름값으로 약 4000억 달러를 썼다(유가가 오른 2022년에는 약 5600억 달러를 썼다). 그렇다면 우리의 페르미 추정은 실제로 꽤 훌륭하다. 당신이 우리가 기름값으로 해마다 3300억 달러를 썼다고 추정했다면 이것은 4000억 달러를 썼다고 아는 것만큼이나 훌륭하다. 이를테면 누군가 당신에게 이렇게 말한다고 상상해보라. "자동차 연비를 다섯 배 높여주는 장치를 발명했어. 그러면 내년에 미국에서 10조 달러를 절약할 수 있다고!" 당신은 그를 쳐다보며 이렇게 말할 것이다. "아니, 틀렸어. 우리가 해마다 기름값으로 쓰는 돈은 그렇게 많지 않아. 그렇게 많은 돈을 아낄 수는 없어." (우리가 언제나 누군가의 꿈을 짓밟는 고약한 사람은 아니다. 페르미 추정으로 그들의 꿈을 북돋울 때도 있다!)

와, 하지만 페르미는 인터넷이 없었지

이쯤에서 페르미 추정이라는 게임이 페르미 시대 이래 극적으로 달라졌다는 것을 언급해둬야겠다. 지금은 수많은 숫자를 온라인에서 찾아볼 수 있기 때문이다. 화면을 몇 번 두드리고 문지르면 수많은 사실과 데이터 조각을 얻을 수 있기에 현실적으로는 페르미 문제를 푸는 출발점이 예전과 전혀 다를 수도 있다.

하지만 디지털 시대에도 페르미 추정이 유용한 세 가지 이유가 있다. 첫째, 한 번에 찾을 수 없는 양을 추정하고 싶을 때는 어진히 출발점으로 온라인에서 **무엇을 찾아볼지** 알아내야 한다. 당신이 이미 알고 있는 지식 중에서 무엇을 추정의 토대로 쓸 수 있는지 판단하는 것과 비슷하다.

둘째, 우리는 살아가면서 온라인(과 그 밖의 장소)에서 온갖 주장을 맞닥뜨리는데, 그때마다 스스로에게 이렇게 물어야 한다. '저게 말이 되나?' 사람들은 웹사이트에서 이것이 얼마나 큰지, 저것이 얼마나 작은지에 대해 온갖 주장을 늘어놓는다. 그때 페르미 추정가로서 당신의 임무는 끊임없이 이렇게 말하는 것이다. "잠깐만. 그건 참일 리 없어. (이를테면) 나는 세계 인구가 이것밖에 안 된다는 걸 알아. 그러니 그 숫자는 말이 안 돼." 어떤 숫자를 들든 그것이 말이 되는지 확인하기 위해서라도 늘 페르미 추정을 동원해야 한다. 이것은 물리학자의 '건전성 검사sanity check'다.

마지막으로, 페르미 문제를 골똘히 생각하다 보면 문제가 무엇으로 이루어졌는지 분석할 수밖에 없는데, 이것은 그 자체로 일차 요인이 무엇인지 이해하는 핵심 단계다. 이 과정은 일차 요인이나 이차 요인은 아니지만 그래도 당신이 염두에 두어야 하는 것을 기억하는 데에도 요긴하다.

추정으로 세상의 문제 다루기

마지막으로, 국가 사회 지출 예산의 부분집합 세 가지((1) 교정, (2) 교육, (3) 사회보장) 중에서 어느 유형의 정부지출이 일차 요인이고, 어느 지출이 이차 요인인지 찾는 이해 순서 문제로 돌아가자. 이 질문에서는 또 다른 유용한 비법이 도출된다. 서로 비교하기 위해 세 가지 양을 추정하기 때문에 비율을 비교할 수 있도록 비슷한 방식으로 추정하는 것이 중요하다. 그렇게 하면 추정이 빗나가도 비율은 맞을 수 있다. 여기 전략을 하나 제시하겠다. 각각의 경우에 (위에서 추정한) 미국 인구의 몇 분의 1이 교육, 교정, 사회보장의 대상인지 추정하라. 그런 다음 인구의 해당 부분집합에 속한 각 사람에 대해 그를 교육하거나 수감하거나 사회보장을 제공하는 데 비용이 얼마나 드는지 추정하라. 비율을 쉽게 비교할 수 있도록 표를 작성하면 수월하다.

해마다 각 정부지출의 대상이 되는 사람 수를 추정하는 일은 별로 어렵지 않다. 기대 수명이 약 85세이므로 사회보장을 받을 만큼 나이 든 인구는 4분의 1 이하에 불과하다. 이와 얼추 비슷한 비율이 재학중이다. 수감자 수는 훨씬 적어서 백분율로는 틀림없이 한 자릿수다. 당신은 미국의 수감률이 전 세계에서 가장 높은 축에 든다는 이야기를 들었을 것이며, 거주 지역의 수감율에 대해 대충 감을 잡고 있을 것이다. 하지만 성별, 지역, 나이, 사회·경제 조건, 인종에 따라 천차만별이라는 사실도 알고 있다. 그래서 이 고려 사항들을 저울질한 뒤 (이를테면) 인구의 2퍼센트를 수감자 인구 비율 추정의 출발점으로 삼자(이것은 50명당 1명 꼴인데, 분명히 매우 많아 보인다!).

1인당 연간 비용을 측정하는 것은 좀 더 까다롭다. 교육에는 무슨 비용이 들어갈까? 교사 임금, 행정직원 임금, 미화원 임금, 건물 관리비 및 광열비, 건축에 들어간 자본비용, 교보재 및 교과서 구입비 등이 있다. 출발점으로 초등학교 교사의 평균 연봉이 5만 달러이고, 한 반의 학생 수가 25명이라고 가정하자. 그러면 학생당 임금 비용은 약 2000달러다. 이 수에 3을 곱하면 기타 임금과 그 밖의 비용을 포괄할 수 있다. 너무 적을지도 모르지만, 다시 말하건대 요점은 대략적 추정값을 찾는 것이다.

교정도 비용의 종류는 비슷한데, 교사를 교도관으로, 학교를 교도소로 대체하면 된다. 교과서는 없지만(적어도 많은 수감자의 경우) 세끼 식사와 의복을 제공해야 한다. 의료도 필요하다. 둘을 비교하면 사람들을 하루 예닐곱 시간 교육하는 것보다 하루 24시간 가둬두는 비용이 훨씬 크다고 결론 내려야 한다. 연간 교정 비용을 세 배인 1만 8000달러로 하자.

1인당 연간 사회보장 비용을 추정하는 것은 더 쉽다. 이를테면 당신은 아버지나 할아버지의 월 사회보장 급여 액수를 이미 알고 있을 것이다. 아니면 사회보장의 취지가 은퇴자에게 최소 생계비를 제공하는 것임을 감안할 수 있다. 미국 내 대다수 지역에서 그 금액은 연간 약 2만 달러다. 대략적이지만 개연적인 이 추정값을 표에 기입하면 다음과 같다.

	해마다 대상이 되는 인구 비율	대상 인구 수	1인당 연간 비용	총 연간 비용
교육	25퍼센트	8000만 명	6000달러	4800억 달러
교정	2퍼센트	600만 명	1만 8000달러	1080억 달러
사회보장	25퍼센트	8000만 명	2만 달러	1조 6000억 달러

　표에 입력된 값을 보면 오른쪽 행의 합계를 계산하지 않고도 금액을 비교할 수 있다. 교정과 사회보장의 1인당 연간 추정 비용은 매우 비슷하지만, 우리는 수감자보다 사회보장 대상자가 훨씬 많다고 추정했으므로 교정보다 사회보장에 지출되는 금액이 훨씬 클 것이다. 마찬가지로 교육과 사회보장을 받는 사람의 수는 얼추 비슷하지만, 1인당 교육비 쪽이 적게 추정된다. 교육과 교정을 비교하면 교육 대상자 수가 수감자의 열 배를 넘으리라는 것을 알 수 있다. 반면에 1인당 교정 비용은 교육비의 약 세 배에 불과한 듯하다. 그러므로 교육에 지출되는 예산이 더 클 것이다.

　이렇듯 우리는 총액을 계산하지 않고도 지출에 따른 세 가지 정부 사업의 상대적 순서를 어느 정도 확신을 가지고 추정했다. 사회보장 비용이 가장 크고 교육이 그다음, 교정이 마지막이다. 실제 수치는 우리가 옳았음을 보여준다. 최근 한 해 동안의 연간 납세액 지출은 교육에 연간 약 8000억 달러, 교정에 600억 달러, 사회보장에 1조 1000억 달러다. 우리의 최종 추정값 중에서 위아래로 두 배 이상 틀린 것은 하나도 없다.

당신이 상대적 순서를 어떻게 짐작해 적었는지 확인하고(당신이 실제로 이 게임을 진행했다면) 페르미 문제에서 도출된 순서(실제로도 옳은 순서)와 비교해보라. 우리가 조사한바 대부분의 사람들은 처음에는 교정에 쓰이는 금액이 교육보다 크다고 추측하지만, 우리의 페르미 문제 접근법은 이것이 옳은 순서일 가능성이 매우 희박하다는 점을 보여준다. 사실 페르미 추정에 따르면 교정은 일차 요인일 리 만무하다. 몇 페이지 앞으로 돌아가 이 문제의 시발점을 떠올리면, 수감률을 낮추기만 해도 사회보장이나 교육 예산을 대폭 개선할 수 있다는 선거 출마자의 제안이 효과가 없을 것임을 분명히 알 수 있다.

물론 이 비용 추정값과 정부 예산에서의 상대적 순위가 유용한 것은 우리가 사회 지출 예산 전체에 대한 그림을 그릴 때(와 선거 출마자가 현 상황을 잘못 규정하고 있음을 알려줄 때)뿐이다. 상대적 순위가 어때야 **하는가**는 알려주지 않는다. 순위는 기정사실이다. (이 책 후반부에서는 어때야 **하는가**를 효과적으로 고려하는 법도 살펴볼 텐데, 이것은 가치 문제와 결부되어 있다.)

페르미 추정에 대해 마지막으로 짚을 요점이 하나 남았다. 당신이 이런 소소한 계산을 늘 하는 사람이 아니라면 페르미 추정을 이용한다는 생각이 썩 솔깃하지는 않을 것이다. 그럼에도 그 거북함을 이겨낼 수만 있다면 엄청난 결실에 놀랄 것이다. 우리는 사람들이 이 경험에 진심으로 흥분하는 것을 많이 목격했다. 페르미 추정을 해본 적이 없다면 몇 번만 시도해보라. 얼마나 만족스러운지 실감할 테니까.[70] 우리의 목표는 이를 통해 당신에게 자신감을 불어넣는 것이다. 당신은 자신이 어떤 이유로든 낙담할 때마다 활력을 찾을 수 있을 것이다. 현장에 뛰어들어 놀랍도록 효과적인 추정 방법으로 세상의 문제들을 다룰 수 있음을 알게 되었으니 말이다!

과학적 낙관주의, 이해 순서, 페르미 추정은 세상의 크고 작은 문제를 공략하는 과학의 '할 수 있다' 도구다. 이를테면 당신은 어떤 숫자가 회자되는 것을 듣거나, 무언가가 나머지 모든 것보다 중요한 요인이라는 주장을 들을 때마다 이 방법들이 떠오를 것이다. 이런 우선순위 주장을 접하면 대뜸 이런 의문이 들 것이다. '그렇다면 나머지 모든 인과 요인으로는 무엇이 있지? 그것들이 순위에 들지 않는다고 간주할 이유가 있나?' 누군가 당신에게 "우리는 이것을 결코 알아내지 못할 거야. 이 상황에 결부된 요인이 너무 많아"라고 말하면 당신은 이렇게 대꾸할 것이다. "이를테면 이 인구집단에서 문맹률이 높아지고 있는 데는 오만 가지 이유가 있을 수 있어. 하지만 그렇다고 해서 선도적 일차 요인 한두 가지를 발견해 이를 통해 반복적 진전을 달성하지 못하리라는 법은 없다고. 추정을 좀 시도해보자!"

4부

경험과 현실 사이의
간극을 메우는 법

12장. 경험은 어떻게 판단을 방해하는가?

4부에서는 개인들이 잘못된 생각을 하게 되는 특수하고도 놀라운 계기를 살펴본다. 맥락을 볼 수 있도록 지금까지의 논의를 짧게 요약하겠다. 1부, 2부, 3부에서는 과학에서 비롯한 폭넓은 생각 도구들을 논의했다. 우리는 적어도 세 가지의 구체적 목표를 염두에 두었다. 첫째, 모든 사람은 하루하루 결정과 계획을 수립할 때마다 이 과학의 도구를 구사할 수 있으며 그래야 한다! 이 도구들은 일반적으로 우리가 스스로를 속이는 다양한 행태로부터 우리를 보호하며 세상의 복잡한 문제들을 공략할 힘을 선사한다. 둘째, 이 도구들에 기본적으로 친숙해지면 과학자, 의사, 그 밖의 연구자들이 의사결정에 필요한 핵심 정보를 제시할 때 그것을 이해하고 때로는 검증할 수 있다. 마지막으로, 세상에 대한 발견들을 요약할 수 있는 전문가가 누구인지 판별하고자 할 때, 이 도구들에 대한 이해도를 신뢰도의 보증서로 삼을 수 있다. 우리 저자들이 임무를 제대로 수행했다면 당신은 앞 장들에서 이 모든 쓰임새를 확인할 수 있었을 것이다.

하지만 이런 생각이 자연스럽게 떠오른다. 이렇게 정교한 생각 도구가 왜 필요하지? 세상에 대해 알아야 할 것들은 경험으로부터 배우면 되지 않나? 아이를 키우고, 동료와 협력하고, 저녁을 차리고, 지역 현안에 투표하는 일상적 세상에 관계된 변인은 (문자 그대로도 비유적으로도) 코밑에 있으며 특수한 장비 없이도 탐지할 수 있다. 약간의 시행착오만 거치면 알아낼 수 있다. 그렇지 않은가? 어쨌거나 우리는 뜨거운 난로를 만지면 안 된다는 걸 단번에 배우지 않았던가. 전문가에게서 특별한 지침을 받지 않고도 말이다.

우리가 경험으로부터 배우는 일에 능하다는 통념을 떨쳐버리기란 쉽지 않다. 영어권 나라에서는 '인생 학교school of hard knocks'를 졸업했노라는 무용담을 흔히 들을 수 있다. 철학자 존 듀이는 "모든 진정한 교육은 경험에서 비롯한다"라는 명언을 남겼으며 그의 생각은 교육계에서 인기 있는 경험학습운동experiential learning movement을 통해 여전히 영향력을 미치고 있다. 많은 사람들은 몸을 고쳐줄 의사나 집을 고쳐줄 수리업자가 필요할 때, 경험 많은 전문가를 선호할 것이다.

그럼에도 경험이 교사로서 실망스러울 때가 많다는 증거가 적지 않다. 이를테면 고용주들은 직원을 뽑을 때 업무 경험에 큰 비중을 두지만, 업무 경험은 업무 성과의 예측 지표로서 놀랄 만큼 미흡하다.[71] 경험 많은 직원들이 생초보보다 나은 성과를 거두는 것은 사실이지만, 매우 숙련된 직원이라고 해도 최초의 훈련 단계를 거친 직원들을 반드시 앞서지는 않는다. 의료를 비롯한 여러 전문 직종을 들여다보면 정신적·신체적 능력 면에서 여전히 정점에 올라 있는 장년의 전문가들이 자기 분야의 새로운 변화를 따라잡지 못하는 경우도 많다. 그들은 배움을 멈춘다.

기술, 의료, 과학에서 혁신이 일어난 역사를 살펴보면 놀랍게도 수많은 발견과 발명은 첨단 장비, 복잡한 수학, 대규모 자금이 전혀 필요하지 않았다. 지렛대, 표음 문자, 못, 조립 라인, 통제 실험이 그런 예다. 그렇다면 이것들이 등장하기까지 왜 오랜 시간이 걸렸을까? 이를테면 질병 세균설이 처음 제안된 것은 1500년대였지만 루이 파스퇴르와 존 스노의 설득으로 사람들이 진지하게 받아들이기까지 300년이 지나야 했다. 우리의 뇌가 역사 시내보다 오래전에 이미 현대적 형태에 도달한 것으로 보건대 이런 혁신은 훨씬 일찍 일어났을 수도 있어 보인다.

당신이 오늘날 하는 일 중에서 만일 백지에서 시작해야 했다면 불가능할 것이 얼마나 많을지 생각해보라. 오래가고 편안한 신발을 직접 만드는 법을 알아낼 수 있었을까? 칫솔, 안경, 청테이프를 디자인할 수 있었을까? 볶은 커피 원두를 우려 마시면 졸음을 몰아낼 수 있다는 걸 발견할 수 있었을까? 우리 아이들이 실망스럽다는 듯 짓궂게 묻는다. 왜 엄마 아빠는 작년에 업데이트된 스마트폰의 가장 기본적인 기능조차 발견하지 못했어?

한 가지 이유는 많은 환경적 특징들 때문에 경험에서 교훈을 얻기가 힘들다는 것이다. 우리의 감각은 자극의 폭격을 받지만, 6장에서 언급한 용어로 말하자면 그중 일부는 유용한 신호이더라도 다른 것들은 무작위 잡음이다. 신호 중 일부는 다른 것과 상관관계가 있긴 해도 신뢰할 만한 관계를 발견하기가 힘들다. 결정론적("A이면 B이다")이라기보다는 확률론적("A이면 아마도 B일 것이다")일 때가 많기 때문이다.

당신은 이렇게 대답할지도 모르겠다. "하긴 그래. 처음에는 제대로 파악하지 못할 수도 있지. 하지만 시행착오를 거쳐 결국에는 알아낼 거야. 안 그래?" 하지만 환경이 끊임없이 변하거나("직전 전쟁을 치르느라 바쁘다"라는 낯익은 비판[과거 사례에 집착한다는 뜻-옮긴이]이 등장하는 것은 이런 까닭이다), 결과에 대한 피드백이 곧잘(때로는 몇 달이나 몇 년씩) 지연될 때는 시행착오가 여간 힘들지 않다. 관계는 확률론적이기 때문에, 잘못된 행동에 좋은 결과가 따를 때도 있고, 최적의 행동에도 불구하고 나쁜 결과가 일어날 때도 있다. 설상가상으로 대부분의 시행착오 학습 시도는 효과 면에서 통제 실험 근처에도 가지 못한다. 우리는 좀처럼 나머지 모든 조건을 상수로 놓고서 한 번에 변인 하나만 고립시키려 들지 않는다. 반사실을 관찰할 기회도 좀처럼 얻지 못한다. A가 아니라 B를 했다면(또는 아무것도 하지 않았다면) 무슨 일이 일어났을지 알지 못한다.

하지만 경험으로부터 배우기가 힘든 요인의 상당수는 환경적이라기보다는 심리적이다. 이 장에서는 주된 요인을 몇 가지 살펴본다.

우선 이 요인들 중에서 '일반인'을 과학자나 그 밖의 전문가와 구별하는 요인은 아무것도 없음을 분명히 하고자 한다. 우리는 모두 이런 영향에 일상적으로 휘둘린다. 과학자라고 해서 덜 휘둘리지 않는다. 다음 두 장에서는 이를 뒷받침하는 풍부한 증거를 제시할 것이다. 나중에 탐구하겠지만 과학이 이런 심리적 요인들을 (이따금) 피할 수 있는 것은 **과학자**의 성격보다는 **과학적 방법**과 마음 습관을 통해 어떻게 한계를 극복할 수 있는가와 관계가 있다.

이제 살펴볼 심리적 요인들이 '병증'이 아니라 정상적 인간 인지의 속성이라는 점도 강조해야겠다. 그렇기에, 심리적 요인들이 보편적인 이유는 어떤 점에서 적응적이기 때문일 것이다. 대부분은 체계적 추론 과정이 힘들거나 고역인 상황에서 우리 뇌가 효율적으로 작동할 수 있는 방법과 관계있다.

습관

당신이 인생에서 습득한 기술을 모조리 살펴본다면 대부분이 의식적 숙고를 거의 또는 전혀 동원하시 않고서 수행할 수 있다는 점을 알 수 있다. 가속페달을 얼마나 세게 밟아야 하는지, 온수 손잡이를 어느 방향으로 돌려야 하는지, 신발끈을 어떻게 묶어야 하는지 의식적으로 생각해야 했던 때가 있는가? 이것들은 모두 **습관**이다.

습관은 한꺼번에 여러 가지 일을 할 수 있게 해줄 뿐 아니라 에너지도 절약해준다. 자신이 하는 일에 대해 일일이 의식적으로 생각하다 보면 진이 빠지기 때문이다. (불교의 마음챙김 명상을 시도해본 적이 있다면 이 말이 무슨 뜻인지 알 것이다.) 우리 뇌가 수행을 '자동화'하는 능력 덕에 우리는 새로운 것에 한눈팔 수 있다. 이를테면 차를 운전하면서 조수석 동승자가 들려주는 이야기에 귀를 기울일 수 있다. 습관이 정상적 기능에 얼마나 필수적이냐면 철학자 윌리엄 제임스William James가 "사회의 거대한 플라이휠(회전하는 물체의 회전 속도를 고르게 하기 위해 회전축에 달아 놓은 바퀴-옮긴이)"이라고 불렀을 정도다. 수학자이자 철학자인 앨프리드 노스 화이트헤드Alfred North Whitehead는 이렇게 주장했다. "문명의 발전이란 생각하지 않고 실행할 수 있는 중요한 작업의 개수가 많아지는 것이다."

습관은 전적으로 무의식적이지는 않지만, 매우 빠르고 수월하게 일어나기 때문에 관찰하고 통제하기가 무척 힘들다. 기술을 처음 발전시킬 때 우리는 자신이 중요시하는 결과에 어떤 영향을 미치는지 관찰해 기술을 조정하거나 폐기한다. 하지만 기술이 자동화되면 우리에게 얼마나 훌륭히 작동하는지 면밀히 관찰하기가 힘들어진다. '나쁜 습관'은 제 기능을 못하게 된 습관이지만 너무 수월해진 탓에 깨뜨리기 힘들 수 있다. 그러므로 습관은 경험으로부터 배우는 것을 가로막을 수 있다. 주의를 기울이지 않고도 행동할 수 있게 해주기 때문이다.

어림짐작과 편향

경험으로부터 배우는 것을 힘들게 만드는 또 다른 요인들은 판단의 여러 편향과 관계있다. 이 편향들은 우리가 환경에 존재하는 중요한 정보를 간과하거나, 왜곡하거나, 부정하게끔 유도할 수 있다. 습관과 마찬가지로 편향은 우리 뇌가 주의를 많이 기울이지 않고 재빨리 일을 처리하려는 탓일 때가 많다. 하지만 자신이 가진 증거를 최대한 활용하지 못하면 대가가 따른다.

우리는 '편향되었다'라는 낱말을 너무 쉽게 내뱉는다. 우리가 상대방을 '편향되었다'라고 공격하는 경우는 단지 그의 관점이 마음에 들지 않기 때문일 때가 많다. 다행히도 9장에서 논의했듯 판단에서의 편향은 꽤 객관적으로 정의할 수 있다. 어떤 과정이 무작위 오류를 많이 만들어낼 때는 **잡음이 많다**고 말하지만, 계통적 오류를 만들어낼 때는 **편**

향되었다라고 말한다는 것을 떠올려보라. 계통적 오류란 정답보다 일관되게 높거나 낮은 오류를 말한다. 그러므로 객관적 기준이나 참값이 있을 때는 상대방의 반응을 그 기준이나 값과 비교해 편향을 확인할 수 있다. 객관적으로 참인 것을 모를 때는 그 방법을 쓸 수 없지만, 편향을 근절하는 다양한 실험적 전략이 연구자들에 의해 개발되어 있다.[72]

위키백과에는 지금껏 제시된 인지 편향 목록이 나열되어 있는데,[73] 우리가 마지막으로 확인했을 때 개수가 123개였다! 이것을 보면 심리학자들이 편향으로 먹고산다는 느낌이 들지도 모르겠다. 하긴 그런 경우도 없지 않을 것이다. 이 편향들 중 상당수는 심리학자 대니얼 카너먼Daniel Kahneman과 아모스 트버스키Amos Tversky에 의해 처음 기록되었다. 트버스키는 1996년 요절했지만 카너먼은 둘의 공동 연구로 훗날 노벨상을 받았다. 카너먼의 베스트셀러《생각에 관한 생각》은 이 편향들에 대한 최고의 입문서이니 아직 읽지 않았다면 꼭 읽어보길 권한다.

이 현상들 중 일부는 이름에 '편향'이라는 낱말이 들어 있다(예: 확증 편향). 또 어떤 것들은 '어림짐작'이라고 불린다(예: 회상용이성 어림짐작). 두 낱말은 구별하기가 애매하지만, 대략적으로 말하자면 '편향'이라는 이름표는 결과(판단해야 하는 참값으로부터 계통적으로 떨어진 정도)를 일컫는 반면에, '어림짐작'은 특정 편향을 일으키는 과정을 가리킨다. 어림짐작은 면밀한 숙고라는 고된 인지 작업을 회피하기 위해 신속한 판단을 내릴 수 있도록 우리가 습득한 구체적인 임기응변식(하지만 오류 가능성이 있는) 방법이다.

편향은 (온도에 빗대자면) '뜨거운' 것부터 '차가운' 것까지 연속선상에 놓여 있다. 뜨거운 편향은 우리에게 무척 낯익기 때문에 매우 쉽게 서술할 수 있으며, 감정(특히 분노나 공포)과 동기(일어나길 바라거나 믿고 싶어 하는 것) 때문에 생긴다. 반대쪽 극단에 있는 차가운 편향은 우리가 특별한 목표나 욕구가 없는 차분하고 냉정하고 침착한 상황에서도 빠른 판단을 내리는 전형적 방식의 부산물처럼 보인다. 예를 들어 심리학자 게르트 기거렌처Gerd Gigerenzer와 동료들이 입증한바 우리는 도시의 상대적 크기를 추론할 때 이름이 얼마나 낯익은지를 기준으로 삼는다.[74] 대도시는 소도시보다 유명하므로 이 방법은 대체로 통한다. 하지만 엉뚱한 답을 내놓게 할 때도 있는데, 이를테면 대부분의 사람들은 샌프란시스코가 새너제이보다 크다고 추측할 테지만 두 도시의 인구는 각각 약 81만 5000명과 98만 3000명이다. 어째서일까? 〈새너제이 가는 길을 아시나요Do You Know the Way to San Jose〉라는 인기곡이 있긴 하지만, 대중문화에는 샌프란시스코와 관련된 것들이 훨씬 많다. (가파른 언덕, 전차, 금문교도 명성에 한몫한다.)

우리는 뜨거운 편향을 서술하는 데 많은 시간을 할애하지 않을 텐데, 중요하지 않아서가 아니라 당신이 이 편향을 포착하는 일에 틀림없이 잔뼈가 굵었을 것이기 때문이다. 우리 모두는 감정과 욕구에 눈먼 듯 보이는 사람을 본 적이 있다. 하지만 인정하긴 힘들어도 우리 모두가 한때는 그런 사람이었다. 실상은 이렇다. 참이길 바라는 믿음과 결과가 존재하고 참이 아니길 바라는 믿음과 결과가 존재한다는 점에서 인지는 일반적으로 **동기부여된다**. 뜨거운 편향은 차가운 편향보다 해로울 때가 많다. 이는 사람들이 자신이 원하는 것을 얻기 위해서라면 거리낌 없이 증거를 왜곡하며, 자신과 정반대 판단에 도달하는 사람들을 폄하하기 때문이다. 이것은 자신은 중립적이고 상대편이 편향되었다고 주장하는 고질적 갈등으로 이어질 수 있다. 우리는 재판에서 전문가 증언을 하는 많은 동료와 이야기를 나누었다. 대부분의 동료는 많은 전문가가 편향되어 있으며, 한쪽으로부터 대가를 받으면 잠재적 이해 충돌이 발생한다는 데 추상적으로 동의한다. 하지만 정작 자신은 돈에 휘둘리는 부류가 아니라고 강변한다.

심리학 문헌에 기록된 수십 가지 편향을 여기서 살펴보지는 않겠다. 그 대신 경험으로부터 배우지 못하게 가로막는 것처럼 보이는 편향들에 초점을 맞춘다.

회상용이성 어림짐작

회상용이성 어림짐작은 대체로 차가운 편향이다. 카너먼과 트버스키가 처음 정의한 바에 따르면 회상용이성 어림짐작은 "사례나 경우가 얼마나 쉽게 머릿속에 떠오를 수 있는가에 따라 부류의 빈도나 사건의 확률을 평가"하는 성향을 일컫는다. 카너먼과 트버스키는 무언가가 우리의 주의를 사로잡는 다양한 방식에 대해 이야기했다. 이를테면 기억 속에서 여러 낯익은 관념들과 연결된 관념, 최근에 일어난 사건, 유난히 생생한 경험, 상상하기 쉬운 상황 등이 있다.

두 사람이 초기에 논의한 간단한 예를 소개하겠다. 글자 K는 낱말의 첫 글자일 가능성이 클까, 세 번째 글자일 가능성이 클까? 우리가 최근에 학생들에게 물었더니 61퍼센트는 무작위로 선택된 낱말에서 K가 첫 글자일 가능성이 더 크다고 말한 반면에, K가 세 번째 글자일 가능성이 더 크다고 생각한 학생은 39퍼센트에 불과했다. 그런데 다수인 61퍼센트가 틀렸다. 글자 K는 영어 낱말에서 세 번째 글자인 경우가 첫 번째 글자인 경우보다 많다. 하지만 세 번째 글자를 가지고 청각적 기억이나 시각적 기억을 탐색해 낱말을 찾는 것은 첫 번째 글자보다 힘들다. 낱말을 배울 때 K 소리를 처음에 듣거나 K 글자를 처음에 읽는 식으로 접하기 때문이다. 우리는 부모님과 함께 ABC 책을 보며 자랐지만 부모님은 이런 노래를 불러주시지는 않았다. "큰 I, 작은 I. 세 번째 글자가 I인 것은 뭘까? 코뿔소Rhinoceros!"[75]

미디어 노출은 일부 관념이 인지적으로 더 두드러지는 데 큰 역할을 한다. 1970년대에 실시한 연구에서 보듯 사람들은 토네이도가 천식보다 흔한 사망 원인이라고 생각한다. 천식으로 인한 사망이 20배나 흔한데도 말이다.[76] 하지만 대부분의 사람들은 선택권이 주어졌을 때 토네이도에 대한 뉴스 기사를 읽거나 영화를 보는 쪽을 선택할 것이다. 그게 더 극적이기 때문이다(그래서 우리는 토네이도 때문에 사람이 죽는 이야기를 더 많이 접한다).

회상용이성 어림짐작이 정책 논쟁에 어떻게 작용할 수 있는지 보여주는 현실 사례가 있다. 많은 사람들은 상해 사건에서 배심원들이 책정하는 배상금이 터무니없이 높고 변덕스럽다고 생각한다. 롭은 배심원 재판에 대한 전국 뉴스 보도를 취합해 이것을 다양한 연구에서 언급된 실제 법정 통계와 비교했다.[77] 언론에 보도된 사건들을 묶은 한 표본에서는 소송을 제기한 사람들 중 85퍼센트가 승소했다. 그런데 전체 승소율은 (소송 유형에 따라 다르지만) 30~55퍼센트였다. 소송에서 이겼을 때의 평균 배상금은 얼마일까? 신문과 잡지에 보도된 사건들에서는 배상금 중간값이 200만 달러에 가까웠다. 하지만 모든 재판에서의 배상금에 대한 실제 중간값은 5만~30만 달러였다. 이렇듯 당신이 소송을 제기할 때 한껏 기대에 부푸는 이유는 언론과 회상용이성 어림짐작 때문이다.

기준점 정하기와 조정 어림짐작

이 두 가지는 또 다른 차가운 편향이다. 우리는 정량적 추정을 해야 하는데 어디서 시작해야 할지 모를 때가 많다. 유명한 코미디 장면에서 영국의 거물 첩보원 오스틴 파워스의 숙적 이블 박사가 수십 년 만에 냉동인간 상태에서 깨어나자마자 전 세계 정부를 상대로 "일…… 백만…… 달러!"를 갈취하는 일에 착수한다. 현재 통화 가치에 비하면 자신의 범죄에 걸맞지 않은 푼돈임을 알아차리지 못한 채.

하지만 이블 박사만 그런 것이 아니다. 누구나 양을 어림하는 일에 어려움을 겪는다. 카너먼과 트버스키는 우리가 이 과제에 접근할 때 임의적이지만 두드러진 수를 찾아 대략적 출발점으로 삼은 다음, 상향 조정할지 하향 조정할지 판단한다고 주장했다. 하지만 여기에 함정이 있으니, 우리가 충분히 조정하지 않는다는 것이다. 이런 탓에, 깐깐하게 고려한 추정은 임의적 출발점에 너무 가까운 경향이 있다. 명민한 독자는 페르미 추정을 실시할 때 이 기준점 정하기 및 조정 과정이 위험 요소임을 간파했을 것이다.

법적 사례를 하나 더 들어보겠다. 롭과 동료들은 이혼 후 적정한 월 양육비가 어떻게 결정되는지 연구하고 있었다.[78] 이 결정은 까다롭기 때문에 사람들마다 추정값이 천차만별이다. 편차를 줄이는 한 가지 방법은 사람들에게 구체적 값을 예로 제시하는 것이다. 800달러를 예로 제시하면, 사람들은 평균 1000달러가량의 양육비를 지급하라고 권고했다. 1400달러를 예로 제시하면, 평균 1300달러가량을 권고했다. 적정 양육비 액수의 객관적 기준은 없지만, 요점은 기준값을 제시하는 관행이 판사에게 영향을 미치고 싶어 하는 변호사들에 의해 휘둘리고 악용될 가능성이 있다는 것이다.

사후판단 편향

이런 속담이 있다. "후견 시력^{hindsight}은 20/20이다." '20/20'은 시력 검사 기준으로, 정상인이 20피트 거리에서 볼 수 있는 것을 당신도 20피트 거리에서 볼 수 있다는 뜻이다. (미터법을 쓰는 나라에서는 미터로 환산해 '6/6'이라고 표현해도 무방하다.) 그러므로 20/40은 근시라는 뜻이다. 속담에 담긴 취지는 사건이 일어난 뒤에 '예측'을 끼워맞추는 일은 식은 죽 먹기라는 것이다. 후견은 선견보다 훨씬 수월하다. 심리학자 바루크 피시호프$^{Baruch Fischhoff}$는 인간 판단의 일반적 특징을 하나 제시했는데, 결과를 알고 나면 그 결과가 처음부터 명백했다고 생각한다는 것이다.[79]

예를 들어보겠다. 1970년대 초 피시호프는 확률 판단을 연구하고 있었는데, 이를 위해 가능성이 희박해 보일 수도 있고 다분해 보일 수도 있는 미래 사건들을 선정했다. 때는 닉슨 행정부 시절이었다. 닉슨은 골수 반공산주의자였기에, 피시호프는 가능성이 희박한 사건의 예로 닉슨이 퇴임 전 중국에 외교 방문을 할 가능성을 사람들에게 물었다. 공교롭게도 닉슨은 실제로 1972년 중국을 방문해 외교정책 전문가들조차 놀라게 했다. 피시호프는 빛나는 통찰력을 발휘해 이 사건 뒤 사람들에게 다시 연락을 취해 그들이 닉슨의 중국 방문 사건에 대해 제시한 확률을 기억해보라고 주문했다. 그랬더니 사람들은 자신의 확률을 실제보다 높게 오기억했다. 한마디로 사건이 일어나리라는 것을 예상했다고, "처음부터 알고 있었다"고 생각했다.

사후판단 편향은 사회과학 수업을 듣는 학생들에게 문제가 된다. 내가 당신에게 심리학이나 사회학에서의 새로운 발견에 대해 가르치면, 당신은 충분히 똑똑하므로 발견이 일어날 타당한 이유를 생각해낼 수 있을 것이다. 그러면 발견이 매우 명백하다고 결론 내리고 자신이 처음부터 다 알고 있었다고 상상한다. 교실에서 이 현상을 손쉽게 입증할 수 있는데, 학생들에게 낭만적 관계에 대한 연구 논문을 읽히고 짧은 논평을 덧붙이면 된다. 학생 중 절반에게는 연구에서 '유유상종'이 밝혀졌다고 말하고, 나머지 절반에게는 '이이상종異異相從'이 밝혀졌다고 말한다. 두 사자성어는 '상식'이지만 서로 정반대다. 애석하게도, 위의 연구 논문을 읽은 뒤 각 학생 집단은 대부분 자신이 읽은 결과를 '명백하다'고 평가하며 왜 교수가 이렇게 뻔한 내용을 가르치는지 의아해한다.

사후판단 편향은 지금껏 수백 가지가 입증되었다. 그중에는 무해한 것도 있고 유해한 것도 있다. 30년 전 전직 미식축구 선수이자 배우 O. J. 심슨O. J. Simpson이 전처를 살해한 혐의로 재판을 받았다. 평결에 앞서 전문가(현업 변호사와 전문 도박꾼)를 비롯한 대부분의 사람들은 그가 유죄 판결을 받을 거라고 생각했다. 그가 결국 '무죄'를 받은 뒤 우리는 전문가들이 "어라, 우리가 틀렸잖아"라고 말할 줄 알았다. 하지만 상당수는 오히려 뉴스 프로그램에 나와 재판 결과는 흑인 배심원들이(이 사건에서는 배심원의 대다수가 흑인이었다) 흑인 피고인에게 너그러운 경향이 있음을 보여준다고 '설명했다'. 당시 입수할 수 있는 자료에 따르면 이 기소는 사실 면에서 부정확했다. 어쨌거나 전문가들이 정말 이렇게 믿었다면, 왜 애초에 무죄 판결을 예측하지 않았나? 이렇듯 이 전문가들은 흑인 배심원의 편견에 대한 속설을 꾸며냈다.

내집단 편향과 '배지 달기'

1970년대에 심리학자 헨리 타지펠Henri Tajfel은 '최소 집단' 패러다임을 발전시켰다. 최소 집단 패러다임에서 사람들은 명백히 자의적인 기준에 따라(이를테면 화면에서 번득이는 점의 개수를 낮춰 잡는지, 높여 잡는지에 따라) 집단을 형성한다. 타지펠은 이런 최소한의 무리 짓기만으로도 이와 무관한 과제에 대한 보상의 배분에서 내집단 우대 현상이 나타남을 밝혀냈다.[80]

사회심리학자들은 사람들의 표현 태도가 명제(이를테면 사형이나 총기 규제가 살인에 미치는 영향에 대한 주장)의 진위에 대한 실제 믿음보다는 자신의 가치를 공공연히 표명하려는 욕구("나는 보수적/진보적이다")에 좌우될 수 있다는 사실을 발견했다. 우리는 '배지 달기'가 이 현상을 적절히 요약하는 명칭이라고 생각하며 이에 대해서는 뒤에서 다시 거론한다.[81]

기질 편향

롭은 차를 몰다가 다른 운전자들이 길가 주소 표지판을 쳐다보느라 너무 느리게 운전하면 종종 나직이 욕설을 내뱉는다. '저 사람들은 자기 문제에 정신이 팔려 다른 운전자들은 안중에도 없어.' 하지만 롭 또한 쇼핑몰이 가까워지면 자신이 찾는 가게가 어디 있는지 보려고 속력을 늦춘다. 뒤에서 누군가 경적을 울리면 그는 얼떨떨해한다. '쇼핑몰을 저렇게 엉망으로 설계한 천치 개발업자 탓인 게 안 보이나?' 이 별난 내로 남불은 롭에게만 있는 게 아니다. 1991년 교통사고 부상자들을 조사했더니 추돌 사고에서 운전자의 91퍼센트는 남(대체로 상대 운전자)을 탓했다.[82]

심리학자들은 오래전부터 '귀인 이론'이라는 제목하에 사람들이 자신의 행동이나 타인의 행동 원인을 어떻게 설명하는지 연구했다. 1958년 심리학자 프리츠 하이더[Fritz Heider]는 사람들이 (가능한 경우에는) 타인의 행동을 '외부' 요인(예: 환경적 위험이나 낮은 가시성)보다는 '내부' 요인(예: '탐욕'이나 '지능' 같은 개인 특질)에 돌리고 싶어 하는 성향이 있다고 주장했다. 반대로 자신이 잘못을 저질렀을 때는 외부 요인 탓으로 돌리는 경향이 있었다. 1977년 심리학자 리 로스[Lee Ross]는 이 편향의 증거가 어찌나 보편적인지 "기본적 귀인 오류"로 간주해야 마땅하다고 주장했다.[83] 로스는 이후 연구에서 이 경향이 개인 간 갈등을 강화한다는 사실을 밝혀냈다. 각 집단이 상대 집단의 동기와 결점을 비난하면서 현 사태에 일조한 강력한 상황 요인을 과소평가하기 때문이다.

그런데 1990년대의 여러 비교문화 연구에서 이 편향이 별로 기본적이지 않다는 사실이 보고되기 시작했다. 이를테면 아시아인은 서구인에 비해 외부적(상황적) 설명을 즐겨 제시하는 것으로 밝혀졌다.[84] 이런 까닭에 많은 연구자들은 '기질 편향'이라는 이름을 선호한다. 이 편향은 현재 서구 문화의 독특한 성격으로 간주된다. 그럼에도 '문제를 너무 개인적으로 받아들이는' 성향은 아시아에서도 볼 수 있다. 장자는 이런 말을 했다고 전해진다. "어떤 사람이 강을 건너다 빈 배가 자신의 배에 부딪치면, 성질이 고약한 사람이라도 별로 화내지 않을 것이다. 하지만 배안에 사람이 있는 것을 보면, 배를 똑바로 몰라고 고함지를 것이다. 상대방이 고함 소리를 듣지 않으면, 다시 또다시 고함지르다 욕설을 퍼붓기 시작할 것이다."[85]

확증편향

우리는 가장 좋은 것을 마지막까지 아껴두었다. '가장 좋다'는 말은 우리가 사람들이 극복하도록 도와주고 싶은 가장 중요한 편향이라는 의미다. 확증편향은 가설과 모순되는 증거를 외면하고 가설에 부합하는 증거를 찾아다니는 성향을 가리킨다. 양쪽 증거가 다 있지만 가설을 뒷받침하지 않는 사실보다 뒷받침하는 사실에 더 큰 무게를 두는 경우도 이에 해당한다. 같은 맥락에서 사람들은 불리한 증거를 맞닥뜨리면 유리한 증거에 비해 더 비판적으로 꼬치꼬치 캐묻는다.

확증편향은 뜨거운 것에서 차가운 것까지 스펙트럼 전체에 걸쳐 있다. 뜨거운 버전은 낯익다. 논쟁에서 이기거나 목적을 달성하게 해주는 사실만 선택적으로 인용하는 사람이나 불편한 사실을 무작정 부정하는 사람들이다. 하지만 차가운 버전도 똑같이 중요하다. 사람들이 가설을 뒷받침하는 사실을 찾아 인용하는 이유는 종종 그것이 논리적 출발점처럼 느껴지기 때문이다. 어쨌거나 확증 사례를 전혀 찾지 못하면 우리의 가설은 사망 선고를 받는다. 문제는 확증 사례를 찾는 것에서 멈추지 않는 경우다. 확증편향에 대해서는 뒤에 이어지는 장들에서 더 다룬다.

반대로 생각하기

저보다 나이가 많으시다든가 세상 경험이 많으시다는 것만 가지고는 제게 명령을 할 권리가 없다고 생각해요. 우위를 주장할 수 있느냐 하는 것은 자신의 시간과 경험을 어떻게 사용했는가에 달려 있다고 봐요.

샬럿 브론테,《제인 에어》

연습한다고 완벽해지지 않는다. 완벽하게 연습해야 완벽해진다.

빈스 롬바디 Vince Lombardi

앞에서 보았듯 우리가 인생 경험에서 배울 수 있는 만큼 배우지 못하는 데는 여러 이유가 있다. 하지만 분명히 말하건대 경험에서 배우는 일이 불가능하진 않다. 만일 불가능하다면 과학은 시간 낭비일 것이다. 오히려 경험에서 배우는 것이 힘든 일이기에 경험을 꼼꼼히 연구해야 한다. 전문성 계발의 최고 전문가로 꼽히는 K. 안데르스 에릭손K. Anders Ericsson은 이렇게 주장했다. "단순한 경험의 효과는 의도적 연습의 효과와 사뭇 다르다. 의도적 연습은 개인이 현재의 능력을 넘어서려는 적극적 노력에 집중하는 것이다. …… 의도적 연습에 필요한 집중력은 제한된 시간 동안만 유지할 수 있다."

당신은 이 편향들에 대해 배우고서(또는 적어도 상기하고서) 편향이 줄어들었나? 그렇게 간단하다면 얼마나 좋겠는가. 연구에 따르면 이 편향들에 대해 알면 영향이 줄어들긴 하지만 미미한 수준에 불과하다고 한다. 또 다른 접근법은 최대한 정확하게 판단하는 사람에게 보상하기다.

돈이 결부되어 있으면 사람들이 지름길을 선택하지 않고 체계적 추론을 시도하리라는 것이다. 하지만 놀랍게도 이 방법이 언제나 먹히지는 않는 듯하다. 사람들은 큰돈이 걸려 있더라도 종종 기본적인 판단 편향조차 극복하지 못한다.

지금껏 밝혀진 편향 탈피 전략 중에서 가장 성공적인 것은 **반대로 생각하기**(더 복잡한 경우에는 **대안을 고려하기**)다.[86] 미래의 결과에 대해 확고한 예상이 든다면 잠시 멈추고 정반대 결과가 생길 수 있는 이유를 모조리 생각해보라. 이 연습을 해보면 자신이 내린 선택에 대해 물론 좋은 이유가 있지만 다른 선택에 대해서도 좋은 이유가 있을 수 있었다는 것 또한 알게 된다. 4장에서는 학교의 전국 모의고사 확대를 주제로 한 토론에 대해 서술했는데, 참가자들은 참일 수도 있고 거짓일 수도 있는 각각의 진술에 대해 확신도(예: "75퍼센트")를 부여하라는 주문을 받았다. 한 가지 흥미로운 결과는 이렇게 했더니 참가자들이 자연스럽게 "반대로 생각"하게 되었다는 점이다. 대부분의 진술에 대해 확신도가 99퍼센트 미만임을 인식했기 때문이다. '반대로 생각하기'는 과학 수업에서 정식으로 가르치지는 않지만, 실상으로는 대부분의 과학 방법론에 배어 있다. 이를테면 무작위 배정 실험을 설계하는 것은 반대("반사실") 조건에서 무슨 일이 일어나는지 탐구하기 위해서다.

다음 장에서는 동기부여된 인지가 탐구자들이 사실을 정직하게 전달하려 할 때조차 과학 행위를 왜곡할 수 있음을 볼 것이다. 그런 다음 과학자들이 편향을 극복하기 위해 개발한 방법들을 살펴볼 것이다.

13장.　　　과학의
　　　　　　 탈선

1988년 프랑스에 있는 한 연구소의 저명한 소장과 그의 연구진이 특이한 주장을 담은 논문을 유명 과학 학술지 《네이처》에 발표했다. 특별한 항체가 담겨 있는 용액을 몇 배로 희석했더니(물을 이용해 10^{120}배로 희석했다!) 이 고도의 희석으로 인해 순수하디순수해진 물에서도 원래의 항체 용액과 같은 반응의 증거가 여전히 나타나더라는 것이었다. 원래 용액에 무엇이 들어 있었든 그것이 희석 이후의 물에도 들어 있을 가능성은 천문학적으로 작았는데도 말이다. 논문의 주장은 과거 수많은 희석 사건들의 연쇄에서 한때 존재했던 기억이 물의 분자 구조에 남아 있다는 것이었다.

　이런 논문을 어떻게 대해야 할까? 이 장의 제목이 '과학의 탈선'이므로 당신은 위대한 발견을 열성적으로 지지하는 결말은 아닐 것이라고 짐작할 수 있다. 하지만 이 이야기는 우리 모두가 직면하는 중대한 문제를 제기한다. 과학 학술지 논문이나 관련 뉴스 기사에는 어느 것이 흥미진진한 새 결과를 담고 있고, 어느 것이 과학의 탈선을 보여주는지 알려주는 이름표가 붙어 있지 않다. 그리고 이것은 정말로 중요한 문제일 수 있다. 사랑하는 사람이 난치병을 앓고 있다면 우리는 물이 분자 기억을 저장할 수 있다는 기사를 보고서 동종요법에 희망을 품을지도 모른다. 동종요법 또한 어떤 물질이 천문학적으로 미미한 희석을 바탕으로 효과를 발휘한다는 주장이기 때문이다. 이 기사가 우리를 호도하면(왜 그렇게 생각하는지는 이따 설명하겠다) 수많은 사람들이 돈을 허비하게 할 수도 있고, 더 나아가 정말로 효과가 있는 치료법을 외면하게 만들어 건강을 위협할 수도 있다.

좋은 과학과 나쁜 과학을 가려내는 문제는 훨씬 복잡하다. 우리가 실제로 이야기하는 것은 과학이 기대에 미치지 못하거나 사람들이 명백한 사이비에 정당성을 부여하려고 과학의 탈을 씌우는 온갖 상황이기 때문이다. 이 상황들은 고의가 아니고 정직한 것에서 기만적이고 부정한 것까지 다양하다.

과학이 엉뚱한 길로 빠질 때

좋은 과학을 기준점으로 삼아 출발하자. 과학이 훌륭히 수행되어 정확한 결과를 내놓는 것은 이상적 상황이다. 당신이 과학 연구 결과에 대한 신문 기사를 읽거나 과학 논문을 읽을 때 실제로 보고 싶어 하는 것이기도 하다. 하지만 좋은 과학이 틀린 결과를 내놓기도 한다. 사실 4장에서 논의한 확신도를 생각해보면 좋은 과학 중에서 어떤 것은 **반드시**

틀린 결과를 낸다. 좋은 과학자는 당신에게 확신도를 제시해야 하는데, 확신도란 결과가 옳을 확률이다. 확신도야말로 당신이 과학자에게 기대하는 전부다. 하지만 과학자가 그 결과에 대해 95퍼센트의 확신도를 제시한다면, 그들이 최선을 다하더라도 논문 20건 중에서 한 건은 틀릴 수밖에 없다. 이 말은 틀린 결과를 내놓는 좋은 과학이 있을 수밖에 없다는 뜻이다. 확신도가 95퍼센트라면 논문 중에서 적어도 20분의 1은 그 범주에 속해야 한다.

그다음 나쁜 과학을 보자. 가장 순진한 종류의 나쁜 과학은 대부분의 일을 옳게 하지만 중요한 것을 틀리는 과학자에 의해 벌어진다. 이를테면 7장에서 논의한 '딴 데 보기' 효과를 이해하지 못한 논문들이 있다. 연구에서 처음에 검증하려고 설계한 것보다 많은 변인을 들여다보다 보면, 우연한 연관성이 유의미한 결과로 오인될 가능성이 크다. 당신은 지금쯤 '딴 데 보기' 효과를 이해했을 테니 저런 실수를 결코 저지르지 않을 것이다. 하지만 어떤 과학자들은 자신이 '딴 데 보기' 효과의 함정에 빠지고 있음을 깨닫지 못한다. 그러면 그들의 논문에서 주장하는 결과의 신뢰도는 정당성을 얻지 못한다. 그리고 과학이 잘못되는 예는 이 것만이 아니다.

여기서 잠깐 과학에서 저지르는 실수에 대해 동정의 한마디를 건네야겠다. 훌륭히 구성된 과학 연구와 분석을 제대로 수행하는 일은 지독히 어려울 수 있다. 저지를 수 있는 실수가 수없이 많다. 이 책에서는 줄곧 과학자들이 커다란 잘못들을 저지르지 않도록 조심하는 법을 오랜 기간에 걸쳐 알아낸 과정을 서술했지만, 그렇다고 해서 이 깨달음이 자연스럽게 떠오른다는 뜻은 아니다. (솔직히 말하자면 이 책을 읽는 독자 여러분과 우리 저자들도 이따금 '딴 데 보기' 효과 오류를 몸소 저지를 **것이다**.) 학계에서 서로 논문을 검토하고 결과를 재현하는 한 가지 이유는 모든 과학자에게는 자신의 필연적 실수를 포착해줄 사람이 필요하기 때문이다.

그래서 우리는 남의 학술 논문에서 실수가 발견되었을 때 너무 우쭐해서는 안 된다. 실수가 발견되는 것이야말로 과학의 작동 방식이다. (오류를 잡아내기 쉽도록 연구를 설계하는 일에 남달리 능한 과학자들은 누구보다 귀한 존재들이다. 물론 번번이 오류에 근거한 결과를 내놓거나 오류가 발견되었을 때 수정을 거부하는 사람들은 존경받지 못하지만.) 게다가 갓 발표된 학술 논문을 읽을 때 우리가 맨 처음 하는 가정은 다른 연구들에서 그 결과를 들여다보면 틀림없이 실수가 드러나리라는 것이다. 각각의 학술지에서 채택하는 엄격한 과학적 검토 과정을 거쳤더라도 말이다.

스펙트럼 위에 놓인 또 다른 점은 병적 과학이다. 이 개념은 노벨화학상 수상자 어빙 랭뮤어Irving Langmuir의 1953년 강연에서 처음 제시되었다.[87] 랭뮤어는 과학자가 진짜 과학을 시작하지만 결국 놀라운 결과에 홀딱 반해 그것이 실수라는 모든 징후를 무시하고 마는 수많은 사례를 나열한다. 놀라운 결과 앞에서 과학자는 감정이 북받친다. 앞선 사례들에서는 과학자들이 결과가 틀렸을 여지를 찾아내려고 애쓰지만, 여기에서의 문제는 미묘한 실수를 미처 보지 못하는 게 아니다. 오히려 그들은 결과가 틀렸다는 모든 증거에도 불구하고 자신의 결과를 변호하려 안간힘을 쓴다.[88] 정직한 과학자가 빠지는 이 고장모드는 무척 우려스럽기 때문에 과학이 탈선하는 방식들을 살펴본 뒤에 다시 들여다볼 것이다.

병적 과학 뒤에는 유사과학이라고 불리는 것이 자리한다. 유사과학을 하는 사람들은 과학의 언어를 구사한다. 그들은 과학 용어를 좋아하지만 실제 과학 행위는 좋아하지 않는 것처럼 보인다. 그렇기에 (이를테면) 자신이 원인이길 바라는 것과 자신이 결과라고 주장하는 것 사이에 인과적 연결이 있는지 실제로 검증하려 들지 않는다. 자신의 주장을 우리가 아는 나머지 모든 것의 커다란 맥락(앞에서 서술했듯, 과학적 지식을 서로 엮어 만든 '펫목')에 맞춰보려 들지도 않는다. 그리고 그 과정에서 거창하게 들리는 말을 남발한다.

유사과학은 때로는 쉽게 알아볼 수 있다. 하지만 좀 더 꼼꼼히 들여다봐야 할 때도 많다. 어쩌면 저자가 웹페이지를 근사하게 꾸미고 멋진 수식을 동원했을지도 모른다. 하지만 당신은 웹페이지를 읽다가 이런 생각이 든다. 잠깐만. 이 페이지는 과학처럼 들리는 용어를 쓰긴 하지만 부정확하게 쓰고 있어. 이 부정확한 이해를 바탕으로 결론을 끌어내고 있군. 게다가 이 유사과학 페이지는 결과가 틀렸을 수 있는 여지를 진지하게 살펴보지 않고 자신의 논증 어디에 약점이 있는지 보여주지 않고 있어.

유사과학은 뭉뚱그려 이따금 화물숭배 과학이라고 불리기도 한다. '화물숭배 과학'은 저명한 노벨물리학상 수상자 리처드 파인먼Richard Feynman이 들려준 이야기에서 비롯했다. 그는 1974년 칼테크 졸업식 연설에서 이 용어를 소개했다.

남태평양에는 화물을 숭배하는 부족이 있습니다. 그들은 전쟁 중에 비행기들이 좋은 물품을 많이 가지고 착륙하는 것을 보았는데, 지금도 같은 일이 일어나길 바랍니다. 그래서 물건을 활주로처럼 늘어놓고,

활주로 양옆에 불을 피우고, 나무 오두막을 지어 사람을 들어가게 합니다. 그는 머리에 헤드폰처럼 나뭇조각을 덮어썼고 안테나처럼 대나무 막대를 꽂았습니다. 그는 관제사입니다. 그러고는 비행기가 착륙하길 기다립니다. 그들은 모든 일을 똑바로 합니다. 형태는 완벽합니다. 전에 본 것과 똑같습니다. 하지만 효과가 없습니다. 어떤 비행기도 착륙하지 않습니다. 그래서 저는 이런 것들을 화물숭배 과학이라고 부릅니다. 과학적 탐구의 모든 표면적 규칙과 형식을 따르지만 본질을 놓치고 있기 때문입니다. 비행기가 착륙하지 않으니까요.

파인먼이 '화물숭배 과학'이라는 용어로 가리키려던 것은 유사과학과 약간 비슷하긴 하지만 더 나쁠 수 있는 과학이다. 진짜 과학을 막연하게 흉내 내긴 하지만 실제로는 나무 헤드폰과 대나무 안테나를 쓰고서 비행기가 착륙하길 바라는 셈이기 때문이다. 물론 화물숭배 과학을 하면 과학이 착륙하지 않는다.

여기서 더 나빠질 수도 있다. 목록의 맨 아래, 스펙트럼의 끝에는 사기과학이 있다. 사기과학은 발견을 엉뚱하게 표현해 남들을 오도하려는 고의적이고 적극적인 행위다. 이런 부당 행위의 동기는 금전적 이익일 수도 있고, 실직에 대한 두려움일 수도 있고, 개인적 야심일 수도 있다. 과학적 사기가 얼마나 만연한지 가늠하기는 힘들지만, 일상적이진 않을지언정 매우 드물지도 않을 것이다. 과학자들을 상대로 조사했더니 2퍼센트 가까이가 사기과학 행위에 몸담았다고 (익명으로) 털어놓았으며 일곱 명 중 한 명은 동료가 사기에 가담한다고 생각한다.[89] 오싹한 현실이다.

사기는 언제나 나쁘지만 과학은 이따금 사기가 벌어지더라도 제 기능을 할 수 있다. 결과를 검토하고, 재현을 시도하고, 결과에 함축된 새 가설을 검증하는 등의 일반적인 과학적 과정이 가짜 결과를 (바라건대 너무 큰 피해가 발생하기 전에) 걸러낼 것이기 때문이다.

사기과학에 몸담은 사람이 모호하기 짝이 없는 주제를 고르면 결코 들통나지 않을지도 모른다. 하지만 너무 모호해서 누구의 관심도 받지 못하면 별 재미를 볼 수 없다. 그래서 우리는 사기과학이 조금이나마 자제력을 발휘하리라 예상한다(적어도 희망한다). 과학이 현실을 직시하고 그러한 현실 이해를 바탕으로 유효한 해법을 마련하는 방법으로서 효과적이었던 만큼 우리는 과학 문헌에 사기과학이 판치지는 않으리라 추측할 수 있다. 하지만 해마다 발표되는 수백만 건의 논문들 중에서 몇 달에 한 번씩은 소설 같은 과학적 사기 사례가 등장한다.

흥미롭게도 이 책의 독자인 당신은 그런 사기를 (최근에야 주목받고 있는 방식으로) 잡아내는 법을 연마하고 있다. 연구자들 중에는 논문에 보고되는 데이터 분포의 범위를 들여다보는 사람들이 있다. 결과가 조금 미심쩍으면 더욱 꼼꼼히 들여다본다. 그들은 사람들이 가짜 데이터를 지어낼 때 데이터에 가짜 무작위 잡음을 만들어 넣는 일에 별로 능숙하지 못하다는 사실을 발견했다. 그 데이터를 도표로 그리면 측정에서 기대할 법한 어떤 잡음의 흔적도 없는 완벽한 종 모양의 통계적 불확실성 (9장의 계통적 불확실성을 포함) 분포에서 도출된 것처럼 보인다. 한술 더 떠서 잡음의 종 모양 분포가 전혀 없을 수도 있는데, 이 경우는 모든 데이터가 너무 좋아 보인다. 우리가 (7장에서) 보았듯 실제 데이터가 나타낼 법한 동전 앞면과 뒷면의 연쇄에 준하는 모양조차 찾아볼 수 없을

것이다.[90]

과학적 주장의 이 수많은 고장모드를 어떻게 이해해야 할까? 물론 우리는 이 책에서 줄곧 온갖 생각의 고장모드를 강조하면서 몇 가지 목표를 염두에 두고 있다. 우리는 과학적 결과에 대해 읽을 때 그런 실수를 알아볼 수 있길 바라며, 무엇보다 실수를 잡아내도록 도와줄 전문가를 찾고 싶다. 일상생활에서 (과학적 질문을 다루든 다루지 않든) 이런 정신적 함정에 빠지지 않고 싶어 하며, 연구 중에 이런 실수를 저지르는 과학자들을 피하고 싶어 한다. 대부분의 사람은 과학자가 아니지만, 과학의 탈선에 대한 이 전형적 이야기들을 읽으면서 과학자(함정에 빠지는 사람과 함정에 빠지지 않으려고 노력하는 사람 둘 다)의 관점에서 이 고장모드에 대해 생각하는 일은 여전히 매우 유용하며 상황을 분명히 이해하게 해준다. 스팍(《스타트렉》의 등장인물로, 절제된 감정과 냉철한 판단력의 소유자다-옮긴이)이 이런 식으로 잘못을 저지른다면 우리는 그 교훈을 결코 잊지 않을 것이다.

홀딱 반하면 진실은 보이지 않는다

문제의 전체 범위를 보건대 우리가 초점을 맞추고 싶은 것은 극단이 아니라 중간에 있는 문제들이다. 무작위 우연에 따라(즉, 95퍼센트 확신도로 20번에 한 번) 틀리는 좋은 과학적 결과에 대해서는 우리가 할 수 있는 일이 아무것도 없다. 다른 과학자 집단에 (이를테면) 우리의 결과를 재현해 정직한 실수를 찾게 도와달라고 부탁하는 게 고작이다. 반대쪽 극단에서도 대부분의 사람들은 엉뚱한 과학 용어를 무슨 뜻인지도 모르면서 주워섬기지는 않을 것이다. 논점을 입증하려고 데이터를 새빨갛게 날조하지도 않을 것이다. 하지만 흥미진진한 결과에 이해관계가 걸렸거나, 홀딱 반해서 자신이 잘못했음을 암시하는 모든 데이터를 외면하는 병적 과학의 중간 사례에는 우리가 빠질 법한(실제로도 빠진) 함정에서 볼 수 있는 많은 특징이 있다.

앞에서 언급한 랭뮤어의 병적 과학 강연에서는 과학적 결과가 이 수상쩍은 범주에 속했을지도 모른다고 의심케 하는 실마리의 목록을 제시한다(분구는 살짝 바꿨다).

1. 간신히 탐지되는 원인에 의해 결과가 발생하며, 결과의 크기가 원인의 세기에 대해 대체로 독립적이다.
2. 결과 자체가 간신히 탐지되거나 통계적 유의성이 매우 작다.
3. 대단히 정확하다고 주장한다.
4. 경험과 상반되는 허무맹랑한 이론이 연구에 결부되어 있다.
5. 연구에 비판이 제기되면 임기응변으로 변명한다.
6. 지지자 대 비판자 비율이 초반에 50퍼센트 가까이로 급등했다가 0퍼센트 가까이로 급락한다.

그렇기에 우려스러운 과학적 결과를 맞닥뜨렸을 때 처음 물어야 하는 질문은 이것이다. "이 결과(또는 원인)는 간신히 탐지되는가?" 물론 당신이 우려하는 대상이 병적 과학이라면 원인이나 결과가 탐지될락 말락 하는 데는 이유가 있다. 원인이나 결과가 분명하다면 애초에 당신이 우려하지 않았을 것이기 때문이다. 다음 질문은 좀 더 미묘할지도 모르겠다. "결과의 크기가 원인의 세기에 의존하나?" 이것은 3장에서 힐의 기준을 논의할 때 용량-반응 관계라고 불렀다. 당신은 '용량', 즉 원인을 좀 더 늘리면 반응이 좀 더 나타나리라 기대한다. 그런데 이런 일이 늘 일어나지는 않는다. 이를테면 항생제를 소량 투여했을 때는 아무 효과도 일어나지 않다가 일정한 문턱값을 넘어서면 일어나야 할 효과가 신속하고도 완전하게 일어나 감염을 제거할 수 있다. 하지만 당신이 원인과 결과를 탐지하는 능력을 이미 극한까지 발휘하고 있다면, 존재하지 않는 인과관계가 보인다고 스스로를 속이지 않을 증거가 추가로 필요하다. 이때 원인과 결과의 재현 가능한 상관관계, 즉 용량-반응 관계는 중요한 지표가 된다. 물론 이것은 원인과 결과를 단순히 탐지하는 것보다 엄격한 기준이며, 간신히 탐지되는 요소가 자신이 보고 싶어 하는 결과에 쉽게 스며들 수 있으므로 그 주장에 대해 매우 깐깐해야 한다는 점을 상기시킨다.

랭뮤어의 기준 중 상당수는 (병적 과학을 소개하면서 쓴 구절을 다시 쓰자면) 사람들이 자신의 결과에 홀딱 반한 탓인 듯하다. '자신의 결과에 홀딱 반하다'는 실제로 매우 적절한 비유다. 누군가에게 홀딱 반하면 상대방이 무엇을 하든 귀엽고 사랑스러워 보인다. (이런 생각이 든다. '와, 저 사람이 내 친구들을 농담거리로 삼는 거 대단하지 않아?') 그러다 몇 년 뒤 사랑의 화학 물질이 모조리 흩어지고 현실로 돌아오면 당신은 스스로에게 이렇게 묻는다. '내가 무슨 생각을 하고 있었던 거지?'

누군가와 사랑에 빠지면 모든 것이 좋아 보일 수 있으며, 이것은 개념이나 과학적 결과와 사랑에 빠질 때에도 마찬가지다. 당신은 자신이 세상 돌아가는 이치의 놀라운 측면을 발견했다고 생각한다. 자신의 발견 덕에 세상이 달라질 거라 생각한다. 가슴이 벅차오른다. 자신이 바란 정확한 결과를 내놓지 않는 데이터를 폐기하기 시작하며 (랭뮤어의 3번 기준에 따라) '정확한 결과'에만 관심을 기울인다. 자신이 발견한 현상을 설명하는 놀랍고 허무맹랑한 이론을 발전시키기 시작하며(랭뮤어의 4번 기준) 이 이론이 다른 이론들과 맞아떨어지는지는 생각하지 않는다. 우리가 수천 년간 엮어온 (은유적) 생각의 뗏목에 있는 더 확고한 과학적 관념과 증거를 외면한다. 그 관념과 증거란 우리가 과학에서 쌓아가는 일관된 이야기다. 당신의 특수한 설명이 그 이야기와 맞아떨어지지 않는다면 그것은 적신호다. 하지만 자신의 설명에 홀딱 빠져 있으면 그 순간 경고 신호가 눈에 들어오지 않는다.

설상가상으로, 사랑에 빠지면 학계의 모든 비판에 맞서 연인을 지켜주고 싶어진다. 다른 사람들이 당신의 실험이나 결과에서 잘못을 지적하면 당신은 그럴듯한 변명을 지어내기 시작한다. "아, 그건 단지 일진이 안 좋았기 때문이야. 그날 습도가 너무 높아서 실험이 제대로 진행되지 않았어. 습도가 낮았다면 결과가 나왔을 거라고!" 당신은 모든 비판에 답하기 위해 이런 임기응변식 논증을 지어내기 시작한다(랭뮤어의 5번 기준).

또 다른 단서는 학계의 반응에서 찾아볼 수 있다(랭뮤어의 6번 기준). 다른 과학자들은 처음에는 결과에 환호하는데, 왠지 모든 것을 바꿀 가능성이 있어 보이기 때문이다. 그러다 시간이 흘러 결과를 재현하는 데 실패하면서 실망하기 시작한다. 결국 아무도 혹하지 않게 된다.

고약한 병적 과학을 누가 두려워하나?

랭뮤어가 스케치한 이 병적 과학의 초상화가 엄밀하거나 유일한 정의가 아니라는 데 유의하라. 병적 과학**인** 것이 있고 병적 과학이 **아닌** 것이 있다는 뜻이 아니다. 랭뮤어의 목록은 경고 신호를 모아놓은 것에 불과하다. 무언가를 읽다가 랭뮤어의 목록과 어딘지 비슷한 구석이 보이기 시작하면 정신을 바짝 차려야 한다. 당신이 한창 실험을 진행하는 과학자든, 결정을 내리기 위한 인과관계를 파악하려고 노력하는 일반인이든, 랭뮤어의 목록처럼 느껴지는 일을 스스로 하고 있음을 깨닫는다면 한발 물러서 스스로에게 물어야 한다. '이러다 어디로 가게 될까?' (목표는 자신의 위대한 계획이 통하지 않는데도 끝까지 매달리는 바보가 되지 않는 것이다.)

이것은 경고 신호의 목록이기 때문에, 그중 하나가 참이라고 해서 무작정 결과를 믿지 말아야 한다는 뜻은 아니다. 어떤 결과가 강력한 측정 가능한 원인이 있으며, 강력한 측정 가능한 결과와 강력한 관계가 있다고 가정해보라. 누구나 실험을 재현해 같은 결과를 얻을 수 있다. 단지 전에는 그 측정을 시도하지 않았을 뿐이다. 당신이 측정을 해내자 모두가 말한다. "와! 당신이 옳아! 이걸 더 투입하니 저게 더 산출되는군." 통계적 유의성은 대단한 것이며, 이를 확인하기 위해서는 정확성이 놀랄 만큼 완벽하지 않아도 된다. 그 경우 결과가 나머지 모든 현재 이론과 어긋나더라도 오히려 더 진지하게 받아들여진다. 한낱 병적 과학으로 치부되진 않는다. 어떤 의미에서 솔 연구진과 경쟁 연구진이 우주가 가속 팽창하고 있다고 생각하며 측정을 처음 실시했을 때 일어난 일이 바로 이것이다. 사람들은 (멀리서 폭발하는 항성의 밝기로 측정된) 충분히 큰 결과를 볼 수 있었기에 그 결과를 받아들이고 이렇게 말하기 시작했다. "근데 말이지, 현재의 과학적 그림을 구성하는 서로 얽힌 이야기들의 조합을 재고해야 할 것 같군."

하지만 현재 이론에 이의를 제기하는 결과가 도출되면 그 결과를 낳은 과학은 훨씬 깐깐하게 검증받는다. 그 이론을 받아들이려면 더 높은 입증 기준이 필요하다. 뗏목 비유를 쓰자면 도발적 결과는 어느 모로 봐도 뗏목에 들어맞지 않는 새 통나무와 같다. 당신은 통나무를 전체 이야기에 끼워 맞출 방법이 없다는 이유만으로 그것을 무시하고 싶지는 않기에, 당분간 약간의 격리 상태를 유지한다. 결국 통나무가 충분히 모여 새롭고 개량된 뗏목을 만들 수 있을 때에야 작업에 착수한다. 아인슈타인이 상대성 이론을 제안했을 때 이런 일이 일어났다. 그 덕에 우리는 공간 자체가 휠 수 있다는 개념을 고려할 수 있게 되었다. 일반적 관점에서는 도무지 말이 되지 않는 괴상한 발상이 있을 때, 그것이 어떻게 작동하는지 머릿속에 그리기 힘들다는 이유만으로 그 발상을 버리진 마시길.

현실을 마주해야 할 때

우리는 과학이 탈선하는 경우를 모조리 살펴보았으며 병적 과학에 빠지지 않기 위한 만반의 경계 태세를 갖췄다. 그렇다면 이제 우리가 읽는 과학 뉴스나 그럴듯한 전문가가 근거로 내세우는 최신 증거를 어떻게 대해야 할까? 학술 논문을 읽고 이해하고 제대로 평가하는 것은 과학자에게조차 극히 힘든 일이다. 인접한 하위 분야의 논문에 대해서조차 쉬운 일이 아니며 어휘와 해당 분야 고유의 실험상 난점을 알지 못하는 영역에서는 말할 것도 없다. 하지만 과학 논증의 대부분이 따라가기 힘들긴 해도, 연구의 논조를 파악하고 무엇보다 저자들이 자신이 오류를 저질렀거나 자신의 방향이 틀렸을 가능성을 충분히 주시한다는 증거를 찾는 일은 가능할 때도 있다.[91] (이것이 인지 편향을 줄이는 최고의 처방인 '반대로 생각하기' 전략과 매우 비슷한 것은 우연이 아니다.) 그리고 랭뮤어 목록에서는 종종 논문의 논조를 파악하는 구체적 지표를 얻을 수 있다.

사례 연구

상온 핵융합

이런 평가가 필요한 과학 뉴스의 극적인 사례는 언제나 있으며 실제로도 중요한 주제에서 찾아볼 수 있으니, 그것은 핵융합으로 에너지를 생산한다는 주장이다. 몇 년에 한 번씩 에너지원으로서의 핵융합에 대한 탐구에서 돌파구가 열렸다고 선언하는 과학 뉴스 기사가 쏟아져 나온다. 이 과학 주장들이 기삿거리가 되는 것은 놀랄 일이 아니다. 풍부한 연료(예: 바닷물에 들어 있는 원소)로부터 유용 에너지를 대량으로 생산하면서 소량의 관리 가능한 폐기물만 발생시키고 추가적 온실가스를 전혀 발생시키지 않는 데 성공한다면 전 세계인의 삶을 극적으로 향상시킬 수 있으니 말이다. 이 궁극적 목표는 두 가지 주요한 장기적 국제 사업으로 이어졌는데, 연구자들은 서로 다른 두 가지 기술적 접근법을 써서 최종적으로 통제 가능한 연속 핵융합 반응로를 건설하고 이것을 산업적 가치가 있는 동력원으로 만드는 법을 알아내고자 했다. 하지만 엄청난 자금이 투입된 두 사업에서 결과가 느리지만 꾸준히 발표되는 사이사이에 이렇게 거대하고 오랜 기간이 걸리는 개발의 필요성을 반박하는 돌파구가 열렸다는 뉴스도 심심찮게 발표되었다. 그런 발표 중 하나인 1989년의 '상온 핵융합' 주장을 살펴보자.

두 사업의 주요 기술적 접근법에서 핵융합을 일으키기 위해서는 축구장 크기에 전기를 물 쓰듯 하는 기계가 필요한데, 이 기계는 태양보다 몇 배 뜨거운 극고온을 발생시킨다. 이에 반해 상온 핵융합은 이름처럼 비교적 낮은 온도에서 작동한다. 1989년 봄, 평판 좋은 두 화학자 스탠리 폰스Stanley Pons와 마틴 플라이슈먼Martin Fleischmann은 기자 회견을 열어 탁자 크기의 실험 설비에서 일으킨 핵융합으로 에너지를 생산했다고 주장했다. 표준적 화학 설비(전해전지라고 부른다)를 통해 전류를 흘려보내되 팔라듐과 (중수소가 풍부한) 중수를 썼다고 했다. 학계는, 그리고 모든 사람은 저명한 과학자들이 이런 실험을 했다는 것에 환호했으며(그들의 과학은 유사과학이 아니었다. 그들은 자신이 구사하는 어휘를 이해하고 있었다), 작동 원리를 이해하고 결과를 검증하고 재현하는 일에 당장 착수했다.

실험을 재현하려는 시도는 대부분 실패했으며 다른 과학자들이 원래 실험에서 결함과 오류 원인을 찾아내기 시작했다. 이를테면 물리학자들은 폰스와 플라이슈먼이 주장한 종류의 핵융합이 일어나려면 (방안에 있는 사람을 죽일 만큼) 강력한 방사선이 다량으로 방출되어야 하지만 아무도 다치지 않았음을 지적했다. 실험이 시작된 지 오랜 뒤에도 여분의 에너지 방출이 일어난다는 점도 의아했다. 전해전지에 투입하는 전류에 변화가 없었는데도 말이다. 폰스는 실험 구성을 비롯한 대부분의 의문점에 응답하지 않았다. 플라이슈먼과 폰스는 자신들의 발견을 여전히 확신했지만 결국 대부분의 과학자들은 상온 핵융합에 사망 선고를 내렸다.

이 우려 중 상당수는 뉴스 미디어에 보도되었다. 《뉴욕 타임스》에서는 과학 전문 기자 맬컴 브라운Malcolm Browne이 이렇게 썼다. "폰스 박사와 플라이슈먼 박사는 후속 실험에 필요한 세부 사항의 공개를 거부했다." 물리학자 로버트 L. 파크Robert L. Park는 10년쯤 뒤 《부두 과학Voodoo Science》이라는 책에서 과거를 돌아보며 말했다. "폰스와 플라이슈먼이 주장한 전력 수준에서는 그들의 실험 전지가 치명적 용량의 핵 방사선을 방출할 것으로 예상되었다. 그것은 체르노빌 서쪽에서 가장 뜨거운 방사선원이어야 했다." 《사이언티픽 아메리칸Scientific American》에서는 이 시기를 이렇게 회고했다. "상온 핵융합을 진심으로 믿는 모든 사람들이 동의하는 것이 하나 있다. 자신들의 결과가 재현 가능하지 않다는 것이다. 대부분의 과학자들에게 이것은 상온 핵융합 결과에 신빙성이 없음을 의미하지만, 참된 신자들은 이 예측 불가능성 때문에 상온 핵융합이 더욱 흥미롭다고 주장한다!"

여기서는 랭뮤어의 기준 중에서 어느 것이 작용하고 있을까? 결과의 크기(생성되는 핵융합 에너지의 양)가 원인의 세기에 의존하지 않는 것은 분명해 보인다. 주장된 결과가 나타나기 시작한 시점에 투입 전류의 에너지는 달라지지 않았다. 우리의 모든 물리학 경험과 이에 부합하게 탄탄히 확립된 물리학 이론에 따르면 핵융합에서는 방사선 같은 검증 가능한 부산물이 생성되어야 한다. 그러므로 이런 부산물이 없다는 것은 허무맹랑한 이론이 필요하다는, 적어도 가장 훌륭한 현재의 '과학 뗏목'과 맞아떨어지지 않는 이론이 필요하다는 뜻이다. 마찬가지로 결과를 재현하는 확증 실험이 없자 임기응변식 변명을 내세운 것으로 보인다 (변명이 원래 연구진에게서 나왔는지, 지지자들에게서 나왔는지 분명하지 않지만). 주장에 대한 지지는 처음에는 커졌다가 더 많은 증거가 드러나면서 사그라들었다. 이렇게 보면 랭뮤어의 기준 네 가지가 적용되는 듯하다. 나머지 두 기준(간신히 탐지되는 결과와 대단한 정확성)은 이 이야기에 등장하지 않지만, 실험의 타당성을 우려할 이유는 충분하므로 1989년 말이 되었을 때 당신이라면 상온 핵융합 회사에 자금을 투자하고 싶지 않았을 것이다.

여기서 분명히 해두어야 할 게 있다. 핵융합에 이르는 경로 중에서 훨씬 쉽게 이용할 수 있는 새롭고 이례적인 것을 찾으려는 탐구는 과학이 작동하는 모습을 보여주는 위대한 사례다. 심지어 결과가 재현 가능하지 않거나 실험에 결함이 있더라도 반드시 나쁜 일은 아니다. 하지만 모두가 갈망하는 것은 한발 물러서서 오류를 선제적으로 찾아보는 능력이다. 묻고 더블로 가는 것은 여기서는 미덕이 아니다. 그것은 무언가 심각하게 잘못되어 적신호가 켜질 가능성을 외면하는 노골적 저항이다.

물은 기억하지 않는다

이 우려스러운 사례를 염두에 두고서 물이 극도로 희석된 상태에서 분자 기억을 간직할 가능성으로 돌아가자. 앞에서 언급했듯 이 과학적 주장은 많은 사람들에게 상온 핵융합의 희망보다 훨씬 직접적인 개인적의미로 다가온다. 동종요법을 뒷받침하는 외부 증거로 간주할 수 있기 때문이다. 과학 학술지 《네이처》에서 물 기억 주장에 대처한 사연은 흥미진진하다. 저명 과학자 자크 방브니스트Jacques Benveniste는 항체 용액을 10^{120}분의 1로 희석했는데도 원래 항체의 생물학적 활성 증거가 나타났다는 이례적(허무맹랑한?) 주장을 《네이처》에 기고했다. 《네이처》 편집자 존 매덕스John Maddox는 고민에 빠졌다. 다른 한편으로 매덕스는 현재의 관행을 넘어서는 참신하고 파격적인 과학을 키워주고 싶었지만, 이번 결과는 현재 확립된 주류 견해를 단순히 넘어서는 것이 아니었다. 과학의 더 큰 그림(우리의 비유적 멧목)에 도무지 들어맞지 않았다. 매덕스 말마따나 "우리는 마음이 닫혀 있었다기보다는 과학이 어떻게 구성되어 있는가에 대한 견해를 송두리째 바꿀 준비가 되어 있지 않았다."[92]

매덕스는 이 유별난 상황을 타개할 타협안을 생각해냈다. 심사위원들이 논문에서 잘못된 점을 찾을 수 없었음을 감안해 그는 논문 발표를 승인하기로 마음먹었다(저명 연구실에서 작성했으므로 분명 유사과학은 아니었다). 하지만 전 세계 많은 사람들을 오도할 위험을 감안해(이를테면 프랑스 인구의 절반가량이 동종요법을 이용한 적이 있었다) 다음과 같은 편집인 명의의 경고문을 덧붙였다. "사려 깊은 사람이라면 당분간 판단을 유보해야 할 충분하고도 특별한 이유가 있다."[93] 이에 더해 《네이처》에서 방브니스트 연구실에 팀을 파견해 실험 재실행을 감독해야 한다고 주장했다. 우리가 어떻게 스스로를 속이거나 남에게 속아 넘어가는지 알기는 매우 힘든 일이므로 매덕스는 팀에 적임자를 두 명 영입했다. 월터 스튜어트Walter Stewart는 미국 국립보건원 소속 물리학자로, 미심쩍은 과학을 타파한 경험이 풍부했다. 제임스 랜디James Randi("어메이징 랜디")는 마술사로, 유리 겔러 같은 자칭 심령술사가 어떻게 초자연 현상을 조작하는지 밝혀낸 전력이 있었다.

보도에 따르면 실험을 재실행하기 시작했을 때 방브니스트 연구실에서는 다소 재미있는 장면이 펼쳐졌다. 랜디는 이따금 소소한 마술을 부려 좌중을 흥겹게 했다. 첫째, 검증팀은 실험이 연구실에서 평소 하던 대로 몇 차례 수행되는 광경을 보았다. 실험 진행자들은 화학 물질이 든 약병을 일일이 확인했다. 그런 다음 사전에 합의한 대로 약병을 무작위로 선정해 라벨을 가린 채("맹검") 실험을 여러 번 재실행했다. 랜디는 숨겨진 라벨을 포장해 꾸러미를 천장에 테이프로 붙여두었다(천장에 붙인 이유는 극적 효과를 위해서였을 것이다). 실험 진행자들이 결론을 내리자 어느 약병이 어느 약병인지 밝힐 때가 되었다. 결과가 공개되자 '맹검' 실험이 제대로 작동하지 않았음이 드러났다. 생물학적으로 활성인 것은 홍분을 자아낸 극단적 희석액이 아니라 별로 희석되지 않은 용액이었다. 그렇다면 실험 진행자들의 절차 중 어느 요소가 그럴듯한 결과를 거짓으로 만들어냈다는 뜻이었다. 원래 실험은 '맹검'으로 진행되지 않았기에 진행자들은 어느 약병에서 어떤 결과가 나올지 알고 있었다. 매덕스, 랜디, 스튜어트는 《네이처》 다음 호에서 이렇게 말했다. "우리의 결론은 높은 희석도(10^{120}분의 1만큼 큰 비율)에서 면역글로불린 항체가 생물학적 효능을 유지한다는 주장에 실질적 근거가 전혀 없으며,

과거 용질의 기억이 물에 각인될 수 있다는 가설이 허황하고도 불필요하다는 것이다."[94]

보고서에서 매덕스, 랜디, 스튜어트는 방브니스트 실험실의 연구에는 랭뮤어의 목록에 해당하는 문제가 많다고 지적했다. 이를테면 실험은 이따금 '오작동'한다는 사실이 분명히 알려져 있었으며(랭뮤어의 5번 기준) 방브니스트 연구진은 어떤 실험도 성공하지 못하는 시기가 있음을 알고 있었다. 그들은 희석에 쓴 물에 무언가 문제가 있다고 추측했다. 또한 희석액을 한 시험관에서 다른 시험관으로 옮기다 실험을 망쳤다거나 용액을 매번 열 배로 희석하지 않고 세 배나 일곱 배로 희석하다가 잘못된 결과가 나왔다는 등의 자체적인 실험실 '속설'을 가지고 있었다. 매덕스는 결과의 측정이 고된 작업이었으며(여러 혈액 세포 중 한 종류만 세어야 했다) 일부 연구원이 유난히 서투르다는 사실이 알려져 있었다고도 보고했다(결과가 간신히 탐지된다는 랭뮤어의 2번 기준일까?). 마지막으로, 계수의 정확도가 이론적으로 가능한 수치보다 높아 보였다(랭뮤어의 3번 기준). 무엇보다 같은 표본을 두 번 측정한 값이 너무 정확히 맞아떨어졌으며 그런 계수 기반 실험에서 으레 나타나는 측정 오류가 보이지 않았다.

원래 논문이 놀라웠다는 사실은 이미 랭뮤어의 1번 기준을 보기 좋게 입증했다. 희석에 희석을 거듭해도 생물학적 반응성이 유지된 점을 보면 결과는 원인과 전혀 무관했다. 물의 분자 구성이 한때 함유되어 있던 수많은 성분 중 하나의 기억을 간직한다는 주장은 경험과 상반되는 허무맹랑한 이론처럼 들린다(랭뮤어의 4번 기준). 그러고 보면 이 결과가 병적 과학의 사례라는 느낌이 강하게 든다. 매덕스, 랜디, 스튜어트 말마따나 "우리는 방브니스트 연구실이 데이터 해석에 대한 망상을 만들어낸 다음 그것을 애지중지했다고 믿는다." 방브니스트는 결코 생각을 바꾸지 않았다.

그때 당신이 동종요법 탄생으로부터 200여 년 뒤 마침내 이를 뒷받침하는 과학적 증거가 나타났다고 기대했다면 틀림없이 실망했을 것이다. 물론 이 책의 독자들은 이 주장을 상대하는 가장 직접적인 방법인 3장의 무작위 통제 시험이 동종요법을 샅샅이 반박했다는 사실에 흥미를 느낄 것이다.[95] 사실 이런 검증은 오랜 역사가 있다. 역사적으로 볼 때 최초의 이중맹검 무작위 통제 시험은 1835년에 실시된 동종요법 시험이었으니 말이다![96]

돌림힘-조현병 가설

(야구 선수 베이브 루스처럼) '매번 홈런을 치려고 방망이를 휘두르'는 과학자들이 모두 병적 과학에 종사한다는 인상을 독자들에게 남기고 싶지는 않으므로, 병적 과학처럼 **보이는** 사례를 들여다보고 병적 과학의 운명을 모면한 이유가 무엇인지 알아보는 편이 이로울 것이다. 1977년 미국심리학회 회장 취임 연설에서 매우 존경받는 임상가 시어도어 블라우 Theodore Blau는 참으로 대담한 가설을 내놓았다. **아동에게 X자 주위로 동그라미를 그리게 하면 조현병 발현 위험을 예측할 수 있다!**

블라우는 시계 반대 방향으로 동그라미를 그리는 아동(그가 '돌림힘 torque'이라고 부르는 성향)의 조현병 위험이 현저히 크다고 주장했다(몇 가지 증거도 제시했다). 듣기만큼 정신 나간 소리는 아니었다. 블라우는 자신의 간단한 검사로 뇌의 좌반구와 우반구 사이의 소통 신호에 간섭이 일어나는 '대뇌 혼합 우세' 문제를 밝혀낼 가능성이 있다고 주장했다. 하지만 10년이 지나도록 어떤 연구도 블라우의 가설을 뒷받침하지 못했다.

이것이 '상온 핵융합'이나 '기억력을 가진 물' 상황과 달랐던 이유는 무엇일까? 우리가 생각하기에 블라우의 사례가 다른 점은 그가 자신이 틀렸을지도 모른다는 것을 똑똑히 밝혔다는 사실이다. 블라우는 "현재 연구에는 심각한 방법론적 문제와 기저율 문제가 내재해 있으며 이 연구가 위험에 처한 아동에 대한 예방 조치에 이바지하려면 이 문제를 반드시 탐구하고 설명해야 한다"라고 언급하면서 자신의 생각을 검증하기 위해 탐구해야 하는 다른 노선의 증거들을 제시했다. 블라우의 신중함 덕에 비판자들이 그의 가설을 대할 때 전문가적 태도와 존중심을 보였을 것이다(⟨틀린 방향으로 회전한다고?⟩라는 부제로 은근히 비꼬려는 유혹을 거부하지 못한 사람이 있긴 하지만).

관심을 가져야 하는 이유

독자들 중에서 과학 실험에 많은 시간을 쓰거나 자신이 병적 과학에 빠질까봐 걱정하는 사람은 얼마 되지 않을 것이다. 하지만 모든 사람은 결정을 내릴 때 현실에 대한 최선의 이해를 근거로 삼고 싶어 하는 경우가 종종 있다(이를테면 동종요법 처방을 받아들일지 결정할 때). 그래서 우리는 과학이 탈선하는 사태를 알아차릴 방법을 원한다. 그리고 우리가 신뢰하는 전문가들이 이 기준(또한 비슷한 기준)을 이용해 자신이 내놓는 증거를 검증하는지 볼 수 있길 바란다. 저명 과학자들이 랭뮤어의 병적 과학 징후 목록에 빠져드는 두 가지 극적 사례를 우리가 제시한 데는 이런 까닭도 있다.

하지만 우리가 살펴본 사례들에는 더 기본적인 문제가 하나 예시되어 있다. 과학 연구를 실제로 수행하든 아니든 **모든** 사람은 무엇이 참이어야 하는가에 대한 나름의 믿음에 홀딱 반할 수 있으며 그 믿음이 우리가 안다고 생각하는 나머지 모든 것과 아무리 모순되더라도 아랑곳하지 않을 수 있다("놀랍게도 내가 가장 생산적인 때는 과부하가 걸리고 여러 업무를 한꺼번에 처리할 때야"). 또한 이 믿음이 통하지 않을 때마다 나쁜 핑계를 대며 앞 장에서부터 논의했듯 우리의 믿음과 잘 맞아떨어지는 최적 사례에만 주목한다("금요일에 여러 업무를 한꺼번에 처리하다 실수를 저지른 것은 물론 전날 밤 숙면을 취하지 못했기 때문이라고!"). 확고한 발견으로 이름을 날린 저명 과학자들조차, 훈련을 통해 이런 정신적 고장 모드에 저항력이 생겼어야 마땅하건만 두 사례 연구에서 보듯 이 함정에 빠질 수 있다. 스스로에게 이런 일이 생긴다면, 잠깐 멈춰 '기억력을 가진 물'과 '상온 핵융합'에 대해 생각하라. 그러고 나서 한발 물러서서 이렇게 말하라. "여기서 더 회의적인 태도를 취해야겠어."

우리는 '과학이 탈선하는' 더 큰 그림으로 시야를 넓혀 허황한 유사 과학을 은폐하려는 빈번한 과학 언어 구사를 알아차려야 한다. 정말로 기만적인 증거를 근거로 삼은 과학적 주장의 존재도 파악해야 한다. 긍정적인 면을 보자면 우리는 무작위 잡음의 통계적 요동 때문에, 심지어 다른 과학자들이 잡아내는 간헐적 실수 때문에 진실하고 정직한 과학이 우연히 틀린 결과를 얻는 경우를 더 너그럽게 받아들일 수 있다. 더 어두운 면을 보자면, 사기 데이터는 과학적 결과를 들여다보는 사람이 저지를 수 있는 가장 악질적인 행위로 보일지도 모르지만 과학의 깃발을 더 고약하게 오용한 역사적 사례가 있다. 차별, 억압, 심지어 집단살해를 합리화하고 부추기는 데 과학적 언어와 주장이 동원된 경우다.

이 극악무도한 오용은 하위집단에 피해를 입히는(또는 연구를 수행하는 집단에 이익을 가져다주는) 정책을 정당화하기 위해 인간 하위집단 연구를 동원하는 행위로 규정할 수 있다. 피해 정도는 약한 차별에서, 심각하고 법적 뒷받침을 받는 편견, 게토화, 심지어 종족학살까지 다양하다. 악명 높은 예로는 골상학, 우생학, 멩겔레 박사와 나치 과학(나치 독일의 의사로, 아우슈비츠 수용소에서 쌍둥이와 유대인을 대상으로 비인도적인 생체 실험을 자행했다. '나치 과학'은 전체주의 이념에 따라 과학이 인종차별과 학살을 정당화하는 데 동원된 사례를 지칭한다-옮긴이), 터스키기 실험(미국 공중보건국이 1932년부터 1972년까지 흑인 남성에게 매독 치료를 제공하지 않은 채 병의 경과를 관찰한 비윤리적 인체 실험-옮긴이) 등이 있다. 우리가 여기서 논의하는 것이 단순히 과학의 실패가 아니라 인간 행동의 뿌리 깊고 심란한 결함이자 문화와 문명의 근본적 실패임은 분명하다. 하지만 우리가 과학을 어떻게 이용해야 이런 위험에 맞서 싸우고, 이런 억압에 일조하거나 심지어 공모하라는 요청에 저항할 수 있는지 묻는 것은 중요하다.

우리는 스스로를 속이고 현실을 오해할 가능성을, 또한 과학의 억압적 이용이 이러한 자기기만의 사악한 형태로 간주될 가능성을 다년간(종종 과학 문화를 통해) 탐구했으며, 이 책에서 줄곧 우리가 얻은 교훈에 대해 독자의 주의를 환기하고 있다. 우리가 스스로를 이런 식으로 속이는 일을 완전히 예방하기는 힘들겠지만, (1) 이 고장모드에 대한 인식을 높여 우리가 함정에 빠지기 시작할 때 이를 알아차리고 바로잡는 일에 착수하고, (2) 해당 고장모드에 빠지지 않도록 기법을 구사하고 가드레일을 설치할 수는 있다. 인간 하위집단 연구에서 제기된 위험에 대해 우리는 두 접근법 중 인식 제고라는 첫 번째 방법을 종종 이용한다. 우리는 역사 이야기를 읽어 경각심을 가지게 되면 그런 연구에 근거한 정책을 목격했을 때 안테나를 세우며, 악명 높은 역사적 선례를 떠올리게 하는 연구를 스스로 벌이거나 이용하고 있음을 자각했을 때 경고 신호에 더 예민하게 반응한다.

두 번째 접근법인 가드레일 설치에 대해서도 적어도 몇 가지 예를 제시할 수 있다. 나치 인체 실험, 터스키기 실험, 그 밖에 몇 가지 나쁜 사례가 벌어진 뒤 미 의회는 '생의학·행동 연구의 인간 피험자를 보호하기 위한 국가위원회National Commission for the Protection of Human Subjects of Biomedical and Behavioral Research'를 설립했다.[97] 이른바 '벨몬트 보고서Belmont Report'에서 위원회는 인간 피험자에 대한 윤리적인 과학 연구를 위한 세 가지 원칙을 제시했다. **인격 존중**에는 인간의 자율성 보호가 포함되고, **선의**에는 '해를 끼치지 말라' 철학을 따르고 피험자의 편익을 극대화하라는 내용이 포함되며, **정의**에는 비용과 편익의 공정한 배분이 포함된다. 이 원칙들은 독립 기구인 기관생명윤리위원회Institutional Review Board(이하 IRB)가 인간 피험자에 대한 연구 제안을 승인하고 감독하기 위한 가드레일이 되었다. 이를테면 오늘날 미국에서 연방 예산을 지원받는 모든 대학과 연구 기관은 (연구 자체가 연방 예산을 지원받지 않더라도) 인간 피험자를 대상으로 한 모든 연구 제안을 검토할 IRB를 두어야 한다. 이 IRB들은 처음에는 의학 연구에 치중했지만 이내 사회과학 연구로까지 확대되었다. 그 밖의 많은 나라에도 비슷한 절차가 있으며 동물 연구를 조사하는 별도 IRB가 있는 경우도 많다.

여느 인간적 시도와 마찬가지로 IRB 절차는 불완전하며 이 책 앞부분에서 논의한 것과 같은 '거짓양성/거짓음성' 상충관계를 볼 수 있다. 이를테면 IRB는 연구 제안서에 대해 불가능에 가까운 매우 높은 기준을 제시함으로써 (인간 피험자에 대한 위해 가능성을 철저히 방지하긴 하지만) 미래의 인간 복지에 이바지할 수 있는 상당수 연구를 가로막을 수도 있다.

윤리 가드레일을 만들고 제도화하려는 또 다른 최근 노력은 '지역사회기반참여연구community-based participatory research'('CBPR'라는 약자로 표시되기도 한다)의 발전이다. 이 방안의 취지는 연구 대상인 지역사회 구성원들을 연구의 온전한 동반자로서 참여시키는 것이다. 지역사회 구성원이나 그 대표자들은 유용한 연구 질문을 작성하고, 연구 계획 및 데이터 수집, 데이터 분석과 결과 해석 등 연구의 모든 과정에 참여한다. 이것이 언제나 실용적이지는 않지만, 논쟁적이고 지역사회에 큰 영향을 미치는 주제를 탐구할 때는 특히 합당하다. 이 접근법의 목표는 연구에서 도출되는 지식과 정책이 지역사회에 이롭도록 하는 것이며, 이상적으로는 인간 하위집단 연구가 적어도 그 집단에 도움이 되도록 하는 것이다.

인간이 인간을 연구할 때 과학을 오용할 여지를 견제하려는 이 시도들은 큰 가치가 있지만, 간편한 해결책은 존재하지 않는다. 우리는 여전히 이 주제의 온갖 어려움과 씨름해야 한다. 인간 하위집단을 연구해야 할 중요한 이유가 있음은 틀림없기 때문이다. 지역사회가 참여할 수 없거나 사전에 상의할 집단을 딱히 규정할 수 없더라도 연구를 아예 가로 막아서는 안 된다.

이 책의 상당 부분은 세상을 이해하는 수단으로서 과학적 사고와 과학적 방법론의 미덕을 칭송하는 데 할애되어 있다. 이런 이해를 바탕으로 효과적 결정을 내릴 수 있기 때문이다. 하지만 잘 알다시피 어느 논증의 표지에나 붙어 있는 '과학에서 도출됨' 라벨은 그 논증을 받아들일 충분한 이유가 되지 못한다. '과학'이 거론될 때 신중하게 생각하지 않고 덥석 받아들이지 않도록 독자들이 이 모든 방안을 고려해 충분한 경계 태세를 갖추는 것이 우리의 바람이다. 다음 장에서는 이 음습한 측면에 대한 해독제로서 이 모든 고장모드의 핵심 요소에 대처하는 비교적 새로운 접근법을 살펴본다.

14장. 확증편향과 맹분석

고된 과제를 수행하는 과정에 감정적 부침이 결부될 수 있을까? 과학적 낙관주의 개념을 논의하면서 우리가 생각한 것은 조금이라도 앞으로 나아가기 위해 필요한 많은 반복 속에서도 한 가지 문세에 꿋꿋이 매달리려면 어떻게 해야 하는가였다. 이것은 고된 과제가 궁극적으로 대성공을 거두든 아니든, 꽤 험난한 지대를 통과해야 한다는 것을 보여주는 한 조각 힌트였다. 또한 인류가 번영하거나 적어도 효과적인 결정을 내리려면 세상을 제대로 이해해야 하며 이를 위해서는 명료하게 생각하는 법을 배워야 하는데, 인류의 이 거대한 과제에도 험난한 지대가 있음은 분명하다. 그런데 두어 장에 걸쳐 현 상황을 들여다본 이 시점에서 우리는 명료하게 생각하는 인간 능력에 대해 절망하거나 적어도 심각한 의심을 품기 시작할지도 모른다.

절망해야 할지도 모르는 이 순간, 우리가 허공에 손을 쳐든 채 포기하려는 바로 이 순간이야말로 과학적 낙관주의와 그 구호("절망하지 말라!")가 필요한 순간이다. 여기서 우리의 3MT 목표는 생각의 이러한 고장모드를 단지 또 다른 문제이면서 더 큰 문제로 바라보아 진보의 징후가 조금이라도 보이는 한 거듭거듭 공략하는 것이다. 진보의 징후를 보여주는 증거는 분명히 존재한다. 이 책의 1~3부에서 논의한 여러 가지 생각 접근법은 20세기 들어서야 등장한 극적인 개념적 발전들을 보여준다. 지금은 포기할 때가 아니다. 오히려 우리가 갓 발견한 문제를 진단하고 가능한 해결책을 찾는 일에 착수해야 한다.

병적 과학의 우려스러운 이야기와 과학적 주장이 인간 억압에 일조하는 무시무시한 이야기 둘 다에서 주인공이 자신의 주장을 떠받치는 경로는 동일하다. 그 경로는 확증편향으로 포장되어 있다. 12장 말미에서 유난히 해롭다고 강조한 인간의 인지 결함 말이다.

확증편향이 얼마나 해로운지 잠시 살펴보자. 12장에서 언급했듯 사람들은 믿음을 검증할 때 우선 그 믿음을 뒷받침하는 사실을 찾는다. 이것은 지극히 논리적으로 보인다. 유명한 퍼즐인 웨이슨의 네 카드 문제에서 이 점을 똑똑히 알 수 있다. 아래와 같이 한쪽 면에는 글자가 있고 다른 쪽 면에는 숫자가 있는 카드 넉 장이 당신 앞의 탁자에 놓여 있다.

$$\boxed{A} \ \boxed{K} \ \boxed{2} \ \boxed{7}$$

문제는 다음과 같다. "카드의 한쪽 면에 모음이 있으면, 다른 쪽 면에는 짝수가 있다"라는 주장을 검증하려면 어느 카드를 뒤집어야 하는가?

당신의 답은 무엇인가? 빠르게 추측해보라. 기다릴 테니.

연역논리 원리에 따르면 정답은 A 카드와 7 카드를 뒤집는 것이다.

A를 뒤집는 이유는 카드 뒷면에 짝수가 있다는 것을 확인하기 위해서고 7을 뒤집는 이유는 카드 뒷면에 모음이 없다는 것을 확인하기 위해서다. 하지만 두 가지를 다 선택하는 사람은 5퍼센트에 못 미치며, 약 3분의 1은 A 카드만 뒤집는다. A 카드를 뒤집는 것은 가설을 **확증**하는 방법으로서 옳지만, 사람들은 7 카드가 가설이 틀렸음을 **반증**하는 방법임을 간과한다. 이것은 확증편향의 또 다른 예다. (절반 가까운 사람은 A와 2를 뒤집지만 2 카드를 뒤집는 것으로는 명제를 검증할 수 없다. "**모음**이면 반대쪽에 **짝수**가 있다"는 "**짝수**이면 반대쪽이 **모음**이 있다"를 함축하지 않기 때문이다.)[98]

확증편향은 확증 증거만 찾고 반증 증거는 보지 못하게 유도한다. 하지만 여기서 파생한 '반증 편향'도 있다. 사람들은 반증 데이터를 직접 찾아보려 들지 않는 경향이 있지만, 행여나 자신의 가설에 어긋나는 증거를 맞닥뜨리더라도 유리한 증거에 비해 훨씬 꼬치꼬치 뜯어본다. 연역논리에 대한 단순한 오해는 '차가운 확증편향'을 낳는 반면에, 맘에 들지 않는 증거를 더 꼬치꼬치 파고드는 행위는 '뜨거운 확증편향'을 낳는다. 이것은 자신이 좋아하는 결론이 자신이 틀렸음을 보여줄 대안에 승리하도록 편향된 '동기부여된 추론'의 한 형태다.[99]

롭은 이 뜨거운 편향을 설명할 때 자신이 정부 마약 정책의 효과를 연구하다가 스스로 벌인 행동을 즐겨 예로 든다. 1975년 이탈리아는 모든 정신작용제psychoactive drug의 소지를 비범죄화했다(판매는 제외). 그런데 1990년 국민 투표로 마약 소지가 다시 범죄로 규정되었다. 그리고 고작 3년 뒤 또 다른 국민 투표로 마약 소지가 다시 **비**범죄화되었다. 롭이 보기에 이 과정은 마약 문제에 대한 법률의 효과에 대해 많은 것을 알려주는 '자연 실험' 같았다. 애석하게도 이탈리아는 그 기간에 마약 사용 실태를 정기적으로 조사하지는 않았지만 '마약 관련 사망'은 기록했다. 롭은 데이터를 도표화하고서 마약 관련 사망이 1980년대 중엽부터 꾸준히 증가한 것을 발견했다. 하지만 놀랍게도 1990년 재범죄화 이후 사망률이 급감했다. 그러다 1993년 재비범죄화 이후 다시 증가하기 시작했다. 표면상으로만 보면 이야기는 분명해 보였다. 마약 소지를 처벌하면 사람들의 목숨을 구할 수 있다. 롭은 왜 놀랐을까? 1993년 자신이 발표한 포괄적 분석에서 마약 소지의 비범죄화가 마약 사용에 (탐지 가능한) 영향을 전혀 미치지 않는다고 주장하고 이를 뒷받침하는 다양한 이론적 이유를 제시한 적이 있었기 때문이다.

이탈리아 데이터는 롭의 앞선 결론에 심각한 오류가 있음을 보여주는 것 같았다. 그는 위기감을 느껴 더 깊이 파고들기 시작했다. 그리고 같은 기간에 마약 관련 사망을 보고한 유럽 국가 두 곳을 찾아냈다. 그중 하나인 스페인은 이탈리아와 비슷한 시기에 마약 소지를 비범죄화했지만 그 뒤로 다시는 재범죄화하지 않았다. 하지만 법적 조치의 역사가 달랐는데도 데이터는 세 국가에서 1991년 무렵 마약 관련 사망이 일시적으로 급증했음을 보여주었으며, 이로써 비범죄화가 사망률 증가로 이어진다는 가설을 무너뜨렸다. 롭은 안도의 한숨을 내쉬었다. 그의 1993년 논증은 여전히 유효했다.

롭의 행위는 바람직한 과학적 행위였을까? 그는 지난날을 회상하면서 (무척 당황스럽게도) 이 이야기가 차가운 확증편향의 실례라고 주장한다. 자신의 예상과 모순될지도 모르는 증거를 찾아보지 않은 채 예상을 뒷받침하는 증거만 찾았으니 말이다. 여기에는 뜨거운 편향도 있었으니, 그가 새 데이터와 더 철저한 검증을 도입한 것은 최초 결과가 마음에 들지 않을 때뿐이었다.

당신은 물리학 측정이나 (더 멀게는) 우주학 측정의 고고한 세계에서는 '뜨거운 편향'의 동기가 덜할 거라고 생각할지도 모르겠다. 어쨌거나 우주 팽창 속도가 메가파섹^{Mpc}(태양계 밖의 천체까지의 거리를 나타내는 단위로, 우리은하와 안드로메다 사이의 거리는 약 0.7메가파섹이다-옮긴이)당 초속 50킬로미터든 100킬로미터든 우리의 정치적 목표나 재무 상황은 달라지지 않는다.[100] 하지만 바로 이 논쟁이 1970년대 중엽부터 20년 가까이 치열하게 전개되었다. 한 연구진은 50km/sec/Mpc을 발견한 논문을 잇따라 발표했고, 다른 연구진은 100km/sec/Mpc을 발견한 논문을 잇따라 발표했다. 두 연구진 다 빼어난 과학자로 구성되었으며 결론을 도출한 논문에서는 훌륭한 논증과 확고한 데이터를 제시했다. 하지만 이 기간 동안 결론을 보면 누가 쓴 논문인지 얼마든지 짐작할 수 있었다. 뭐가 잘못되었을까?

5장에서 논의한 입자물리학 측정의 역사에서 최근 이와 비슷한 기이한 추세가 관찰되었다. 측정은 기법의 꾸준한 발전과 함께 수십 년에 걸쳐 반복되고 있었다. 기현상은 측정값이 (잡음을 감안한 것보다 더 정확히) 과거 측정값과 맞아떨어진다는 것이었다. 이 경우에도 빼어난 과학자들이 측정을 수행했으며, 결과는 사기가 아니고 병적 과학의 산물도 아님이 명확했다. 이번에도 우리는 고개를 갸우뚱거린다. 뭐가 잘못된 거지?

결국 비의도적 확증편향의 또 다른 해로운 효과가 두 사례의 유력한 원인으로 지목되었다. 측정을 12번 실시해 합산한 다음 12로 나눠 평균을 얻는 식으로 과학적 분석을 하던 시절에는 확증편향의 이 특수한 원인이 그리 흔하지 않았을 것이다. 하지만 오늘날 물리학 측정은 훨씬 복잡한 작업이며 대용량 데이터를 수집해 컴퓨터에 입력하고, 많은 컴퓨터 프로그램을 작성해 데이터로부터 결론을 도출한다. 당신은 신뢰할 만한 데이터를 선별하고 컴퓨터 프로그램을 디버깅하느라 오랜 시간을 보낸다. 이것은 모든 과학자에게 중요한 임무다. 대규모 데이터 집합에는 으레 부정확하게 수집된 데이터가 포함되므로(측정 장비를 예열하지 않았을 수도 있고, 성인 대상 연구를 하다가 실수로 10대들에게서 결과를 얻었을 수도 있다) 그런 데이터를 찾아 없애야 한다. 알다시피 꽤 복잡한 컴퓨터 프로그램에는 찾기 힘든 버그가 많이 들어 있을 수밖에 없다. 어떤 버그는 결과에 별 영향을 미치지 않지만 어떤 버그는 영향을 미친다. 그것들은 찾아내어 고쳐야 한다.

문제는 이것이다. 신뢰할 수 없는 데이터를 찾아 거부하고, 소프트웨어 버그를 찾아 고치는 행위는 놀랍지 않은 답을 얻게 되는 시점까지 계속되는 경향이 있다. 즉, 당신은 뜻밖의 결과를 얻으면 불량 데이터나 버그를 찾지만 결과가 '옳게 보이면' 찾지 않는다. 근사해 보이는 결과가 잔류 불량 데이터나 컴퓨터 프로그램의 미발견 버그 때문일 경우에도 말이다. 이런 까닭에 최종 측정과 학술 논문의 결과는 과학자들이 예상한 쪽으로 계통적으로 편향된다. 과거의 물리학 측정이 무작위 잡음에서 예상되는 정도로 오르락내리락하지 않은 것은 이 때문인 듯하다. 우주 팽창 측정이라는 더 극적인 경우에 결과가 50km/sec/Mpc과 100km/sec/Mpc으로 다르게 나타난 이유는 각 연구진이 어느 데이터를 신뢰할지에 대해 서로 다른 선택을 내렸기 때문일 것이다.

이 특수한 확증편향 고장모드가 더 심한 피해를 입히지 않았다는 것은 다소 놀랍다. 이 역사적 사례들에서 우리는 과학의 다른 측면들이 지닌 미덕이 작용했음을 볼 수 있다. 결국 측정이 개선되어 이 나쁜 결과가 분명히 드러났으니 말이다. 하지만 두 경우 다 이 편향된 결과 때문에 연구와 발견의 시간을 많이 허송해야 했다. 확증편향 때문에 왜곡된 측정을 토대로 결정을 내릴 위험은 측정이 개선된 뒤 과거의 교훈을 잊었을 때에도 여전히 존재한다.

이 책에서 거듭되는 주제 중 하나는 우리가 과학의 세계에서 (합리적 사고에 들어 있는 우리의 고장모드를 보여주는) 경험으로부터 배울 수 있으며 이 교훈을 나머지 일상생활에 적용할 수 있다는 것이다. 이 경우 우리가 누구나 경험한 적 있는 잘못에 대해 이야기하고 있다는 것은 매우 분명하다. 경험 많은 사람에게 조언을 요청했다가 답이 마음에 들지 않자 자신이 듣고 싶은 조언을 들을 때까지 자신이 신뢰하는 다른 사람들에게 물어본 적 없는 사람이 있을까? 조언자 찾아다니기는 원하는 답을 얻은 순간 중단되었을 것이다. 과학자들이 자신이 예상한 결과를 보았을 때 디버깅을 그만둔 것처럼 말이다.

하지만 우리가 과학계에서 사례를 찾는 목표는 이 정신적 함정에 대처할 수 있도록 과학이 발명한 비법과 요령, 기법을 활용하는 데 있다. 이 경우 물리학자들은 새롭게 확인한 문제가 보편적임을 인식하고서 이 문제를 피하는 기법을 발명하기 시작했다. 이 기법들은 모두가 알아야 한다. 과학 방법론의 이 부분은 새롭기 때문에 아직 모든 과학 분야에 보급되진 않았다. 그래서 이 책의 독자들은 이 점에서 나머지 과학계보다 적어도 몇 년은 앞설 기회를 잡은 셈이다.

'무지는 축복' 해법

언뜻 보기에 이 확증편향 문제는 대처하기 힘들어 보인다. 사람들이 영원히, 심지어 보고 싶은 답을 찾은 뒤에도 문제에 매달려 컴퓨터 프로그램에서 버그를 찾거나 더 많은 조언자에게 물을 거라 기대하기는 힘들다. 더 효과적인 해법 중 하나의 핵심은 뜻밖의 장소에서 찾아볼 수 있으니, 그것은 바로 '무지의 장소'다. 우리가 어릴 적 배우는 재미있는 의사결정 기법 중에 케이크 나누기 전략이 있다. 우리는 케이크를 공정하게 나누고 싶으면 "네가 자르고 내가 고른다" 알고리즘을 쓰면 된다고 배웠다. 케이크를 자르는 사람은 자신이 어느 조각을 가질지 모르기 때문에 깐깐할 정도로 공정하게 자르고 싶어 한다. 이 무지를 이용하면 올바른 결과를 얻을 수 있다.

같은 아이디어를 확증편향 문제에도 적용할 수 있다. 당신은 과학자이며 나쁜 데이터를 찾아서 폐기하고 컴퓨터 프로그램을 디버깅하고 있다. 하지만 자신이 발견한 나쁜 데이터와 컴퓨터 버그가 당신 눈에 보이는 놀라운 결과를 '바로잡을' 수 있는지는 알지 못한다고 상상해보라. 실은 분석을 마치고 결과를 발표할 준비가 되었다고 확고하게 마음먹을 때까지는 데이터 정리와 디버깅의 최종 효과를 스스로에게 알려주지 않는다고 가정해보라. 즉, 당신은 결과가 자신이 예상한 것인지, 마음에 들 것인지 모른다.

사실상 당신은 어느 데이터를 거부하고 언제 버그 찾기를 그만둘지 결정하는 시점에 케이크의 어느 절반이 자신의 것이 될지, 자신에게 만족스러울지 실망스러울지 알지 못한다. 이 무지 때문에 당신은 분석을 마칠 때 내려야 하는 이 모든 자잘한 결정에 대해 스스로에게 솔직해야 한다. 그러지 않으면 자신이 보고 싶거나 볼 것 같은 결과에 의한 확증 편향에 결정이 휘둘릴 수 있기 때문이다. 물리학자들은 누가 실제 약을 받고 누가 위약을 받는지 의사도 환자도 알지 못하는 '이중맹검' 실험에 빗대어 이 과학적 혁신을 '맹분석blind analysis'이라고 부른다.[101]

모든 과학자가 이 절차를 접하자마자 쓰지 않는 이유는 무엇일까? 맹분석은 익숙해지기까지 시간이 좀 걸린다. 대부분의 과학자들이 데이터나 컴퓨터 프로그램에 문제가 있는지 알아내는 방법 중 하나는 결과의 성격을 들여다보는 것이기 때문이다. 맹분석에 익숙해지려면 핵심 결과를 도출하지 않은 채 이런 문제를 찾아낼 새로운 방법을 발명해야 한다. 여기에는 어느 정도 재훈련이 필요하며 이따금 창의성이 필요할 때도 있다. 이를테면 핵심 결과를 얻기 위해 대량의 측정 집합을 평균해야 하는 과학 연구를 상상해보라. 간난한 맹분석 방법은 분석을 시작하기 전에 친구에게 모든 자료점(도표나 그래프 따위의 그래픽 좌표에서 하나의 점을 표시하는 정보-옮긴이)에 숫자 하나를 몰래 더하도록 하는 것이다. 그러면 당신은 평균값을 알 수 없게 된다. 그런 다음 최종 분석이 끝났다는 판단이 들면 친구가 알려주는 비밀의 수를 빼서 실제 평균값을 구한다. 이렇게 하면 핵심적 최종 답을 선불리 공개하지 않고도 (숨겨진) 평균과 거리가 먼 자료점을 찾아내어 나쁜 데이터로 간주해 폐기함으로써(그날 검출기가 고장났으려나?) 실험을 디버깅할 수 있다.

이 맹분석 접근법은 우주의 현대 팽창 속도를 놓고 논쟁이 벌어진 지 몇 년 뒤, 다음 우주학 질문("우주 팽창 속도는 영겁의 시간에 걸쳐 얼마나 **달라졌을까?**")을 연구할 때 솔의 연구진이 도입한 방법과 매우 비슷하다. 솔 연구진은 당시까지만 해도 새롭던 맹분석 접근법을 접하고서, 관련 우주학 측정에 대해 논쟁을 벌인 앞선 연구진들의 경험을 고려했을 때 시도해볼 만하다고 판단했다. 결국 맹분석은 많은 우주학 측정의 표준이 되었다. 처음에는 번거로운 가욋일처럼 보였지만, 솔 연구진은 다른 연구진들의 과거 측정을 재분석하고서 예상 결과가 나온 시점에 버그 제거 작업이 중단되었다는 뚜렷한 증거를 발견했다. (설상가상으로 자신의 과거 데이터 일부를 재분석했을 때에도 비슷한 사례를 발견했다!) 덕분에 맹분석이 필수 작업이라는 사실이 더욱 분명해졌다. 솔은 자신의 연구진이(아마 나머지 연구진도) 매우 꼼꼼하다고 생각했지만 그럼에도 이런 형태의 확증편향이 스며든 것이다. 이 확증편향이 얼마나 은밀한지 실감하면 이런 흔한 문제를 피하기 위해 맹분석 같은 방법을 **일부라도** 쓰지 않은 결과에 대해서는 확신을 갖기 힘들어진다.

맹분석이 만들어낸 드라마

스스로에게 무언가를 숨기는 것에는 놀이 비슷한 성격이 있다. 그렇기에 모든 연구진들이 이 접근법을 쓰면 극적인 이야기가 펼쳐진다. 중력파를 찾는 국제 연구진은 40년간 반복적 발전을 이루고 난 뒤 상상하기 힘들 만큼 미미한 신호를 검출할 수 있는 민감한 장비를 최초로 가동할 준비가 되었다. 레이저 간섭계 중력파 관측소The Laser Interferometer Gravitational-Wave Observatory, LIGO 공동 연구진은 진짜 신호를 놓치거나(진짜 신호는 매우 드물 것으로 예상되었다) 잡음을 중력파로 오인할까봐(잡음은 진짜 신호와 거의 비슷할 **뿐 아니라** 매우 빈번하기에 탐지기는 끊임없이 '거짓 경보'를 내보낼 것으로 예상되었다) 우려스러웠다. 그래서 자진해 스스로 다음과 같은 게임을 벌이기로 마음먹었다. 연구진 산하에 소규모 팀을 설치해 중력파처럼 보이는 (때로는 매우 미약하고 때로는 그보다 강력한) 신호를 이따금 시스템에 주입하도록 했다. 나머지 연구진이 이 드문 신호를 모조리 진지하게 여기는지 검증하기 위해서였다. 신호가 진짜인지 아닌지는 나머지 연구진이 분석을 마치고 학술 논문을 작성해 (신호가 진짜라면) 발표를 위해 투고할 때까지 비밀에 부쳐졌다.

솔이 이 시스템에 대해 처음 들었을 때는 여러 달에 걸쳐 분석과 논문 작성이 진행된 뒤였다. 결국 소규모 팀은 연구진이 논문을 위해 검사한 신호가 가짜였음을 공개했다. 몇 해 뒤 연구진은 또 다른 신호를 검출하고서 그것이 분명히 가짜라고 믿었다. 신호는 검출기가 작동하는 데 필요한 것보다 훨씬 강력했다. 하지만 이번에는 놀랍게도 진짜 신호였다. 중력파가 최초로 검출된 것이다!

맹분석 접근법의 또 다른 사례로 생물학적 제제의 용량에 따른 효과를 검사하는 경우를 생각해보자. 당신은 일부 성분의 양을 늘려가며 각각의 치료법을 비교한다. 이때 친구에게 시험관을 무작위 순서로 배치하고 당신이 분석을 모두 끝낸 뒤에 순서를 알려달라고 요청할 수 있다. 이 예는 친숙하게 들릴 것이다. 앞에서 어메이징 랜디가 기억력을 가진 물을 검증할 때 쓴 것과 사실상 같은 맹검법이기 때문이다. 물론 상온 핵융합을 연구하는 과학자들도 이런 정신적 위생 기법을 알았으면 좋았을 것이다.

일상에서 활용하는 맹검법

맹분석은 과학 실험에만 유익하더라도 중요한 방법일 테지만 더 나아가 일상생활에서도 요긴하다. 매우 간단한 예로 가격이나 라벨과 무관하게 어느 와인이 당신에게 가장 맛있는지 알고 싶을 때는 블라인드 시음을 하면 된다. 물론 이것은 와인이 전문가들도 쓰는 방법이다.

맹검법의 현실 사례 중에서 우리가 즐겨 드는 것 중 하나는 심리학자이자 전직 프로 포커 선수 애니 듀크$^{Annie Duke}$의《결정, 흔들리지 않고 마음먹은 대로》에 소개된 것이다. 듀크는 프로 포커 선수가 좋은 플레이와 나쁜 플레이를 동료와 논의할 때 수$^\pm$의 결과를 곧잘 생략한다고 설명한다. "이야기가 어떻게 끝났는지 들려주면 상대방을 결과주의자로 만들기 쉽다. 그는 결과에 들어맞도록 세부 사항을 해석한다. …… 결과가 알려지면 결정의 질을 결과의 질에 맞춰 평가하려는 편향이 생긴다."

듀크는 비전문가 청중을 대상으로 포커 플레이가 좋았는지 나빴는지 논의할 때 경기 결과를 알려주지 않으면 청중이 불만스러워한다고 말한다. 청중이 물으면 듀크는 이렇게 설명한다. "그건 중요하지 않아요." 삶에서와 마찬가지로 포커에서도 특정 결과는 우리의 전략뿐 아니라 우리가 어찌할 수 없는 우연적 요인에 의해서도 영향받는다. 훌륭한 포커 선수는 현명한 전략이 한 번의 경기에서 성공을 가져다주지는 않을지라도 장기적으로 승률을 높여준다는 것을 안다.

양심적인 고용주들은 채용 결정에서 과소대표되는 집단에 대한 차별을 줄이기 위해 맹검법 채택을 늘리고 있다. 가장 유명한 사례는 전문 관현악단 단원을 뽑을 때 외모가 보이지 않도록 가림막을 치는 것이다. 이 방법을 쓰면 여성 연주자의 합격률이 부쩍 증가한다. 유럽을 중심으로 고용주들이 면접 대상자를 가려내기 전에 입사 지원서에서 인구통계 정보를 삭제하는 경우도 늘고 있다.[102]

맹검법은 만병통치약이 아니며, 뜻하지 않은 결과를 낳을 수도 있다. 이를테면 미국의 많은 지역에서는 고용주가 입사 지원서에 '범죄 경력' 항목을 넣지 못하도록 하는 '밴 더 박스ban the box' 정책을 도입했다. 하지만 몇몇 연구에 따르면, 이로 인해 고용주가 (블라인드 처리된) 범죄 경력 대신 소수 집단 여부를 참고하는 바람에 차별이 오히려 **증가**할 수 있다고 한다.[103]

정치적 편향을 피하는 법

7장에서 논의한 '딴 데 보기' 효과를 기억하는가? 충분히 다른 방법들과 충분히 다른 분석들로 데이터를 들여다보면 결국 자신이 입증하고 싶은 가설을 뒷받침하는 결과처럼 보이는 것을 발견하지만, 그 결과는 실은 무작위 잡음 요동에 의한 것이다. 맹분석으로 대처하려는 위험이 바로 이런 종류다. 인간은 자신의 가설을 뒷받침하지 않는 분석들을 외면하고, 자신의 가설을 우연히 뒷받침하는 분석에 집중하는 핑곗거리를 임기응변식으로 찾아내는 데 매우 능하다. 원하는 결과를 얻을 때까지 이런저런 분석을 시도하는 것을 p해킹이라고 부른다. 이 이름은 심리학자 유리 사이먼슨Uri Simonsohn, 조지프 시먼스Joseph Simmons, 레이프 넬슨Leif Nelson이 지었다.

당신이 '딴 데 보기' 효과를 경험하고 싶다면, 또한 결과를 블라인드 처리하지 않고 분석할 때 자신이 예상하는 결과를 얻는 경향이 궁금하다면 538[FiveThirtyEight](미국의 정치 여론 분석 웹사이트-옮긴이)의 온라인 대화형 p해킹 게임(projects.fivethirtyeight.com/p-hacking)을 해보기 바란다. 그곳에서 당신은 중요하고도 논쟁적인 물음을 탐구하게 된다. 민주당과 공화당 중에서 어느 쪽이 경제에 이로울까? 실제 데이터 집합도 있다. 관건은 독립 변인(누가 집권하는가)과 종속 변인(경제 사정이 어떤가)을 둘 다 여러 방식으로 정의할 수 있다는 것이다. 누가 대통령인지가 더 중요할까, 누가 주지사인지가 더 중요할까? '경제'는 GDP, 고용, 인플레이션, 주가 중 무엇의 함수일까? 아니면 네 가지 모두의 함수일까? 당신이 어느 당에 속하든, 변인을 어떻게 정의하느냐에 따라 자신의 당이 경제에 분명히 이로워 보이도록 통계적으로 유의한 패턴을 얻을 수 있다.

당신의 당이 더 이로움을 보여주는 분석을 찾아냈으면 변인을 왜 그렇게 정의했는지에 대해 사후 정당화를 생각해낼 수 있다. 그러면 당신은 자신의 당이 경제에 **실제로** 더 이롭다고 전보다 더 확신할지도 모른다. 이 편향을 피하는 유일한 방법은 맹분석을 실시하는 것이다. 이를테면 변인의 정의가 만족스러울 때까지 어느 당이 어느 당인지 스스로에게 숨길 수 있다. 그리고 나서 블라인드가 해제된 뒤에도 결과를 고수한다. 자신이 바란 결과가 아니더라도 말이다. (때로는 실제로도 그럴 것이다.) 현실이 매번 우리의 바람과 맞아떨어지는 것은 아니니까.

전문가의 눈 가리기

과학 연구 이외의 영역에 맹분석이 적용되는 가장 중요한 경우 중 하나는 전문가 의견을 어떻게 평가할 것인가다. 형사사건에서 포렌식 전문가를 어떻게 대하는가에서 극적인 예를 볼 수 있다. 애증의 지문 증거를 비롯해 우리가 애지중지하는 미스터리 소설 속 기법 중 일부에는 확증편향의 소지가 분명 있다. 지문 전문가들의 오랜 전통인 직업적 관행들은 최근까지도 맹분석과 거리가 멀었으며 특정 지문 식별에 치우쳤다. 하지만 현대의 과학적 관행이 논의에 도입되면서 새로운 연구들이 지문 전문가들의 판단에 의문을 제기하고 있다. 급기야 저명 과학 연구소들의 보고서에서는 이런 법적 증거로 보건대 새로운 보정 작업이 필요하다고 권고하기까지 했다.[104] (놀랍게도 다수의 저명한 지문 전문가들은 자신이 과거에 식별한 지문을 비롯한 블라인드 테스트 결과를 접하고서 결론을 수정했다.)[105] 이런 블라인드 보정 작업은 이제 포렌식 분야의 일부가 되기 시작했다.

이것을 염두에 둔다면 우리는 전문가들에게 조언을 구할 때 가급적 맹분석을 써서 의견을 제시해달라고 요구해야 한다. 이렇게 하면 통상적 관행에 약간의 변화를 일으킬 수 있을 것이다. 이를테면 의사들은 대체로 두 번째 의견을 제시하기 전에 환자가 먼저 상담받은 의사의 결론을 참고한다.[106] 하지만 당신이 환자라면 의사가 이전의 결론들을 참고하지 않길 바랄 것이다. 마찬가지로 우리의 관점에서 보자면 판사와 배심원들도 맹분석에 근거한 전문가 의견을 듣는 것이 유익하다. 현행 비블라인드 방식을 선호하는 사람들도 있겠지만 말이다.

열린과학

결과에 대한 맹분석은 확증편향을 줄이는 여러 방법 중 하나에 불과하다. 다른 방법들도 있는데, 이에 대해서는 '열린과학운동the open science movement'이라는 더 폭넓은 추세의 일환으로 논의가 점차 활발해지고 있다.[107] 우리는 이 운동에 환호한다. 우리가 세 번째 밀레니엄 사고라고 부르는 것의 커다란 부분을 차지하기 때문이다. 열린과학운동에서 지지하는 방법의 상당수는 세 번째 밀레니엄 사고보다 먼저 등장했지만, 이 운동의 강점은 모든 방법을 그러모아 과학적 실천의 신뢰성과 건전성을 향상시키는 전반적 접근법을 만들어낸다는 것이다.

이런 열린과학 방법 중에서 최상위 학술지에서 도입이 늘고 있는 것으로 **사전 등록**이 있다. 이 방법은 연구를 수행하기 전에 자신들이 제안하는 방법론, 검증할 구체적 가설, 검증에 이용할 데이터 분석 계획을 공개적 보관소에 제출하는 것이다. 혹자는 사전 등록을 하면 결과에 대한 맹분석의 필요성이 없어진다고(또는 결과에 대한 맹분석을 실시하면 사전 등록의 필요성이 없어진다고) 주장했지만, 두 접근법은 상보적이며 함께 이용되어야 한다. 사전 등록을 요구하면 연구자들은 데이터를 수집하기 전에 자신의 방법과 분석 전략을 면밀히 검토할 수밖에 없으며, 맹분석을 실시하면 연구진이 자신의 바람 때문에 연구에 대한 신뢰도가 낮아질까봐 걱정하지 않고, 이전에 떠올린 적 없는 새 아이디어를 검증하거나 예상한 적 없는 새 분석 과제를 공략할 수 있다.

열린과학을 옹호하는 사람들은 그 밖에도 여러 관행을 지지했는데, 그중 몇 가지만 언급하겠다. 하나는 멀티랩 탐구를 본격적으로 채택하는 것으로, 이때 다수의 연구실은 하나의 가설을 독자적으로 검증하는데 합의한다. 이것은 학계에서 논란거리가 된 발견을 재현하려 할 때주로 실시되지만 중요한 새 연구 주제를 위해서 실시할 수도 있다. 이관행을 변형한 것으로 '다수의 분석가' 과제가 있다. 이 과제는 독립된연구진들에게 같은 데이터 집합을 제공해 같은 가설을 검증해달라고요청하는 것이다. (이 관행은 여러 연구실과 여러 분석가의 확증편향 사이에서 삼각측량을 실시하는 것으로, 모두가 같은 방향으로 편향되지는 않으리라는기대를 바탕으로 한다.)

호응이 커지고 있는 또 다른 전략은 학술지들이 **등록 보고서**에 지면을 할애하는 것이다. 연구자들이 학술지에 연구를 제안하면 학술지는이론적 근거와 제안된 방법이 전문적 동료 평가에 의해 승인되는 한 연구 수행 이전에 발표를 승인한다. 이렇게 하면 예상에 들어맞지 않는결과를 학술지에서 실어줄 가능성이 낮아져 생기는 확증편향을 없애고, 더불어 흥미로운 가설을 입증하는 결과만 발표하고 반증하는 가설은 외면하는 학술지의 자연스러운 편향도 없앨 수 있다.

어떤 가설에 대해 둘 이상의 연구자가 첨예하게 대립하면 **적대적 공동 연구**를 실시할 수 있다. 이 접근법에서는 경쟁자들이 자신들의 대립적 관점을 공정하게 검증한다고 여겨지는 하나 이상의 실험을 공동으로 설계하고 수행하고 발표한다. 각 연구자는 논문 말미에 자신의 결론을 서술할 권리가 있지만, 사전에 방법론에 동의했기에 달갑잖은 결과를 깔아뭉개려고 연구 자체를 공격할 수는 없다.[108]

열린과학을 옹호하는 사람들은 이 관행들의 일부 또는 전부를 채택하거나, 이 관행들에 동참하는 저자에게 상징이나 '열린과학 배지'를 부여해 보상하도록 학술지에 열심히 로비를 벌였다.[109] 또한 과학자들이 자신의 이전 연구에 실수나 결함이 있다고 생각할 때 더 기꺼이 공개적으로 인정하도록 독려하는 다양한 방법도 지지했다(5장에서 논의한 자신감 상실 프로젝트가 좋은 예다).[110] 중요한 사실은 연구자들이 이 제안들을 검토할 때 과학의 도구를 이용하고 있다는 것이다. 이 방법들의 비용과 편익에 대한 경험적 평가가 이제 시도되고 있다. 시간이 지나면서 열린 과학 도구함이 확대되고 더 다듬어지길 바란다.

무엇을 가져갈 것인가

맹분석에 친숙해졌으면 전문가를 고르거나 전문가 의견을 받아들일 때마다 맹분석(또는 확증편향을 줄이는 여러 방법 중 하나)을 모색해야 한다. 신뢰할 수 있는 전문가란 우리가 어떻게 스스로를 속이는지 아는 사람일 것이다. 그렇다면 우리가 찾고 싶은 전문가는 자신이 적절한 맹검법이나 사전 등록, 그 밖의 확증편향 방지책을 통해 결과에 도달한다는(또한 타인의 결과를 선호한다는) 것을 보여주는 사람이다. 더 개인적으로 말하자면 문제를 연구하기 전에 자신이 답을 안다고 가정하는 경우에는 예/아니요 결과나 숫값을 결정하거나, 여러 조치들 중 하나를 선택할 때마다 경계해야 한다. 당신은 '나쁜 콜레스테롤' 수치를 낮추려고 스타틴 복용을 시작할지, 또는 사업을 홍보하려고 광고비를 지출할지 결정해야 할지도 모른다. 대학생 자녀가 취업을 위해 어떤 전공을 선택할지 도와줘야 할 경우도 있다.

이런 문제에 대해 현실을 가장 정확히 반영하는 해답을 찾기 위해 어떤 데이터를 어떻게 쓸지 결정해야 한다는 것은 의심할 여지가 없다. 이를테면 어느 웹사이트의 데이터를 신뢰하고 무시할지 결정해야 한다. (이렇게 말하고 싶은 유혹이 들지도 모르겠다. "메이요클리닉 웹사이트의 데이터 말고 웹엠디WebMD[미국의 의학 정보 검색 사이트—옮긴이] 웹사이트의 데이터를 쓰자. 읽기가 더 쉽잖아. 내가 보고 싶은 건강 관련 결과를 덜 무섭게 표현하고 있기도 하고.") 어느 데이터가 자신의 사례와 유사해 연관성이 있는지도 판단해야 할 것이다. (당신은 처음 접한 결과가 마음에 들지 않으면 이렇게 제안할지도 모른다. "내 나이대와 전반적 건강 수준에 딱 맞는 의학 데이터를 원해.") 하지만 이러한 데이터 선정이 최종 해답에 미치는 결과를 당신이 지금 보고 있다면 스스로 어떤 결정도 내려서는 **안 된다**. 그랬다가는 자신이 원하는 답을 얻을 수 있도록 정보를 무의식적으로 선별할 것이기 때문이다. 결과를 보지 않고서 웹사이트 방법론의 질을 평가하려면, 친구에게 각 웹사이트의 정보를 복사·붙여넣기해 별도의 문서로 만든 뒤에 웹사이트 이름을 지우고 결론을 숨겨달라고 부탁해야 할 것이다.

　　앞으로는 의사결정에서 사실의 선택에 따른 결정이 사실의 선택 자체에 영향을 미칠 수 있다면 모든 절차를 중단하고 연극적 어조로 모두에게 선포하라(모두가 같은 문제를 다루고 있다면 금상첨화다). "연구를, 또는 이 문제에 대해 생각하거나 여러 조치들 중 하나를 선택하는 일을 당장 중단해야 합니다. 우리가 시작하는 일이 결과를 편향시킬 것이기 때문입니다. 모든 데이터를 선택하고 모든 의사결정 계획을 점검할 때까지는 결과를 들여다보지 **말아야** 합니다!"

스스로를 속이는 일을 피하기 위해 새 기법을 발명해야 하는 것은 이번이 마지막이 아니다. 명료한 생각을 유지할 수 있으리라는 희망이 꺾이는 것 또한 이번이 마지막이 아니다. 세상과, 서로와, 현실에 대한 집단적 연구와 상호작용하는 방식을 변화시키는 신기술이 발명될 때마다 우리가 스스로를 속이는 전혀 새로운 방법이 등장하기 때문이다. 다음번에는 컴퓨터가 더 복잡한 분석을 내놓고, 프로그래밍 버그의 더 많은 여지를 만들어내어 게임 규칙을 바꾸는 일에 그치지 않을 것이다. 이를테면 모두가 머리에 이식 수술을 받고 자신의 생각에 대한 해답이 안경에 사실적 영상으로 투사되면(**이것**이야말로 오싹한 시나리오다!) 우리는 스스로를 속이지 않기 위한 새 기법을 발명해야 할 것이다.

과학적 낙관주의자의 삶, 즉 3MT 삶은 참으로 창의적인 삶일 수밖에 없다.

5부

현명하게 힘을
합치는 법

15장.   군중의 지혜와 광기

지금까지 우리는 **개인**의 정신에 깃든 합리성을 살펴보았다. 하지만 가계 예산을 짜는 부부, 지진 대비 계획을 수립하는 동네 주민들, 복잡한 사업을 조율하는 동료들, 화성 탐사차를 안전하게 착륙시키는 미 항공우주국 공학자들, 그리고 시의회, 국회, 국제연합의 모든 업무에서 보듯 대부분의 거대한 문제를 공략하는 것은 함께 일하는 개인들의 집단이다.

하지만 집단정신은 개인 정신을 뭉뚱그린 것과 조금이라도 다를까? 집단은 부분의 합보다 클까, 작을까? 고래로 집단에 대해 극명하게 다른 두 견해가 제시되었는데, 하나는 비관적이고, 하나는 낙관적이다. 문제는 어느 견해도 설득력이 충분하지 않다는 것이다. 암울한 전망의 근거는 형편없는 성과를 거둔 현실 집단에 대한 사후 서술이다. 반면에 장밋빛 전망의 근거는 20세기 초 이후 집단이 근사해 보일 수 있음을 사람들이 입증했다는 단순한 사실이다. 하지만 이를 놓고 집단 토론이 실제로 벌어진 적은 한 번도 없다.

그래서 우리는 당신에게 이 두 가지 견해를 소개한 뒤 소집단 성과에 대한 더 체계적인 실험 연구에서 밝혀진 사실을 살펴볼 것이다. 여기서 우리는 집단의 다양한 성질을 조작하면서 집단이 어떻게 최종 결정에 도달하는지 관찰할 수 있다. 이 연구는 비관적 견해와 낙관적 견해 둘 다 경우에 따라 옳음을 보여준다. 실제로 집단 의사결정은 더 나은 결과를 가져다줄 수도 있고, 더 나쁜 결과를 가져다줄 수도 있다. 다행히 우리는 집단적 절차가 순조롭게 굴러가도록 하는 요인과 삐그덕거리게 하는 요인 중 몇 가지를 분간할 수 있다. 집단을 한쪽이나 다른 쪽 극단으로 몰아가는 조건을 이해하면, 집단이 최선의 결과를 얻는 방법과 시점에 대한 처방을 만들어낼 수 있다. 이 요점은 이 장 마지막 부분에서 제기해 다음 두 장으로 이어간다.

군중행동과 집단사고

집단에 대한 비관적 견해 중 초기의 것으로는 찰스 맥케이Charles Mackay의 1841년작《대중의 미망과 광기》가 있다('군중심리' 개념을 소개한 책이다). 이 책에는 군중 망상과 집단 히스테리의 사례 연구가 다수 제시되는데, 그중에는 유명한 네덜란드 튤립 광풍도 있다. 당시 사람들은 튤립의 투자 가치를 확신한 나머지 알뿌리 하나를 살 자본을 모으려고 집을 팔기까지 했다. (비슷한 분야를 더 이론적으로 서술한 책으로는 귀스타브 르봉Gustave Le Bon의 1895년작《군중심리》가 있다.)

맥케이의 사례는 대부분 집단행동을 다룬다(위원회 같은 공식 집단이 집단적 결정을 내리는 경우는 언급하지 않는다). 많은 경우에 이해당사자들은 서로를 모른다. 이 사례들은 종종 '군중행동'이라고 불리는 현상의 예다. 가장 으스스한 경험적 연구 중에는 미국 흑인들을 공포의 도가니에 몰아넣은 린치 집단의 역사 기록을 들여다본 것들이 있다. 통계 분석에 따르면 이 집단들이 희생자를 (대개는 목매달아) 살해할 확률은 군중의 규모에 비례했으며, 린치 시점이 해 질 녘이나 이후일 때 더 컸다.

군중이 많아지고 어둠이 짙어지면 익명성이 커진다. 군중에 속한 사람의 수가 늘수록 개인 정체성의 비중이 줄어들며, 빛이 줄어들수록 타인이 자신을 알아볼 가능성이 줄어든다. 이렇게 개인 정체성이 감소하고 익명성 감각이 증가함에 따라 아무도 주체의식을 느끼지 않는 책임감 분산 현상이 일어난다. 심리학자들은 이것을 **탈개인화**라고 부른다. 군중행동에 일조하는 또 다른 현상으로 **감정 전염**이 있는데, 이것은 타인의 감정에 노출되었을 때 자신에게서 비슷한 감정이 일어나는 현상이다. 당신이 무언가에 대해 슬픔을 표출하면 나도 슬픔을 느끼기 시작하며, 내가 슬픔을 느끼고 있음을 지각하면 당신의 슬픔이 강화되는 악순환의 되먹임 고리가 생겨난다.[111]

탈개인화와 감정 전염 사례 중 상당수는 극단적이고 희귀하다. 하지만 덜 극단적인 사례는 꽤 자주 일어난다. 학교 운영위원회나 시의회에서 첨예한 주제를 토론하는 광경을 참관한 적이 있다면 공감할 것이다.

집단에서 횡행하는 비합리성에 대해 이에 못지않게 암울한 견해는 어빙 재니스Irving Janis의 1972년작《집단사고의 희생자: 외교정책의 결정 및 참사에 대한 심리학 연구Victims of Groupthink: A Psychological Study of Foreign-Policy Decisions

^{and Fiascoes}》에서 찾아볼 수 있다. 하지만 재니스의 연구 대상은 비조직화된 일반 '군중'이 아니라 엘리트(가장 유명한 사례로는 피델 카스트로 치하의 쿠바에서 쿠데타를 지원하려다 실패한 사건인 피그스만 참사가 쿠바 미사일 위기로 이어졌을 당시의 존 F. 케네디 대통령 내각)에 의한 의사결정이 있다. 재니스는 학계의 동료 심리학자와 역사학자들에게 호된 비판을 받았다(심리학자들은 제시된 사례들이 무작위로 추출되지 않았고, 통제 실험의 엄밀성이 결여되었다고 주장했으며, 역사학자들은 서술의 정확성에 의문을 제기했다). 하지만 책은 오래도록 영향을 미쳤으며 그럴 자격이 있다. 재니스는 집단 병증을 분간하고 이름 붙이는 데 일가견이 있었으며 그러한 병증이 현실 집단에서 일어난다는 증거가 얼마든지 있기 때문이다.

'집단사고'라는 용어는 기자이자 사회학자인 윌리엄 화이트^{William Whyte}가 1952년에 소개했지만, 재니스는 1971년《사이콜로지 투데이^{Psychology Today}》에서 집단사고에 대해 나름의 정의를 제시했다.

> 응집한 내집단에서 의견 일치의 추구가 하도 우세해져 대안적 행동 경로에 대한 현실적 평가를 무력화하는 경향이 있을 때의 생각 방식을 가리키는 빠르고 손쉬운 방법. 집단사고는 조지 오웰이《1984》의 무시무시한 세계에서 쓴 신어^{newspeak} 어휘의 낱말들과 같은 부류다.

재니스는 천하무적 환상, 집단의 내재적 도덕성 믿음, 집단적 합리화, 외집단 정형화, 자기검열, 만장일치 환상, 반대자에 대한 직접 압박, "자발적 심기 경호원"(지도자가 상충하는 관점이나 정보에 노출되지 않도록 보호하는 집단 구성원들) 등 집단사고의 여덟 가지 주증상을 나열했다. 이

증상들을 일으키는 두 가지 주된 위험 요인도 제시했다. 첫 번째 위험 요인은 위험이 도사리고 있는데 그 위험을 피할 분명한 해결책이 없는 "도발적인 상황적 맥락"으로, 대체로 집단의 통제력을 벗어나 있다. 두 번째 위험 요인은 건강하지 못한 집단 문화의 한 형태로, 그 특징은 집단의 격리, 불편부당한 지도력의 결여, 구성원의 배경 성격 및 이데올로기에서의 이질성 결여 등이다.

재니스는 집단사고 문제를 해결할 가능성이 있는 다양한 해법을 제시한다. 그는 지도자가 의견 표명을 삼가야 하며, 구성원들이 허심탄회하게 이야기할 수 있도록 일부 회의에 참석하지 말아야 한다고 주장했다. 집단 구성원들은 악마의 변론인 역할을 맡아 집단에서 제시한 해결책을 비판하고 대안적 해결책의 장점을 옹호하도록 격려받아야 한다. 집단은 독립적으로 숙의할 하위집단으로 나뉘어야 한다.[112] 집단사고 개념은 본디 과학 연구진의 관행에 근거하거나 적용되었으며, 일반 시민보다는 정책 엘리트에 대한 연구를 통해 발전했다. 하지만 과학 연구진, 학교 운영위원회, 대학 교직원 회의를 비롯해 사람들이 문제를 해결하려고 함께 노력하는 모든 상황에 쉽게 적용할 수 있는 듯하다.

군중의 지혜

집단에 대한 비관적 견해는 이만하면 됐다. 이보다 훨씬 낙관적인 견해는 '군중의 지혜' 관점이다. 1907년 프랜시스 골턴Francis Galton은《네이처》에 발표한 논문에서 놀라운 발견을 소개했다. 골턴은 많은 사람들에게 다양한 양(예: 어떤 물체의 높이나 무게)을 어림하라고 주문했다. 그랬더니 개별적으로는 대부분의 어림이 빗나갔는데도 모든 어림의 평균을 계산했더니 참값에 매우 가까웠다. 예를 하나 들어보겠다. 어느 해 수업 시간에 우리는 모든 학생에게 가장 무거운 현생 타조의 무게를 추측해 보라고 주문했다. 추정값은 7킬로그램에서 2톤까지 천차만별이었다! 하지만 답변의 평균은 148킬로그램으로, 정확한 무게인 156킬로그램과 거의 비슷했다. 이 방법이 왜 효과가 있는지 정확히 알려져 있는데도(곧 당신에게도 알려줄 것이다) 여전히 마법처럼 느껴진다. 마치 보이지 않는 집단정신이 있는 것만 같다.

이러한 군중의 지혜 효과를 보여주는 많은 현실 사례는 벤저민 페이지Benjamin Page와 로버트 샤피로Robert Shapiro의 1992년 책《합리적 대중The Rational Public》과 제임스 서로위키James Surowiecki의 2004년 베스트셀러《대중의 지혜》에서 제시되었다. 두 책은 유쾌하고 신나는 인상을 풍기며, 저자들은 우리가 각자는 나름의 방식으로 무지할 수 있지만 우리의 무지를 모으면 모두가 (심지어 자신의 마음을 바꾸지 않은 채) 똑똑해질 수 있다며 희희낙락한다.

잔칫상에 재를 뿌리고 싶지는 않지만 여기에는 마법적 구석이 전혀 없다. 실제로 벌어지는 일은 집단정신과는 아무 관계가 없으며 심지어 인간 능력과도 전혀 무관하다. 저자들도 인정하는 것처럼 군중의 지혜 효과는 통계학의 기본 개념인 '큰수의 법칙'으로 인한 순전히 기계적인 결과다. 앞에서 논의한 잡음(무작위 오류 또는 통계적 오류)과 편향(계통적 오류)의 차이를 떠올려보라. 우리가 어떤 양을 측정하거나 사람들에게 측정을 요청할 때 각각의 측정값에는 모종의 무작위 오류가 들어 있다.

큰수의 법칙이란 간단히 말해서 추정값의 커다란 집합을 총계하면 (예: 평균을 계산) 무작위 오류가 서로를 상쇄한다는 것이다. 타조의 무게에 대한 학생들의 어림을 생각해보라. 대부분의 사람들은 타조에 대해 아는 게 별로 없지만, 페르미 추론을 약간 구사하면(11장을 보라) 실제 무게는 대다수 사람의 몸무게보다는 무겁고(그러므로 90킬로그램은 넘을 것이다) 승용차 무게보다는 꽤 가벼울 것임을(그러므로 500킬로그램에는 훨씬 못 미칠 것이다) 알 수 있다. 그다음은 짐작의 영역인데, 무작위 오류는 너무 낮을 수도 있고 너무 높을 수도 있으므로 사람들의 반응을 총계하면 오류가 서로 상쇄하기 시작한다. 이를테면 나의 어림이 플러스(+) 20킬로그램 틀리고 당신의 어림이 마이너스(−) 15킬로그램 틀리면 우리는 20 − 15 = 5킬로그램밖에 틀리지 않는다.

이 효과를 이해하면 이것이 집단 숙의나 집단지성과 전혀 무관함을 알 수 있다. 실제로 집단 구성원들이 상호작용하도록 허용하면 오히려 결과가 나빠진다는 것을 입증할 수 있다. 예를 들어보겠다. 우리는 학생들에게 2012년 대선에서 앨러미다카운티^{Alameda County}(버클리와 오클랜드가 포함된다) 유권자 중에서 밋 롬니^{Mitt Romney}를 지지한 비율을 추측하라고 주문했다. 평균 추정값은 19.8퍼센트로, 정답인 18.4퍼센트와 꽤 가까웠다. 하지만 이 사실을 알려주기 전에 학생들에게 추정값을 서로 논의하면서 집단지성을 활용해보라고 주문했다. 숙의에서 도출된 새 추정값의 평균은 24.2퍼센트였다. 한마디로 더 멀어졌다. 이 사례는 소집단 성과 문헌의 꼴사나운 작은 비밀을 보여준다. 총의 모으기에는 많은 유익이 있지만, 사람들이 서로 이야기하는 순간 그 유익들이 사라질 수 있다! 물론 뒤에 가서는 우리도 사람들이 서로 숙의하는 쪽을 옹호할 것이다. 다만 숙의의 구조를 신중하게 마련해야 한다.

집단이 편향을 완화할 수 있을까?

우리의 주장에 따르면 '군중의 광기', '집단사고', '군중의 지혜' 문헌은 의사결정 집단이 대체로 어떤 성과를 내는지에 대한 전반적 서술로서 전적으로 신뢰할 수는 없다. 그래서 우리는 실험적 소집단 문헌에 눈을 돌렸다. 여기에서는 일반인 집단을 모집해 서로 다른 통제 조건을 무작위로 배정한 뒤, 과제를 완수하거나 문제를 해결하거나 결정을 내리도록 한다. 실험의 자세한 내용은 건너뛰고 중요한 요점 몇 가지에 초점을 맞출 것이다.

이 발견들을 가다듬기 위한 핵심적 구분은 집단에 미치는 두 종류의 영향이다. 첫 번째 영향은 **정보적 영향**(또는 '논증의 힘')으로, 집단의 집합적 지식을 통합해 해결책 추론에 활용하는 능력이다. 두 번째 영향은 **규범적 영향**(또는 '수의 힘')으로, 집단 내의 최대 파벌이나 유권자 집단을 우대하는 경향이다. 이 두 가지 유형의 영향을 구분하기 힘들 때도 있는데, 최상의 증거와 논증을 갖춘 입장이 다수의 지지를 받을 때도 많기 때문이다. 하지만 실험에서는 (증거를 일정하게 유지한 채) 집단 내 파벌의 크기를 변화시키거나 (파벌 크기를 일정하게 유지한 채) 논증의 힘을 변화시켜 두 영향을 갈라놓을 수 있다.[113]

상황에 따라서는 '수의 힘'(이를테면 '단순 다수결' 규칙)이 적절해 보인다. 집단이 도달해야 하는 결정 중에는 논리나 증거로 '정답'을 내놓을 수 없는 것들이 있다. 이를테면 지미 헨드릭스와 안드레스 세고비아 중에서 누가 더 훌륭한 기타리스트인가? 이것은 실로 취향의 문제로 귀결된다. 어떤 사람은 이렇게 주장할 수 있다. "세고비아가 더 뛰어난 기타리스트야. 그의 기법은 흠이 없고 그의 연습곡은 헨드릭스가 범접하지 못하는 손놀림을 요하기 때문이지." 누군가는 이렇게 반박할 것이다. "헨드릭스가 더 나아. 감정 표현과 솔로 연주의 순수한 드라마로 대중음악의 경계를 확장했으니까." 그러므로 행사 때 어느 밴드를 초청할지, 새 회사 로고로 무엇을 정할지, 선거를 앞두고 어느 후보에게 지지를 선언할지 선택하는 것처럼 주제가 주로 의견이나 취향의 문제일 때, 집단은 다수결로 결정한다. 매우 중대한 사안에서는 대다수(예: 3분의 2)가 찬성해야겠지만 많은 사안에서는 단순 다수결이면 충분할 것이다. 다수결 과정은 의견 차이가 해소될 가망이 보이지 않는 주제에 알맞다.

하지만 다수결에는 중대한 허점이 있을 수 있다. 파벌은 지지자를 얻기 위해 협박이나 괴롭힘을 동원할 수 있으며, 소수파 구성원은 억울함을 느끼거나 따돌림당할 수 있다. 집단의 파벌이 성별이나 인종 같은 개인 특성과 결부되면 일부 구성원은 자신이 늘 '지는' 쪽에 있으리라 예상할 수 있다.

많은 문제에는 (일단 분간하고 나면) '입증 가능하게 옳은' 해법이 있다. 해법이 뚜렷이 표현되면 집단의 대다수 또는 모든 구성원은 그것이 타당하며 논증에 힘이 있음을 깨닫게 된다. 물론 이렇게 되려면 누군가 최선의 해법을 내놓아야 하지만, 이것만으로는 충분하지 않다. 탄탄한 논증과 부실한 논증을 구분할 공유된 개념 체계가 집단 구성원들에게 있어야 한다. 이 점은 좀 있다 살펴볼 것이다.

토론이 시작될 때 구성원들이 입장에 따라 어떻게 나뉘어 있었는지 (즉, 파벌) 알면, 집단의 숙의를 관찰하지 않고도 규범적 영향과 정보적 영향의 균형을 추론할 수 있을 때가 많다.[114] 그리하여 사회심리학자들은 어느 파벌이 처음에 가장 컸는지를 가지고서 취향이나 의견의 문제에 대한 집단 결정을 예측할 수 있다는 점을 발견했다. 이러한 예측은 집단이 결정을 내릴 때 다수결을 따르겠다고 명시적으로 합의하지 않았을 때에도 참이다.

강력한 정보적 영향은 어떻게 탐지할 수 있을까? 극단적 위치를 보자면 '논증의 힘'을 채택한 집단은 제시된 최선의 해결책이나 논증을 선택할 것이다. 토론이 시작될 때 그 입장을 지지하는 사람이 단 한 명일시라도 말이나. 사회심리학자들은 이것을 '진리가 승리한다' 질자라고 부른다.

앞에서 보았듯 이 현상이 일어나려면 어떤 입장이 입증 가능하게 옳거나 적어도 나머지 모든 입장보다 입증 가능하게 우월하도록 하는 공유된 개념 체계가 있어야 한다. 그런데 '입증 가능하게 옳다'란 무슨 뜻일까? 이것은 집단 구성원들이 잠재적 정답을 평가하는 공유된 방식을 가졌다는 뜻이다. 그러면 이 공유된 개념 체계를 제시된 답이 옳은지 검증하는 데 쓸 수 있다.

산술은 그런 공유된 개념 체계 중 하나다. "12×321은 무엇인가?"라는 질문을 받으면 대부분의 사람은 머릿속이 하얘질 것이다. 하지만 누군가 "3852!"라고 외치면 곱셈을 아는 사람은 누구나 그것이 정답인지 검증할 수 있다.

또 다른 예로, 공유된 논리 이해가 있다. 다음 문제를 생각해보라. **잭은 앤을 쳐다보고 있지만 앤은 조지를 쳐다보고 있다. 잭은 결혼했지만 조지는 결혼하지 않았다. 기혼남이 미혼남을 쳐다보고 있는가? '예', '아니요', '판단할 수 없음' 중 하나를 고르라.** 집단에서는 대부분의 사람들이 세 답 중 하나를 재빨리 선택하지만, 설명을 들으면 그중 하나가 정답임을 쉽게 알 수 있다. (결정은 당신이나 당신이 선호하는 집단에 맡기겠다.)

공유 지식도 공유된 개념 체계 역할을 할 수 있다. 이를테면 당신이 집단과 함께 걷고 있는데 모두가 길을 잃었다고 가정해보라. 북쪽으로 가야 한다는 데는 다들 동의하지만, 어느 길로 가야 하는지를 놓고 이견이 분분할 때 한 사람이 언덕을 가리킨다. 그런데 그 언덕이 동쪽에 있다는 건 누구나 안다.

과학이라는 영역에서 우리는 진리가 승리하는 과정을 보게 되리라 기대한다. 좋은 과학 이론은 강력한 내적 논리와 외부 증거의 충분한 뒷받침을 받는다면 공유된 개념 체계 역할을 할 수 있다. 그렇다면 과학에서 정말로 진리가 승리할까? 우리는 그 답이 '결국에는'이라고 생각하지만 그곳에 이르는 과정은 느릴 수 있으며, 일시적으로 과학적 다수가 (설령 틀렸을 때에도) 우세할 수 있음은 의문의 여지가 없다. (논란의 여지가 있지만 모든 과학적 다수는 여전히 부분적으로는 틀렸다. 이전의 과학적 다수보다 덜 틀렸을 뿐.)

《아인슈타인에게 반대하는 100명의 저자 100 Authors Against Einstein》라는 나치 시대의 책에 대해 듣고서 아인슈타인은 이렇게 받아쳤다. "왜 100명

씩이나? 내가 틀렸다면 한 명으로도 충분할 텐데." 아인슈타인은 각자가 하던 일을 멈추고 '산수를 하면do the math' 진리가 승리할 것이 분명하다고 생각했다. 물론 아인슈타인 사례는 간단한 산술로 풀리는 문제가 아니었다. 빛의 행동에 대한 물리학 계산이 결부된 문제였다. 물리학 계산이 옳은지 그른지 밝혀내는 일은 그 문제를 풀기 위한 공유된 개념 체계(이 경우는 경험적으로 탄탄히 검증된 물리학 개념과 이를 뒷받침하는 수학의 뗏목)를 가진 사람들 사이에서만 가능하다. 우리 세 저자가 물리학 문제를 풀어야 한다면 솔에게 풀이를 맡긴 채 존과 롭은 커피 타임을 가질 것이다.[115]

많은 소집단 실험의 기억 과제, 수학 문제, 논리 퍼즐에서는 특정한 하나의 답이 정답임을 대부분의 사람들에게 확신시킬 수 있으며 그 결과로 집단은 **평균적** 구성원보다 나은 성적을 거둔다. 하지만 이 과정은 '진리의 승리'보다는 '지지받는 진리의 승리'와 더 비슷할 때가 많다. 적어도 두세 명의 구성원이 해법을 옹호한 뒤에야 나머지 모든 사람이 왜 그것이 정답인지 고심한다는 의미에서다. 이런 까닭에 집단은 **가장 뛰어난** 구성원들을 늘 능가하지는 못한다. 논리나 산술이나 과학적 추론 같은 공유된 체계가 없어서 왜 특정 제안이 옳을 가능성이 더 큰지 알 수 없으면 집단은 훨씬 형편없는 성적을 거둔다.

'수의 힘strength in numbers'이 종종 역효과를 내는 또 다른 상황이 있다. 앞에서 우리는 개인들이 판단할 때 다양한 계통적 편향(회상용이성 어림짐작, 사후판단 편향 등)에 시달린다는 것을 살펴보았다. 알고 보면 집단은 판단 편향을 강화할 수도 있고 완화할 수도 있다.[116] '수의 힘'(다수결) 절차를 주로 따르는 집단은 개인 판단에서의 모든 공유된 편향을 실제로 **강화**해 사태를 악화할 수 있다. 이 결론에 재니스가 집단사고의 위협 요인으로 본 집단 병증(불편부당한 지도력의 결여, 외부 목소리로부터의 격리 등)이 결부되지 않는 것에 유의하라. 서로 모르는 사람들을 데려다 사후판단 편향이나 회상용이성 어림짐작을 유발하는 과제를 부여하면 그들이 '수의 힘' 절차를 따르는 한 편향 강화가 대뜸 끼어든다.

집단이 편향을 완화할 수 있을까? 다행히도 답은 '그렇다'이다. 다만 두 가지 조건이 있다.

첫 번째 조건은 구성원마다 편향이 달라야 한다는 것이다. 우리는 무작위 오류가 총계를 통해 상쇄되는 것을 보았다. 편향은 정의상 무작위가 아니므로 상쇄를 기대할 수 없지만, 여기서 요점은 각 구성원의 편향이 같은 종류인지 다른 종류인지다(예: 정치 이념). 편향이 다르면 상쇄가 일어날 수 있다. 이것은 구성원 다양성이 더 나은 성과를 촉진할 수 있는 한 가지 이유다.[117]

앞에서 집단 구성원의 다양성이 더 효과적 성과를 '촉진**할**'이라고 말하지 않고 '촉진**할 수 있는**'이라고 말한 것에 유의하라. 촉진 여부는 집단이 과제 해결을 위한 새 아이디어를 찾는 데 이로운 특질이 다양성과 관계있는지 여부에 달렸을지도 모른다. 집단이 다양성의 덕을 보려면 소수 견해가 표명되고 진지하게 받아들여질 수 있는 존중과 참여의 문화가 필요하다. 물론 다양성은 성과에 미치는 영향과 무관하게 공정성, 정통성, 참신함, 재미 같은 다른 유익을 가져다줄 수도 있다.

판단을 왜곡하는 공유된 편향을 집단이 극복할 수 있는 두 번째 조건은 '진리가 승리한다' 방식을 채택하는 것이다. 이를테면 12장에서 설명한 기준점 어림짐작을 생각해보라. 어떤 집단이 건물 개축에 비용이 얼마나 들지 추정하는 경우, 최초 추정값은 두드러진 기준점에 의해 쉽게 왜곡될 수 있다. 이를테면 의장이 10만 달러라는 자의적 추정값을 출발점으로 삼자고 제안할 수 있다. 하지만 누군가 "이의 있습니다. 10만 달러는 터무니없는 금액입니다"라고 말한 뒤 예상 비용이 훨씬 늘어날 수 있음을 밝힌다면, 나머지 구성원들이 그의 계산을 타당하게 여기는 한 기준점의 중요성이 줄어들 것이다.

집단으로부터 최고의 결과를 얻으려면 어떻게 해야 할까?

앞에서 보았듯 개인을 오도할 수 있는 편향과 비합리성을 집단 의사결정이 바로잡을 수 있는지에 대한 낙관주의와 비관주의 둘 다 충분한 근거가 있다. 다행히도 집단이 개인적 판단을 개선할 수 있을지 판단하는 문제는 한낱 주사위 던지기가 아니다. 우리는 최적의 집단 의사결정을 촉진하는 조건을 알아낼 수 있으며 우리가 속한 집단에서 그 조건들을 실현하기 위해 노력할 수 있다.

- 좋은 해결책을 찾고 싶어 하는 집단 지도자는 되도록 자신의 선호를 일찍 밝히지 않아야 한다. 아울러 투표 시점을 증거가 속속들이 논의된 뒤로 미루면 섣부른 결정을 피할 수 있다.
- 집단은 사람들이 서로에게 귀 기울이고, 어떤 사람도 다수에 의해 따돌림당할까봐 자신의 견해를 검열하지 않도록 서로 존중하는 논증의

문화를 장려해야 한다. 그 방법 중 하나는 일부 참가자에게 악마의 변론인 역할을 명시적으로 요청해 다수가 아닌 사람들의 입장을 고려하는 일을 정상적 과정으로 만드는 것이다.

- 집단 구성원들의 배경, 편향, 취향이 비슷하면 토론이 순조롭게 느껴질 수 있다. 하지만 동질성은 효과적 의사결정의 처방으로는 미흡하다. 다양성이 큰 집단은 무작위 잡음을 감소시키고, 최초의 편향을 극복하고, 더 효과적인 해결책을 찾을 가능성이 크다. 노력은 더 해야겠지만 말이다. 다양성이 큰 집단은 모집단의 눈에 비치는 정통성을 향상시키는 가외의 유익도 있다.

- 집단은 판단에서 편향과 어림짐작이 발휘하는 위력을 줄일 수 있는데, 좋은 답을 들었을 때 알아볼 수 있는 공유된 개념 도구가 있을 때 그럴 가능성이 가장 커진다. 우리는 이 책의 내용이야말로 사람들이 좋은 답을 알아볼 수 있고 좋은 아이디어를 토대로 삼아 더 낫게 만들 수 있도록 하는 개념 도구라고 생각한다.

마지막 항목에 좀 더 주목해보자. 여기서 난점은 집단이 좋은 답을 알아볼 가능성을 키우는 도구를 개발하는 것이다. 좋은 답이란 무엇을 의미할까? 무엇보다 우리는 실제로 존재하는 세상에서 우리의 집단 결정이 효과적이길 바란다. 그러므로 세상에 대해 무엇이 참인지를 최대한 알아보는 능력은 분명 중요하다. 그들의 집단 절차는 2장에서 논의한 공유된 현실을 디디고 서야 한다. 확률론적 사고, 인과 추론, 이상적으로는 심지어 '이해의 순서'와 페르미 문제 등 우리가 이 책에서 줄곧 논의한 개념을 집단 전체가 배웠다면 일은 틀림없이 수월해진다. 이 개

넘들은 관찰할 수 있고, 검증할 수 있고, 재현할 수 있는 증거에 의해 가설이 뒷받침되는지 판정하는 체계 전체에 뿌리 박혀 있기 때문이다.

하지만 집단 의사결정을 개인 의사결정보다 복잡하게 만드는 또 다른 측면이 있다. 왜냐하면 결정이 단순히 세상에 대한 사실을 올바르게 파악하는 것으로만 이루어지지는 않기 때문이다. 대부분의 결정은 우리의 가치에 중요하게 의존하지만, 결정을 유도하는 감정에도 의존한다. 이 감정은 우리의 두려움과 욕망, 또는 야심과 목표에 뿌리를 둔다. 사실 가치와 감정은 무척 중요한 결정 동인이기에 집단이 의사결정 과정에 어떻게 접근할지에 대한 매우 원칙적인 계획이 없으면 (이 책에서 줄곧 논의한 모든 합리적 현실 추적 과정이 아니라) 가치와 감정이 결과를 좌우할 것이다. 그래서 다음 장에서는 집단 의사결정에 대한 여러 원칙적 접근법을 살펴본다. 이 접근법들은 영적, 도덕적, 철학적, 정치적, 감정적, 관계적 존재인 개인에게 중요하며 그에게 동기를 부여하는데, 합리적으로 생각하고 행동하는 능력을 보전하는 야심찬 목표를 갖고 있다. 그 뒤에는 집단 숙의의 효과를 키우는 새로운 혁신들을 들여다본다.

16장. 　　사실과 가치를 엮다

당신이 유럽 대도시 시장이라고 상상해보라. 전문가들은 범죄를 감소시키고 헤로인 중독자의 남용 위험을 줄이기 위해 고안된 새 계획을 시에서 시험하자고 제안한다. 그 계획이란 중독자들이 헤로인을 의료인에게서 무료로 공급받도록 허용하는 것이다. 당신은 시험을 승인하겠는가? 시험에서 두 가지 결과가 달성되면 계획을 승인할 것인가? 이 결정에는 사실과 가치가 어떻게 관여할 수 있을까? 사실은 한 방향을 가리키지만(예: 범죄와 남용률의 감소) 가치는 다른 방향을 가리킨다면(중독자에게 헤로인을 공급하는 것은 잘못된 방안으로 느껴진다) 어떻게 해야 할까? 가치를 놓고 이견이 있을 땐 무슨 일이 일어날까?

　우리가 내리는 가장 중요한 결정들에서는 관련 사실을 확인하는 것이 필요하되 충분하지는 않다. 사실을 안다고 해서 무엇을 해야 할지 알게 되지는 않는다. 사실이 모든 사람에게 흡족할 만큼 확립되더라도, 어떻게 행동할지 결정하려면 가치와 감정을 고려해야 한다. 이 책에서 줄곧 주장했듯 사실에 대해 논쟁하는 생산적 방법은 존재한다. 하지만 가치 갈등을 놓고도 건설적 논쟁을 벌일 수 있을까? 가치를 놓고 열띤 의견 대립이 존재할 때에도 무엇을 할지에 대해 합의에 도달할 수 있을까?

사실 대 가치

두 명제에 차이가 존재한다는 개략적 발상에서 출발하자. 한편으로는 아래와 같은 사실 명제, 또는 서술 명제가 있다.

- 지구의 나이는 45억 4300만 살이다.
- 그랜드센트럴역은 42번가에 있다.
- 인플루엔자는 바이러스다.

다른 한편으로는 아래와 같은 규범 명제, 또는 평가 명제가 있다.

- 이 제안을 받아들여서는 안 된다.
- 그 일을 하겠다고 말하고 나서 철회하는 것은 바람직하지 않다.
- 정부는 포트홀을 보수해야 한다.

의사결정 과정을 두 개로 나누는 것이 적절해 보인다. 첫 번째 과정은 무엇이 자신에게 가장 중요한 가치와 목표인지 결정하는 것이고, 두 번째 과정은 저마다 다른 정책 방안들이 이러한 가치와 목표에 어떤 영향을 미칠지 판단하기 위한 객관적 사실을 알아내는 것이다. 그래서 당신은 (a) 주민들이 원하는 결과의 결정과 관계된 사회적 가치가 확립되고, (b) 계획이 각 결과에 미치는 효과를 전문가들이 측정하도록 연구를 계획한다. 우선 사람들에게 중요하다고 생각되는 특징들의 목록을 작성한 다음, 지역사회 단체, 압력 단체, 일반 시민과 함께 검토해 (이를테면) 마약 정책을 고려할 때 중요한 항목들의 목록을 얻는다. 의료인이 헤로인을 제공한다는 계획의 경우, 남용에 미치는 영향, 범죄에 미치는 영향, 헤로인 사용자 수에 미치는 영향의 세 가지 결과를 나열하지만, 계획에 드는 비용, 응급실 부족 해소, 법 집행 비용 절감 등 여러 결과가 더 있을 것이다. 심지어 마약 정책이 관광에 미치는 영향 같은 조금 덜 중요할 수도 있는 요인을 고려할 수도 있다. 이런 요인에는 비중을 적게 부여해야겠지만.

이렇듯 결정에 접근하는 방법으로 아래와 같은 도식을 생각해볼 수 있다.

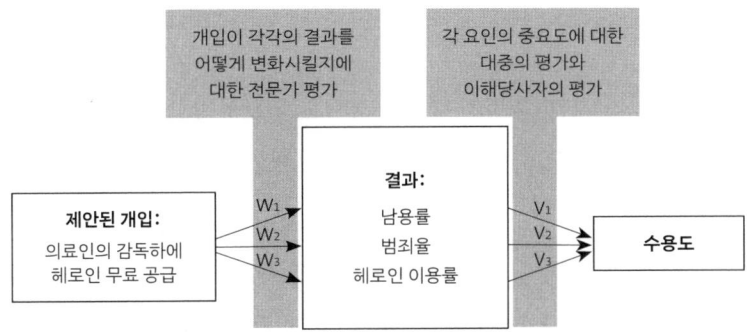

여러 정책 변화 중 어느 한 방안(이 경우에 제안된 정책 변화는 의료인의 감독하에 헤로인을 공급하는 것이었다)의 전반적 수용도를 타진하는 방식은 다음과 같이 전개될 것이다. 우리는 특정 정책 방안이 제안의 수용도를 좌우하는 각각의 결과 요인(이를테면 남용률, 범죄율 등 가운데 열에 있는 요인들)에 얼마나 영향을 미칠지에 대한 판단을 전문가들에게 요청할 수 있다. 이를테면 전문가들은 의료인에 의한 헤로인 공급 정책이 범죄율에 얼마나 영향을 미칠지 들여다볼 수 있으며, 그런 다음 정책이 결과 요인에 미치는 영향에 W라는 숫자를 부여할 수 있다. 영향이 클수록 W 숫자도 커진다.

한편 대중과 이해당사자에게 각각의 결과 요인에 V 숫자를 부여해 달라고 요청할 수 있다. 이 숫자는 사람들이 각각의 결과 요인에 부여한 가치를 가리킨다. 요인이 제안의 수용도에 미치는 영향이 클수록 V 숫자가 커진다. 이제 사실과 가치의 통합은 간단한 산수 문제가 되었다. 각각의 결과 요인에 대해 W와 V를 곱한 다음 모두 더해, 특정 정책 방안의 전체 수용도를 구한다.

$$\text{수용도} = (W_1 \times V_1) + (W_2 \times V_2) + (W_3 \times V_3) + \cdots$$

이 수용도 숫자를 그 밖에 제안된 정책들(또는 현행 정책)의 숫자와 비교하면, 전체 수용도 순위가 가장 높은 정책 방안을 선택할 수 있다.

그러면 우리는 결정을 내리기 전에 사실과 가치가 머릿속에서 뒤죽박죽 섞이는 일을 겪지 않아도 된다. 숫자를 배정해 간단한 산수 문제를 풀기만 하면 된다. 이 방법의 커다란 이점 중 하나는 자신의 입장에 대한 합리적 검토가 가능해진다는 것이다. 이를테면 정책 결정에 대해 여러 논점에서 상대방과 의견이 같지만 남용 예방에는 서로 다른 비중을 부여한다는 사실을 알 수 있다. 그러면 이제는 토론에 집중할 수 있다. 우선순위를 놓고 당신이 그들을 설득할 수도 있고, 어쩌면 그들이 당신을 설득할 수도 있다.

그럼에도 당신은 이 의사결정 방법이 조금 복잡하다고 말할지도 모르겠다. 현실에서는 통하지 않는다고, 사람들은 어떤 사안에 열을 올릴 때 이런 연습에 시간을 할애하지 않을 것이라고, 자신이 선호하는 해결책을 다른 해결책과 맞세워 끝장을 볼 것이라고 말이다.

우리가 이제 보게 될 것은 이 방법이 현실에서, 그것도 유난히 우려스러운 상황에서 **실제로** 작동한 사례다. 완벽하지는 않았지만, 아니 완벽과는 거리가 멀었지만 첫 시도치고는 예상보다 훌륭했다.

덴버 탄환 연구

1974년 덴버 경찰국은 일반 탄환을 중공탄中空彈(충격 시 납작해져 큰 상처를 유발하는 탄환. 덤덤탄이라고도 불리며 논란이 많다-옮긴이)으로 교체한다는 결정을 내렸다.[118] 극도로 논쟁적인 결정이었다. 사람들은 중공탄이 불법 무기인 덤덤탄에 불과하다고 말했다. 덤덤탄은 충돌하면 납작해져 중상을 입힌다. 미국시민자유연맹을 비롯한 많은 운동가·지역사회 단체에서 반발했다. 사람들은 경찰국에 격분했다.

이 와중에 경찰관 한 명이 중공탄에 살해당했다. 경찰관 수백 명이 시청에 모여들었다. 그들은 중공탄을 쓰는 범죄자에게 뒤처지고 싶지 않았다. 사태가 엄중해지고 논쟁이 꼬리를 물었다. 한쪽에서는 중공탄 찬성론을 폈고 다른 쪽에서는 반대론을 내세웠다. 법정을 방불케 하는 광경이었다.

양쪽에서 전문가들이 소집되었지만, 논쟁이 계속되면서 가망이 없다는 사실이 뚜렷해졌다. 공동체의 법질서 체계가 송두리째 무너지고 있다는 느낌이 팽배했다. 시의원을 비롯한 사람들은 통상적 갈등 해결 방식이 실패했다고 단정하는 듯했다. 그들이 맞닥뜨린 것은 위험천만한 교착 상태였다.

입법권자들은 탄도학 전문가들에게 어느 탄환이 '최선'인지 이야기 해달라고 요청했지만, '최선'의 기준을 엄밀하게 정의할 수 없었기에 전문성은 그 자체만으로는 이 질문에 답할 자격이 없었다. 전문 지식은 질문을 검토하는 데에는 적절했지만, 질문에 답하려면 누구의 안전을 우선시할 것인가에 대한 가치판단을 먼저 내려야 했다. 탄도학 전문가들은 이 부분에 대한 가치판단을 내리는 문제에 대해서는 당신과 나에 비해 딱히 자격을 갖추고 있지 않았다.

그와 동시에 입법권자들은 탄환의 기술적 특성이나 시판중인 탄환의 유형에 대해 충분한 지식을 갖추지 못한 채 중공탄 찬반론을 펼쳤다. 그러니 제대로 된 토론이 이루어질 리 만무했다. 그들의 의견은 현명한 판단을 내리는 데 반드시 필요한 사실에 대한 지식 없이 전적으로 가치판단에 근거했다. 문제는 사실과 가치가 분리되지 않았다는 것이었다. 이것이야말로 정치의 일상적 방법들이 실패하는 중요한 요인이었다.

논쟁이 격렬하고 소모적으로 이어지고 법질서가 훼손되고 경찰관 수백 명이 시청 주위에 모여들었을 때, 당신이라면 난국을 타개하고 해법을 모색하기 위해 누구를 불러들였겠는가? 시의회의 선택은 콜로라도대학교 심리학 교수 케네스 해먼드Kenneth Hammond가 조직한 전문가 팀이었다.

해먼드와 동료들은 사안을 분석했다. 그들은 탄환의 특징 중에서 논쟁에서 실제로 중요한 것들이 있음을 알게 되었다. 두 가지 요인이 두드러졌는데, 하나는 탄환에 맞은 사람의 부상 정도였고 다른 하나는 탄환의 억지력이었다. 부상 정도는 탄환에 맞은 사람이 2주 안에 죽을 가능성으로 측정되었다. 억지력은 탄환에 맞은 사람이 반격할 수 있을 가능성으로 정의되었다. 두 요인은 이전 논쟁에서는 구분되지 않았지만 실제로는 서로 다른 요인이다. 중요한 기준이 하나 더 있었는데, 바로 행인에 대한 위협이었다. 탄환이 어떤 것에 맞고 튀어 행인을 맞힐 가능성은 얼마큼일까? 이런 구분이 조금 비정하거나 냉정하게 들릴지도 모르겠다. 하지만 이것들은 현실적으로 중요한 문제다. 곤란한 주제에 대해 대화를 통해 합의에 도달할 희망을 조금이나마 가질 수 있으려면 모든 사안을 명확하게 표현해야 한다. 시판되는 탄환은 무게, 총구에서 발사되는 속도, 표적에 부딪혔을 때 잃는 운동에너지 양 같은 기술적 특성이 저마다 다르다. 각각의 특성은 부상 정도, 억지력, 행인에 대한 위협에 영향을 미쳤으며, 탄환마다 특성이 달랐기 때문에 이 세 가지 영역에서의 효과도 달랐다. 이것들은 탄도학 전문가들이 판단할 수 있는 사실 문제였다.

판단해야 하는 또 다른 사안은 가치 문제였다. 부상 정도, 억지력, 행인에 대한 위협과 관련해 모든 이해당사자가 원하는 것은 무엇인가?

이 모든 소란의 와중에 해먼드 연구진은 시의원, 지역단체, 운동단체, 무작위로 선정된 시민을 불러모아 컴퓨터 단말기 앞에 앉힌 다음, 가상의 탄환에 대해 억지력, 부상 정도, 행인에 대한 위협을 묘사했다. 그러고는 각 탄환에 대해 수용도를 평가하도록 했다. 그런 다음 과학자들은 평가자에게 결과 곡선을 보여주었다. 탄환에 의한 부상의 정도가 올라갈수록 수용도는 내려갔다. 억지력이 올라갈수록 수용도는 올라갔다. 행인에 대한 위협이 올라갈수록 수용도는 내려갔다. 이렇게 해서 과학자들은 이 모든 가치에 대한 비중을 모든 사람에게서 추출했다. 이것은 이 가치들의 비중을 발견하는 체계적 경로였으며, 인체 부상에 대한 감정적 반응이라는 중요한 요소도 포함되었다.

연구진은 이 지점에 도달한 뒤 탄도학 전문가들에게 시판중인 모든 탄환에 대해 포구 속도(총탄이 총구를 떠나는 순간의 속도-옮긴이), 인체에 들어간 뒤의 운동에너지 유실량, 상처의 종류와 크기와 형태, 탄환이 박히는 깊이 등의 기본적인 기술적 특성을 검토하고 각각의 특성에 대해 부상, 억지력, 행인에 대한 위협 등에 미치는 영향을 평가해달라고 요청했다.

그리고 나자 그들은 아직 고려한 적 없는 탄환이 하나 있다는 것을 알아차렸다. 중공탄의 일종이었지만, 지금껏 고려하던 것과는 달랐다. 이 탄환은 탄도학 전문가들이 볼 때 지역사회 구성원들에 의해 확립된 수용도 기준을 충족했으며 논쟁 대상이던 어떤 탄환보다 훌륭했다. 억지력이 양호해 경찰관이 더 안전하다고 느낄 수 있었고, 부상 정도가 비교적 낮았으며, 행인에 대한 위험이 작았다.

이 절차가 누구에게도 노골적으로 유리하지 않음은 모두가 알 수 있었다. 경찰에게도, 경찰의 '덤덤탄' 사용에 반대하는 지역단체에도 유리하지 않았다. 하지만 그들은 숙의 과정에서 도출한 이 탄환을 경찰이 써야 한다는 것에 모두 동의했다.

사실 이 탄환은 그 뒤로 논란을 일으키지 않은 채 오랫동안 쓰였다. 여기서 중요한 점은 사실과 가치의 분리가 일어났다는 것이다. 그 덕에 최적임자에게 판단을 맡길 수 있었다. 결정 과정에는 어떤 면에서 맹검법이 쓰였다. 전문가들은 지역사회 구성원들이 관련 요인들에 어떤 비중을 부여하는지 알지 못했기에 어떤 탄환이 전문가 평가에서 선호되는지 몰랐으며, 컴퓨터 앞에 앉아 평가에 참여한 사람들은 전문가들이 여러 탄환에 대해 어떤 결론을 내리고 있는지 알지 못했기 때문이다. 당신이 처음에 경찰 편이었는지, 지역 운동가 편이었는지는 중요하지 않았다. 판단의 결과가 무엇일지 알지 못했기 때문이다. 이 절차의 또 다른 이점은 완전히 명시적으로 진행되었다는 것이다. 추론은 검토되고 명확하게 평가될 수 있었다.

더 자주 이렇게 하면 안 되나?

이런 접근법은 많은 정책 논쟁에 이로울 것이다. 한 가지 이점은 앞에서 논의한 '배지 달기' 문제를 완화한다. 이를테면 총기 소지 규제에 찬성하느냐 반대하느냐는 자신이 어떤 사회 집단에 속하는지를 나타낸다. 그러므로 총기 소지에 대한 입장을 단도직입적으로 물으면 사람들은 자신의 집단 정체성에서 요구되는 답을 내놓을 것이다. 하지만 총기 소지 정책에 의해 영향받을 수 있는 다양한 요인에 어떤 비중을 부여하는지 물으면 답이 달라진다. 이때 사람들은 자신이 속한 집단에서 요구되는 답이 아니라, 숙고에 의한 답을 내놓으리라 기대할 수 있다. 물론이런 접근법이 효과가 없어 보이는 경우도 있다. 어떤 논쟁에서는 파벌마다 가치가 극명하게 대립해 각자 전문가를 통해 사실을 확정한 뒤에도 정책 수용도가 합의에 가까워지지 않을 수 있다. 인구가 고르게 분포한 지역의 공식 언어를 변경하는 결정이 이런 예다.

롭은 마약 금지가 사회에 미치는 영향을 연구하면서 사람들이 사실과 가치를 분리하도록 하려고 애썼다. 이를테면 경제학자 피터 로이터 Peter Reuter 와 톰 셸링Tom Schelling과 함께 작성한 보고서에서 마약 관련 위해를 남용으로 인한 사망부터 교통사고, 마약 판매상 간의 폭력에 이르기까지 자세히 분류했다.[119] 그들은 각 위해를 주로 마약의 효과로 인한 것과 주로 마약 금지로 인한 것으로 구분했다. 이를테면 마약이 HIV 전파 경로인 이유는 마약 금지(구체적으로는 깨끗한 주삿바늘을 구하지 못하는 것) 때문인 반면에 교통사고는 마약의 정신작용 효과 때문이다. 저자들은 이 분류를 통해 합법화론자와 금지론자들이 각 입장의 상대적 이점에 대해 더 생산적이고 냉철한 논쟁을 벌일 수 있으리라 (다소 순진하게) 믿었다. 그들은 금지론자들에게서 반발이 더 클 거라 예상했지만 대부분의 불만은 합법화론자들에게서 터져나왔다. (금지론자들은 보고서를 아예 읽지 않았을지도 모른다!) 합법화론자들은 마약 사용 합법화 문제를 위해의 관점에서 규정하는 것은 마약 사용의 잠재적 **편익**(쾌락, 재미, 개인적 탐구, 진통 등)을 완전히 무시하는 꼴이라고 항의했다(이것은 모든 비용·편익 분석의 결정적 요소다).

이 사례는 롭 연구진의 맹점을 보여줄 뿐인지도 모르지만, 우리는 어떤 공적 논쟁에서든 사실과 가치에 대한 명료함이 중요하다는 사실 또한 보여준다고 생각한다. 앞에서 보았듯 거대한 정책 결정을 내릴 때 어느 요인이 **중요하고** 얼마나 중요한지에 대해 반드시 전문가들이 권위자는 아니다. 이 영역에서는 누구나 이바지할 수 있다.

의사결정에 대한 이 접근법에 필요한 요인들의 핵심 목록을 찾는 일은 언제나 쉽지 않다. 그럼에도 덴버 탄환 연구에서 교훈을 얻을 수 있다. 주제에 대한 열의가 뜨겁더라도 우리는 정책 결정에 대한 성찰적 접근법을 통해 추론을 명시적으로 전개하고 (따라서) 검토와 논의를 가능하게 할 수 있다.

사실 주장과 방법론을 왜곡하는 가치

정책 결정에서의 주 요인이 뚜렷하더라도 사실/가치 접근법의 채택을 힘들게 하는 또 다른 우려 사항이 있다. 20세기 후반 우리는 문화, 목표, 불평등한 사회관계가 행동과 믿음을 형성할 수 있음을 점점 더 절감했다. 13장에서 논의했듯 과학자들도 이런 영향으로부터 자유롭지 못하다. 그렇기에 사실은 효과적 결정의 토대인 공유된 객관적 현실의 기본 요소이지만, 사실에 대한 **주장**과 그 방법론적 토대(우리는 이것을 '사실 이야기'라고 부른다)는 이 사회적 힘에 의해 형성되고 왜곡될 수 있다. 이 때문에 어떤 사람들은 정책 결정에 대한 숙의에서 사실과 가치의 구별을 상상하기 힘들어한다.

이것은 사소한 우려 사항이 아니다. **힘은 질량 곱하기 가속도** 같은 물리학 발견에 대한 사실 이야기가 가치에 의해 왜곡될까봐 걱정하는 사람은 드물지만 사회과학의 많은 발견에서는 상황이 분명하지 않다. 우려할 만한 사회과학 사실 이야기의 좋은 예는 앨리스 이글리$^{Alice\ Eagly}$ 와 린다 칼리$^{Linda\ Carli}$가 제시했다. 1981년에 두 사람은 다른 사람의 견해에 순응하는 성향에 성별 차이가 있는지의 문제를 다룬 148건의 실험에서 데이터를 취합해 분석했다. 분석에 따르면 전반적으로 여성이 남성보다 쉽게 영향을 받는다고 한다. (대부분의 연구는 1970년대 이전에 실시되었으며 현재에 일반화해 대입해서는 안 된다.) 하지만 제1저자의 성별에 따라 연구를 구분했더니, 여성 연구자의 연구에서는 성별 순응성 효과가 사라졌다.

여성이 (적어도 1981년 이전에는) 남성보다 더 순응적이었다는 것은 사실일까? 그럴지도 모르지만, 만일 그렇다면 왜 이 사실이 남성 관찰자에 의해서만 기록되었을까? 남성 연구자가 여성을 더 순응적으로 보이게 하는 과제나 측정에 편향된 것일까, 아니면 여성 연구자가 여성 순응성을 과소평가하는 과제나 측정에 편향된 것일까? 우리는 알 수 없다. 하지만 이 발견은 성별에 대한 남성 연구자의 견해와 여성 연구자의 견해가 그들이 내놓는 결과에 영향을 미칠 수도 있음을 암시한다. 과학자들은 이 어리둥절한 결과 이면에 사실적 현실이 있음을 의심하지 않으며 따라서 실험적 검사의 정의와 선택이 문화/성별 영향에 의해 형성되는 지점을 찾아내는 일에 무척 흥미를 느낀다. 하지만 1981년 연구 당시에는 이 실험의 주장과 방법론에 문제가 있음이 분명하지 않았다.

추상적 측면에서 보자면 **사실 이야기**가 가치에 의해 왜곡되는 이 문제는 사실 자체를 가치와 분리해야 할 근거를 약화한다고 주장되기도 했으나 우리는 동의하지 않는다. 앞 장들에서 논의한 많은 개념과 마찬가지로 논의를 사실적 토대가 있는 측면들과 가치, 목표, 감정에 대체로 의존하는 측면들로 분리하는 데는 현실적 유익이 있다. 이 분리의 토대가 되는 정의와 분류에 이론의 여지가 있더라도 이 방향을 추구했을 때 얻을 수 있는 것이 훨씬 많다. 현실이 결정을 어떻게 제약하는지를 당사자들이 따로따로 고려하도록 해주기 때문이다.

가치와 갈등

사람들은 어떤 가치를 품고 있을까? 사람들에게(그들이 어떤 사람이든) 무엇이 (현실 의사결정에 영향을 미친다는 측면에서) 중요한지를 체계적으로 서술할 수 있을까? 한 가지 접근법은 사람들에게 무엇에 얼마나 가치를 두는지 단도직입적으로 **묻는** 것이다. 물론 사람들이 뭐라고 말하는지와 현실에서 어떤 가치를 실제로 발동하는지는 별개 문제다. 하지만 가치에 대해 묻는 것이 잘못된 접근법은 아니다.

가치는 늘 갈등할까? 그렇지 않다. 설령 갈등하더라도 정도 문제다. 사회과학에서 가치 갈등을 도식화하는 지배적 얼개는 샬롬 슈워츠Shalom Schwartz가 개발했다.[120] 그는 20개국 사람들을 대상으로 "삶의 지침 원칙으로서" 56가지 가치의 중요도를 평가하라고 주문했다. 통계 모델링을 실시했더니 권력, 성취, 향락, 자극, 자기주도, 보편주의, 박애, 순응/전통, 안전 등의 핵심 가치들은 서로 밀접하게 연관되었거나(한 가치를 우선시하는 사람은 다른 가치도 우선시하는 경향이 있다), 대립하거나(한 가치를 우선시하는 사람은 다른 가치를 우선시하지 **않는** 경향이 있다), 서로 무관했다. 즉, 대부분의 사람들에게 일부 가치들(향락과 전통)은 어떤 결정이 두 가치에 다 영향을 미칠 경우 화해시키기가 매우 힘들 것이다. 두 가치가 서로를 반대 방향으로 밀어내기 때문이다. 이에 반해 권력과 성취 같은 가치 쌍은 한꺼번에 추구할 수 있다. 정책 결정을 반대 방향으로 밀어내지 않기 때문이다. 다양한 가치들이 이렇게 규정되자 이민에서 기후변화, 세계 여러 지역에서의 민족 갈등에 이르는 온갖 영역들에서 벌어지는 현실의 집단 간 갈등을 분석하는 국제 연구 문헌들이 쏟아져 나왔다.

필립 테틀록의 가치 다원주의 모형[121]에서는 가치 갈등(이를테면 평등과 경제적 효율성을 조율해야 할 필요성)이 심리적으로 회피된다고 주장한다. 이 불편한 상충관계에 대처하는 전략은 사람마다 다르다. 어떤 사람들은 상충하는 가치들 중 하나를 단순히 무시하는 부정 전략을 택한다. 혼재된 견해를 가졌거나 어떤 견해를 가졌는지 알려지지 않은 집단을 상대할 때는 결정을 남에게 떠넘기거나 미루기도 한다. 어떤 관점을 가졌는지 알려진 동질적 집단을 상대할 때는 상대방이 듣고 싶어 하는 이야기를 들려주고 대립적 태도를 취해 (대체로 부재하는) 반대편을 악마화한다.

하지만 가치 상충관계를 가라앉힐 생산적 방법이 있을지도 모른다. 클로드 스틸Claude Steele은 자기방어적이고 가치 표현적인 태도 기능이 심리적 **자기긍정** 체계에서 비롯한다고 주장한다. 이 체계는 자신을 도덕적으로 훌륭하고 합리적이고 독립적이고 유능하다고 여기는 긍정적 견해를 유지하려고 애쓴다.[122] 이 견해를 위협하는 정보를 맞닥뜨리면 반대, 부정, 합리화 등 그 정보를 거부하려는 시도가 촉발된다. 지금까지만 보면 스틸의 아이디어는 가치 상충관계와 태도 기능에 대해 우리가 방금 논의한 것과 일치하는 듯하다.

하지만 특별히 흥미로운 점은 스틸이 이 발상들에서 끌어낸 함의와 가치 갈등을 건설적으로 다루기 위한 절차다. 스틸의 추론에 따르면 사람들의 가치에 도전하는 정보는 위협적이기 때문에 그들에게 자신의 가치를 긍정할 기회를 부여함으로써 회복력을 키울 수 있고 위협을 이겨내는 능력을 향상시킬 수 있다. 다양한 실험을 통해 스틸과 동료들은 사람들이 자신의 핵심 가치를 공개적으로 인정해(이를테면 가치 목록에 대한 설문에 응답함으로써) 자신의 가치를 경직적으로 방어하지 않아도 된다면, 새 증거를 더 기꺼이 고려하고 심지어 생각을 바꾸기도 한다는 사실을 입증했다. 연구자들은 학교 등의 다양한 현실 상황에서 자기긍정 프로그램을 실시해 규칙적 자기긍정이 학생들의 새로운 정보를 흡수하려는 의향을 증가시켜 학업 성적을 개선할 수 있음을 밝혀냈다.[123]

배지 달기 너머의 공유된 가치

우리가 가치와 어떤 관계를 맺는지, 그 기원이 무엇인지와 관련한 요소와 관점들을 들여다보고 나면 좀 더 거창한 물음을 던지게 된다. 우리가 전혀 다른 문화적 가정과 제각각의 배지가 달린 정체성에서 출발하더라도, 공유된 가치를 이해하는 일에서 이따금 집단적 진전을 이루는 것처럼 보이는 이유는 무엇일까? 이를테면 수 세기에 걸쳐 사람들은 핵심적 합의 가치에 대해 서로를 설득했다. 오늘날 노예제, 강간, 취약한 사람에 대한 고의적 창피 주기가 못된 짓이라는 데 이의를 제기할 사람이 누가 있겠는가? 공유된 가치에 이르는 길은 분명히 있다.

그렇다면 우리는 가치 문제에 대해 어떻게 추론해야 할까? 앞 장들에서는 뗏목 비유가 과학적 추론에서 어떻게 작동하는지 이야기했다. 그런데 뗏목 비유는 가치에 대한 생각을 묘사하는 데에도 요긴할 수 있다. 사실 아동은 매우 어릴 적부터 (종종 부모와의 대화를 통해) 가치에 대해 추론한다.

자녀 "팅안에게 볼펜을 빌렸어. 하지만 돌려주지 않을 거야. 돌려주면 나는 펜이 없어지잖아. 그럼 어떡해?"

부모 "그러니까 넌 사람들이 빌린 물건을 돌려주면 안 된다고 생각해?"

자녀 "글쎄, 평소라면 돌려줘야겠지만 이건 달라."

부모 "뭐가 다른데?"

자녀 "팅안이 나보다 어리니까."

부모 "하지만 어린 사람에게 물건을 빌렸다고 해서 안 돌려줘도 된다면 제임스도 네게 빌린 스피너 장난감을 돌려줄 필요가 없게 되잖아."

이런 식의 대화가 이루어진다. 여기서의 추론은 (1) 특수 사례에서 괜찮은 것(팅안에게 펜을 돌려주기, 제임스가 스피너를 돌려주기)이 무엇인가에 대한 판단과 (2) 행동을 규율하는 일반 규칙에 대한 판단(물건을 빌렸으면 돌려줘야 한다)을 왔다 갔다 한다. 우리는 특수 사례에서 괜찮은 것에 대해 결정을 내리면서도 특수 사례에 의해 예시되는 일반 원칙이 이 결정을 확증하리라 기대한다. 일반 원칙이 괜찮아 보이면 추론을 더 전개할 필요는 없다. 하지만 일반 원칙이 괜찮아 보이지 않으면(이를테면 자기보다 어린 사람에게 빌린 물건은 돌려주지 않아도 된다는 주장) 특수 사례에 대한 판단을 철회하거나(펜을 가지는 것은 옳은 행동이 아니었다) 옳게 느껴질 때까지 일반 원칙을 다듬어야 한다. 우리는 특수 사례에 대한 판단과 일반 규칙에 대한 판단을 왔다 갔다 하며, 정착된 상태에 도달하면 행동을 취한다. 이것은 특수 사례에서의 행동에 대해서도, 우리의 행동이 예시하는 일반 규칙에 대해서도 편안함을 느끼는 상태를 말한다. 바로 '반성적 평형reflective equilibrium'이다.[124]

정상적 사고력을 가진 성인 사이에서도 비슷한 과정이 일어난다. 단, 가르침이 양방향으로 오간다(그리고 성인은 적어도 자신이 타인의 유익을 고려해야 **한다**는 것을 안다). 우리는 서로에게서 배우며 심지어 다른 문화에 속한 사람에게서도 배운다. 이를테면 노예제나 창피 주기가 왜 잘못인지 이해하지 못하는 사람을 깨우치는 한 가지 방법은 생생한 특수 사례를 보여주어 그 행동이 괜찮지 않다는 데 동의하도록 만드는 것이다. 그러고 나면 뒤로 돌아가 여기서 작용하는 일반 원칙(인간은 다른 인간을 소유하거나 학대하거나 폭력을 가할 권리가 없다, 힘이 있다고 해서 무조건 써도 되는 것은 아니다 등)이 무엇인지 알아낼 수 있다. 원칙을 정립한 뒤에는 이것이 있는 그대로 괜찮아 보이는지 검토할 수 있으며, 더 많은 사례에서 우리의 원칙이 어떤 평결을 내리는지 살펴볼 수 있다.

앞에서 쓴 뗏목 비유는 여기서도 요긴하다. 가치에 대해 생각할 때 원점에서 시작할 필요는 없으며 모든 것을 백지에서 정당화할 필요도 없다. 우리는 사회가 만들어놓은 가치판단의 뗏목에서 시작하며, 무엇이 괜찮고 무엇이 괜찮지 않은지 생각할 때 상식을 활용한다. 이 가치판단 더미에 올라타 물 위에 떠 있는 동안에는 조각을 하나씩 떼어내어 정말로 옳은지 점검할 수 있다. 그 조각이 일반 원칙이라면 특수 사례에서 무엇이 괜찮은가에 대해 옳다고 여겨지는 판단이 산출되는지 확인할 수 있다. 그 조각이 특수 사례에 대한 판단이라면 어떤 일반 원칙이 쓰이고 있는지 물어 그 일반 원칙이 건전해 보이는지 확인할 수 있다. 여기에 가치에 대한 반복적 숙고가 담당하는 역할이 있다. 사실을 판단할 때 반복적 숙고를 이용해 증거와 전문성의 여러 원천을 심사하듯 말이다.

현실적으로 말하자면 이 논의와 최근 발견들은 숙고의 가치 측면을 개선하는 방법을 시사한다.

- 무엇보다 논의 중에 참가자들이 감정적 반응을 나타내는 구체적 사례와 이 반응을 설명할 수 있는 일반 원칙 사이를 왔다 갔다 하는 동안, 당신과 대화하는 사람들과 당신 사이에서 '반성적 평형'이 여러 번 반복된다고 예상하라.
- 참가자들이 중요하다고 생각하는 가치를 숙고 과정 초반에 허심탄회하게 논의할 수 있도록 존중하는 마음으로 기회를 부여하라.
- 당신과 상대방이 서로 긴장 관계에 있는 듯한 가치를 대변해 논쟁할 때는 그 가치를 우선시하는 방법이 다르더라도, 둘 다 각각의 가치를 공유할 수 있음을 인정하고 가치에 대해 논의할 창의적 방법을 모색하라.

숙고의 가치

철학자 피터 스트로슨[Peter Strawson]은 이렇게 쓴 적이 있다.

> 18세기 후반 스코틀랜드의 판사 한 명이 어떻게 판결에 도달하느냐는
> 질문을 받고서 다음과 같은 취지로 답했다고 전해진다. "우선 답변서
> 를 전부 읽고 나서 이삼일 동안 (알코올 음료 토디를 홀짝이며) 머릿속에서
> 버무린 다음 판단을 내린다." 하지만 그는 썩 좋은 판사는 아니었을 것
> 이다.[125]

이것은 많은 사람이 하는 행동의 묘사로도 나쁘지 않다. 국민투표
가 발의되면 우리는 구할 수 있는 정책 자료를 읽고서 며칠간 머릿속에
서 버무린 다음 투표한다. 이 장의 사실 대 가치 논의는 이 접근법이 얼
마나 많은 것을 번번이 놓치는가를 뼈아프도록 분명히 보여준다. 우리
는 정책 결정의 요소들에 대해 명시적으로 생각하지 않는다. 어떻게 점
검해야 하는지 모른다. 최종 결정에 이견이 있는 사람과 논쟁하는 법을
모른다.

우리는 이 장을 시작하면서 집단이 사실과 가치가 둘 다 작용하는
정책 결정을 내리는 타당한 현실적 절차를 논의했다. 이것은 논증들을
"머릿속에서 버무리"는 것보다는 발전한 방법이겠지만, 덴버 탄환 연구
의 사례는 사실과 가치를 구별하고 둘을 통합하는 과정의 이상적 본보
기로는 아직 미흡하다. 우리는 사실 측면과 가치 측면 둘 다에 대해서
원칙에 입각한 요소들이 숙의에 포함되기를 바라지만, 덴버 연구의 대

수적이고 알고리즘적인 절차에는 이런 것들이 담겨 있지 않다. 이를테면 전문가의 사실적 숫자나 시민들의 가치에 대한 비중을 단순히 평균 내기보다는 이 입력의 원천들에 대한 반복적 숙고의 여지를 마련해야 한다. 어쩌면 스틸의 자기긍정 전략을 이용해 물꼬를 틀 수 있을 것이다. 이런 역동적 숙의가 다음 장의 주제다.

17장. 힘을 모아 함께 생각한다면

마지막 장을 앞두고 놀라운 명제와 차분한 난제를 제시하고자 한다. 명제부터 보자. **우리는 인류 역사를 통틀어 모든 사람이 잘 살 수 있는 항구적 세계의 건설을 합리적 수준에서 목표로 삼을 수 있는 최초의 세대다.** 이 명제는 틀림없이 논란의 여지가 있으며 심지어 가능성이 희박할지도 모르지만, 이것이 참일 가능성만으로도 당신은 눈이 번쩍 뜨일 것이다.

이 명제는 무슨 뜻일까? 첫째, 10장에서 논의했듯 인류를 먹여살리려는 전 세계적 노력의 결과를 볼 수 있었던 것은 우리 세대(오늘날 살아 있는 사람들)뿐이다. 고작 20세기의 마지막 40년 이후로 극단적 빈곤에 시달리는 전 세계인의 비율이 절반 이상에서 10분의 1 미만으로 떨어졌다. 인구는 2.5배 증가했는데도 말이다. 같은 기간에 전 세계 문맹률은 절반 이상에서 13퍼센트로 낮아졌다. 게다가 역사상 처음으로 인구 증가 속도가 느려졌으며, 심지어 오랫동안 최다 인구 대국이던 나라를 비롯한 많은 나라에서는 인구가 감소하기 시작했다. 그리하여 모든 사람에게 식량을 공급한다는 발상이 새롭게 현실성을 띠게 되었다. 우리는 현재의 자원으로 지탱할 수 있는 것보다 많은 사람들이 살아가는 맬서스 세계에 있지 않다.

최근에 일어난 전염병 대유행은 무시무시했지만, 빠르게 발전하는 생물학 지식을 이용해 즉각적으로 백신을 개발할 수 있다는 점도 입증되었다. 이런 미래 위협에 제때 대처할 수 있다고 확신하기까지는 아직 갈 길이 멀지만, 우리는 분명 그 길 위에 서 있다.

시야를 더 넓혀 지구 규모에서 보자면 우리는 지구 환경을 의도적으로 빚어낼 능력을 가진 첫 종의 첫 세대다. 그렇다. 인류의 산업은 지구 온난화를 일으킬 수 있다. 하지만 이렇게 할 수 있는 능력 자체는 우리가 이제 지구 규모에서 활동할 수 있다는 신호이기도 하다. 더는 변동하는 지구 환경을 하릴없이 받아들여야만 하는 신세가 아니다. 과거 인류는 빙기(와 가뭄)가 인류 역사를 빚어냄에 따라 흥망성쇠를 겪었지만 (분명히 말하건대 우리는 기후를 안전하게 관리해 이 변동을 안정화하는 법을 아직 모른다) 다음번 빙하가 인류에게 쳐들어올 때 다른 결과를 만들어낼 도구를 사상 처음으로 궁리하고 발명할 수 있다.

약 2600만 년마다 거대 혜성이나 소행성이 지구와 충돌해 대량 멸종이 벌어졌지만, 우리는 다음 대량 멸종을 예방할 수 있는 능력을 갖췄다고 볼 수 있는 최초의 종이다. 우리는 다가오는 혜성과 소행성이 지구에 도달하기 훨씬 전에 탐지할 수 있는 망원경을 제작했으며, 우주선을 보내 머나먼 소행성의 방향을 바꿔 지구와 충돌하지 않도록 하는 연습에 성공했다.

한마디로 우리는 아직 방법을 알지는 못하지만, 오늘 살아있는 세대에게 고무적인 기회가 있음을 알고 있다. 우리는 번성하는 세계를 건설해 미생물을 제외한 어떤 생물보다도 오래 살아남을 수 있다. 당신이 이것을 놀라운 명제로 여긴다면 아마도 우리와 같은 반응을 보였을 것이다. "그래, 하지만……! 음, 어쩌면, 하지만……!" 과학적 낙관주의를 토대로 끈기를 발휘하는 것은 좋은 일이지만 세상은 결코 이 꿈들이 실현된 낙원이 아니다. 우리는 **현재** 지식조차도 한껏 활용하고 있지 못하다. 이 이상적 목표를 공략할 준비 태세를 보여주는 것은 언감생심이다.

이쯤에서 이 장 첫머리에서 약속한 차분한 난제를 설명해야겠다. 논란의 여지가 있지만, 이 목표를 현재 관점에서 고려하고자 할 때 우리의 도구함에서 빠진 가장 중요한 도구는 건설적이고 대규모의 집합적 사고를 위한 기법이다. 힘을 모아 훌륭히 생각하면 놀랍고도 겉보기에 불가능한 과제를 달성할 수 있다. 반면에 힘을 모아 훌륭히 생각하지 못하면 금세 막다른 골목에 다다르거나 더 나아가 파국적 상황을 맞을 수도 있다. 우리의 집합적 과제(아마도 우리 시대의 **유일한** 대난제)는 힘을 모아 생산적으로 생각한 다음 그 결과를 활용하는 도구를 발명하는 것이다. 세 번째 밀레니엄의 들머리인 지금 이 난제를 풀 수 있다면 행성의 번영을 위한 기초를 쌓으리라는 희망을 품을 수 있다.

우리 인간은 문제를 파악하면 대처 방법을 발명하는 탁월한 능력을 발휘했다. 생산적인 집합적 사고를 독려하고 싶다면 출발점으로 삼을 만한 지점도 있다. 우리의 산업이 지구 기후에 (좋게든 나쁘게든) 영향을 미칠 수 있음을 인식한 것과 마찬가지로, 산업 규모의 정보 기술이 집합적 사고에 국가적, 심지어 지구적 영향을 미칠 수 있음에도 주목해야 한다.

이를테면 지난 몇십 년에 걸쳐 우리의 정보 기술 덕에 (자신의 관점을 재확립하는 메시지만 듣게 되는) '생각의 반향실'이 형성되도록 메시지를 집송^{集送, narrowcast}(무차별적으로 메시지를 보내는 '방송'과 대조적으로 특정 집단에 특정 메시지를 맞춤형으로 전달하는 방식 - 옮긴이)할 수 있음이 분명해졌다. 생각의 반향실은 확증편향을 엄청나게 강화하며, 전 세계 여러 나라에서 정파적 양극화로 이어져 많은 사안에서 진전을 가로막았다. 하지만 양극화된 생각 공동체를 만들어낼 수 있다면, 더 생산적인 집합적 사고 환경도 조성할 수 있어야 마땅하다. 기술을 다르게 이용하는 법을 알아내기만 하면 된다.

이 책에서는 줄곧 논의한 접근법, 비법, 마음가짐은 우리가 개인으로서 훨씬 큰 효과를 거둘 수 있게 해주지만 집단적으로 성공하게 해줄 수도 있다. 디지털 세상에서 효과를 발휘하는 구체적인 집합적 사고 도구를 개발한다는 거대한 과제에 집중하면서 우리는 여기에 큰 측면과 작은 측면이 둘 다 있음을 다시 한번 발견할 것이다. 우리가 발명하는 모든 접근법은 번영하는 행성을 건설하는 데 일조할 수 있지만, 번영하는 도시나 기업, 비영리 기구, 심지어 가족이나 친목 단체를 구성하는데에도 도움이 될 수 있다.

숙의 기술

이 난제를 공략하려면 성공적이고 효과적인 집합적 사고의 예를 살펴보는 것이 무척 유익할 수 있다. 이런 예는 그 자체로 우리의 온전한 요구에 부응하지는 못할지라도 우리가 토대로 삼을 수 있는 무언가를 보여준다. 앞 장에서는 상황에 따라 요긴할 수 있는 사실/가치 분리 기법의 예를 보았다. 하지만 건설적인 집합적 사고를 우리의 3MT 도구함의 중요 도구로 삼는 데 필요한 요소들이 덴버 탄환 연구에 충분히 들어 있는지는 분명치 않다. 그러니 더 큰 역할을 할 수 있는 기법을 들여다보자. 공론조사^{Deliberative Polling}라고 불리는 이 기법은 생산적인 집합적 사고를 위한 혁신적 도구와 관련해 가장 유망한 사례 중 하나다.

덴버 탄환 연구는 이해당사자들의 가치와 우선순위가 다를 때 사실을 논의에 접목하기가 얼마나 힘든지를 잘 보여주었다. 이런 상황에서는 두려움, 욕구, 야심, 목표가 사람들의 견해를 좌우한다. 지금의 정치적 순간은 분명히 그런 경우다. 사람들은 종종 서로 대화할 방법이 전혀 없다고 느낀다. 정치 스펙트럼의 양극단에 있는 사람들은 의견이 정반대이므로, 나라의 절반 가까운 사람들은 자신이 한 번의 선거로 정치체제에서 완전히 밀려난다고 느낀다. 다시 선거가 치러지면 나머지 절반이 소외감을 느낀다. 이것은 나라를 이끌어가는 좋은 방법일 수 없다. 사람들이 결정을 내리고 계획을 수립하고 정책에 합의하면서 자신이 해결하고자 하는 사안에 대해 저마다 다른 이익, 목표, 욕구를 사실적 전문성과 두루 엮어낼 방법이 필요하다. 이를 위해 설계된 방법이 바로 공론조사다.

공론조사는 1980년대 후반 (당시 텍사스대학교 교수이던) 짐 피시킨^{Jim Fishkin}이 개발했다. 그는 이후 스탠퍼드대학교로 자리를 옮겨 숙의민주주의연구소^{Deliberative Democracy Lab}를 운영하고 있다. 피시킨은 일반적 여론조사를 할 때 무슨 일이 일어나는지 생각하다가 공론조사 아이디어를 떠올렸다고 한다. 여론조사 기관이나 언론 기관(《뉴욕 타임스》라고 하자)에서 무작위로 선정한 미국 국민 약 1000명에게 "미국이 환태평양 무역 협정을 체결해야 할까요?"라고 묻는다고 해보자. 대부분의 사람들은 처음에는 '글쎄, 모르겠는걸'이라고 생각할 것이다. 하지만 놀랍게도 일반인은 자신이 전혀 모르는 주제에 대해서도 의견을 제시할 수 있다. 이를테면 이런 식으로 말할 수 있다. "그거야…… 해야죠"(또는 "안 됩니다").126 이튿날 《뉴욕 타임스》에 이런 머리기사 제목이 뜬다. "무역 협정에 찬성하는 국민이 반대의 두 배." 여론조사를 어떻게 실시하는지 생각해보면 이것이 아무짝에도 쓸모없는 결론이라고 생각하지 않을 수 없다. 여론조사 대상인 사람들은 해당 주제에 대해 아는 것이 거의 없을 가능성이 크다. 그들은 자신이 내뱉어야 한다고 생각되는 말을 내뱉고 있을 뿐이다.

당신이 정말로 알고 싶은 것은 미국 국민의 대표 표본이 어떤 사안에 대해 정말로 무언가를 알았을 때 어떻게 생각할지다. 이상적으로는 정보를 습득하고 서로 다른 의견과 그에 따른 결과를 신중하게 고려한 뒤에 어떻게 생각하는지 알고 싶을 것이다. 피시킨은 이런 생각이 들었다. 이렇게 해보면 어떨까? 미국 국민의 대표 표본을 회의장에 불러들여 참가자들이 토론과 숙의를 통해 전문가와 동료 참가자로부터 정보를 얻어 더 많은 식견을 갖추고서 사안을 고려하는 절차를 만들면 어떨까?

시간이 흐르면서 피시킨과 동료들은 다음과 같은 절차를 개발했다. 무작위로 수백 명의 시민을 선발해 불러모은 다음, 대개 사흘 일정으로 (복지 개혁 같은) 특정 정책 사안을 숙의한다. 첫째, 핵심 사안에 대한 사람들의 지식과 의견을 가늠하기 위해 사전 여론조사를 실시한다. 이를 테면 복지 개혁의 경우 각각의 숙의 참가자에게 주제에 대한 정치적 입장, 기초적 경제 이론에 대한 지식 등에 대해 질문을 던질 수 있다. 최초 의견이 취합되면 참가자를 여남은 명의 소집단으로 나누고 훈련된 사회자를 배치한다. 그런 다음 세심하게 준비한 브리핑 자료를 모두가 읽은(또는 영상 형태로 시청한) 뒤 이를 바탕으로 숙의를 시작한다. 브리핑 자료의 목표는 사실과 가치 중에서 합의된 것과 이견이 있는 것, 입장들에 대한 증거, 고려 중인 정책에 대한 찬반 논증 등을 서술해 정책 사안을 제시하는 것이다. 이 모든 자료는 해당 사안에 대한 모든 방면의 전문가들에게 조언을 받아 작성한다. 숙의는 결말이 열려 있긴 하지만 생산적 토론이 극대화될 수 있도록 진행된다. 사회자는 논평을 덧붙여서는 안 되며, 각 숙의 참가자에게 발언 기회를 부여하거나 브리핑 자료에 실린 적절한 정보를 지목하는 일만 할 수 있다. 또한 사회자는 숙의 중에 어떤 표결도 시행되지 않도록 한다. 영화에서 보는 여느 배심 재판과 달리, 여기서는 전문가에게 어떤 질문을 던질 것인가를 제외한 어떤 항목에 대해서도 숙의 중 표결이 허용되지 않는다.

일반적으로 각 집단이 숙의를 진행하다 보면 구성원들이 옳은 선택을 결정할 수 없는 지점에 도달한다. 그러면 집단은 의도하지 않은 결과를 어떻게 방지할 수 있을지, 특정 결과를 장려하려면 어떻게 해야 할지 등 특정 정책이 시행되었을 때 무슨 일이 일어날지에 대한 미해결 질문을 모조리 취합한다. 집단은 이 질문들을 취합해 해당 주제에 대한 모든 견해를 아우르는 전문가 패널에 전달한다.

전문가 패널은 저마다 다른 입장을 대표하기 때문에 의견이 엇갈릴 때가 많다. 하지만 모두가 사안에 대해 나름의 전문성이 있다. 전문가들은 숙의 참가자들에게 강의할 수 없다. 숙의 참가자들의 의견을 바꾸려고 시도해서는 안 된다. 전문가들이 그 자리에 있는 이유는 오로지 질문에 답하기 위해서다. 소집단들은 전문가들을 달달 볶은 다음 숙의를 재개한다. 숙의 집단은 이제 더 많은 정보를 손에 넣었다. 누군가 이렇게 말한다. "저 전문가가 이렇게 말했습니다." 다른 누군가가 대꾸한다. "그래요. 하지만 다른 전문가가 지적한 대목을 고려하면 그건 말이 안 돼요." 이런 토론을 진행하고 나면 숙의 집단은 어느 전문가가 해당 주제에 대해 더 많은 지식을 가지고 있는지 감을 잡는다. 어느 전문가가 자신이 답을 알지 못하는 때를 더 잘 직시할 수 있고, 주장에 대한 확신도가 낮을 때를 정확히 판별할 수 있는지(즉, 5장의 표현으로 하자면 어느 전문가가 "보정이 잘 되어" 있는지) 파악할 수 있다면 금상첨화다.

숙의를 계속하면서 더 많은 질문이 제기된다. 그러면 전문가 패널을 다시 부른다. 긴 주말 동안 이 반복적 절차를 여러 번 진행한다. 목표는 합의에 도달하는 것이 아니다. 배심원단과 달리 모두가 동의해야 하는 것은 아니다. 하지만 행사가 끝날 무렵 사람들이 생각을 바꾸는 경우가 많다. 피시킨과 동료들은 행사 전후에 참가자들을 대상으로 여론조사를 실시하기 때문에 의견이 어떻게 달라지는지 추적하고 정량화할 수 있다. 그랬더니 참가자들은 누가 가장 카리스마 있는 전문가인지나, 누가 숙의 집단에서 가장 언변이 좋거나 가장 높은 지위에 있는가를 근거로 생각을 바꾸지 않는다. 문제에 대해 얻은 새 정보를 근거로 생각을 바꾼다.

이런 숙의를 거친 뒤에 사람들은 특정 견해를 접한 뒤 자신이 틀렸음을 깨달았다고 곧잘 말한다. 집단 내 누군가가 특정 상황에 처한 친척의 이야기를 들려주었을 수도 있고, 사안에 얽힌 개인적 경험을 털어놓아 다른 관점이 있음을 깨닫게 했을 수도 있다. 아니면 전문가의 말을 들은 뒤 이야기의 중요한 부분인 어떤 사실을 자신이 고려하지 않았음을 깨달았을 수도 있다.

무관심과 '배지 달기' 넘어서기

공론조사는 민주주의의 걸림돌인 무관심과 불참 문제를 해결하는 유망한 해답인지도 모른다. 피시킨과 동료들이 진행한 공론조사에 참여한 사람들은 진지한 태도를 보였다. 참가자를 무작위로 선발했는데도 경이로운 참여율을 거둘 때가 있었으며, 숙의를 시작한 인원의 95퍼센트 이상이 끝까지 동참했다. 게다가 참여한 사람들은 그 뒤에 뉴스 미디어를 더 많이 접했다. 이를테면 신문을 한 번도 읽지 않았다가 매일 세 종을 읽기 시작한 사람도 있다. 사람들은 참여 초대를 받으면 이것을 제대로 해야 한다는 실제 의무로 받아들인다.

12장에서 논의한 배지 달기 현상도 해결되는 듯하다. 공론조사가 진행되는 동안 사람들은 함께 공론에 참여하는 집단에 동일시하고 (이를테면) 골수 진보주의자나 경제적 보수주의자라는 정체성을 내려놓기 시작한다. 이런 배지는 공론조사에서는 주요 요인이 되지 않는다.

피시킨이 설명하는 공론조사 결과를 들으면 선출된 대표에게만 의존하기보다는 미국 국민 중에서 무작위로 '배심원단'을 선발해 전문가에 의해 주어진 정보에 입각해 문제를 해결하도록 할 때 훨씬 나은 성과를 거둘 수 있으리라는 낙관이 든다. 현재 대표자로 선출되는 사람들은 선거구나 주(나라 전체를 말할 것도 없다)에 거주하는 모든 주민의 이익을 대변하기보다는 자신과 이념적으로 가장 가까운 인구집단의 바람에 부응해야 한다는 압박을 종종 느낀다.

공론조사 효과를 훨씬 큰 규모에서 재현할 방법을 만들어낼 수 있을까? 이를테면 소규모 온라인 영상 회의를 다발적으로 실시하는 것도 효과가 있을까? 아니면 자선 재단들이 연합을 결성해 어떤 주제에 대한 국가적 숙고를 자극하기 위해 해마다 전국 오프라인 공론조사를 실시한 다음, 사람들이 논의 사안에 대한 생각을 어떻게 왜 바꿨는지 홍보하는 데 거액을 투자할 수도 있을까? 이런 대규모 공론조사는 타인의 견해를 귀담아듣고 이해하는 것을 넘어서서 사실들을 공정하게 이해하고 고려하고 타협안을 찾도록 도울 수 있다. 그러면 유권자와 입법권자들이 더 나은 정보에 입각해 행동하도록 할 수 있을 것이다.

시나리오 플래닝

공론조사는 이해당사자들의 가치와 감정을 공평하게 대변할 만큼 큰 무작위 표본으로 정당성(주목을 받을 자격)을 갖추고 전문성을 끌어모을 수 있다는 점에서 고무적이다. 하지만 결정을 계획하는 측면에 대해서는 알려진 것이 훨씬 적다. 이 영역에서는 전문성의 역할에 한계가 있으며 우리가 내다볼 수 없는 세계의 미래 상태가 결정에 영향을 미칠 수 있다. 어떻게 해야 할까? '시나리오 플래닝' 기법은 바로 이런 상황을 위해 개발되었다.

시나리오 플래닝은 1960년대에 랜드코퍼레이션^{RAND Corporation}의 허먼 칸^{Herman Kahn}이 처음 개발했으며 이후에 허드슨연구소^{Hudson Institute}에서 발전시켰다. (칸은 스탠리 큐브릭^{Stanley Kubrick}의 1964년 풍자 영화 〈닥터 스트레인지러브〉에서 배우 피터 셀러스^{Peter Sellers}의 주인공 연기에 중요한 영감을 제공했다.) 그 밖에 초창기에 기여한 곳으로는 스탠퍼드연구소^{Stanford Research Institute}와 로열더치셸그룹^{Royal Dutch Shell Group}이 있는데, 특히 피터 슈워츠^{Peter Schwartz}가 기획부 수장을 맡는 동안 큰 성과를 거뒀다. 《미래를 읽는 기술》에서 슈워츠는 기업 응용을 위해 시나리오 플래닝의 추가 개발이 이루어졌으며 결국 놀랍도록 다양한 목적에 쓰이게 되었다고 말한다. 남아프리카공화국에서 아파르트헤이트가 종식된 뒤 사회 재건을 기획하는 '숭고한' 목적이 있는가 하면, SF 영화 〈마이너리티 리포트〉를 위해 미래를 창조하는 '우스꽝스러운' 목적도 있었다.

시나리오 플래닝의 기본 개념은 가능한 미래를 다양하게 발전시켜 우리의 결정이 이 맥락들에서 얼마나 탄탄한지 검증할 수 있도록 하는 것이다.[127] 시나리오 플래닝에 참가하는 사람들은 반드시 내려야 하는 임박하고 중요한 결정을 파악하는 일부터 시작한다. (임박한 결정을 염두에 두지 않고서 시나리오 플래닝을 진행할 수도 있지만, 구체적 결정에 집중하면 덜 막연하고 더 유용한 결과를 얻을 수 있다.) 이를테면 기업은 향후 수십 년간 어떤 인력 변화가 필요한지 결정해야 할 때가 있고, (더 개인적인 차원에서는) 대학생은 어느 분야를 전공하고 어떤 훈련을 완수할지 결정해야 할 때가 있다.

그런 다음 참가자들은 인접한 미시 환경에서 '핵심 요인'을 찾고, 임박한 결정과 관계된 더 폭넓은 거시 환경에서 '추동 요인'을 찾는다. 미시 환경과 거시 환경에 있는 잠재 요인의 개수에는 한계가 없기 때문에 참가자들은 결정의 궁극적 성패를 좌우할 가능성이 가장 큰 요인의 목록을 추려내야 한다. 인력/훈련 결정을 위한 추동 요인에는 다음 항목이 포함될 수 있다.

- 수준 높은 교육(무료 보편 교육 대 값비싼 엘리트 전용 교육?)
- 경제(성장 대 침체 또는 불황?)
- 부와 권력의 분배(고도의 집중 대 공평한 분배?)
- 연령 분포(인구 노령화 추세가 계속될까?)
- AI와 로봇공학(현재보다 더 주도적인 역할을 하게 될까?)
- 미래 전염병 대유행(과 우리의 대처 능력)
- 일과 삶의 균형에서 나타날 수 있는 문화적 변화
- 세계화 정도(상호 의존/저갈등 대 고립주의/고갈등?)
- 에너지 비용(무시할 수준이 될까, 더 값비싸질까?)

다음으로 참가자들은 중요성과 불확실성 면에서 각 요인의 순위를 매긴다. 매우 불확실한 추동 요인을 고려하는 것이 더 유용한데, 이는 당신이 (다음 단계에서) 만들어낼 모든 시나리오에서는 '불가능'하거나 '미리 정해진' 요인이 대부분일 것이기 때문이다. 이를테면 고령화를 향하는 인구 구성 변화보다는 미래 에너지 비용에서의 불확실성이 더 클 것이므로 인구 구성 변화의 측면보다는 에너지 측면을 탐구하는 편이 더 유용하다. 인구 구성의 변화는 모든 미래 시나리오에서 공통적으로 일어날 현상이기 때문이다.

저마다 다른 추동 요인과 관련된 데이터가 있을 수는 있지만, 어느 것이 어떻게 순위에 오르는지가 데이터 입수의 용이성에 좌우되게 하면 안 된다. 여기서 목표는 일차 인과 요인과 이차 인과 요인을 발전시킬 때의 목표와 전혀 다르기 때문이다. 그때 우리가 알고 싶었던 것은 지금의 현실이 무엇인가였으므로 데이터는 요인들의 순위를 매기는 데 매우 요긴할 수 있었지만, 여기서 우리가 고려하고자 하는 것은 미래가 어떤 모습일지에 대한 (희박한 것을 비롯한) 폭넓은 가능성이다. 계획에 도움이 되려면 다양한 범주를 고려해야 한다. 우리가 탐구하는 특정 범주가 미래 가능성을 모두 포괄하지는 않더라도 말이다.

그런 다음 참가자들은 소수의 미래 시나리오를 선정해 살을 붙인다. 소설을 쓰거나 영화 각본을 구성할 때와 마찬가지로 참가자들이 만들어낼 수 있는 시나리오의 개수나 복잡성에는 한계가 없지만, 시나리오 플래닝이 가장 큰 효과를 발휘하는 경우는 제한된 개수(대체로 네 개)를 다룰 때다. 이 네 가지 시나리오는 대개 최상위 추동 요인 두 가지를 조합한 행렬로, 각 원소는 추동 요인이 미래에 나아갈 수 있는 방향에 따라 구분된다(이를테면 "부가 고루 분배된다" 대 "부가 고도로 집중된다"). 그러므로 핵심적 추동 요인이 두 가지이고 각 추동 요인의 수준이 두 가지이므로 행렬에는 2×2, 즉 4개의 원소가 있다. 각 원소는 결정의 성패에 특별히 결정적으로 보이는 가능성 범위를 나타낸다. 참가자들은 앞으로 결정을 둘러싼 숙고에 활용할 수 있을 만큼 기억에 남는 간결하고 정서 환기적인 이름을 각 시나리오에 붙이도록 주문받는다. 시나리오는 짧은 서사로 전환되는데, 이것은 사건이 일어난 뒤의 가상 뉴스 기사를 닮았다. 각각의 서사는 시나리오가 어떻게 (설령 가능성이 희박하더라도) 전개될 개연성이 있는지 설명한다.

이를테면 기업의 인력 배치 결정과 학생의 전공 결정에서 우리가 '부의 집중'을 핵심 추동 요인 중 하나로 선택하고 '훨씬 효과적인 AI와 로봇공학'을 나머지 추동 요인으로 선택한다고 상상해보라. 그러면 시나리오들의 행렬은 오른쪽 표와 같을 것이다.

이 절차의 마지막 부분에서 참가자들은 자신이 고려하는 각각의 결정 방안이 (슈워츠 말마따나) "모든 시나리오에 걸쳐 탄탄한지" 검토한다. 가장 탄탄한 방안은 위험이 가장 적을지는 몰라도 반드시 최적의 선택은 아니다. 덜 탄탄한 방안이 어떤 시나리오에서는 최상의 가능한 결과를 낳아 더 선호될 수도 있다. 우리는 나머지 시나리오 중 하나가 미래 세계가 될 위험이 좀 더 커지는 것을 기꺼이 받아들인다. (위험 회피형인 사람은 AI 목표 설정을 훈련받는 쪽이 모든 시나리오에 걸쳐 탄탄한 직업 선택처럼 보인다면 그것을 선택할지도 모르지만, 위험 감수 의향이 큰 사람은 건축가 같은 창조적 진로가 이를테면 왼쪽 아래를 제외한 모든 시나리오에서 최적이라고 생각한다면 그 진로를 선택할지도 모른다.) 하지만 각 선택이 얼마나 탄탄한지 파악하는 연습은 앞에서 '집단사고'를 논의하면서 설명한 허황하고 왜곡된 생각을 가라앉힌다는 점에서 중요하다.

마지막으로, 시나리오들을 구체화하고 결정의 결과를 감시하기 위해 참가자들은 핵심 요인 목록을 이용해 시나리오들 중 어느 것이 실현될 가능성이 있는지 알아낼 유용한 지표나 길잡이를 발전시킨다. 몇 년 뒤 신문 머리기사에서 AI가 혁신 덕에 더 신뢰할 만하고 효과적으로 바뀌었다고 선언하거나, '보편 기본소득'이 모든 정당의 정강 정책이 되면

AI와 로봇공학이 오늘날보다
훨씬 효과적이고 신뢰할 만하다

디스토피아

머리기사 제목:
"대규모 기근이 봉기를 촉발하지만
로봇으로 대처할 수 있다."

AI와 로봇이 대부분의 일을 할 수 있기 때문에 세계 인구 대다수가 일자리를 잃고 물적 자원을 전혀 가지지 못하지만, 물적 자원을 가진 사람들은 경이로운 기술 발전의 혜택을 누린다. 이 시나리오에서는 AI의 목표를 정하는(로봇 수리점의 운영도 이에 포함된다) 노동자들과 부자에게 오락을 제공하는 사람들을 훈련의 대상으로 삼아야 한다.

유토피아

머리기사 제목:
"오늘 최고의 게임과 음악회와
발견은 어제 것보다 근사하다!"

생산성이 극도로 향상되어 누구도 전 세계 인구를 풍족하게 먹이고 입히고 재우느라 일할 필요가 없다. 오락, 예술과 과학, 공작, 취미, 사교, 자녀 양육이 인간의 활동일 것이기 때문에 훈련 대상 업무는 주로 노동자가 행복하게 참여하고 흥미를 느끼도록 하는 분야여야 한다.

부가
고도로
집중된다

부가
고루
분배된다

부익부빈익빈

머리기사 제목:
"21세기는 어떻게
디킨스 소설이 되었나."

부와 자원의 집중이 심해지면 이 시나리오에서는 취업자 자녀가 있는 가족만 식량 배급권을 받는다는 규칙이 제정될지도 모른다. 기술 역량이 향상되지 않으면 경제는 침체하기 쉽다. 이 시나리오에서는 현재 보상을 많이 받는 분야와 훈련이 그대로 유지됨으로써 부의 분배 면에서 긍정적 사분면에 포함될 가능성이 크다.

하향 평준화

머리기사 제목:
"오늘날의 부모: 열심히 일하고
열심히 놀다."

대부분의 세계가 우리가 아는 세상과 비슷하지만, 이제는 일자리가 훨씬 고루 분배되고 자유 시간도 마찬가지다. (심지어 자원 분배도 미국에서의 일/삶 균형을 변화시킬 것이다. 미래의 직업 불안, 퇴직, 의료에 대한 두려움과 위험이 변화할 것이기 때문이다.) 이 시나리오에서는 일자리가 더 다양해져 학생들이 관심과 열정을 더 안심하고 추구할 수 있다.

AI와 로봇공학 역량이 오늘날 수준으로 정체한다

왼쪽 아래 시나리오의 가능성이 낮아졌다고 추론할 수 있다.

설계 면에서 시나리오 플래닝은 확증편향의 좋은 해독제 역할을 할 수 있다. 12장에서 언급한 편향 탈피 방법인 '반대로 생각하기'와 공통점이 많기 때문이다.

기술 예측

시나리오 플래닝은 미래에 대해 면밀하게 생각하고 계획하도록 자극하는 유용한 도구인데, 이러한 생각과 계획은 집합적 사고와 의사결정의 목표일 때가 많다. 하지만 우리가 살아갈 가능성이 가장 큰 시나리오를 예측하는 것은 시나리오 플래닝의 취지가 아니다. 이런 예측을 위해서는 여러 집합적 예측 방법이 개발되어 있다.

델파이법Delphi Method은 냉전 시기 랜드코퍼레이션에서 개발한 주목할 만한 초창기 사례다. 많은 변형이 있지만 기본 개념은 일찍이 프랜시스 골턴이 서술한 군중의 지혜를 토대로 삼는다. 군중의 지혜는 개인 판단을 모두 모은 판단이 대부분의 (또는 모든) 개인 판단보다 정확한 경향이 있다는 개념이다. 방법은 이렇다. 관련 주제의 전문가에게 핵심 질문에 대한 최상의 정량적 평가나 예측을 제시하도록 요청한다. 그들이 허심탄회하게 답변하고 주저하거나 과시하지 않도록 익명으로 응답하게 한다.

골턴의 방법은 평가나 예측을 한 번만 요청했지만 델파이법은 대체로 여러 번 반복하는데, 그런 다음 판단을 참가자들에게 다시 전달해 나머지 의견에 비추어 판단을 수정할지 결정하도록 한다. 델파이법의 한 가지 버전에서는 이 과정을 단순히 여러 번 반복하며, 최종 결과물은 최종 집합의 평균이다. 토론은 전혀 실시하지 않는다. 또 다른 버전에서는 전문가들이 남은 이견을 해소하고 합의를 찾기 위해 숙의한다. 앞에서 논의했듯 사람들이 타인의 의견에 맞춰 자신의 의견을 조정하도록 하여 효과를 거두려면 전문가들이 자신의 판단을 바꿀 그럴듯한 이유가 있어야 한다. 또한 제출된 판단 중 가장 좋은 것을 알아볼 수 있는 개념 도식('진리가 승리한다' 절차)을 공유해야 한다. 하지만 매우 정확한 판단력을 갖춘 전문가가 (다수결 절차에서 보듯) 나머지 군중에게 순응하는 쪽으로 판단을 바꾼다면, 전문가 견해들을 단순히 평균해서는 효과를 보기 힘들다.

집합적 예측 방법론을 최근에 변형한 것으로 현대식 **예측시장**prediction market이 있다. 적어도 20세기 초 이후로(어쩌면 훨씬 오랫동안) 도박꾼들은 보통선거 결과를 놓고 도박을 걸었지만, 현대의 제도화된 방법은 대체로 1980년대 후반 아이오와대학교 경영대학원 교수들에 의해 개발되었으며 그 뒤에 인트레이드Intrade와 프리딕트잇PredictIt 같은 영리 기업에 의해 상업화되었다. 평범한 '군중의 지혜' 실험에서 참가자들은 잘하고 싶은 욕구 말고는 정확성을 발휘하려는 동기가 전무하다. 이에 반해 예측시장에서는 참가자들이 특정 결과(예: 특정 후보가 다음 선거에서 당선될 것이다)에 대한 계약을 구매함으로써 자신의 말에 책임을 진다. 이것은 삼겹살 같은 농축산물을 거래하는 시장과 비슷하다.

예측시장이 1998년 미국 의원 선거 결과를 전문 여론조사 회사보다 더 정확히 맞힌 뒤, 2000년대 초반에 걸쳐 예측시장에 대한 관심이 커졌다. 다양한 연구에 따르면 예측시장은 종종 여론조사 평균(이 방법은 개별 여론조사 결과의 오류를 상쇄함으로써 이미 조사 정확도를 개선한다)보다 뛰어난 성적을 거뒀다. 예측시장은 금세 군중의 지혜 현상과 경제학자들의 '효율적 시장 가설efficient market hypothesis'이 어우러진 완벽한 통합으로 여겨졌다. (효율적 시장 가설이란 대략적으로 말하자면 시장이 모든 관련 정보를 고려함으로써 최적의 성과를 내는 경향이 있다는 것이다.)

지난 10~20년에 걸쳐 예측시장은 초기의 장담 중 몇몇을 지키지 못했다. 제1차 페르시아만 전쟁에서 대량살상무기가 발견될 거라고 잘못 예측했으며, 브렉시트가 일어나리라는 것과 도널드 트럼프가 힐러리 클린턴에게 승리하리라는 것을 예측하지 못했다. 최근에는 2022년 미국 중간선거에서 공화당의 성적을 (누구나 그랬듯) 높게 예상했다. 그럼에도 오류를 상쇄하는 군중의 지혜 현상과 시장의 효율이라는 예측시장의 두 가지 개념적 토대(오류를 상쇄하는 군중의 지혜와 시장의 효율)는 비록 개별 사안에서 반드시 구현되지는 않을지라도 '장기적'으로는 유익하다. 예측시장은 집합적 사고에 대한 유용한 접근법으로 남아 효과를 발휘할 것이 분명해 보인다.

우리의 마지막 예측 사례는 휘턴스쿨Wharton School의 필립 테틀록과 바브 멜러스Barb Mellers가 개발한 주목할 만한 '좋은 판단 프로젝트Good Judgment Project(이하 GJP)'다. 테틀록과 멜러스는 학자로서 연구하는 동안 인간 판단의 강점과 약점에 대한 우리의 이해에 크나큰 기여를 했다. 2005년 테틀록은 책에서 다음과 같은 주장으로 파란을 일으켰다. 세심하게 시험을 실시했더니 직업적 정치 전문가들의 구체적 예측이 "다트를 던지는 침팬지"보다 전혀 나을 게 없더라는 것이었다. (테틀록의 주장은 이 전문가들이 쓸모없다는 뜻이 아니다. 그의 취지는 다음과 같다. 첫째, 전문가가 귀중한 이유는 우리가 세상을 이해하도록 도와주기 때문이다. 둘째, 여러 인과관계가 복잡하게 얽혀 세상에 영향을 미치기 때문에 설령 전문가라고 해도 두 가지 가능한 결과 중에서 어느 것이 실제로 일어날지 정확히 예측하기 힘들다.) 놀랍게도 고작 10년 뒤 테틀록의 2015년작《슈퍼 예측》(댄 가드너와 공저)은 GJP에서 개발한 방법을 이용해 정치 예측이 무엇을 성취할 수 있는지에 대해 훨씬 고무적인 이야기를 들려준다.

GJP는 미국 지식 공동체의 연구 분과인 정보고등연구기획국Intelligence Advanced Research Projects Activity, IARPA에서 후원한 일련의 정치 예측 토너먼트에서 등장했다. 테틀록과 멜러스는 인간 판단의 함정에 대해 눈을 부릅뜨고서 인간 판단의 강점에 근거한 방법을 개발했다. 한 줄 요약: 두 사람의 방법은 기막힌 효과를 발휘한다. GJP 팀은 2011년 첫 토너먼트와 그 뒤의 모든 토너먼트에서 우승했다. GJP 접근법은 군중의 지혜 접근법(단순한 총계), 예측시장, 그 밖의 델파이법 방식 집단 절차의 요소 등을 선택적으로 수용하면서도 셋 모두를 앞섰다. 놀랍게도 GJP가 취득할 수 없는 기밀 정보를 알고 있는 직업적 정보 분석가들의 예측보다도 뛰어났다.

GJP 방법의 전체 규칙은 여기서 설명하기엔 너무 복잡하므로 핵심특징만 간략하게 소개하고자 한다. GJP의 모집 방법은 개방형이어서 참가자들은 학위나 전문 자격증이 전혀 필요하지 않다. 공개 순위표가 있어서 좋은 성적을 내려는 동기가 부여된다. 자신의 성적이 동료들과 실시간으로 비교되기 때문이다. 참가자들은 정량화된 예측(특정 개별 사건이 특정일에 일어날 확률)을 하며 자신의 예측에 대해 설명을 내놓는다.

새 정보를 입수하거나 동료의 예측과 설명을 검토한 뒤에 자신의 예측을 수정할 수도 있다. 채점은 정확도와 보정이 둘 다 우수한 참가자에게 보상하는 방식으로 이루어진다. GJP는 (어쩌다 한 번 '요행으로' 맞힌 사람이 아니라) 일관되게 최상의 성적을 거두는 참가자들을 가려내 '슈퍼 예측자' 팀을 구성한다. 중요한 사실은 상당수 슈퍼 예측자들이 별다른 자격을 갖추지 못한 일반인이라는 것이다.

GJP의 마법 같은 성공에 대해서는 아직도 알아내야 할 것이 많지만, 테틀록과 멜러스에 따르면 지금까지 밝혀진 핵심 교훈은 아래와 같다.

우리가 발견한 [슈퍼 예측자의 정확도를 높이는] 네 가지 동인은 다음과 같다. (a) 더 나은 예측자 선발과 유지(다른 연구 프로그램 참가자와 비교했을 때 얻는 이점의 약 10퍼센트가 이에 해당한다). (b) 인지 편향 탈피 훈련(무無 훈련 조건과 비교했을 때 얻는 이점의 약 10퍼센트가 이에 해당한다). (c) 협력적 팀워크와 예측시장의 형태로 조성되는 더 참여적인 업무 환경(혼자 참여하는 예측자와 비교했을 때 얻는 이점의 약 10퍼센트가 이에 해당한다). (d) 군중의 지혜를 추출하고 군중의 광기를 솎아내는 더 나은 통계 기법(가중치를 부여하지 않는 예측 평균화와 비교했을 때 얻는 이점의 35퍼센트가 이에 해당한다).[128]

슈퍼 예측자가 나머지 예측자와 구별되는 점은 무엇일까? 앞에서 언급했듯 대단한 자격증이 필요하지 않았다. (정치적 소양이 풍부하고 지적 능력 검사에서 좋은 성적을 거두는 경향이 있긴 했지만.) 하지만 그들은 열린 생각이라는 인지적 태도를 갖췄으며, 자신의 지식에 한계가 있고, 논증에 약점이 있고, 더 많은 것을 알아가면서 자신의 믿음을 수정해야 할지도 모른다는 가능성을 기꺼이 인정했다. 이것은 보정 점수에 반영되었는데, 그들은 평범한 예측자에 비해 덜 과신했다.

슈퍼 예측자와 그들의 생각 과정에 대한 이 서술은 지금쯤 당신에게 친숙하게 들릴 것이다. 슈퍼 예측자는 우리가 논의한 세 번째 밀레니엄 사고의 요소 중 상당수를, 그것도 꽤 성공적으로 구사하는 듯하다. 효과적인 집합적 사고는 현실에서 효과를 발휘한다!

온라인 활용하기

지금까지 살펴본 것은 개인 간 대면 대화에 기반한 집합적 사고의 예들이다. 이제 넓은 온라인 세계로 규모를 확장할 방법을 모색하고자 한다. 하지만 애초에 온라인 환경을 염두에 두고 개발된 집합적 사고 방법도 있다. 일반적으로 보자면 그 목표는 생각의 반향실, 고의적 '배지 달기' 강화, 분노 수위가 점점 높아지는 댓글 등 온라인상에서 생산적 담론을 저해하는 조건이 재생산되지 않도록 하는 알고리즘 시스템을 만들어내는 것이다.

몇 해 전 솔이 버클리대학교 공학 교수 켄 골드버그Ken Goldberg와 이야기를 나누고 있을 때였다. 대화 주제는 켄의 연구진이 개발한 온라인 숙의 시스템으로, 참가자들 스스로 다양한 사안에 대한 자신의 입장이 (동일한 숙의 시스템을 쓰는) 타인들과 어떻게 다른지 깨달을 수 있도록 하는 것이었다. 솔은 사람들이 자신의 입장을 공유하는 사람들과 동일시하는 것에 그치지 않고, 반대 입장을 이해하도록 장려하는 시스템을 이용해 다른 알고리즘을 검증하는 것이 가능하냐고 물었다. 사람들은 대립하는 관점을 훌륭히 표현해 점수를 딸 수 있을까?

결국 그들은 디베이트카페^{DebateCAFE}라는 공개 토론 시스템을 개발했다. 사람들에게 특정 주제의 양쪽 입장에서 자신들이 생각해낼 수 있는 가장 훌륭한 논증을 제시하도록 하고 상대방의 논증에 점수를 매기게 하는 방식이었다. 이 시스템의 특이한 점은 순위를 매기는 방법이었다. 당신의 순위는 두 점수(다른 참가자가 사안의 양편에 대해 당신의 논쟁에 부여한 평점들의 평균) 중 낮은 것에 따라 정해지므로 논증을 둘 다 설득력 있게 펼치려는 동기가 충분하다.

집단의 협력적 사고에 대한 또 다른 접근법은 (이를테면) 뉴스 기사에 대한 토론의 요소들을 분해해 '검증 가능한' 작은 부분들로 나누는 것이다. 이 문장은 명료한 확률론적 사고의 증거가 있는가, 아니면 '딴 데 보기 효과'나 'p해킹' 같은 앞에서 논의한 확률론적 사고의 정신적 함정에 빠지는가? 이 문단은 '반대로 생각하기' 능력을 보여주는가, 아니면 고전적인 확증편향적 증거 선택인가? 전체 인구에서 뽑은 대표자들에게 각각의 질문을 던질 수 있다면 이 사소한 점들에서 정치적 스펙트럼의 각 부분에 속하는 모든 사람들이 공유하는 합의점이 있는지 확인할 수 있다. 사실상 그들은 이렇게 말하는 셈이다. "이 논증의 결과가 맘에 들지만(또는 들지 않지만) 적어도 p해킹에는 문제가 없군." 그런 다음 하나의 논증이나 웹사이트, 신문 기사에 대한 이런 평가를 모두 취합하면 그 강점과 신뢰도에 대해 감을 잡을 수 있다.

이 접근법을 이용해 하나의 입장 표명이나 웹사이트, 신문 기사를 분석하는 데는 많은 노고가 필요할 것 같지만, 백짓장도 맞들면 낫지 않던가. 관심을 가진 시민 수백수천 명이 이런 프로젝트를 알고리즘적으로 공유할 수 있도록 만들어진 시민 과학자 웹사이트들이 실제로 존재한다. 이런 웹사이트들이 공략하는 것은 대체로 허블 우주 망원경 영상에서 은하 수십만 개의 성질을 확인하는 것과 같은 거대 과학 문제다. 솔은 초신성 탐색 프로젝트에서 동료들과 함께 이런 웹사이트를 활용한 적이 있었다. 그래서 신문 기사에 대해 이 접근법을 시험할 시민 과학자 웹사이트가 하나쯤 있어야겠다고 생각했다. 이는 솔이 소장으로 있는 버클리데이터과학연구소Berkeley Institute for Data Science와 니컬러스 브리검 애덤스Nicholas Brigham Adams가 이끄는 비영리 기구 굿리랩스Goodly Labs의 협력으로 이어졌다. (애덤스는 이 개념을 시험하기 위한 퍼블릭에디터Public Editor 웹사이트의 개설을 주도한 인물이기도 하다.[129])

우리 시대의 복잡하고 고무적인 과제

이 사례들에서 제기된 차분한 숙의 난제는 해결되었을까? 아직은 아니다. 각각의 접근법에는 우리에게 필요한 것이 일부 있긴 하지만 전부 있지는 않다. 덴버 탄환 연구 방법은 사실에 전문가를 배정하고 가치에 시민을 배정했지만, (이를테면) 공론조사에서와 같은 진정으로 무작위적인 대표 집합의 권위와 불편부당함은 빠져 있었다. 공론조사에서는 대표 참가자들에 대해 사회자가 있는 소집단 숙의 단계를 강조하는데, 덴버 방법에서는 이 또한 온전히 발전시키지 않았다. 한편 공론조사는 참가자들이 사실 관련 관심사를 가치 관련 관심사와 분리하도록 유도하지 않으며, 공론조사와 덴버 탄환 연구 방법 둘 다 퍼블릭에디터와 달리 논증을 검증 가능한 작은 부분으로 분해해 논증을 촉진하지 않는다. 시민들이 반대 관점을 이해해 '사상의 자유 공개시장marketplace of ideas'(미국 법조계에서 표현의 자유를 옹호하는 유서 깊은 개념 중 하나)을 제대로 활용하도록 유도하고 싶다면 우리가 내놓을 수 있는 방법은 디베이트카페뿐이다.

가장 중요한 요인들이 미래의 상황에 달렸을 때 집합적 사고를 다루는 방법은 시나리오 플래닝과 GJP 슈퍼 예측자뿐이다. 또한 시나리오 플래닝만이 (가능성이 희박한 것을 비롯한) 다양한 결과를 감안해 계획을 수립할 능력을 강조한다. 뜻밖의 사건 때문에 계획이 종종 어그러지는 세상에서 이것은 분명 중요한 목표다. 하지만 결정을 내리기 위해 특정 사건의 발생 여부에 내기를 걸어야 한다면 슈퍼 예측자 방식을 채택해야 한다.

이 집합적 사고 방법들과 관련된 또 다른 목표들이 있으며 이것들은 종종 상충한다. 이를테면 한낱 소집단이 아니라 관심을 가진 인구집단의 모든 구성원이 참여하면 이상적일 것이다. 우리는 결정에 영향을 받는 모든 사람이 결정의 근거를 이해하고 (설령 동의하지 않을지라도) 결정이 공정하게 이루어졌다고 느끼도록 만들고 싶어 하기 때문이다. 공정하고 합리적인 결정에 필요한 신뢰와 상호 이해를 구축하는 데 실질적 개인 간 대면 상호작용이 반드시 필요하다면 이 목표를 달성하기 힘들 것이다. 게다가 우리가 살아가는 세상에서는 자신에게 보이는 것이 (금전적이거나 정치적이거나 그 어떤 이유로든 우리를 오도하는 것에 거리낌이 없는 AI와[나] 사람들에 의해 생성된) 가짜 정보가 아니라 진짜 정보인지 확신하기가 점점 힘들어지고 있다. 진정성에 대한 우려는 집합적 사고를 위한 더 직접적인 대면 방법론을 특별히 요구할 수 있으며 이 때문에 더 큰 인구집단에 맞게 규모를 키우기가 힘들어진다.

전부 다 힘들어 보인다! 하지만 실질적이고 반복적이고 과학적인 접근법은 이런 문제에서 커다란 변화를 만들어낼 수 있다. 앞에서 설명한 대여섯 개의 사례에서 얻을 수 있는 교훈은 각각의 방법이 생산적인 집합적 사고를 촉진하며, 우리가 시도할 수 있는 반복, 변형, 발명이 많이 남아 있다는 것이다. 완벽할 필요는 없다. 더 나아지(고 더 나아지)기만 하면 된다. 유용한 방법이 모든 목표를 충족할 필요는 없다. 특정 목표에 맞게 방법을 설계하면 된다. 마지막으로, 우리는 인터넷이 공적 대화를 양극화하고 어지럽힐 위험한 가능성을 여실히 자각했지만, 인터넷을 통해 집합적 사고를 개선할 기회는 아직 활용하지 않았다.

우리는 당신이 낙관주의를 품길 바란다. 아직 해야 할 일이 남아 있지만, 우리의 인간 능력을 넘어서지 않는다. 희소식은 이 과제의 결실이 어마어마하다는 것이다. 우리 시대의 거의 모든 사안은 더 나은 집합적 사고를 필요로 한다. 이 장 첫머리에서는 우리가 인류 역사를 통틀어 모든 사람이 잘 살 수 있는 지속 가능한 세계의 건설을 합리적 수준에서 목표로 삼을 수 있는 최초의 세대인지도 모른다는 '놀라운 명제'를 제시했다. 하지만 유토피아에 이르는 길에는 당장 해결해야 할 과제와 목표도 얼마든지 있다. 그렇기에 우리는 집합적 사고를 극적으로 개선해야 한다.

18장. 새로운 밀레니엄을 위한 신뢰 재부팅

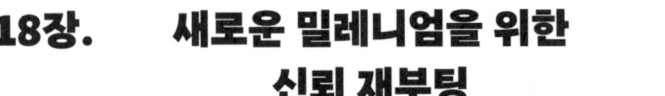

앞 장 첫머리에서 우리는 안전하고 번성하는 세상이라는 원대한 이상을 제시하면서 이를 위해서는 집합적 사고를 위한 새 도구가 필요하다고 말했다. 하지만 다소 개인적인 언급으로 이 책을 마무리하도록 하자. 우리 각자가 세 번째 밀레니엄 사고의 도구들을 고민하고 필요로 하는 이유는 무엇일까? 우리 저자들은 왜 이 특정 개념 집합을 3MT의 '입문용 도구'로 골랐을까?

첫 번째 질문("왜 고민해야 할까?")에 대한 답에는 당근과 채찍이 있다. 당근: 이 도구로 세상을 공략하고, 이를 통해 우리가 더 효과적으로 대처하는 모습을 보면 진짜 쾌감을 느낄 수 있다. 채찍: 우리에겐 선택의 여지가 없다. 전령messenger, 우편, 전화로 연결된 전문가 소집단(주요 뉴스 기관, 의료 협회, 학계 등)이 전 세계의 희소한 데이터를 소화해 나머지 사람들에게 일상적 의사결정에 필요한 답을 제시하던 시절은 과거가 되었다. 세 번째 밀레니엄을 특징짓는 대표적 차이점은 모두가 좋든 싫든 연결되어 '게임에 참여한다'는 사실일 것이다. 방대한 데이터 우주에 누구나 직접 접근할 수 있게 되면서 우리는 이제 어떤 사실을 결정의 근거로 삼아야 하는지, 언제 스스로 연구하고 언제 전문가를 수소문해야 하는지, 어떤 전문가가 (또한 어떤 주제에 대해) 믿을 만한지, 가치들을 통합하는 현명한 길잡이가 필요한 때는 언제인지 알아내지 않을 도리가 없게 되었다.

세 번째 밀레니엄의 이런 발전이 전부 나쁜 것은 분명 아니다. 심지어 대부분이 나쁜 것도 아니다. 자율적으로 생각하는 사람들의 세상은 양*들의 세상보다 분명 더 나아 보인다. 하지만 우리가 도전을 받아들여야 하는 바로 이 시점에 국가적·국제적 대화는 편협하기 그지없는 뉴스 미디어와 소셜 미디어의 반향실에 의해 파편화되고 분열되었고, 엄청나게 효과적인 바이럴 전파 수단으로 퍼지는 오정보와 역정보가 우리의 시야를 흐리고 있으며, 인공지능 기술이 우리에게 들이밀겠다고 위협하는 현실의 거짓 표상은 구별하기가 어느 때보다 힘들어졌다.

그렇다면 역사의 갈림길에서 우리는 왜 이 도구 집합을 제시하기로 마음먹었을까? 한 가지 답은 이것이다. 이 개념들은 과거의 수많은 이해 위기를 넘어서도록 해준 과학적 행위의 최신 버전이라고 생각할 수 있다. 같은 역할을 하는 개념들이 더 있지만(앞으로 더 등장할 것이다) 우리가 논의한 개념들은 우리를 앞으로 나아가게 할 만큼, 좋든 싫든 제할 일을 할 현실을 직시해야 하는 필요성을 정면으로 마주하게 해줄 만큼 훌륭하다. 우리가 얼마나 정확히 이해하느냐에 따라 이 현실은 우리에게 방해가 될 수도 있고 보탬이 될 수도 있다.

혼란스러운(잡음이 낀) 증거가 이해되지 않으면 우리가 이 현실에 대해 어떻게 스스로를 속이는지 이해해야 한다. 우리에게 주어진 확률론적 단서를 정확한 토대로 삼아야 한다. 다른 의견을 가진 사람들에게서 유익을 얻는 방법을 알면, 자신이 어느 지점에서 그른 관점에 사로잡혔는지 실마리를 얻을 수 있으며 그럴 때 우리는 번영한다. 게다가 이 모든 핵심 개념에 대한 **자신의** 이해를 실제로 검증하는 전문가, 이를테면 반대 견해를 스스로 찾아보는 전문가를 선택할 수 있을 때 우리는 훨씬 커다란 발걸음을 내디딜 수 있다.

이 책에는 이런 아이디어가 많지만, 그중에서도 가장 중요한 것들을 오른쪽 표에 나열했다. 아이디어들은 개인이 채택할 수 있는 것과 남들과 협력할 때 필요한 것으로 대략적으로 구분했다.

도구 모음을 통째로 살펴보기가 조금 버거울지도 모르겠다. (우리 저자들은 지금도 이 도구들을 필요할 때 적용하는 것을 번번이 잊어버린다!) 하지만 우리가 살아가는 변화무쌍한 문화의 긍정적 측면에서 용기를 얻어야 한다. 이 도구들을 이용하고 이 접근법들을 받아들이는 것은 천군만마를 얻는 것과 같다. 주위의 더 넓은 세상(과 그 속에 담긴 과학적 사고)도 모종의 흥미로운 방식으로 이 방향을 향해 움직이고 있다. 당신은 우리가 논의한 도구와 개념들이 주위 세상에서 구사되고 있음을 틀림없이 목격했을 것이다.

우리가 경험하는 이 문화적 변화는 과학적 사고의 작동 방식을 변화시키고 있다. 이 변화를 묘사하는 가장 쉬운 방법은 뒤에 나오는 표에서 보듯 과거의 문화 시기와 비교하는 것이다. 우리는 문화 시기를 세 세대로 나눴지만, 이것이 세 차례의 밀레니엄에 각각 대응하지 않는다는 데 유의하라. 첫 번째 열은 과학 혁명의 거대한 지적 소득과 그 여파

마음 습관	공동체 습관
더 나은 도구를 만든다.	자신의 확신도를 표명한다.
사실과 가치를 분리하려고 노력한다.	해결책에 대해 의심을 품되, 해결책을 가능하게 만들 끈질긴 '할 수 있다' 문화를 구사한다.
참/거짓 이분법이 아니라 확률론적으로 사고한다.	상대방을 솔직하게 대한다.
무작위 잡음에 들어 있는 패턴에 속지 않는다.	위험(거짓양성과 거짓음성)의 바람직한 균형에 합의한다.
잡음과 편향을 구별한다.	효과적 숙의 절차를 받아들인다.
정신적 지름길을 경계한다.	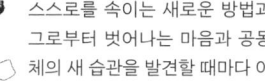 스스로를 속이는 새로운 방법과 그로부터 벗어나는 마음과 공동체의 새 습관을 발견할 때마다 이 표를 수정한다.
확증 편향을 피한다.	

의 일부를 묘사한다(대부분 두 번째 밀레니엄에 일어났다). 두 번째 열은 환멸과 반발의 원인을 묘사한다(20세기 말에 누적되었으며 지금의 세 번째 밀레니엄 초기에 정점에 도달하고 있는 듯하다). 세 번째 열은 우리가 지금 경

과학적 성공(20세기 이전)	환멸과 반발(이행의 고통)	3MT 리뉴얼
기기 실험 재현 계산 과학 학회와 동료 평가 학술지 단일맹검 대조 연구와 이중맹검 대조 연구 과학적 회의주의(주장에는 확고한 증거가 필요하다) 과학적 낙관주의('할 수 있다'식 끈기를 발휘해 무엇이 실재인지 발견하고 문제를 해결할 수 있다) 과학적 실재론	과학자들의 제도적 '공동 생활' 전문가들의 동질성: • 인종, 민족, 성별 • 계급 • 지역 • 정치적 견해 경제적 이해 상충 전문가의 과신과 과언 "지을 수 있으니까 짓는다"와 기술적 위험의 증가 • 핵무기 • 기후변화 • 생물학적 위협 • 아편유사제opioid • AI, 나노기술 등 • 전쟁 자동화 • 바이럴 소셜 미디어 • 증권 거래 자동화	'사실적 사고'에서 '확률론적 사고'로의 전환 '환원주의가 모든 것이다'에서 창발 현상을 아우르는 다층적이고 미묘한 견해로의 전환 '묘수 해결책'(대도약에 의한 전진)에서 '반복적 해결책'(신중한 걸음에 의한 전진)과 '실험사회'로의 전환 '기술관료적 의사결정'(전문가와 지도자가 결정)에서 '숙의적 의사결정'(집단적 협의와 합의 도출)으로의 전환 제로섬 게임 상충관계에서 더 야심찬 '할 수 있다'식 해결책(파이를 키우는 원원 전략)으로의 전환 학제간 팀워크 새로운 집합적 도구: 열린 과학(사전 등록, 데이터 공유), 맹분석, 멀티랩 협력 및 검증, 시민 과학과 팩트 체크, 공론조사, 시나리오 플래닝, 예측시장, 슈퍼 예측, 대화와 논쟁을 위한 온라인 플랫폼

험하는바 진화하는 문화적 시기(또한 과학과 사회의 균열을 치유하기 위한 우리의 3MT 이상)를 대략적으로 나타낸다.

표는 간략한 스케치다. 우리는 이것이 완전히 독창적이라고 주장하지 않으며 지성사의 권위 있는 작품으로 우뚝 설 수 있다고 주장하지도 않는다. 앞의 두 열에 있는 것은 모두 여러 분야의 여러 학자들에 의해 논의되고 해부된 바 있다. 하지만 세 번째 열은 우리가 아직 온전하게나 폭넓게 이해하지 못한 새로운 패턴을 묘사한다고 생각한다.

우리의 새로운 1000년은 아직 유아기이긴 하지만 그전의 1000년들과 다르게 느껴진다. 이 모든 변화 때문에 공유된 목적의식과 방향 감각을 잃어 진이 빠지는 것처럼 느껴질 때도 있지만 이 변화들은 우리가 개인적·집단적 문제를 해결하고 다음 단계를 쌓아가는 데 도움이 되기도 한다.

우리가 어떻게 여기 도달했는지 이해하려면 표에서 묘사한 이행의 시기에 무슨 일이 일어났는지 좀 더 자세히 들여다봐야 한다. 지난 1000년의 후반부는 경이로운 인간 성취의 시기였다. 15세기와 16세기 유럽 르네상스는 예술과 철학에서 새로운 번영을 가져왔으며 (이 책에 매우 적절하게도) 갈릴레오, 케플러, 베이컨의 통찰과 방법 덕에 과학 혁명이 일어났다. 17세기와 18세기는 합리주의, 경험주의, 그리고 우리가 현재 계몽주의라고 부르는 도덕·정치 이론에 대한 사상들이 만개했고, 뉴턴과 라이프니츠에 의해 주요한 개념적 진전이 이루어졌으며, 학회와 학술지, 동료 평가를 갖춘 체계적 과학 공동체가 등장했다. 19세기와 20세기에는 아인슈타인과 다윈에 의해 시간, 공간, 생명에 대한 기본 가정들이 급진적으로 재검토되었으며 이와 더불어 와트, 벨, 에디슨 같은 발명가들 덕분에 기술이 기하급수적으로 성장했다. 두 번째 밀레니엄이 끝나갈 즈음에는 디지털 기술이 우리의 경제와 문화를 근본적으로 탈바꿈시켰다.

하지만 이 책 첫머리에서 언급했듯, 20세기 말이 되자 이 낙관적 진보 개념은 구닥다리가 되고 말았다. 한때 급진적이던 발전은 덜 놀랍고 더 뻔해 보였으며, 많은 사람들은 인간 진보라는 유토피아적 견해를 어수룩한 것으로, 또는 과거의 한물가고 신용 잃은 식민주의적 권력 체계에 하릴없이 뿌리박힌 것으로 여겼다. 설상가상으로 요 몇 년간 가장 혹독한 학계 비판자들보다도 훨씬 집요하고 가차 없는 공격이 과학적 낙관주의에 가해졌다. 단언에는 증거의 보증이 필요하고 과학적 탐구가 그 보증을 제시하는 가장 확실한 방법이라는 두 가지 기본 가정에 대한 믿음이 많은 사람들의 생각보다 빨리 무너지고 있는 듯하다.[130] (심지어 최근에도 과학자와 의사는 미국과 국제 여론조사에서 가장 신뢰받는 직업인으로 꼽혔으나 시간이 지나면서 일부 진영에서는 신뢰도가 하락했다.)

이것은 단순히 일부 사람들이 과학에 무지한가 여부의 문제가 아니다. 과학에 가장 열광하는 사람들조차도(지금쯤 당신은 우리가 과학의 열렬한 팬을 자처한다는 사실을 알아차렸을 것이다) 우리의 과학 발전이 기술 발전을 가능케 한 반면에 세계를 변형하는 능력에 대가가 따랐음을 인정하지 않을 수 없다. 개입의 크기가 커지면서 바람직한 효과도 커지고 있지만 달갑잖은 부작용 또한 커지고 있다. 진통제가 개선되면 중독자가 증가한다. 운송 수단이 빨라지면 교통 정체와 오염이 가중된다. 사회적 소통이 빨라지면 정보가 강화되지만 오정보도 강화된다.

우리는 사회의 일원으로서 과학이 우리의 지식을 늘려주기만을 바라지 않는다. 문제를 해결해주길 바란다. 하지만 문제를 '해결'한다는 개념에는 오해의 소지가 있다. '해결'이라는 용어에 함축된 최종적 성격은 환각인지도 모른다. 우리는 무언가를 확고하게 바로잡고는 다른 문제에 눈길을 돌리고 싶어 하지만, 일은 그런 식으로 진행되지 않는 듯하다. 문제란 정원을 가꾸거나 기타를 조율하는 것과 같은 끊임없는 조정을 통해 다뤄야 하는 무언가로 여겨야 하는지도 모른다.

도널드 캠벨Donald Campbell이 쓴 근사한 에세이가 있는데, 제목이 〈실험사회The Experimenting Society〉다.[131] 캠벨이 생각하는 이상적 사회는 "거듭되는 문제에 대해 가능한 해결책들을 활발하게 시도하고, 결과를 냉철하고 다차원적으로 평가하며, 특정 개혁이 무익하거나 해롭다고 평가되면 다른 대안으로 넘어간"다. 캠벨은 실험사회가 고정된 구조가 아니라 "자기기만에 빠지지 않기 위해 현실 검증과 자기비판에 전념하"는 진행형 과정이라고 주장했다.

363쪽의 우리 표의 왼쪽 열은 이런 사회를 육성할 수 있는 3MT '마음 습관'을 개략적으로 묘사하는 것을 목표로 하는 반면에, 오른쪽 열은 중요하게도 마음 습관으로는 충분하지 않은 경우를 제시한다. 마음의 습관은 상대방을 정직하게 대하는 동시에 상대방을 실망시키지 않는 3MT '공동체 습관' 속에 자리 잡아야 한다. 우리가 더 잘할 수 있으며 더 잘하는 솜씨가 더 나아질 수 있음을 끊임없이 스스로에게 상기시켜야 한다.[132]

처음이자 마지막 개척지인 신뢰

이 '공동체 습관' 목록의 중요성이 커지면 세 번째 밀레니엄 사고의 성격이 달라진다. 우리가 이 책을 좋은 자기계발서 양식(이를테면《과학자처럼 생각해 승리하라! 바쁜 관리자, 변호사, 부모, 의사, 환자를 위한 지침서》)으로 쓰지 않은 것은 이 때문이다. 우리는 이 생각 도구가 당신의 일상 생활에 정말로 실용적이고 유용하길 바라며 그런 예를 많이 제시했다. 하지만 우리는 마음 습관이 공동체 습관과 함께 작동해 더 커다란 그림의 일부가 된다고 생각한다. 이 책의 실제 제목만큼 커다란 그림 말이다. 이 개념들은 우리가 앞의 표에서 3MT 리뉴얼이라고 부른 대규모 사회적 사고 전환의 발판이다. 우리를 괴롭히는 확신과 신뢰의 위기에서 벗어나는 길을 이 개념들이 우리 사회에 선사하길 바란다.

다른 시간, 다른 시대에 우리 인간은 다른 조직 원리를 토론과 결정의 공통 기반(신뢰망)으로 삼았다. 때로는 군주제에 깃든 봉건주의나 자본주의, 공산주의 같은 정치·경제 구조를 (좋게든 나쁘게든) 채택하기도 했다. 역사와 신화를 배경으로 한 공통의 민족 문화를 생각의 토대로 삼기도 했다. 하지만 세 번째 밀레니엄에 접어든 지금 우리는 훨씬 다양한 문화와 함께 살아야 한다. 국지적으로는 훨씬 다양한 공동체에서 살아갈 뿐 아니라, 어느 때보다 연속적이고 포괄적인 방식으로 지구촌과 연결되(고 상호 의존하)기 때문이다.

집합적 삶의 이 다음 단계를 위해 우리는 세 번째 밀레니엄 사고라고 불리는 공통의 개념 어휘를 공유된 문화와 차세대 조직 원리로 삼으며 이곳에 세 번째 밀레니엄의 토론과 결정이 뿌리 내리게 하고자 한다.

3MT 양식의 집합적 사고는 스스로에게 질문을 던지는 성격을 통해 신뢰의 필요성을 제기하는 동시에 신뢰의 원천이 된다. 우리의 심리적 약점, 특히 스스로를 속이는 성향에 대한 이해가 커지면서 어떻게 타인과 협력해 이 문제를 공략할 수 있을지에 대한 이해도 커져간다.

하지만 (코끼리들에게 말을 걸려면) 방 안의 코끼리를 정면으로 마주보아야 한다. 그 자체로 신뢰에 의존하는 문화를 토대로 신뢰의 조직 원리를 어떻게 건설할 수 있을까? 자신이 대하는 사람들이 기본적으로 착한 심성을 가졌다고 느낀다면 3MT 도구는 함께 나아가는 데 무엇보다 유용할 것이 틀림없지만, 결코 이 문화를 받아들이지 않고 절대 자신이 틀렸다는 사실을 인정하지 않으려는 사람도 분명히 있다. 모든 사람이 선의로 행동한다는 가정을 기초로 사회를 건설할 수는 없다. 이제 보겠지만, 다행히도 그런 가정은 필요하지 않다.

팃포탯과 사회적 낙관주의

선의의 인물과 이기적 인물이 섞여 사는 세상에서 선의의 사람들이 어떻게 하면 함께 성공하고 번영할 수 있는가는 새로운 문제가 아니다. 협력 관계가 어떻게 생겨나는가의 문제는 인문학, 행동과학, 생물학을 망라해 학자들을 사로잡았는데, 우리는 그들의 연구에서 핵심적 통찰을 찾아볼 수 있다. 선인과 악인이 섞인 인구집단에서 협력 행동을 만들어내는 일반 문제에 대한 이 통찰은 어떻게 신뢰를 구축하고 현실을 직시할 수 있는가라는 구체적 문제에 적용할 수 있다.

혼합적 집단에서 벌어지는 협력의 문제는 20세기 후반 상당한 진전을 보았다. 발전에 박차를 가한 계기 중 하나는 (결정이론 분야에서 파생된) 게임이론이라는 수학 분야의 응용이었다. 결정이론은 불확실성이라는 조건에서 최적의 선택을 내리는 문제를 다루는 반면에, 게임이론은 갈등 상황에서 최적의 선택을 내리는 문제를 다루며, 여기서 우리의 선택은 다른 선호와 유인을 가진 타인의 선택과 독립적이다. 게임이론에서의 '게임'은 각 참가자가 얻는 득실의 개별적이고 가능한 조합으로, 득실은 각 참가자가 내리는 선택의 개별적 집합에 좌우된다. 게임이론은 여러 전략의 성적을 평가하는데, 전략은 '저마다 다른 우연적 상황에서 내리는 선택'으로 정의된다. 게임은 숫자 행렬의 형태를 띠지만 '죄수의 딜레마', '치킨 게임', '사슴 사냥' 같은 화려한 이름이 붙을 때도 많다.

이 게임 구조들 중에서 '죄수의 딜레마'가 특히 흥미로운데, 그 이유는 각 참가자가 이기적으로 행동하려는 유혹을 받는데도 둘 다 이기적으로 행동하면 둘 다 이타적으로 행동했을 때보다 나쁜 결과를 맞기 때문이다. ('죄수의 딜레마'라는 이름은 수감자가 공범을 밀고하면 혼자 감형받고, 둘 다 의리를 지키면 둘 다 방면되고, 둘 다 밀고하면 둘 다 중형을 받는 시나리오에서 유래했다.) 이 게임의 화폐 버전은 두 참가자가 게임을 여러 판 벌이는데, 각 참가자는 주어진 판에서 협력할지 배신할지(즉, 협력을 거부할지) 마음속으로 결정한다. 두 참가자 다 협력을 선택했으면 각각 100달러를 받지만, 한 사람이 협력을 선택하고 다른 사람이 배신을 선택했으면 배신자는 더 많은 금액인 150달러를 받고 협력자는 한 푼도 못 받는다. 여기에는 함정이 있는데, 둘 다 배신을 선택했으면 둘 다 한

푼도 못 받는다.

정치학자 로버트 액설로드^{Robert Axelrod}는 이런 종류의 게임을 연구하기 위해 사람들을 초청해 반복적 죄수의 딜레마 게임에서 가장 많은 점수를 얻는 전략을 제출해달라고 했다. 대회가 끝나기 전까지 참가자들이 서로 다시 맞닥뜨릴 확률은 고정되었다. 첫 대회에서 우승한 전략은 팃포탯^{TIT FOR TAT}(이하 TFT)이라는 단순한 전략이었다.[133]

TFT는 무엇일까? 간단히 말하자면 (1) 다른 참가자와 처음 맞닥뜨렸을 때는 언제나 협력하며 그 뒤에는 (2) 상대방의 마지막 행동을 무조건 대갚음한다. TFT는 왜 잘나갈까? 액설로드는 TFT의 특징을 '신사적'(첫 만남에서는 언제나 협력한다), '응징'(마지막에 자신을 등친 참가자에게는 덜 신사적으로 행동한다), '용서'(상대방이 협력하기 시작하면 다시 한번 협력한다)로 규정한다. 고상한 '무조건 협력' 참가자와 마찬가지로 TFT는 이기적 참가자와 처음 맞닥뜨리면 성적이 형편없지만 그 뒤에는 결코 호구가 되지 않는다. 그러다가도 '신사적' 참가자를 만나면 이로운 협력 패턴을 금세 확립한다.

현실 문제에 대해 가능한 최선의 해결책을 찾기 위해 사람들이 협력적으로 노력하도록 만드는 오래된 난제에 게임이론을 적용해보자. 이 난제는 죄수의 딜레마 같은 단순한 게임 구조에 딱 들어맞지 않을지도 모르지만, 우리가 생각하기에 일부 교훈을 적용할 수 있을 듯하다. 협력 과정을 망치거나 건너뛰게 할 수 있는 유혹도 많다. 하지만 우리는 액설로드의 처방 같은 방법이 장기적인 협력적 문제의 해결에 이롭다고 생각한다. 이 방법은 참가자들이 협력으로 시작하며('신사적') 못된 파트너가 착하게 굴면 기꺼이 협력을 재개할 때('용서') 효과가 있다. 이러한 최초의 협력 의향은 우리가 논의한 또 다른 특질인 '과학적 낙관주의'와 그리 멀지 않은 사촌처럼 보인다. 문제가 해결될 수 있다는 믿음을 문제가 해결될 때까지 간직하는 능력 말이다. 우리의 목록에 '사회적 낙관주의'라는 짝 개념을 덧붙여야 할지도 모르겠다. 이것은 대부분의 사람들이 협력하고 싶어 한다는 믿음을 협력적 파트너를 찾아 문제를 해결할 때까지 간직하는 능력을 일컫는다.

하지만 중요한 사실은 액셀로드의 처방에 모진 현실주의가 담겨 있다는 것이다. 상대방이 나를 무작정 등쳐먹는데도 계속 협력하는 것은 이롭지 않다. 이런 까닭에 어떤 협력적 기획들은 좌절되고 만다. 관건은 그런 좌절이 팽배하지 않을 만큼 협력적인 사람들이 많이 있고, 그 사람들이 다른 협력적인 사람들을 찾을 수 있는가다.[134]

우리의 성공 가능성을 타진하려면 이후 컴퓨터 경쟁에서 팃포탯을 넘어선 전략 하나를 들여다보는 게 좋겠다. 이것은 더 자주 용서하는 '팃포투탯Tit for Two Tats, TF2T'으로, 비협력적 행동이 두 번 벌어질 때까지는 응징하지 않는다. 우리는 앞에서 '기본적 귀인 오류'를 논의했는데, 이것은 서구 개인주의 문화에서 상대방의 잘못을 고의적이라고 치부하는 반면에("그들은 못된 행위자다") 자신의 잘못은 한낱 실수로 여기는 성향이다. 팃포투탯의 행동은 기본적 귀인 오류를 저지르는 성향을 극복하려고 애쓰는 사람과 비슷하다. 최초의 비협력 행동을 악의를 품은 행위자의 표시가 아니라 한낱 실수라고 가정하기 때문이다.

우리는 TF2T에서 희망을 보며, 세상을 먹여살리고 교육하는 거대한 집합적 노력에 종사하는 사람들의 현실적 성취에서 희망을 본다. 배신자들이 득시글거리는 가운데에서 일어나는 협력은 우리가 거두는 최상의 사회적, 지적, 과학적 진전의 근원이다. 뉴스들이 인간 갈등에 주로 초점을 맞추긴 하지만 갈등은 우리 삶의 극히 일부에 불과하다. 우리는 삶의 기초가 되는 시간을 협동적이고 협력적인 구조에서 보낸다. 수업에서는 다른 학생들과, 또한 교사들과 협력하는 법을 배운다. 기업에서는 사람마다 다른 역할을 부여받으며, 누구라도 성공하려면 함께 일해야 한다. 또한 우리는 자유 시간을 친구들과 어울려 보낸다.

심리학자이자 진화인류학자 마이클 토마셀로[Michael Tomasello]는 인간이 협동과 협력 능력의 범위 면에서 유일무이하다고 오랫동안 주장했다.[135] 다른 동물은 인간이 협력하는 만큼의 규모, 범위, 다양성을 발휘해 협력하는 경우가 드물다. 협력은 인생의 매우 이른 시기에 시작된다. 19개월 유아는 굶주려 보이는 낯선 사람을 보면 자신에게 소중한 음식을 건네며, 어른이 떨어뜨리거나 잘못 내려놓은 물건을 번번이 집어주거나 가리킨다. 인간이 공유된 목표를 가지고 사회 구조에서 저마다 다른 역할을 맡는 협력 활동은 모든 성인의 삶에 스며 있다. 우리는 만나는 사람이 전부 협력적이리라 보장할 수 없지만, 그럴 확률은 적어도 뉴스에서 보는 것보다는 크다!

배우려는 의지

그렇다면 세 번째 밀레니엄에 맞는 지식을 가지고 신뢰를 쌓고, 현실을 직시하는 문화를 향한 첫걸음은 사회적 낙관주의임이 분명하다. 이런 낙관주의에 언제나 보상이 따르기 때문이 아니라, 악의를 품은 배신자에게 당하지 않으면서 충분한 보상을 받기만 하면 되기 때문이다. 현실 세계에서 우리는 자신이 선의의 파트너를 찾았을 때가 언제인지 알고 싶어 한다. 그래야 배신보다는 협력으로 대갚음을 할 수 있기 때문이다. 이를테면 선의의 파트너는 논쟁에서 무조건 이기는 것이 아니라 사실에 기반한 질문에 대해 진실을 찾으려 할 것이다. 그러므로 다음의 결정적 걸음은 자신이 언제 선의를 가진 파트너를 찾았는지에 대한 인식일 것이다. 그리고 기꺼이 잘못을 인정하는 3MT 태도는 무엇보다 훌륭한 잣대다. 포커 선수라면 선의를 가진 파트너에 대한 텔tell(포커에서 상대방의 패를 짐작하게 해주는 비언어적 단서-옮긴이)이라고 부를 것이다.

우리는 다른 개인이나 집단과 함께 일할 때, 상의할 전문가를 물색할 때, 심지어 이런 전문가를 공급하는 대학, 신문, 학회 같은 기관을 판단할 때조차, 즉 모든 상호작용에서 이러한 열린 배움의 자세를 모색한다. 그래서 우리는 유망한 전문가가 스스로의 생각을 바꾸어놓을 새 정보를 어떻게 처리하는지 보려고 귀를 쫑긋 세우며, 생각을 바꾸는 구성원에게 지지와 보상을 제공하는 기관을 찾는다. 이것은 우리가 다음 세대의 신뢰망을 (개인적으로나 사회적으로나) 구축하는 토대다.

우리가 세 번째 밀레니엄에 들어선 지금 이렇게 신뢰망을 구축하고 재구축하는 일은 우리 머릿속에서 가장 중요한 일일 것이다. 우리는 우리 사회가 입은 피해를 이미 목격했다. 거짓 정보가 널리 퍼지면서 생겨난 극단적 정치 양극화도 그중 하나다. '낚시성 링크 공장'과 (인공지능을 활용한) '솔깃한' 콘텐츠가 인터넷과 소셜 미디어에 넘쳐나는 상황에서 가까운 미래에는 현실을 주시하기가 더욱 힘들어질 것이다. 대면 인맥, 학회, 대학 같은 기존의 몇몇 접근법으로도 이 난제에 대응할 수 있지만 우리에게는 그 이상의 기회(와 필요성)가 있다. 그렇기에 우리는 새로운 실험을 바탕으로 열린 마음의 집합적 사고를 보상하는 새 방법을 찾으려는 '신뢰경제^{trust economy}'('주목경제^{attention economy}'에 빗댄 신조어)에 대해 더 현실적으로 생각해야 한다.

이런 실험에는 수준 높은 탐사 언론을 후원하는 새 메커니즘이 포함될 수 있다. 이를테면 인터넷에서 독자가 기사를 읽을 때 소액을 지불할 수 있도록 하는 기술 개발이 오래전부터 논의되었다. 소액이 모이면 좋은 기사에 두둑한 보상을 해줄 수 있다. 잘못을 기꺼이 인정하는 새로운 관행을 모색할 수도 있다. 언론인들은 대체로 자신의 이야기와 분석이 객관적이고 진실하다고 자부한다. 그런데 모든 뉴스 분석(《이코노미스트》 기사를 머릿속에 그려보라)의 맨 아래에 작은 상자가 있어서 기자가 향후 뉴스에 참고할 수 있는 부정적 '지표'를 표시한다고 상상해보라. 이 지표는 분석이 틀렸을 가능성을 나타낸다. (이를테면 "다음 달에 실업률이 1포인트 상승하면, 새 금리 정책이 현재 일자리 감소를 역전시키리라는 나의 주장은 옳지 않을 것이다.") 이 방법은 독자 스스로 대안을 고려하도록 유도할 뿐 아니라 기자 본인도 자신의 분석이 틀렸을 가능성을 고려하게 한다. 이러면 단지 지혜로운 현인 행세를 하는 게 아니라 현실을 더욱 직시하겠노라는 목표를 품을 수 있다.

이 신뢰경제 실험을 한 걸음 더 밀고 나가면(어쨌거나 우리는 3MT 기반 사회가 '실험사회'라고 주장했으니) 우리는 우리 시대의 모든 거대 미디어가 소비자들이 긍정적이고 상호적인 학습을 최적화할 수 있도록 장려하는 유인책을 개발하고 싶을 것이다. 미디어 기업 주주들의 이윤이 대중의 주목과 그로 인한 광고 수입에만 좌우된다면, 미디어 산업은 상호적 대중 학습과 대화에 잡음을 더할 뿐만 아니라 최악의 경우 우리를 정보 사일로(틀에 갇혀 다른 정보를 얻지 못하는 상황-옮긴이)와 극단주의로 몰아가려는 자연적 경향을 보이게 된다. 이것은 정보판 '공유지의 비극'이다. 공유지를 오염시키면 기업의 개별적 이익에는 보탬이 될지 몰라도 어느 누구의 집합적 이익에도 보탬이 되지 않는다. 결과적으로 우리가 환경오염을 해결하기 위한 유인책(과 처벌)을 제시하는 법을 배운 것처럼 인지 공유지cognitive common의 오염을 해결하는 유인책과 처벌에 대해서도 실험을 해야 할 것이다.

이를테면 이용자를 정치 사상의 반향실에 몰아넣거나 반대로 정치 논쟁을 폭넓게 이해시키려 하는 소셜 미디어와 뉴스 미디어를 겨냥해 유인책을 개발한다는 상상을 해볼 수 있다. 모든 뉴스 미디어의 가장 충성스러운 시청자들을 대상으로 설문조사를 실시하면 그날그날 무작위로 선별된 주제에 대해 자신이 반대하는 논증을 묘사하는 능력이 시간이 지남에 따라 커지는지 작아지는지 추적할 수 있다. 이용자가 대안적 관점을 표명하는 능력이 약해지면 기업에 제공하던 유인책을 회수하고 능력이 커지면 유인책을 증가시킨다. 이렇게 하면 양극화와 사일로 효과를 일으키는 참여 유도 알고리즘에 브레이크를 걸 수 있다.[136]

하지만 우리는 인지 공유지에 대한 이런 큰 규모의 사회적 노력이 효과를 발휘하기를 기다리는 동안 개인적으로도 제 나름의 신뢰망을 구축하기 위해 실험해야 한다. 당신에게는 대화를 나눌 수 있는 반골 친구가 있는가? 대부분의 친구들이 당연하게 여기는 명제에 대해 타당한 반대 논증을 제시할 수 있는 친구 말이다. 신뢰망은 마음 맞는 친구들로 가득한 반향실과 같지 않다. 자신과 다르되 그 차이에 대해 진짜 대화를 나눌 수 있는 사람들과 교류해야 한다. 좋은 정보와 나쁜 정보가 풍성하되 마구 뒤섞인 세상에서 현실을 직시하려면 그런 친구와 지인을 적극적으로 찾아야 한다. (이 책의 독자를 대상으로, 서로 반대 의견을 가졌지만 현실을 직시하려는 3MT 열정을 공유하는 사람들을 맺어주는 서비스를 시작해야 하려나.)

이 장 첫머리에서 우리는 세 번째 밀레니엄에 들어서면서 맞닥뜨리는 난제, 세 번째 밀레니엄 사고를 요하는 난제를 이렇게 재천명했다. **방대한 데이터 우주에 누구나 직접 접근할 수 있게 되면서 우리는 이제 어떤 사실을 결정의 근거로 삼아야 하는지, 언제 스스로 연구하고 언제 전문가를 수소문해야 하는지, 어떤 전문가가 (또한 어떤 주제에 대해) 믿을 만한지, 가치들을 통합하는 현명한 길잡이가 필요한 때는 언제인지 알아내지 않을 도리가 없게 되었다.** 하지만 이 주제를 더욱 가다듬어보자면 난제는 골라낼 정보가 어마어마하게 많다는 의미만이 아니다. 수많은 정보 출처가 완벽함과 정확성을 뻔뻔하게 자부하는 것도 문제다. 그래서 우리에게는 신뢰할 만한 출처(개인, 전문가, 기관, 웹사이트)의 네트워크를 구축하고, 최종적으로는 상충하는 주장들의 신뢰도를 평가할 수 있는 효과적 신뢰 관계를 확립할 3MT 도구가 필요하다.

이것은 걸러내기 연습보다는 건설 과정에 가깝다. 우리가 신뢰성 있는 정보를 접하고서 그것을 믿는 이유는 자신이 선호하는 정치적·문화적 집단이 그렇게 믿고 반대편이 그렇게 믿지 않기 때문이 아니라, 우리와 의견이 다르지만 스스로에게 질문을 던지는 사람들 또한 그렇게 믿기 때문이다. 그것이 우리가 이해를 쌓아가는 토대다.

이 수많은 발전상 중에서 최고의 것들을 바탕으로 삼을 수 있다면, 바야흐로 우리 눈앞에서 탄생하고 있는 것은, 즉 우리가 세 번째 밀레니엄 사고를 통해 강조하고 육성하고 싶은 것은 단순한 계몽주의 복원이 아니다. 그것은 새로운 1000년을 위한 두 번째 계몽주의요, 진정으로 새로운 종류의 계몽주의일 것이다.

우리가 독자들에게 남기고 싶은 것은 함께 힘을 쏟는다면 이 전환점을 우리의 크고 작은 문제와 기회에 대한 새로운 협력적 접근법을 가진 세 번째 밀레니엄으로 바꿔낼 수 있을지도 모른다는 현실적이면서도 신나는 느낌이다. 모두가 번성하는 유토피아적 세계의 환상을 믿지 않더라도 이 기획은 흥미롭다(우리가 달성할 수 있고 당장 얻을 수 있는 것이 얼마든지 있다). 그 원대한 목표에서 동기와 흥분을 얻는 사람도 있을 테지만. 우리에게는 3MT 도구들이 있고, 동기가 있고, 이 시대를 우리가 지구촌 주민으로서 진진하는 밀레니엄으로 만들 수 있다는 합리적인 과학적 낙관주의가 있다.

앞으로 몇십 년 뒤 우리는 어마어마한 난제들을 맞닥뜨릴 것이다. 하지만 지난 20년이 새로운 1000년의 2퍼센트에 불과하다는 사실을 기억하라. 나머지 98퍼센트는 우리가 창조할 미래다.

감사의 말

이 책이 만들어지기까지 감사해야 할 사람이 많다. 관련 대학 수업을 준비하면서 만난 학생들, 학부생과 대학원생을 망라하는 헌신적이고 창의적인 조교들, 박사후연구원과 조언자들이 있다. 개념과 주제를 어떻게 취합해 가르치고 결과를 평가할지 궁리하는 데 그들 모두가 적극적인 역할을 했다. (지금까지) 아홉 번에 걸친 수업은 수많은 교수진에게 노동이 아니라 유희였다. 그들의 창의적 기여가 없었다면 이런 수업을 진행할 수 없었을 것이다. 중요한 노고를 하나하나 지목할 수 있으면 좋겠지만 적어도 아디라지 아후자, 잉그리드 알투닌, 슈리한 아가르왈, 소피아 바긴스키, 카시아 바라네크, 크리스틴 바커, 제이퍼 반스, 그랜트 벨스털링, 켈리 빌링스, 콜레트 브라운, 미카 브러시, 재스민 케이시, 파울 크리스티아노, 이선 창, 기아나 시롤리아, 앤드루 크리치, 매슈 데이비스, 브라이언 델라헌티, 에이다 도, 물라이 드라이디아, 캐서린 에딩거, 에이미 핑그렐레, 드레이 거거, 톰 길버트, 리아 걸리어스, 노라 하런, 채드 하퍼, 취안 허, 제이컵 헤이슬러, 안드레아 헹가에르트너, 레이철 후드, 리베카 후, 크리스티나 이스마일로스, 크리스틴 이솜, 콜린 제이컵스, 아미샤 제인, 레이철 잰슨, 대런 카한, 루이스 강, 댄 키스, 남라타 칼탐네이니, 타라 키르난, 해나 러커, 앨리사리, 광첸 리, 에밀리 리퀸, 휘첸 (베티) 리우, 애나 라이언스, 니나 마린, 스프리티 메타, 딜런 무어, 니콜라이 오, 구프란 파탄, 안토니아 피코크, 조너선 포버, 케번 콰치, 라디카 라와트, 에린 레드윙, 젬 루프, 트레버 슈내크, 빈센트 셔우, 리오던 스미스, 소피아 스테픈스, 베타니 수터, 에런 사스, 케이틀린 쳉, 브리지트 보건, 댁스 비비드, 소피 위너, 리츠 빌덴하인, 대니얼 윌켄펠드, 앨리스 장, 테드 장, 리베카 주, 재커리 지머만에게 따스한 감사를 전한다. 아홉 번째 이어지고 있는 이 수업을 들은 모든 학생들에게도 고맙다. 그들에게서 많은 것을 배웠다.

아디티야 랑가나탄, 윈스턴 인, 가브리엘 페르코엥겔을 특별히 언급해야겠다. 시기는 다르지만 그들은 교수진을 지휘하며 수업 자료 개발을 조율하고 사려 깊은 내용과 열정을 수업에, 또한 이 책에 불어넣었다. S. 에를렌 메츠 박사는 학습목표 및 평가 자료 개발에서나, 수업 자료를 다양한 매체로 변모시키고 다양한 독자에 맞게 수정하면서 구성을 발전시키는 지도자이자 생각 동반자로서나 이 작업의 주역이었다. 알리시아 알론조 교수는 빼어난 과학 교육자로서 이런 엄격하고 검증 가능한 교육 접근법에 대한 우리의 첫 길잡이였으며, 그녀의 협력은 수업의 초기 구성과 평가 기법에서 큰 비중을 차지했다. 롭 매큔이 자리를 옮긴 뒤 우리는 인지과학 교수 타니아 롬브로조, 심리학 교수 앨리슨 고프닉, 공공정책 및 정치학 교수 에이미 러먼과 함께 몇 년간 근사한 수업을 진행했다. 그들은 저마다 다른 시기에 롭의 사회학 분야를 맡아 새로운 아이디어와 흥분을 수업에 불어넣었다. 요한 프릭은 존 캠벨의 철학 분야에서 가르친 해에 매혹적인 기여를 했다. 이 책은 우리가 오늘 보고 있는 이야기를 담고 있지만, 앞으로의 후속편도 기대한다!

월 리핀코트는 저작권 대리인이자 사색가로서 확고한 안내와 격려를 해주었다. 니콜 파가노가 없었다면 이 책은 미완으로 남았을 것이다. 니콜은 우리가 공동 집필을 체계화하도록 도왔을 뿐 아니라 책의 새로운 아이디어에 일일이 호응하면서 지혜, 수완, 열정을 끊임없이 선사했다. 리사 카우프먼은 초고를 읽고서 책의 가독성을 높이는 방법에 대해 귀중한 피드백을 주었다. 에릭 엥겔스는 강의 원고를 읽기 좋은 형태로 다듬었다. 관리형 뮤추얼 펀드에 대한 그래프와 자료의 개발을 도와준 제프리 프타크(모닝스타), 롭 비슈니, 스티브 캐플런에게 감사한다. 발행인이자 편집장 트레이시 베하르가 이끄는 리틀, 브라운 스파크 출판사의 탁월한 편집진에게 감사한다. 트레이시는 우리의 집필 아이디어를 이해하고 출간을 이뤄낸 핵심 인물이었다. 막후에서 특별히 중요한 기여를 한 사람으로 앨릭스 슈워츠가 있다. 앨릭스는 캘리포니아대학교 버클리캠퍼스에서 '원대한 사상' 강좌 프로그램을 개발하고 진행했는데, 이 남다른 수업 개념이 큰 호응을 얻도록 독려했으며 개념적·현실적 지원으로 우리를 이 책에 이르는 길로 이끌었다. 고든 무어·베티 무어 재단은 이 책의 상당 부분을 후원했으며, 재닛 코피는 책의 내용과 교수 접근법에 대해 기금 감독 못지않게 귀중한 전문성을 발휘하고 길잡이가 되어주었다. 캐런 대비와 프랭크 대비는 오랫동안 사려 깊은 후원자였다. 최근에는 마크 로즌솔의 자선 기금이 강좌에 크나큰 도움을 주었다.

　마지막으로, 집필 작업에서 여러 역할로 참여한 가족, 친구, 멘토에게 감사한다. 솔은 리치 멀러, 밥 칸, 아버지 대니얼 펄머터와 함께 이 책의 많은 개념을 배우고 논의했다. 어머니 펠리체 (페이기) 펄머터는 자신의 따스한 협력 접근법을 이 책에서도 알아보았을 것이다. 솔은 대부분의 아이디어와 문장을 아내 로라 넬슨에게 설명한다. 딸 노아 펄머터는 편집을 도왔으며 장 제목 옆의 그림을 전부 디자인했다. 두 사람 다 삶을 따스하고 풍성하게 만들어준다. 존은 카산드라 첸, 안토니아 피코크, 리코 콜로드니, 팀 크로켓, 아들 로리에게 감사한다. 다들 나름의 방식으로 도움을 주었다. 롭은 아버지 맬컴 매쿤, 사별한 아내 로리 데어(로리는 2022년 근위축측삭경화증으로 세상을 떠나기 전 35년간 그에게 지원의 기둥이자 지혜의 샘이었다), 딸 오드리와 매디에게 감사한다. 둘은 로리를 간호했으며 2022년부터 2023년까지 암 투병 중이던 롭을 보살폈다.

　우리는 사람들이 서로에게 귀를 기울이고, 아이디어를 제안하고, 무언가를 함께 만드는 즐거움을 누리는 미래를 희망하기에, 우리와 음악을 공유해 삶을 풍요롭게 해준 사람들을 언급하지 않을 수 없다. 몇몇은 실내악이나 관현악단에 참여했으며, 몇몇은 재즈 악단에서 연주한다. 집합적 음악 만들기에 동참하는 기쁨과 솜씨는 이 책의 정신이 깃든 깊숙한 근원이다.

주

─── 들어가는 말

1. 이 대학 강좌의 명칭은 '이성과 감성과 과학Sense and Sensibility and Science'이며 sensesensibilityscience.berkeley.edu에서 교수와 학생을 위한 수업 자료를 얻을 수 있다.

고등학교판 강좌 '모두를 위한 과학적 사고: 도구 모음Scientific Thinking for All: A Toolkit'도 개발되고 있으며 노벨재단 교육 부서와의 협력하에 배포되고 있다. nobelprize.org/scientific-thinking-for-all/을 보라.

2 National Opinion Research Center (2023, June 15). *Major declines in the public's confidence in science in the wake of the pandemic.* 하지만 과학이 여전히 다른 직종을 앞서 있음을 언급하고자 한다. 다른 분야에서는 신뢰가 더 빨리 추락하고 있기 때문이다.

3 이 책에서 말하는 '과학'의 의미는 무엇일까? 위키백과의 정의 "과학은 우주에 대한 검증 가능한 설명과 예측의 형태로 지식을 구축하고 조직하는 엄격하고 체계적인 노력이다"에는 우리가 서술하는 것이 대부분 담겨 있다. 여기에 미리엄웹스터 사전의 정의 "일반적 진리나 일반 법칙의 작동을 아우르며 특히 과학적 방법을 통해 획득되고 검증되는 지식이나 지식 체계"를 덧붙이면 금상첨화일 것이다.

─── 1장. 우리는 매일 무언가를 결정한다

4 에피스토크라시는 Estlund, David M. (2009), *Democratic authority*, Princeton University Press에서 깊이 논의한다. Brennan, Jason (2016), *Against democracy*, Princeton University Press도 보라.

5 유념할 사실이 있는데, 실내 공기질의 인지적 효과 연구는 제대로 수행하기 힘들며, 피험자가 실제로 노출되는 공기의 성질과 잠재적 영향을 받는 특정 인지능력 둘 다에 대해 다양한 측정 기법의 변종이 있다. 인지능력 저하가 밀폐된 방에서 공기 중에 쌓인 나머지 오염 물질 때문일 가능성이나 이산화탄소 비율이 그 오염 물질들의 대리 측정값으로 작용할 가능성도 있다. 이 모든 주제에 대한 논의로는 Du, B., Tandoc, M. C., Mack, M. L., & Siegel, J. A. (2020), Indoor CO2 concentrations and cognitive function: A critical review, *Indoor Air*, 30:1067 – 1082; 최근 검토 논문인 Fana, Y., Caoa, X., Zhang, J., Laid, D., & Panga, L. (2023), Short-term exposure to indoor carbon dioxide and cognitive task performance: A systematic review and meta-analysis, *Building and Environment*, 237, 110331를 보라.

6 Ronchi, V. (1967.) The influence of the early development of optics on science and philosophy. In E. McMullin (Ed.), *Galileo: Man of science*. Basic Books, 195 – 206.

7 Heyerdahl, T. (2013). *Kon Tiki*. Simon & Schuster. 뗏목과 피라미드 비유를 우리의 지식에 적용하는 문제에 대해서는 Sosa, E. (1980), The raft and the pyramid, *Midwest Studies in Philosophy*, 5, 3 – 26를 보라.

―― **3장. 원인과 결과는 어떻게 알 수 있을까?**

8 이 상관관계의 내막은 파악하기가 조금 힘들다(논란의 여지가 있지만, 더 작은 양의 알코올이 일부 사람에게 정반대 상관관계를 가질지도 모른다고 암시하는 연구도 있다). Godos, J., Giampieri, F., Chisari, E., Micek, A., Paladino, N., Forbes-Hernández, T. Y., Quiles, J. L., Battino, M., La Vignera, S., Musumeci, G., & Grosso, G. (2022). Alcohol consumption, bone mineral density, and risk of osteoporotic fractures: A dose-response meta-analysis. *International Journal of Environmental Research and Public Health*, 19(3), 1515를 보라.

9 Pouresmaeili, F., Kamalidehghan, B., Kamarehei, M., & Goh, Y. M. (2018). A comprehensive overview on osteoporosis and its risk factors. *Therapeutics and Clinical Risk Management*, 14, 2029 – 2049.

10 Sober, E. (2001). Venetian sea levels, British bread prices and the principle of the common cause. *British Journal for the Philosophy of Science*, 52, 331 – 346.

11 허위상관The Spurious Correlations 웹사이트에서 '허위spurious'라는 낱말을 쓰는 경우는 두 변인의 관계 기저에 인과망이 **전혀** 없을 때, 즉 연관성이 한낱 우연의 일치일 때다. 하지만 두 변인의 공통 원인(앞에서 모형 D라고 부른 것)이 있는 경우를 묘사하는 데 '허위상관'이라는 용어가 쓰일 때도 많다.

12 이어지는 논의에서는 주데아 펄의 중요한 인과 이론과 통계학자 도널드 루빈 Donald Rubin과 철학자 제임스 우드워드James Woodward의 연구를 많이 참고했다. 펄의 설명에 대한 쉬운 소개로는 그의 2020년작 *The book of why: The new science of cause and effect*, Basic Books가 있다. 더 온전하고 엄밀한 논의로는 그의 2009년작 *Causality* (2nd ed.), Cambridge University Press가 있다. 루빈의 얼개는 Imbens, G. W., & Rubin, D. B. (2015), *Causal inference for statistics, social, & biomedical sciences: An introduction*, Cambridge University Press에 나온다. 개입의 철학에 대한 우드워드의 논의는 "Causation and manipulability," *Stanford encyclopedia of philosophy*에 그가 2016년 실은 항목에서 찾아볼 수 있다. https://plato.stanford.edu/ENTRIES/causation-mani/

13 '무작위 배정'의 두 가지 특징에 주목할 필요가 있다. 첫째, 무작위성을 연구에 추가하는 것은 정보 가치가 전혀 없어 보이는데도 실제로는 놀랍게도 정보 가치가 **더** 커진다. 둘째, 무작위 배정은 비슷한 이름의 '무작위 선택random selection'과는 다른 절차다. 무작위 선택은 표본 결과를 더 큰 인구집단에 일반화하는 중요한 방법이지만 인과관계를 확립하는 방법은 아니다. 이것은 다른 목표다.

14 이를테면 1960년대에 체스터 M. 서덤Chester M. Southam 박사가 수행한 여러 실험에서는 연구 참여에 동의하는 능력이 제한된 인간 피험자에게 바이러스나 암세포를 주입했다. Plumb, R. K. (1964, March 22). Scientists split on cancer tests; some back use of humans — more humility urged. *The New York Times*, 53.

15 Hill, A. B. (1965). The environment and disease: association or causation? *Proceedings of the Royal Society of Medicine*, 58(5): 295 – 300.

16 주어진 어떤 응용에서도 이런 종류의 비실험 증거는 앞서 인용한 주데아 펄이나

대니얼 루빈의 인과 얼개를 이용해 평가할 수 있다. 이렇게 하면 연구자들은 어느 잠재적 원인을 데이터에 의해 배제할 수 있고, 어느 인과적 설명의 타당성이 유지되는지 규명할 수 있다.

—— 4장. 확률론적 사고로의 극적 전환

17 https://www.usgs.gov/faqs/what-probability-earthquake-will-occur-los-angeles-area-san-francisco-bay-area?qt-news_science_products=0qt-news_science_products, 2021-11-21 접속.

18 이 인용구는 니컬러스 탈레브의《행운에 속지 마라》에 실려 있다. 탈레브의 원문은 다음과 같다. "스코틀랜드의 철학자 데이비드 흄은 문제를 다음과 같이 제시했다(존 스튜어트 밀이 제시한, 지금은 유명해진 검은 고니 문제에서 새로 표현되었다)."

19 Reddy, V. (2007). Getting back to the rough ground: deception and "social living." *Philosophical Transactions of the Royal Society, London, B: Biological Science,* 362(1480): 621 – 637.

20 자기 홀극 발견의 증거를 밝혀낸 학술지 논문은 Price, P. B., Shirk, E. K., Osborne, W. Z., & Pinsky, L.S. (1975), Evidence for detection of a moving magnetic monopole, *Physical Review Letters,* 35, 487이다. 과학자들이 생각을 바꿨다고 말한 학술지 논문은 Price, P. B., Shirk, E. K., Osborne, W. Z., & Pinsky, L. S. (1978), Further measurements and reassessment of the magnetic-monopole candidate, *Physical Review D,* 18, 1382다.

—— 5장. 과신을 경계하라

21 체르노빌 사례와 챌린저호 사례는 Freudenburg, W. R. (1988), Perceived risk, real risk: Social science and the art of probabilistic risk assessment, *Science,* 242, 44 – 49에서 논의한다.

22 2012년에 2000건 이상의 과학 논문 철회를 조사했더니 오류로 인한 것은

4분의 1 미만이었으며 3분의 2는 부정 때문이었다. Fang, F. C., Steen, R. G., & Casadevall, A., (2012), Misconduct accounts for the majority of retracted scientific publications, Proceedings of the National Academy of Sciences, USA, 109, 17028-17033. (여기에는 흥미로운 반전이 있는데, 저자들은 훗날 자신들의 논문에 실린 표에서 오류를 발견해 정오표를 발표했다.) 이 연구는 과학적 부정이 과학적 오류 보다 훨씬 흔하다는 인상을 줄지도 모르지만 분명히 정반대가 참이다. 다른 연구들에 따르면 전문가들은 이따금 오류를 인정하기를 꺼리며, 설령 인정하더라도 오류와 그로 인한 위험을 종종 축소한다. (Tetlock, P. E. [2006]. *Expert political judgment: How good is it? How can we know?* Princeton University Press를 보라.)

23 Asness, C., et al. [23 authors] (2010, Nov. 15). Open letter to Ben Bernanke. *The Wall Street Journal*. Carey, D., & Willmer, S. (2014, Oct. 10). Fed naysayers warning of inflation say they're still right. *Bloomberg*.

24 Krugman, P. (2022, Jan. 21). Honey, I shrank the economy's capacity. *The New York Times*.

25 Leary, M. R., (2018), *The psychology of intellectual humility*, John Templeton Foundation. https://www.templeton.org/wp-content/uploads/2020/08/JTF_Intellectual_Humility_final.pdf

26 Rohrer, J. M., Tierney, W., Uhlmann, E. L., DeBruine, L. M., Heyman, T., et al. Putting the self in self-correction: Findings from the Loss-of-Confidence Project. *Perspectives on Psychological Science*, 16: 1255-1269.

27 이 과제는 Koriat, A., Lichtenstein, S., & Fischhoff, B. (1980), Reasons for confidence, *Journal of Experimental Psychology: Human Learning and Memory*, 6, 107-118에서 개발되었다. 우리는 기술적 이유로 이 특정 과제가 과신의 정도를 과대 평가할 수 있다고 경고하지만, 다른 (더 복잡한) 방법들은 그 효과가 실제임을 보여준다. Moore, D. A., & Healy, P. J. (2008). The trouble with overconfidence. *Psychological Review*, 115, 502-517를 보라.

28 연구자들은 이런 종류의 '양자택일법' 과제에서 나타나는 전형적 보정 패턴에 대한 대안적 설명을 제시했다. Koriat, A. (2012), The self-consistency model of subjective confidence, *Psychological Review*, 119, 80-113를 보라. 하지만 과신에 대한 일반적 발견은 그 밖의 많은 절차를 이용해 널리 재현되었다.

29 확신도 구간은 4장에서 논의한 '오차막대'의 한 형식이다.

30 Deaves, R., Lüders, E., & Schröeder, M. (2010). The dynamics of overconfidence: Evidence from stock market forecasters. *Journal of Economic Behavior & Organization*, 75, 402 – 412.

31 Tetlock, P. E. (2006). *Expert political judgment: How good is it? How can we know?* Princeton University Press.

32 Birge, R. T. (1941). The general physical constants: As of August 1941 with details on the velocity of light only. *Reports on Progress in Physics*, 8, 90 – 135.

33 Henrion, M., & Fischhoff, B. (1986). Assessing uncertainty in physical constants. *American Journal of Physics*, 54, 791 – 798.

34 Murphy, A. H., & Winkler, R. L. (1977). Reliability of subjective probability forecasts of precipitation and temperature. *Journal of the Royal Statistical Society*, Series C (Applied Statistics), 26, 41 – 47. 유념할 사실이 있다. 한 연구에 따르면 블랙잭 딜러들은 기상학자와 같은 이점의 일부를 누리고 있을 텐데도 블랙잭 선택을 판단할 때 일반인보다 조금도 훌륭히 보정되지 않았다. Wagenaar, W., & Keren, G. B. (1985). Calibration of probability assessments by professional blackjack dealers, statistical experts, and lay people. *Organizational Behavior and Human Decision Processes*, 36, 406 – 416을 보라.

35 Wakeman, N. (2011, Feb. 11). IBM's 'Jeopardy!' match more than game playing. *Washington Technology*. https://washingtontechnology.com/articles/2011/02/10/ ibm-watson-data-uses.aspx. 공교롭게도 새 분석들에 따르면 왓슨은 완벽하게 보정되었다기보다는 약간 과신했다. 어느 경우든 왓슨은 의견을 제시하는 것에 대해 여전히 인간 참가자보다 더 신중했다. Moore, D. (2023), Overprecision is a property of thinking systems, *Psychological Review*, 130, 1339 – 1350를 보라.

36 Wells, G. L., Lindsay, R. C. L., & Ferguson, T. J. (1979). Accuracy, confidence, and juror perceptions in eyewitness identification. *Journal of Applied Psychology*, 64, 440 – 448.

37 Tenney, E. R., MacCoun, R. J., Spellman, B. A., & Hastie, R. (2007). Calibration trumps confidence as a basis for witness credibility. *Psychological Science*, 18, 46 – 50. Tenney, E. R., Spellman, B. A., & MacCoun, R. J. (2008). The benefits of knowing what you know (and what you don't): Fact-finders rely on others who are well calibrated. *Journal of Experimental Social Psychology*, 44, 1368 – 1375.

38　Sah, S., Moore, D., & MacCoun, R. (2013). Cheap talk and credibility: The consequences of confidence and accuracy on advisor credibility and persuasiveness. *Organizational Behavior and Human Decision Processes*, 121, 246 – 255.

39　www.theguardian.com/books/2015/jul/18/daniel-kahneman-books-interview

—— 6장. 잡음에서 신호 찾기

40　지구 평균 표면 온도를 측정한 데이터와 그래프의 출처는 Rohde, R. A., & Hausfather, Z., (2020). The Berkeley Earth Land/Ocean Temperature Record, *Earth System Science Data*, 12, 3469 – 3479다.

41　그린란드 빙심 데이터의 출처는 Vinther, B.M., Buchardt, S. L., Clausen, H. B., Dahl-Jensen, D., Johnsen, S. J., et al. (2009), Holocene thinning of the Greenland ice sheet, *Nature*, 461, 385 – 388다.

42　Rohde R., Muller R. A., Jacobsen, R., Muller, E., Perlmutter S., et al. (2013). A new estimate of the average earth surface land temperature spanning 1753 to 2011, *Geoinformatics & Geostatistics: An Overview*, 1을 보라.

43　신호와 잡음 개념과 앞에서 논의한 인과관계 개념의 관계를 살펴볼 만하다. 무엇이 무엇의 원인인지 결정하려 할 때의 인과 변인은 당신이 고립시키려 하는 것이다. 그래야 그 신호가 당신이 연구하는 결과를 일으키는 것을 똑똑히 볼 수 있다. 나머지 변인은 잡음처럼 작용하는 현상을 생성하는데, 그 이유는 당신이 찾고 있는 관계와 무관하지만 체계에 존재하기 때문이다(이 때문에 종종 인과 변인, 즉 신호의 결과를 알아내기 힘들어진다).

—— 7장. 없는데 보인다

44　이 도표의 바탕은 2012년 7월 4일 아틀라스 공동 연구진의 'Latest Results

from ATLAS Higgs Search'에 제시된 발견 그래프다. atlas.cern/updates/press-statement/latest-results-atlas-higgs-search.

45 이 도표의 바탕은 2012년 7월 4일 CMS 공동 연구진의 'CMS Higgs Seminar: Images and plots from the CMS Statement'에 제시된 발견 그래프다. cds.cern.ch/record/1459463.

46 아마도 분명한 이유가 있겠지만, 펀드매니저의 상대적 성공에 일관성이 조금이라도 있는지의 물음은 오랜 세월에 걸쳐 거듭거듭 탐구된다. 최근 분석은 펀드매니저에게 돈을 걸지 말아야 함을 다시 한번 보여준다. Choi, J. J., & Zhao, K. (2021), Carhart (1997) mutual fund performance persistence disappears out of sample, *Critical Finance Review*, 10, 263 – 270. cfr.pub.

47 Hodis, H. N., & Mack, W. J., (2013), The timing hypothesis and hormone replacement therapy: A paradigm shift in the primary prevention of coronary heart disease in women. Part 1: comparison of therapeutic efficacy, *Journal of the American Geriatrics Society*, 61, 1005 – 1010; Hochberg, Y., & Westfall, P. H. (2000), On some multiplicity problems and multiple comparison procedures in biostatistics, in P. K. Sen & C. R. Rao (Eds.), *Handbook of statistics*, vol. 18, Elsevier Science, pp. 81 – 82.

48 이 지점에서 당신은 더 많은 데이터 입수가 좋은 일인지 의문이 들기 시작할 것이다. 당신이 여러 가능한 요인(연구의 변인)을 찾기 위해 데이터 집합을 이용하고 있다면, 우리가 방금 말했듯 변인을 (즉석에서 만들어내는 것이 아니라) 미리 조사해야 하며 변인이 많아지면 '딴 데 보기' 효과를 상쇄하기 위해 더 많은 데이터가 필요해질 것이다. 하지만 그전에 우리는 데이터가 많아지면 잡음 속에서 '신호'처럼 보이는 패턴을 더 많이 보게 될 것이라고도 말했다. 그렇다면 더 많은 데이터는 좋을까, 나쁠까? 당신이 예상하지 않은 무언가의 증거처럼 보이는 패턴이 보인다면 어떻게 해야 할까? 그냥 무시해야 할까? (이를테면 의학 시험에서 의약품이 원래 표적이 아닌 질병에 치료 효과를 보인다고 생각해보라. 어떻게 해야 할까?)

우리가 신호와 잡음의 확률론적 이해에 대해 더 깊이(또한 정량적으로) 생각하게 되는 것은 바로 이런 종류의 질문에서다. 첫째, 잡음 속에서 신호를 찾을 때 우리가 실제로 하는 일은 데이터에서 신호처럼 보이는 것이 보이는 빈도를 실제 신호가 전혀 없을 때 신호처럼 보이는 것(잡음 속에서 이따금 나타나는 가짜 패턴)이 보일 거라 예상되는 빈도와 비교하는 것이다. 그렇다면 데이터를 더 많이 수집할 때의 이점은 가짜 잡음 패턴을 보게 되는 빈도를 더 정확히 예측한 다음, 그 개수를 데이터에서 보이는 실제 패턴 더하기 가짜 패턴의 개수와 비교할 수 있다는 것이다. 이렇게 비교하면 자신이 보는 것이 한낱 잡음일 확률이나 반대로 잡음 속에 있는 진짜 신호일 확률을 알 수 있다. 대부분의 통계학 기법이 기본적으로 이런 식이다.

다음으로 어떤 신호, 이를테면 검사할 생각이 없었던 인과관계의 증거가 보인다면 이것은 흥미롭다고 간주되는 것에 대한 필터를 너무 두루뭉술하게 설정했다는 의미에 불과하다. 신호를 충분히 걸러내지 않고 있는 것이다. 그러면 진짜 신호 대비 거짓 경보의 비율이 훨씬 커지며 이 때문에 가짜 잡음 패턴을 볼 확률이 진짜 신호에 비해 커진다. 더 나은 확률로 돌아가고 싶다면 더 많은 데이터를 수집해야 한다. 다시 말하지만 이것이야말로 통계학이 하는 일이다.

49 장비 사용은 잡음 속에서 신호를 찾는 문제와 매우 직접적인 관계가 있다. 장비는 자연에 있는 것을 강화하거나 확대하도록 설계될 때가 많다. 그래야 우리의 제한된 감각 능력으로도 관찰할 수 있기 때문이다. 하지만 거르는 장치가 없으면 신호와 잡음이 구별되지 않는다. 둘 다 강화될 것이기 때문이다. 그렇기에 신호가 무엇이고 잡음을 어떻게 걸러낼지 모르면 장비를 사용해봐야 조금도 나아질 게 없다. 장비 중에는 필터링이 가능하도록 특별히 설계된 것도 있다.

—— **8장. 어떤 오류를 더 피하고 싶은가?**

50 MacCoun, R. J. (2024.) Standards of proof: Theory and evidence. In R. Hollander-Blumhoff (Ed.), *Research handbook in law and psychology*. Elgar를 보라.

51 논란의 여지가 있지만 최적 문턱값('p*'라고 부른다)은 다음 공식에 근거해야 한다. p* = 거짓양성에 대한 반발/(거짓양성에 대한 반발 + 거짓음성에 대한 반발). 여기서 반발은 0(오류와 무관)부터 100(최대 반발)까지일 수 있다.

52 나머지 조건이 모두 동일하다면 이것은 10/(101) = .91의 p*를 함축한다.

53 (이를테면) 새 소립자의 증거를 발견하더라도, 이 발견이 틀렸음이 입증되면 헛수고를 한 셈이 될 이론물리학자의 수로 보건대 불확실성의 맥락에서 발표와 관련

된 가치판단이 존재한다.

54 물론 현실에서 대학들은 그저 어떻게 될지 궁금해서 1년 등록을 요청하는 사람을 전부 받아주지는 않는다. 그것은 비현실적이고(대부분의 학교는 학생 수용 인원에 한계가 있으므로) 가혹할 것이다(입학생 상당수가 수료하지 못할 것이기 때문). 그 결과 현실 기관은 이 도표에서 묘사된 전체 그림을 볼 수 있는 경우가 드물며 다른 정보(예: 불합격한 학생이 다른 대학에 합격해 거둔 성적)를 대용물로 쓸 수밖에 없다.

55 Kliff, S., & Bhatia, A. (2022, Jan. 1). When they warn of rare disorders, these prenatal tests are usually wrong. *The New York Times*.

56 베이스 법칙(베이스 정리라고도 부른다)은 이 책의 많은 주제와 관계있다. 베이스 법칙은 새로운 관련 데이터를 바탕으로, 어떤 진술이 옳을 가능성을 알고 싶다면 진술이 옳을 가능성에 대해 이전에 알았던 것도 알아야 한다는 뜻이다. 당신은 대체로 진술의 개연성에 대한 이전 지표를 이미 가지고 있기 때문이다! 베이스 법칙(실제로는 우리의 목적에 맞는 공식에 불과하다)은 새 데이터를 얻은 뒤 옳게 갱신된 확률이 무엇인지 정확히 알려준다. 여러 (동일한) 버전의 공식을 온라인에서 찾을 수 있지만, 얼추 말하자면 확률에 대한 과거 최상의 추정값을 가져다 당신의 진술이 참일 때 새 데이터를 보게 될 가능성을 곱하고 진술이 참이든 거짓이든 새 데이터를 볼 가능성으로 나누는 것이다.

사람들이 늘 베이스 정리에 따라 확률을 갱신하지는 않는다고 암시하는 연구 노선들이 있음은 흥미롭다. 당신은 이렇게 생각할지도 모르겠다. '그렇지, 나는 그러지 않는다는 걸 알아. 저 공식은 한 번도 본 적이 없다고.' 하지만 우리의 뇌가 베이스 갱신을 할 수 있는 것은 분명하다. 이를테면 벌의 조그만 뇌가 '최적 베이스 먹이 찾기'를 할 수 있다는 증거가 있으며 인간 추론은 일부 과제에서 베이스 정리를 꽤 훌륭히 어림한다. 하지만 우리는 비#베이스주의적인 어림짐작이나 추론 전략에 의존할 때도 있는데, 이것은 정확도 감소를 만회하는 이득(예: 속도, 편의성, 소통 용이성)이 있기 때문일 것이다.

베이스 정리를 시각적으로 소개하는 자료는 유튜브에 많이 올라와 있다. 베이스주의적 사고에 대한 폭넓고 쉬운 입문서로는 Sharon Bertsch McGrayne 의 *The theory that would not die: How Bayes' rule cracked the Enigma code, hunted down Russian submarines, & emerged triumphant from two centuries of controversy* (Yale University Press, 2011)가 있다. 한국어판은 《불멸의 이론》(휴먼사이언스, 2013).

57　주어진 잡음원은 당신이 수행하는 측정에 어떻게 유입되느냐에 따라 통계적 불확실성으로 작용할 수도 있고 계통적 불확실성으로 작용할 수도 있다. 이를테면 체중계의 오보정은 당신이 여러 체중계를 검사하고 있다면(각각의 체중계가 무작위로 오보정되었을 경우) 통계적 불확실성을 나타낼 것이고 체중계 하나를 거듭거듭 쓰고 있다면 계통적 불확실성을 나타낼 것이다.

58　그림의 화살은 vecteezy.com/free-vector/dart에서 제공했다. 다트판은 vecteezy.com/free-vector/dart-board를 수정했다.

59　통계학자들이 이 두 가지 유형의 불확실성에 대해 내놓은 용어는 어원의 관점에서 매우 자의적으로 보인다. '더 양호한 계통적 불확실성'이라는 뜻으로 '더 양호한 정확도better accuracy'를, '더 양호한 통계적 불확실성'이라는 뜻으로 '더 양호한 정밀도better precision'를 쓰기 때문이다.

60　설상가상으로, 7장에서 보았듯 무작위 요소(우리가 다루기에 가장 쉬워야 **마땅한** 부분)가 우리를 속여 존재하지 않는 패턴을 보게 할 수 있다.

61　통계적 불확실성에 대처할 때 표본 크기는 수학적으로는 당신에게 바람직한 확신도 구간에 의해, 또한 당신에게 수용 가능한 오차막대 크기에 의해 정해진다. 이를테면 인구 20만 명인 도시에서 얼마나 많은 사람이 어느 시장 후보에게 투표할지 알려면 실제 수치와의 격차가 여론조사 결과의 2퍼센트 이내임을 95퍼센트 확신하기 위해서는 약 2400명을 조사해야 한다.

—— **10장. 과학적 낙관주의**

62　그런데 사람들이 골똘히 생각할 때 소비하는 에너지를 실험으로 측정했더니 뇌의 고정 에너지 사용량에 비해 별로 높지 않았다. 하지만 뇌는 에너지 먹는 하마여서 휴식기에조차 전체 에너지 사용량의 5분의 1가량을 차지한다. 그러므로 비율이 조금만 늘어도 감지할 수 있을 것이다. 아니면 우리는 골똘히 생각할 때(이를테면 학교에서 시험을 치를 때) 스트레스 상황에 놓이는 경우가 많은데, 우리가 지각하는 것은 스트레스 반응에 쓰이는 에너지일 수도 있다.

63 당신이 솔처럼 고등학교에서 물리학 수업을 듣고 대학교에서 강좌를 들은 소수의 독자라면 이 예가 낯익을 것이다. 고등학교 물리 문제를 몇 분 만에 푸는 데 익숙해지고 나면 반복적 사고를 여러 시간 동안 해야 하는 대학교 물리 문제가 충격적일 수 있다. 문제를 끝내 풀 수 있을지 모르면, 자신이 풀 수 있는지 알기도 전에 너무 일찍 포기하는 경향이 있다.

64 이 과학적 전통은 종종 과학자들의 한 세대에서 다음 세대로 전수된다. 이 경우 솔은 지도교수 리처드 멀러에게서 배웠고 멀러는 자신의 지도교수인 노벨상 수상자 루이스 앨버레즈에게서 배웠다. 우리는 이 '할 수 있다' 접근법을 루이스 앨버레즈에게 가르친 사람이 누구인지 들여다봐야 한다. 아마도 **그**의 지도교수 아서 콤프턴Arthur Compton(역시 노벨상 수상자)일 것이다. 물론 우리의 바람은 직업적 과학자일 수도 있고 아닐 수도 있는 훨씬 방대한 사람들에게 이 접근법을 전파하는 것이다!

65 반복적 진전이 효과를 발휘하려면 자금 제공 기관 또한 이 점을 감안해야 한다. 공공 과학 지원 기관들이여, 메모하세요!

── **11장. 이해의 순서와 페르미 문제**

66 심지어 "가스로 요리한다cooking with gas"라는 숙어도 과학적 진보 개념을 시사한다. 이 구절은 본디 1930년대 후반 가스 스토브가 느린 화목 스토브를 대체한 시절에 유행하던 우스갯소리였다. 가스 산업은 분명 이 유행어가 라디오 코미디 쇼에서 널리 쓰여 희희낙락했을 것이다.

67 물리학에서 쓰는 여러 용어와 마찬가지로 '문제에 대한 일차적 이해'는 수학 분야에서 왔다. 당신이 미적분 수업을 들었다면 테일러급수 전개와의 연관성을 알아차릴지도 모르겠다.

기본 개념은 어떤 지점 x에서의 임의의 함수에 대해 근처의 값 a에서 함수 $f(a)$를 살펴본 다음, 첫 번째 도함수 $f'(a)$ 곱하기 그 값으로부터의 거리($x-a$)를 더한 뒤 두 번째 도함수 곱하기 거리 제곱을 더해 급수를 만들 때까지 계속하면 그 함수를 어림할 수 있다는 것이다. 우리가 이에 대해 생각하는 방식은 어림에 항을 덧붙일수록 함수의 실제 모습에 점점 가까워진다는 것이다. 무언가의 일차 어림을 한다는 의미는 어림을 할 때 한 도함수의 첫 항만을 쓴다는 뜻이다. 이차는 항을 하나 더 쓴 것이고 삼차는 거기에다 하나 더 쓴 것이다. 그러면 조금조금 당신이 어림하려는 함수에 실제로 점점 다가가는 것처럼 보이기 시작한다.

그러므로 무언가에 대한 일차 설명은 가장 뚜렷하게 드러나는 인과관계(실제로 이 사건을 일어나게 하는 것)를 포착한다. 이차 설명은 무엇이 일어나는가의 미묘한 대목, 즉 이 첫 번째 어림의 예외나 소소하게 덧붙는 요소를 포착하는 첫 번째 설명이다. 삼차 설명은 앞의 변형에 덧붙이는 더 조그만 변형을 표현한다. 이런 식으로 계속된다. (인간이 이따금 일차 설명을 무시하는 데는 그럴 만한 이유가 있을 수 있다. 이를테면 화재 원인 조사관은 주택 화재의 일차 원인이 산소의 존재라고 보고하지 않는다. 이따금 무언가가 확연히 명백한 유력한 원인임을 강조하고 싶을 때는 0차 설명이라고 부른다.)

68 불면증 사례는 임의의 주어진 현상에 대해 앞쪽 순서 요인 대 뒤쪽 순서 요인을 이루는 것이 맥락에 따라 달라질 수 있다는 점도 제기한다. 이를테면 굶주린 사자가 당신 침실 밖에서 으르렁거리고 있으면, 그것은 금세 당신이 잠 못 이룰 일차 요인이 될 것이다.

69 정책 분석가들은 이 빠른 추정을 'BOTEC' 판단(봉투 뒷면에 끄적이는 계산back-of-the-envelope calculation)이라고 부른다.

70 시도해볼 예제와 추정 기법에 대한 추가 논의를 찾고 싶다면 바로 이 주제에 대한 책들이 있다. 다음 두 권을 추천한다. *Guesstimation: Solving the world's problems on the back of a cocktail napkin*, by Lawrence Weinstein and John A. Adam (Princeton University Press, 2009); and *Maths on the back of an envelope: Clever ways to (roughly) calculate anything*, by Rob Eastaway (HarperCollins, 2019).

—— **12장. 경험은 어떻게 판단을 방해하는가?**

71 McDaniel, M. A., Schmidt, F. L., & Hunter, J. E. (1988). Job experience correlates of job performance. *Journal of Applied Psychology*, 73, 327–330; and Dokko, G., Wilk, S. L, & Rothbard, N. P. (2008). Unpacking prior experience: How career history affects job performance. *Organization Science*, 20, 51–68를 보라.

72 이 문제는 MacCoun, R. J., (1998), Biases in the interpretation and use of research evidence, *Annual Review of Psychology*, 49, 259–287에서 더 자세히 논의한다.

73   https://en.wikipedia.org/wiki/List_of_cognitive_biases

74   Gigerenzer, G., & Goldstein, D. G. (2011). The recognition heuristic: A decade of research. *Judgment and Decision Making*, 6, 100 – 121.

75   닥터 수스는 X에서 비슷한 방법을 쓰긴 했다. "X는 네 이름이 닉시 녹스Nixie Knox 일 때 아주 요긴해. 도끼ax와 엑스트라 여우extra fox의 철자를 쓸 때에도 편리하지."

76   Lichtenstein, S., Slovic, P., Fischhoff, B., Layman, M., & Combs, B. (1978). Judged frequency of lethal events. *Journal of Experimental Psychology: Human Learning and Memory*, 4, 551 – 578.

77   Bailis, D. S., & MacCoun, R. J. (1996). Estimating liability risks with the media as your guide: A content analysis of media coverage of civil litigation. *Law and Human Behavior*, 20, 419 – 429.

78   Ellman, I. M., Braver, S., & MacCoun, R. J. (2009). Intuitive lawmaking: The example of child support. *Journal of Empirical Legal Studies*〉, 6, 69 – 109를 보라.

79   Fischhoff, B. (1975). Hindsight is not equal to foresight: The effect of outcome knowledge on judgment under uncertainty. *Journal of Experimental Psychology: Human Perception and Performance*, 1, 288 – 299.,

80   Tajfel, H., Flament, C., Billig, M. G., & Bundy, R. P. (1971). Social categorization and intergroup behavior. *European Journal of Social Psychology*, 1, 149 – 177.

81   "위험이나 그 비슷한 사실을 놓고 경합하는 입장들을 대립하는 집단 정체성에 융합함으로써 적대적 믿음은 사실상 그것들에 대한 입장을 경쟁 집단에 대한 소속 여부와 충성심을 나타내는 배지로 탈바꿈시킨다." Kahan, D. M., Jamieson, K. H., Landrum, A., & Winneg, K. (2017). Culturally antagonistic memes and the Zika virus: An experimental test. *Journal of Risk Research*, 20, 1 – 40.

82   MacCoun, R. (1993). Blaming others to a fault? *Chance*, 6, 18, 31 – 33.

83   Ross, L. D. (1977). The intuitive psychologist and his shortcomings. In L. Berkowitz (Ed.), *Advances in Experimental Social Psychology* (vol. 10, pp. 174 – 220). Academic Press를 보라.

84   Menon, T., Morris, M. W., & Chiu, C. (1999). Culture and the construal of agency: Attribution to individual versus group dispositions. *Journal of Personality and Social Psychology*, 76, 701 – 717.

85 Merton, T. (1965). *The way of Chuang Tzu*, chapter 20, New Directions. 한국어판 은《토머스 머튼의 장자의 도》(은행나무, 2004).

86 Lord, C. G., Lepper, M. R., & Preston, E. (1984). Considering the opposite: A corrective strategy for social judgment. *Journal of Personality and Social Psychology*, 47, 1231-1243.

—— **13장. 과학의 탈선**

87 어빙 랭뮤어의 1953년 강연 녹음본은 훗날 로버트 N. 홀[Robert N. Hall]이 전사하 고 편집해 1966년 제너럴일렉트릭연구소 보고서로 발표했다. 이 보고서는 과 학자들 사이에서 알음알음 복사되고 전파되다가 훨씬 뒤에 공식 출간되었다. Langmuir, I., & Hall, R. N. (1989), Pathological science, *Physics Today*, 42, 36-48.

88 랭뮤어의 정의는 14장에서 언급하는 '반증 편향'과 뚜렷이 관계있다. 이것은 확 증편향의 귀결로, 사람들이 자신의 가설을 반박하는 것처럼 보이는 증거에서 결 함만 찾는 현상이다.

89 Fanelli, D. (2009). How many scientists fabricate and falsify research? A systematic review and meta-analysis of survey data. *PLoS ONE*, 4: e5738.

90 기이하게도 많은 논문이 같은 저자의 또 다른 기발표 학술 논문에서 도출된 결과 를 보여주는 사진을 쓰면서 그 사진이 현재 연구에서 나왔다고 주장하는 방식으 로 결과를 조작하다 적발된다. 물론 이것은 군비 경쟁의 고전적 사례다. 과학자 들이 날조를 탐지하는 방법을 알아내면 다른 과학자들은 더 정교한 날조 방법을 개발해 그 날조의 탐지 방법이 개발될 때까지 효과를 보며…… 이런 식으로 계속 된다.

91 낱말 중에는 학식 있는 사람들이 글로는 접했지만 발음을 들어본 적이 없어서 보 이는 대로 (잘못) 발음하는 것이 많다. 'epitome'가 전형적 사례다. 우리가 스스로 를 속이는 여러 방식에 초점을 맞춘 어떤 책에 따르면 우리는 'misled'라는 낱말 을 쓸 때마다 존재하지 않는 동사 'to misle'의 과거형으로 잘못 발음되는 경향이 있다는 말을 꼭 덧붙인다고 한다. (이 동사가 '미즐'로 발음되는지, '마이즐'로 발음되는 지는 분명치 않다.) 이 현상을 논의하는 일부 저술가는 심지어 'misle'을 이렇게 잘

못 발음되는 낱말을 묘사하는 용어로 쓰기도 했다.

92   Langone, J. (1988, Aug. 8). Science: The water that lost its memory. *Time*.

93   The Editors (1988). When to believe the unbelievable. *Nature*, 333, 787.

94   Maddox, J., Randi, J., & Stewart, W., (1988). "High-dilution" experiments a delusion. *Nature*, 334, 287 - 290.

95   Goldacre, B. (2007, Nov. 17). Benefits and risks of homoeopathy. *Lancet*, 370, 9600, pp. 1672 - 1673. 여기에 언급된 '편익'이 어떤 위약으로든 얻을 수 있는 것뿐이었음에 유의하라.

96   Stolberg, M. (2006 Dec.). Inventing the randomized double-blind trial: The Nuremberg salt test of 1835. *Journal of the Royal Society of Medicine*, 99(12): 642 - 643.

97   하지만 경각심을 느끼게 하는 사실이 하나 있으니, 나치 시절 이전 독일은 개인이 의료 실험에 악용되지 않도록 보호하는 가장 선진적인 정책 중 일부를 발전시켰다. 이 사실은 규정에 더해 감독 구조가 악용을 예방하는 데 필수적임을 시사한다.

─── 14장. 확증편향과 맹분석

98   Wason, P. C., & Johnson-Laird, P. N. (1972). *The psychology of reasoning: Structure and content*. Harvard University Press.

99   Edwards, K., & Smith, E. E. (1996). A disconfirmation bias in the evaluation of arguments. *Journal of Personality and Social Psychology*, 7, 5 - 241.

100   그래, 알겠다. 당신이 정말로 궁금하다면 알려드리겠는데, 우주 팽창 속도 측정, 즉 허블 상수라고 불리는 것의 측정은 당신이 바라보는 우주의 두 점이 서로 얼마나 멀리 떨어져 있는가에 따라 달라진다. 두 점이 현재 20억 킬로미터 떨어져 있다면 10억 킬로미터 떨어져 있을 때보다 약 두 배의 속력으로 서로에게서 멀어진다. 그래서 우주 팽창 속도는 거리당 속력(km/sec)인 '메가파섹' 단위로 나타낸다.

101   Klein, J. R., & Roodman, A. (2005). Blind analysis in nuclear and particle physics. *Annual Review of Nuclear and Particle Physics*, 55, 141 - 163를 보라. MacCoun, R., & Perlmutter, S. (2015). Hide results to seek the truth. *Nature*, 526, 187 - 189도 보라.

102   맹검법이 다르게 쓰이는 사례로는 교수가 학생의 점수를 매길 때 이름이 아니라

학번만 알 수 있도록 하는 것, 허블우주망원경 이용 신청서를 검토할 때 과학자의 이름을 가리는 것 등이 있다.

103 MacCoun, R. J. (2020). Blinding to remove biases in science and society. In R. Hertwig & C. Engel (Eds.), *Deliberate ignorance: Choosing not to know*. MIT Press를 보라.

104 Committee on Identifying the Needs of the Forensic Sciences Community (2009). *Strengthening forensic science in the United States: A path forward*. National Research Council, National Academies Press; President's Council of Advisors on Science & Technology (2016). *Forensic science in criminal courts: Ensuring scientific validity of feature-comparison methods*. Report to the President, Executive Office of the President.

105 Dror, E., Charlton, D., & Péron, A. E. (2006). Contextual information renders experts vulnerable to making erroneous identifications. *Forensic Science International*, 156, 1, pp. 74–78.

106 이를테면 의료 기관 카이저에서는 환자에게 "첫 번째 의견 기록을 다른 의사에게 미리 보내"라고 권고한다. https://healthy.kaiserpermanente.org/health-wellness/health-encyclopedia/he.getting-a-second-opinion.ug5094

107 열린과학운동에 대한 개관으로는 Munafò, M. R., Nosek, B. A., Bishop, D. V. M., Button, K. S., Chambers, C. D., et al. (2017), A manifesto for reproducible science, *Nature Human Behaviour*, 1, 1–9; and Jussim, L., Stevens, S. T., & Krosnick, J. A. (Eds.) (2022), *Research integrity in the behavioral sciences* (pp. 295–315), Oxford University Press를 보라.

108 초기 사례로는 Latham, G. P., Erez, M., & Locke, E. A. (1988), Resolving scientific disputes by the joint design of crucial experiments by the antagonists: Application to the Erez–Latham dispute regarding participation in goal setting, *Journal of Applied Psychology*, 73, 753–772을 보라. 최근 사례는 Melloni, L., et al., (2023), An adversarial collaboration protocol for testing contrasting predictions of global neuronal workspace and integrated information theory, *PLoS ONE*, 18: e0268577다.

109 여기서 '배지'라는 용어가 전혀 다르게(칭찬의 의미로) 쓰인다는 점에 유의하라. 이것은 이 책 다른 곳에서 언급하는바 사람들이 어떤 사안에 대한 입장을 단지 정

당이나 집단에 대한 헌신을 광고하기 위해 채택하는 것을 일컫는 '배지 달기' 현상과 구별해야 한다.

110   자신감 상실 프로젝트를 서술하는 5장 후주 인용문 Rohrer et al. (2021)을 보라.

—— 15장. 군중의 지혜와 광기

111   탈개인화에 대해서는 Postmes, T., & Spears, R. (1998), Deindividuation and antinormative behavior: A meta-analysis, *Psychological Bulletin*, 123, 238 – 259를 보라. 감정 전염에 대해서는 Herrando, C., & Constantinides, E. (2021), Emotional contagion: A brief overview and future directions, *Frontiers in Psychology*, 12, Article 712606를 보라.

112   롭은 1993년 국방부 랜드 프로젝트를 진행하면서 집단사고 예방을 위한 재니스의 몇 가지 아이디어를 구현할 기회가 있었다. 랜드는 군이 공공연한 동성애자의 복무 금지 조치를 해제할 수 있는지 조사하는 임무를 맡았다. 당시 이것은 의견이 첨예하게 갈린 주제였으며 랜드 연구진은 편파적이거나 편향적이지 않음을 보여주려고 꼼꼼하게 노력했다. 수집한 증거를 모조리 검토한 며칠간의 내부 브리핑 이후 연구진은 소집단을 구성했다. 각 소집단은 (법률, 의료, 조직행동, 사회심리, 경제, 인류학 등) 다양한 학문 분야를 훈련받은 군·민간 연구원으로 이루어졌다. 그들은 하루 동안 모든 증거를 검토해 금지 조치 해제가 군의 단위 성과를 저해한다고 암시하는지에 대한 합의에 도달했다. 각 소집단은 독립적으로 같은 답에 도달했다. 그것은 '아니다'였다. 클린턴 대통령은 이 결과를 보고받았으나 금지 조치를 해제하지 않고 그 대신 타협책인 '묻지도 밝히지도 말라'를 채택했다. 랜드 연구진은 몇 년 뒤 오바마 대통령의 사안 재검토를 지원하기 위해 재결성되었는데, 결국 별 소동 없이 금지 조치가 해제되었으며 군의 임무 수행에 지장이 생겼다는 증거는 전혀 없었다.

113   Laughlin, P. R. (2011). *Collective induction*. Princeton University Press을 보라.

114   이 '사회적 결정 체계' 접근법의 개요는 Stasser, G., Kerr, N. L., & Davis, J. H. (1989), Influence processes and consensus models in decision-making groups. In P. B. Paulus (Ed.), *Psychology of group influence* (pp. 279 – 326), Lawrence Erlbaum

Associates에 실려 있다. 단순 다수결 절차와 '진리가 승리한다' 절차를 일반적인 로지스틱 문턱값 집단 영향력 모형의 특수 사례로 간주할 수 있다는 것에 유의하라. MacCoun, R. J. (2012), The burden of social proof: Shared thresholds and social influence, *Psychological Review*, 119, 345 – 372를 보라.

115 '진리가 승리한다' 절차를 논의할 때에는 '진리'라는 낱말 앞뒤에 '이른바 따옴표'를 붙이는 것이 더 정확할 것이다. 집단 구성원들이 공유하는 개념 체계가 집단 밖의 사람들에게 반드시 받아들여지는 것은 아니기 때문이다.

116 Kerr, N., MacCoun, R. J., & Kramer, G. (1996). Bias in judgment: Comparing individuals and groups. *Psychological Review*, 103, 687 – 719.

117 스콧 페이지는 이 점을 상세히 설명하는 이론적·경험적 분석을 발표했다. 쉬운 개론은 그의 2007년작 *The difference: How the power of diversity creates better groups, firms, schools, and societies*, Princeton University Press다.

—— 16장. 사실과 가치를 엮다

118 Hammond, K. R., & Adelman, L. (1976). Science, values, and human judgment. *Science*, 194, 389 – 396를 보라.

119 MacCoun, R., Reuter, P., & Schelling, T. (1996). Assessing alternative drug control regimes. *Journal of Policy Analysis and Management*, 15, 1 – 23; and MacCoun, R., & Reuter, P. (2001). *Drug war heresies: Learning from other vices, times, and places*. Cambridge University Press를 보라.

120 Schwartz, S. H. (1992). Universals in the content and structure of values: Theoretical advances and empirical tests in 20 countries. *Advances in Experimental Social Psychology*, 25, 1 – 65. 비슷한 도식이 많지만(슈워츠의 최근 도식을 포함) 슈워츠 체계가 조사 데이터를 통계적으로 가장 훌륭히 묘사하는 듯하다.

121 Tetlock, P. E., Peterson, R. S., & Lerner, J. S. (1996). Revising the value pluralism model: Incorporating social content and context postulates. In C. Seligman, J. M. Olson, & M. P. Zanna, *The psychology of values: The Ontario symposium* (vol. 8). Lawrence Erlbaum Associates.

122 Steele, C. M. (1988). The psychology of self-affirmation: Sustaining the integrity of the self. *Advances in Experimental Social Psychology*, 21, 261 – 302.

123 Sherman, D. K. (2013). Self-affirmation: Understanding the effects. *Social Psychology and Personality Compass*, 7, 834 – 845.

124 이 용어는 Rawls, J., (1971), *A theory of justice*, Harvard University Press에서 차용했다. 한국어판은《정의론》(이학사, 2003).

125 Strawson, P. F. (1980). Review of Ryle, G., On thinking. *Mind* 30, 365 – 367.

—— **17장. 힘을 모아 함께 생각한다면**

126 아는 척하거나 의견이 있는 척하려는 욕구의 극적 사례로는 Bishop, G., Oldendick, R., Tuchfarber, A., & Bennett, S. (1980), Pseudo-opinions on public affairs, *Public Opinion Quarterly*, 44, 198-209를 보라. 비숍과 동료들은 여론조사에서 사람들에게 '1975년 공무법[Public Affairs Act] 폐지'에 대해 견해를 물었다. '공무법'이라는 법은 없는데도 조사 대상자의 3분의 1은 의견을 표명했다.

127 시나리오 플래닝에 대한 최고의 입문서는 슈워츠의 1996년작 *The art of the long view*(Currency)일 것이다. 한국어판은《미래를 읽는 기술》(비즈니스북스, 2007). 새로운 발전과 변형은 학술지 *Futures*에 자주 실리며 방대한 문헌 검토인 Varum and Melo in 2009, and Amer and colleagues in 2013도 있다.

128 Tetlock, P. E., Mellers, B. A., Rohrbaugh, N., & Chen, E. (2014). Forecasting tournaments: Tools for increasing transparency and improving the quality of debate. *Current Directions in Psychological Science*, 23, 290.

129 퍼블릭에디터 프로젝트는 솔과 니컬러스 브리검 애덤스(당시 버클리데이터과학연구소[BIDS]에 재직)의 대화에서 시작되었다. 애덤스는 크라우드소싱 기법과 텍스트 공동 주석 달기 소프트웨어를 개발하고 있었다. 그는 퍼블릭에디터 같은 사업을 지원할 비영리 기구 굿리랩스를 설립했으며 BIDS에서 솔과 협력해 이 사업을 이끌었다. 현재 웹사이트 주소는 publiceditor.io다.

130 20세기 후반 포스트모더니즘이라고 알려진 지성 운동이 일어났다. 포스트모더니즘은 과학의 권위가 트로이 목마처럼 특권층과 권력층의 이익을 도모하는 데 은밀히 쓰이고 있음에 (온당하게) 주의를 환기했다. 하지만 과학자를 어수룩한 도그마 추종자로 묘사했다. 과학은 논쟁의 여지가 없는 '사실들'을 연역논리에 의한 입증 기제를 이용해 수학으로 연결한 결과라는 것이다. 우리가 아는 한 저 묘사는 현업 과학자들이 자신의 일에 대해 말하는 실제 모습과 맞아떨어지지 않는다. 과학자는 '증명'을 논리학과 수학의 중추로 인식하지만, 경험과학이란 오류에 빠질 수 있고 잠정적이며 끊임없이 수정되어야 하는 관찰의 그물임을 뼈저리게 자각한다. 21세기의 여명에 포스트모더니즘은 대체로 수명이 다한 듯했다. 하지만 놀랍게도 학계의 좌파 포스트모더니즘이 저물면서 학계 바깥에서 새로운 형태의 우파 포퓰리스트 포스트모더니즘이 등장했다. 돌연 확고한 증거 없이도 새로운 '사실'을 주장하고 어떤 반대 주장도 대뜸 '가짜 뉴스'로 치부할 수 있게 되었다. 포스트모더니스트들이 이 연결 고리를 보고서 경악했음은 의심할 여지가 없지만 포퓰리즘은 그들이 '유일한 접근법'으로 묘사한 바로 그 방법의 예시인 듯하다. '객관적 진실' 개념은 논외가 되며 가설은 오로지 집단 이념에 비추어 평가된다.

이따금 우리는 이런 상황 전개와 이것이 공적 담론과 공유된 공적 문제 해결에 초래한 해악에 절망했다. 하지만 우리는 결국에 가서 포퓰리스트 포스트모더니즘이 학문적 전신*前身*보다 조금이라도 오래가리라 생각하지 않는다. 궁극적으로 사람들은 현실 세계에서 현실 문제를 해결하고 싶어 하며, 오류 가능성이 있고 증거와 잠정적 가설을 이용하는 고된 체질 작업을 통해 자신의 삶에서 유형*有形*의 편익과 개선을 가져다주는 재현 가능한 결과를 찾음으로써만 그렇게 할 수 있다. 과학의 세 번째 밀레니엄에 등장하고 있는 이 도구와 태도는 '진리'를 독점하는 어떤 과학적 사제 관념도 거부한다. 탈집중화된 권위, 공격적 팩트 체크, 시민 참여로의 전환이 일어나고 있다. 하지만 이 도구들이 학계 과학자들에게만 쓰여서는 힘을 발휘할 수 없다. 공동체 전체의 참여가 필요하다. 그것이 우리가 이 책을 쓴 까닭이다.

131 이 에세이는 본디 1971년에 쓰였으며 여러 번 개정되었다. Dunn, W. N. (Ed.)

(1998). *The experimenting society: essays in honor of Donald T. Campbell*, published by Transaction Publishers을 보라.

132 우리의 공동체 습관 개념은 중요한 과학사회학자 로버트 K. 머턴^{Robert K. Merton}에게 큰 빚을 지고 있다. 머턴은 **공유주의**(과학 지식은 모두에게 속해야 한다), **보편주의**(진리는 비개인적 기준에 의해 판정되어야 한다), **이해중립성**(개인적 자기이익은 과학적 탐구에서 어떤 역할도 하지 말아야 한다), **조직화된 회의주의**(과학 공동체는 모든 과학적 주장을 엄밀히 조사해야 한다)라는 과학의 네 가지 목표 규범을 확립했다(머리글자를 따서 'CUDOS'라고 부른다). 1973년작 *The sociology of science: Theoretical and empirical investigations*(University of Chicago Press)를 보라. 우리 책의 앞 장들(과 과학 실천에 대한 방대한 사회과학 연구)은 과학자들이 이 포부를 어떻게 성취(하고 종종 성취하지 못)하는지 보여준다.

133 Axelrod, R. (1984). *The evolution of cooperation*. Basic Books을 보라. 한국어판은《협력의 진화》(시스테마, 2024). 액설로드가 탐구하는 종류의 호혜성은 인간 협력을 뒷받침하는(또는 무너뜨리는) 여러 메커니즘 중 하나에 불과하다. 폭넓은 검토로는 Heinrich, J., & Muthukrishna, M. (2021), The origins and psychology of human cooperation, *Annual Review of Psychology*, 72, 207 – 240을 보라.

134 물론 모든 협력적 의사결정 시도는 사람들이 토론으로 문제를 해결하려는 의지에 달렸다. 때로는 이런 해결이 더는 가능해 보이지 않을 만큼 정파적 갈등이 거세지기도 한다. 당신이 적들에게 공론조사를 제안했는데 그들이 폭력으로 대응하면 어떻게 할 것인가? 여기서 우리의 고찰은 진정한 공동의 의사결정이 이루어지도록 하고 원초적 갈등 순간을 회피하는 데 맞춰져 있다.

135 이를테면 Tomasello, M. (2009.) *Why we cooperate*. MIT Press를 보라. 한국어판은《이기적 원숭이와 이타적 인간》(이음, 2011).

136 이런 유인책을 현실에서 실현하는 것은 보기만큼 가망이 없지 않다. 이를테면 유럽위원회의 디지털서비스법은 주요 온라인 플랫폼을 대상으로 우리가 제안하는 조사 개념을 채택할 수 있는 감시 체제를 이미 도입했다. 더 일반적으로 보자면 행동경제학자와 게임이론가들은 솔직한 입찰과 정직한 정보 교환을 진흥하는 경매와 그 밖의 절차를 설계하는 방법에 대한 여러 통찰을 발전시켰다. 검토로는 Haaland, I., Roth, C., Wohlfart, J. (2023), Designing information provision experiments, *Journal of Economic Literature* 61, 3 – 40를 보라.

찾아보기

1달러 지폐 보내기 캠페인, 219

3MT의 스위스 군용 칼, 109

CMS(소평뮤온솔레노이드) 공동연구진, 150

DAX 지수, 117 – 118

DNA 조작기법, 203

p해킹, 288 289

W 숫자, 317-318

ㄱ

가치, 35 – 36

간단해 보이는 문제, 211

갈릴레오, 59 – 61

감정 전염, 301

개연성, 85 – 86

개인 정신, 299

거대질량 블랙홀, 81

거짓양성 오류, 166, 168

거짓음성 오류, 166, 168

건강한 회의주의, 209

건전성 검사, 223

게으름, 200

겸손, 115

결과, 165

결과 검토, 255

결과에 대한 맹분석, 291

계통적 불확실성의 창의적 공략법, 190-191

고비 사막, 212

고장모드, 41

골드버그, 켄, 355

골턴, 프랜시스, 303

골턴의 방법, 350

공론조사, 339

공유된 가치, 329 – 330

공유된 현실, 50 – 68

공통 원인, 72

과신, 112 – 116, 123

과학적 낙관주의, 199 – 209

과학적 방법, 234

과학적 사고, 22 – 23, 34, 44 – 45, 93, 97, 194 – 195, 211, 216, 275, 362

과학적 열망, 48 – 50

관찰자, 124 – 124

교정, 216, 224 – 227

교육, 215 – 216, 224

교육 개선 법안, 204

교통사고, 214

군중심리, 300

군중의 광기, 299 – 312

군중행동, 300

권위, 37

귀인 오류, 245
귀인 이론, 245
긍정적 특질, 200
기거렌처, 게르트, 238
기계학습, 78
기술 예측, 350-355
기억하지 않는 물, 266 - 269
기저율, 172
기준점 정하기, 241
기질 편향, 244 - 245

ㄴ

나쁜 습관, 236
나쁜 과학, 250
낙관주의자, 207 - 209
내집단 편향, 244
넬슨, 레이프, 288

ㄷ

다발, 147
다트 놀이, 191
다트를 던지는 침팬지, 352
단일 인과, 86-88
대안 시나리오, 101-109
대중의 지혜, 304-306
대학 입학, 168 - 172
대형강입자충돌기(LHC), 148 - 150
덴버 탄환 연구, 319-323

델파이법, 350 - 351
도구를 검증하는 방법, 58 - 60
도구와 현실, 46-50
도플러 효과, 129
돌림힘 조현병 가설, 269-270
동등한 지식, 30
동전 던지기, 153 - 157
동종요법, 250
두 종류의 오류, 163
듀이, 존, 232
디베이트 카페, 356, 358
뜨거운 편향, 237
뜨거운 확증편향, 278

ㄹ

란다우, 레프, 114
랭뮤어, 어빙, 252, 257 - 262
레이저 간섭계 중력파 관측소(LIGO), 285
루이스, 앨버레즈, 104

ㅁ

망원경, 58
맥케이, 찰스, 300
맹분석, 276
멀러, 리처드, 203
메타지식, 122
멜러스, 바브, 352-354
명상, 235

모스 부호, 142 – 143
목성 중력, 203
무관심, 343 – 344
무작위 잡음, 144, 157
무작위 통제 실험, 82
무죄 평결(방면), 163
무지, 283 – 284
문제 해결 능력, 164
물리학자 문화, 105
미국지식공동체, 353
미국대학 시험(ACT), 168
미디어 노출, 240
민감도, 165
민사재판, 162
민주적 접근법, 30
밀, 존 스튜어트, 96

ㅂ

바이든, 조, 114
반사실, 77, 101, 234, 248
반성적 평형, 331
반증 편향, 278
배우려는 의지, 373
배지 달기, 244, 323, 329 – 334, 343
백색잡음 발생기, 138
버닝키, 벤, 114
버지, 레이먼드, 121
범죄 예방 법안, 204
범죄에 무른 태도, 166
벨버넬, 조슬린, 128

병적 과학, 252, 257, 250 – 271
병증, 234
보장된 해결책, 202
보정, 116-122, 290, 354 – 355
보편 기본소득, 348
복지 개혁 법안, 204
부의 집중, 348
부정직, 103
부정확한 전문가, 125
분산, 180
불완전한 판단, 173
블랙스톤, 윌리엄 경, 166
비개인적 기법, 33

ㅅ

사기과학, 254
사실과 가치를 엮다, 315-334
사이비 전문가, 31 – 34
사이먼슨, 유리, 288
사전 등록, 291
사회문제, 214
사회보장, 216, 224, 226
사회적 낙관주의, 369
사후판단 편향, 242-243
삼각측량, 193
삼차 요인, 212
상관관계, 70 – 86, 123, 156, 169, 233, 258
상온 핵융합, 262 – 265
상충관계, 166
상호작용적 탐구, 52-55

샤피로, 로버트, 304

생각에 관한 생각, 237

서로위키, 제임스, 304

선의의 해석, 168

설계, 33

세 번째 밀레니엄 사고(3MT), 24, 49, 95,
109, 115, 208, 291, 337, 360, 368, 373,
377

세계화 정도, 346

소집단 실험, 310 - 314

소형 탁상용 사이클로트론, 203

손잡이, 69

수준 높은 교육, 346

수학 모형, 31

숙고의 가치, 333

숙의의 과제, 335 - 359

슈퍼 예측, 353-355

스노, 존, 57, 233

스트로슨, 피터, 333

습관, 235

시간성, 84 - 86

시나리오 플래닝, 344

신뢰 재부팅, 366 - 378

신뢰도, 180

신호 대 잡음, 132-138

신호 대 잡음비, 139-143

신호 부재, 166

신호 존재, 166

신호, 130-131, 141 - 143, 163

실리콘밸리 문화, 115

실험, 32, 36, 76, 80-81, 82, 100, 103, 144,
148-149, 184, 234, 260, 262-265,
267-268

ㅇ

아틀라스 검출기, 149

암흑 물질, 115

양적완화 정책, 114

어림짐작, 236

에릭손, K. 안데르스, 247

에피스토크라시, 41 - 42

역동적 안정성, 94

연령 분포, 346

연역논리 원리, 277

열린 과학, 291-293

열린과학 배지, 292

예측 도구, 177

예측시장, 351 - 353

오류 상충관계, 166 - 168

오류, 162

온라인 숙의 시스템, 355 - 357

왓슨(IBM의 슈퍼컴퓨터), 122

외계 지성체, 142

외계지성체탐사(SETI), 142

외교정책 전문가, 119-120, 242

요긴한 비법, 219-222

요인 표준화, 76

용량-반응 관계, 84 - 86

우주 팽창, 161

웨이슨의 네 카드 문제, 277

위키백과, 237

유사과학, 252

유죄 평결, 163

유죄, 162

음향분석기, 52-56

의견 예산, 126

의료, 12-25

의사결정, 64

의사결정 절차, 40

의사결정에서의 결과, 106 – 107

이산화탄소센서, 56-57

이중맹검 실험, 284

이차 설명, 213

이차 요인, 212

이케아 수납장, 199, 201

이해 순서 문제, 224

인간 인지, 234

인과 손잡이, 88, 195

인과 이론, 86

인과관계, 70, 76, 78, 352

인과적 영향, 72

인지적 문제 해결 상황, 201

일과 삶의 균형, 255, 346

일관성, 83 – 86

일몰 조항, 177

일반 인과, 86 – 88

일반적인 유형, 165

일차 요인, 211

입증 기준, 162

ㅈ

자기 홀극, 99

자동 망원경 시스템, 203

자동 초신성 탐색, 203

자발적 심기 경호원, 302

자신감 상실 프로젝트, 115-116

자유재량권, 167

자율성, 32

작은 초록 인간(LGM), 128

잡음, 127 – 154, 157 – 66, 179 – 182, 187, 193 – 195, 200, 233, 255, 271, 280 – 281, 288, 290, 375

재니스, 어빙, 301

재판에서 나올 수 있는 결과, 163

적대적 공동 연구, 292

적외선 광자 검출기, 128

전문 지식, 31, 34

전문가, 31 – 32, 36, 38, 123-124

전문가의 눈 가리기, 290

전문성, 37

전문용어처럼 들리는 용어, 180

절대적 확실성, 94, 116, 125, 178

정량화, 95, 98, 106, 130

정보고등연구기획국(IARPA), 353

정부 예산, 216

정신작용제, 278

정신적 기록, 201

정책 갱신 메커니즘, 204

정책 결정, 171

정치, 107 – 111

정치적 편향, 288 – 289

정확한 전문가, 125

제로섬 게임, 205, 364

제임스, 윌리엄, 235

조정 어림짐작, 241

조지, 프시먼스, 288

좋은 결과, 163

좋은 과학, 250

좋은 판단 프로젝트, 352

주식 시장, 154

줄자, 179 – 180, 183

중대한 결정, 30

중대한 오류, 163

중성자별, 127

즉석 추정, 217

지구 온난화, 134

지문 전문가, 290

지적 겸손, 115

지혜, 299-300

진단 시험, 172

진주만, 138

집단사고, 300, 348

ㅊ

차가운 편향, 238

차가운 확증편향, 278-279

차분한 난제, 335

챌린저호, 113

처리군, 77

체중계, 180 – 182

초신성1987A, 127

초신성, 203

추동 요인, 345

추정된 반사실, 101

측정, 179 – 182

ㅋ

캐나다와 미국의 교역, 212

캠벨, 도널드, 367

케네디, 존 F., 302

코로나19 대유행, 31

콘티키호, 61

크루그먼, 폴, 114

큰수의 법칙, 304

ㅌ

타당도, 180

탈개인화, 301

테틀록, 필립, 119, 328, 352-354

토르, 헤위에르달, 61

통계적 불확실성, 82-184

통계적 유의성, 176-178

트버스키, 아모스, 237-242

특이도, 165

팃포탯(TFT), 369

ㅍ

파이 키우기, 205

파인먼, 리처드, 253-254

펀드 매니저, 155

필서 신호, 129 - 131, 159 - 161

페르마의 마지막 정리, 202, 208

페르미 문제, 210, 217

페르미 추정, 217-219, 228

페이지, 벤저민, 304

편향, 26, 166 - 168, 180, 183 - 184, 193 - 195, 200, 235 - 239, 241 - 246, 276 - 282, 285, 90 - 295, 304, 306 - 311, 350, 363

포트, 퍼시벌, 82 - 83

표준검사, 168-172

피고인, 162

필터링 게임, 143

ㅎ

하위상관, 73

하이더, 프리츠, 245

학습된 무기력, 202 - 205

학업적성검사(SAT), 168

합리적 의심, 166 - 168

해킹, 이언, 52

핵심 요인, 345

행하지 않은 죄, 118

행한 죄, 118

현실 문제, 210 - 228

현실에 기반한 의사결정, 64 - 67

현실의 의사결정, 32

현실적인 예시, 82

협력, 299 - 314

형사재판, 162 - 164

헤위에르달, 토르, 61

호기심과 게으름의 불운한 만남, 200

화물숭배 과학, 253 - 254

화이트, 윌리엄, 302

화이트헤드, 앨프리드 노스, 235

확률론적 도구, 97

확률론적사고, 22, 89, 93 - 98, 109 - 111, 112, 130, 178, 313, 356,

확신도, 117

확실성, 94, 107 - 111

확증편향, 246, 277

회상용이성 어림짐작, 239 - 241

휴이시, 앤터니, 128

흄, 데이비드, 96

흑백 논리, 94

희소성, 205

힉스 입자, 104, 147-152

힐, 오스틴 브래드퍼드, 83

힘든 문제의 진전, 204

넥스트 씽킹

초판 1쇄 발행 2025년 9월 17일
초판 2쇄 발행 2025년 10월 1일

지은이 솔 펄머터·존 캠벨·로버트 매쿤
옮긴이 노승영
펴낸이 최순영

출판2 본부장 박태근
지식교양 팀장 송두나
편집 맹준혁
디자인 [★]규

펴낸곳 ㈜위즈덤하우스 **출판등록** 2000년 5월 23일 제13-1071호
주소 서울특별시 마포구 양화로 19 합정오피스빌딩 17층
전화 02) 2179-5600 홈 페이지 www.wisdomhouse.co.kr

ISBN 979-11-7171-501-5 03100